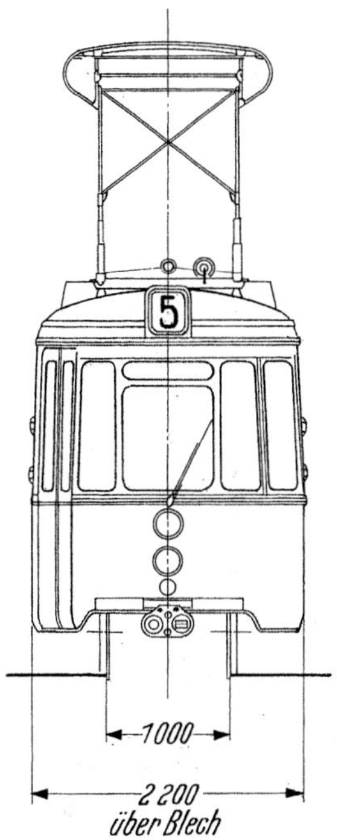

Leergewicht	:	19 000 kg
Sitzplätze	:	38
Stehplätze	:	124
Plätze zusammen	:	162

Datum	29.5.59	Gezeichn.	Gauger	Ers. durch		Stuttgarter Straßenbahnen A.-G. Hauptwerkstätte
Datum		Geprüft		Ersatz für		
Maßstab 1 : 50	4 achs.- Gelenktriebwagen Nr. 501-542 GT 4					30 935

Erste Bauserie des GT 4. Merkmale: Diagonaler Bodenabsatz an Tür 1 vor dem Fahrerplatz; ein Klappsitz bei Tür 3 neben dem Schaffnerplatz; Zielschilder im dritten und siebten Fenster (zum Vergleich siehe Nachsatz am Schluss des Buches).
Zeichnung: Archiv SSB

Bräustüb
REISEBURO
502

Hans-Joachim Knupfer

Gelber Klassiker

Der GT 4 – Stuttgarts Straßenbahnwagen für fünf Jahrzehnte

Zeitalter der runden Formen, angefangen beim Kopfsteinpflaster. Die ersten beiden GT 4 biegen auf Probefahrt vom damaligen Bahnhofsplatz in die Königstraße ein; der zweite Wagen erhält seinen Fahrstrom versuchsweise über die Kupplung des ersten Wagens. Sommer 1959 | Archiv SSB

Dank an alle Helferinnen und Helfer, namentlich den SSB-Kollegen Rainer Krause, Thomas Mörbe, Guntram Schäfer sowie den Kollegen im Ruhestand Peter Brodbeck, Ulrich Theurer, Hans-Jürgen Kaczmarek, den externen Hinweisgebern und Helfern Eckehard Frenz, Wolfgang Grolms (Stadtwerke München), Halberstädter Verkehrs-GmbH, Bernd Katz, Stefan Kirner, Bernhard Madel, Helmut Moser, Karl Nerb (Stadtwerke Augsburg), Sabine und Martin Pfeil (Hannoversches Straßenbahnmuseum), Daniel Riechers, Sven Schäfer, Manfred Schramm, Dieter Schubert, Lutz Uebel, dem Archiv der Stuttgarter Zeitung, Dr. C. Th. Wagner und Jörg Zimmer.

Die in diesem Buch gemachten Angaben werden trotz zum Teil widersprüchlicher Quellen nach bestem Wissen wiedergegeben. Korrekturen und Ergänzungen werden gerne entgegengenommen. Die Rechtschreibung und Wiedergabe von Zitaten und Veröffentlichungen erfolgt in der originalen Schreibweise, zum Teil sinnwahrend gekürzt. Fotos ohne Urheberangabe stammen vom Verfasser.

Herausgeber SSB AG, Pressestelle,
Schockenriedstraße 50, 70565 Stuttgart
Telefon ++49 (0)711.78 85-26 87,
www.ssb-ag.de

Lektorat: Guntram Schäfer
Satz, Gestaltung, Titelbild: Jens Niendorf,
Werbeagentur Bransch & Partner, Stuttgart
Lithos: Franz Kaufmann, Stuttgart
Druck: Henkel GmbH, Stuttgart

ISBN 3-9811082-0-5
ISBN 978-3-9811082-0-0

Kinder ihrer Zeit: Stuttgarts Fernsehturm von 1956, der Borgward von 1954, und – der modernste von allen – der Stuttgarter GT 4 von 1959. | Hans Schwarz/ Archiv SSB.

Der erste Leser dieses Buchtextes: Mein Vater Manfred Knupfer (1928–2006) hat nicht nur mir viel Interesse und Freude am Schienenverkehr vermittelt.

Ja, das „moderne Zeugs" ...

Ein ganzes Buch ausgerechnet über einen schlichten Straßenbahnwagentyp, der noch im zweiten Jahrtausend den Charme der 1950er Jahre ausstrahlt? Ja, denn der GT 4 hat es in sich: Speziell für Stuttgart entwickelt und gebaut, war der Typ GT 4 zu seiner Zeit die größte einheitliche Fahrzeugflotte an Straßenbahntriebwagen in Deutschland. Die Bauart blieb von Haus aus – von wenigen Ausnahmen abgesehen – auf Stuttgart beschränkt; andererseits haben sich spätestens seit der deutschen Wiedervereinigung die Stuttgarter Wagen als äußerst ‚wanderfreudig' erwiesen und sind heute bis auf dem Balkan anzutreffen.

Dieses Buch kann nicht jeden zufriedenstellen: Der Technikfreund wird sich mehr Technik, der Liebhaber der Verkehrsentwicklung mehr Hintergrund und der Zeitgeschichtler mehr Atmosphäre wünschen. Doch es soll deutlich werden, dass die Geschichte von Technik, Verkehr, Stadt und Sozialem untrennbar miteinander verbunden ist – und dass gerade das Verkehrsmittel Straßenbahn viel mehr Blickwinkel besitzt als eine rein auf das Fahrzeug begrenzte Sicht. Daher stellt die Chronik des GT 4 auch ein Stück weit – mehr als bei jedem anderen Fahrzeugtyp - eine solche der SSB AG über ein halbes Jahrhundert dar. Um einen mitunter ausgesprochenen Vorwurf zu entkräften: Das Stuttgarter ‚System Stadtbahn' ist nicht der ‚Austreiber' etwaiger Straßenbahnromantik und des GT 4. Denn der Kunde wünscht – wie eh und je – keine Nostalgie, sondern Leistung und Reisekultur auf dem Stand der Zeit. Ohne Stadtbahn wäre nämlich längst, schon in den 1970er Jahren, ein moderner Nachfolger des GT 4 erschienen.

Als 1959 der GT 4 antrat, war er so anders, in fast allen Dingen so viel moderner, großräumiger und unpersönlicher als alle Vorgängertypen, dass einige damalige Straßenbahnliebhaber das Ende der ‚guten alten' Straßenbahn gekommen sahen und mit dem ‚modernen Zeugs' nichts mehr zu tun haben wollten. Das Spiel war dasselbe, als ab 1983 die Stadtbahn auf den Schienen auftauchte. Man sieht: Die Geschichte wiederholt sich, nur die Umstände haben sich geändert.

Stuttgart, im August 2006
Hans-Joachim Knupfer

So kennen es noch viele: Der Schlossplatz, Stuttgarts ‚gute Stube' und einstiger Dreh- und Angelpunkt des SSB-Verkehrs, um 1965. Wagen 519 gehört längst zum Museumsbestand der SSB, Wagen 560 läuft heute in Halberstadt. – Archiv SSB

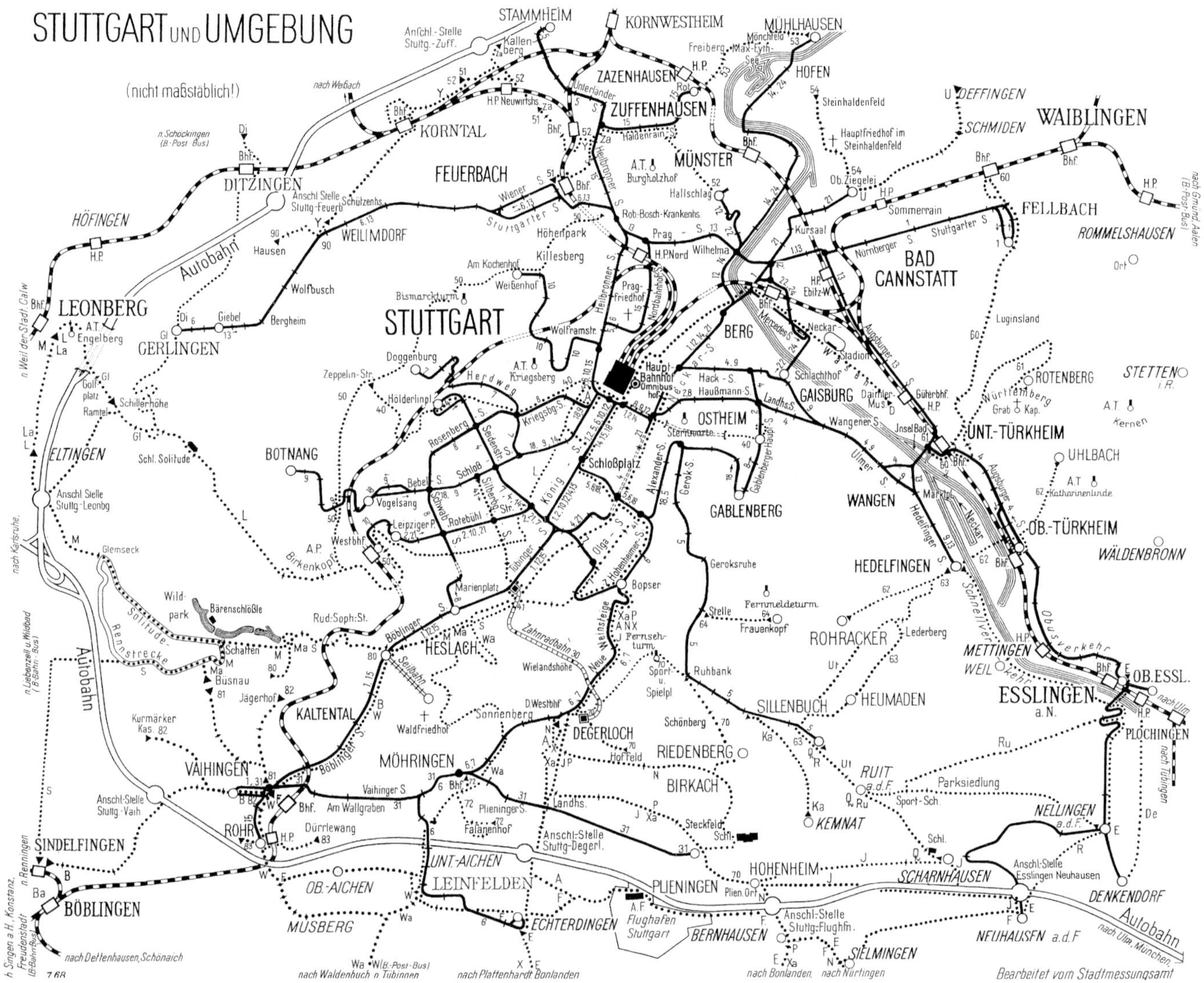
STUTTGART UND UMGEBUNG
(nicht maßstäblich!)
STUTTGART
STAMMHEIM
KORNWESTHEIM
MÜHLHAUSEN
HOFEN
ZAZENHAUSEN
ZUFFENHAUSEN
KORNTAL
FEUERBACH
MÜNSTER
DITZINGEN
HÖFINGEN
WEILIMDORF
LEONBERG
GERLINGEN
ELTINGEN
BOTNANG
WAIBLINGEN
SCHMIDEN
FELLBACH
ROMMELSHAUSEN
BAD CANNSTATT
BERG
GAISBURG
OSTHEIM
GABLENBERG
WANGEN
UNT.-TÜRKHEIM
OB.-TÜRKHEIM
UHLBACH
ROTENBERG
STETTEN i.R.
WÄLDENBRONN
HEDELFINGEN
ROHRACKER
METTINGEN
WEIL
ESSLINGEN a.N.
OB.ESSL.
PLOCHINGEN
HEUMADEN
SILLENBUCH
RIEDENBERG
BIRKACH
KEMNAT
RUIT a.d.F.
NELLINGEN a.d.F.
DENKENDORF
SCHARNHAUSEN
NEUHAUSEN a.d.F.
SIELMINGEN
BERNHAUSEN
PLIENINGEN
HOHENHEIM
ECHTERDINGEN
LEINFELDEN
UNT.-AICHEN
OB.-AICHEN
MUSBERG
MÖHRINGEN
DEGERLOCH
KALTENTAL
HESLACH
VAIHINGEN
ROHR
SINDELFINGEN
BÖBLINGEN
Flughafen Stuttgart
Autobahn
nach Tübingen
nach Ulm, München
nach Waldenbuch n. Tübingen
nach Plattenhardt Bonlanden
nach Bonlanden
nach Nürtingen
nach Dettenhausen, Schönaich
nach Karlsruhe
Bearbeitet vom Stadtmessungsamt

Das SSB-Liniennetz, 1968. Ob Gerlingen, Fellbach, Plieningen oder Heumaden, fast auf allen Strecken fuhr der GT 4. – Archiv SSB

6
502
501
501
H
H

„Schnittig und gefällig" – Der Neue von 1959

Links herum: Die ersten beiden Wagen 501 und 502 haben sich auf einer Probefahrt von Ostheim aus nach Degerloch West vorgetastet; jetzt geht es in die Wendeschleife. Heute liegt etwa hier der SSB-Busbahnhof Degerloch. | Archiv SSB

Das Jahr 1959 – war da etwas Bewegendes? Gummibaum und Goggomobil sind modern, tulpenförmige Lampen und bunte Glasbausteine am Haus. Peter Kraus besingt sein ‚Sugar Baby', Bernhard Grzimek dreht ‚Serengeti darf nicht sterben'. ‚Bella Italia' ist Reiseziel Nummer eins, dafür importiert Rocco Granata den Schlager ‚Marina' nach Germania. Im Kino tapst der ‚Tiger von Eschnapur' über die Leinwand, oder ‚Ewig singen die Wälder'. Man mag es tückisch (so lange es nicht in der Straßenbahn vorkommt): Hazy Osterwald wird mit dem ‚Kriminal-Tango' bekannt, ein gewisser Mister Hitchcock zeigt den Horrorfilm ‚Vertigo'. Theodor Heuss, der Schwabe, tritt als Bundespräsident ab. Ein Kleinwagen

namens Austin Seven, auch Mini Cooper genannt, erscheint in England – es kann wohl nur dort sein – auf dem Markt, in Frankreich die Bildergeschichte von Asterix, dem Gallier. ‚Comic', komisch, nennen so etwas die Briten. Wer motorisiert ist, kommt auf zwei Rädern namens Kreidler, Zündapp oder NSU daher. Heinz Erhardt, der komische, ist unter den drei beliebtesten deutschen Schauspielern. Musik gegen Geld kommt aus der Jukebox, und die Jugend trägt – wenn sie darf – erstaunliche ‚Nietenhosen' aus derbem blauem Stoff, Marke ‚nicht gesellschaftsfähig'.

Und in Stuttgart? 38.000 Familien suchen dringend Wohnungen, 1.086 Menschen leben behelfsweise noch in Bunkern. Das Kaufhaus Schocken, international berühmte Vorkriegsarchitektur, wird abgerissen, das wieder aufgebaute Mineralbad Berg eingeweiht, mitsamt Milchbar, ohne die es in dieser Zeit nicht geht. Die Kommune und das Kaufhaus Breuninger bauen zwei Parkhäuser für 500 Autos. Oberbürgermeister Dr. Arnulf Klett, seit 1945 Stadtoberhaupt, soll bei einem Vortrag Stuttgarts aktuelle Verkehrsprobleme des Jahres 1959 auf den Punkt bringen – Redezeit anderthalb Minuten. Er tut es: „Straßendurchbrüche, Einführung des Mehrebenenverkehrs, Schaffung einer ausreichenden Zahl von Parkhäusern in der Innenstadt, Elektrifizierung und Ausbau der Bahnverbindung in die befreundete Schweiz, Bau einer Autobahnverbindung in derselben Richtung, Verlängerung der Startbahn des Flughafens, Bau der noch fehlenden zweiten Schleusen des Neckarkanals, Verteidigung gegen die einseitig zu Lasten des Stuttgarter Hafens sich auswirkenden Tarifmaßnahmen der Deutschen Bundesbahn und dann noch das Bemühen um die Pflege eines möglichst ungetrübten Verhältnisses zum Bundesverkehrsministerium unter Vermeidung jeglichen Kraches mit dem Herrn Bundesbahndirektionspräsidenten in Stuttgart!“ (1).

Was sich in Stuttgarts Verkehrsgeschehen aber auch tut: Am 2. Juni 1959 findet sich eine Handvoll Journalisten in der damaligen SSB-Hauptwerkstatt im Stadtteil Ostheim ein. Den Anlass beschreiben die Stuttgarter Nachrichten tags darauf so: „Der neue Straßenbahntyp. Ein moderner Großraum-Gelenkwagen. – Wenn nicht alles trügt, dann haben die Stuttgarter Straßenbahnen jetzt nach vielerlei Versuchen ihren Wagentyp gefunden. Es handelt sich um einen Großraum-Gelenkwagen mit 165 Plätzen – darunter nur 38 Sitzplätze –, bei dem auf das mittlere Drehgestell der bisherigen Großraumwagen verzichtet werden kann. Je zwei dieser Wagen lassen sich zusammenkuppeln, wobei die zwei Motoren des hinteren Wagens mit zum Antrieb des Zugs verwendet werden. Professor Bockemühl, der technische Direktor der Straßenbahnen, erläuterte am Dienstag der Presse die technischen Einzelheiten des neuen Typs, der jetzt in die letzte Erprobung geht. Man will dann keine anderen Typen mehr bauen oder umbauen. 42 solcher Fahrzeuge sind bei der Maschinenfabrik Esslingen bereits in Auftrag gegeben. (Elektrische Ausrüstung Firma Kiepe, Düsseldorf; Motoren AEG, Berlin; Druckluftbremsen Bosch). Man hofft, sie noch in diesem Jahr zu erhalten (...).

Oberingenieur Herdtle, der Leiter der Straßenbahn-Hauptwerkstätten, setzte sich bei der ersten öffentlichen Versuchsfahrt selbst ans ‚Steuer' und dokumentierte Anzugsfähigkeit, Wendigkeit und ruhigen Lauf des ersten Wagens, der jetzt geliefert worden ist. Übrigens kann der Schaffner – also nicht nur der Fahrer – von seinem Sitz aus bei Gefahr zwei verschiedene Notbremsen betätigen. Frühestens vom 25. Juni an wird der neue Wagen als erste ‚Schwalbe‘ (bis der ‚Sommer' in Gestalt vieler weiterer Fahrzeuge folgt) „auf den Linien 5 oder 6 verkehren.“ Die Bildunterschrift verheißt neutral-skeptisch: „So sollen wir künftig Straßenbahn fahren.“

Die Stuttgarter Zeitung notiert ebenfalls am 3. Juni in einem beiläufigen Einspalter ohne Foto: „Neuer Standard-Typ der Straßenbahn – Künftig Großraum-Gelenkwagen für 330 Personen. – Am Dienstag haben die Stuttgarter Straßenbahnen

Links | ‚Alle lieben Peter' verheißt 1959 die Kinowerbung in der Königstraße. Der GT 4 muss sich zu dieser Zeit die Zuneigung erst noch erwerben. | Archiv SSB

Oben | Unten ohne: An Wagen 502 demonstrieren die SSB im Gleisbauhof Stuttgart-Wangen, wie der GT 4 zusammengesetzt ist (1959). | Archiv SSB

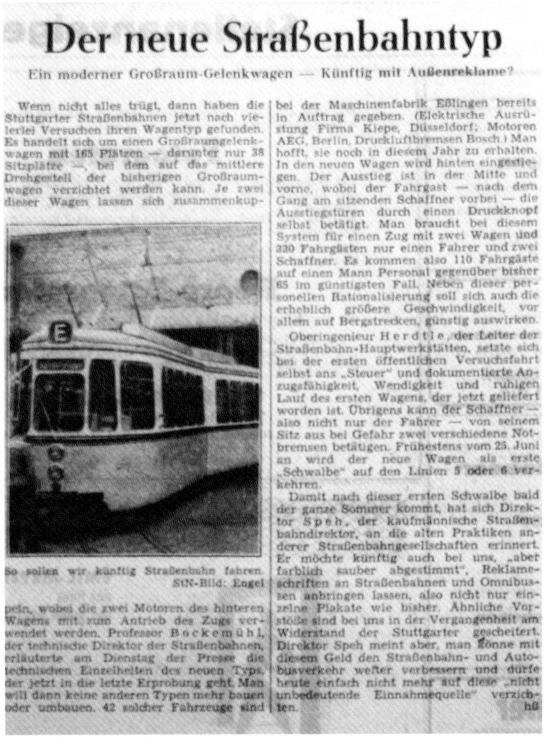

Der neue Straßenbahntyp

Ein moderner Großraum-Gelenkwagen — Künftig mit Außenreklame?

Wenn nicht alles trügt, dann haben die Stuttgarter Straßenbahnen jetzt nach vielerlei Versuchen ihren Wagentyp gefunden. Es handelt sich um einen Großraumgelenkwagen mit 165 Plätzen — darunter nur 38 Sitzplätze —, bei dem auf das mittlere Drehgestell der bisherigen Großraumwagen verzichtet werden kann. Je zwei dieser Wagen lassen sich zusammenkuppeln, wobei die zwei Motoren des hinteren Wagens mit zum Antrieb des Zugs verwendet werden. Professor Bockemühl, der technische Direktor der Straßenbahnen, erläuterte am Dienstag der Presse die technischen Einzelheiten des neuen Typs, der jetzt in die letzte Erprobung geht. Man will dann keine anderen Typen mehr bauen oder umbauen. 42 solcher Fahrzeuge sind bei der Maschinenfabrik Eßlingen bereits in Auftrag gegeben. (Elektrische Ausrüstung Firma Kiepe, Düsseldorf; Motoren AEG, Berlin, Druckluftbremsen Bosch.) Man hofft, sie noch in diesem Jahr zu erhalten. In den neuen Wagen wird hinten eingestiegen. Der Ausstieg ist in der Mitte und vorne, wobei der Fahrgast — nach dem Gang am sitzenden Schaffner vorbei — die Ausstiegstüren durch einen Druckknopf selbst betätigt. Man braucht bei diesem System für einen Zug mit zwei Wagen und 330 Fahrgästen nur einen Fahrer und zwei Schaffner. Es kommen also 110 Fahrgäste auf einen Mann Personal gegenüber bisher 65 im günstigsten Fall. Neben dieser personellen Rationalisierung soll sich auch die erheblich größere Geschwindigkeit, vor allem auf Bergstrecken, günstig auswirken.

Oberingenieur Herdtle, der Leiter der Straßenbahn-Hauptwerkstätten, setzte sich bei der ersten öffentlichen Versuchsfahrt selbst ans „Steuer“ und dokumentierte Anzugsfähigkeit, Wendigkeit und ruhigen Lauf des ersten Wagens, der jetzt geliefert worden ist. Übrigens kann der Schaffner — also nicht nur der Fahrer — von seinem Sitz aus bei Gefahr zwei verschiedene Notbremsen betätigen. Frühestens vom 25. Juni an wird der neue Wagen als erste „Schwalbe“ auf den Linien 5 oder 6 verkehren.

Damit nach dieser ersten Schwalbe bald der ganze Sommer kommt, hat sich Direktor Speh, der kaufmännische Straßenbahndirektor, an die alten Praktiken anderer Straßenbahngesellschaften erinnert. Er möchte künftig auch bei uns, „aber farblich sauber abgestimmt“, Reklameschriften an Straßenbahnen und Omnibussen anbringen lassen, also nicht nur einzelne Plakate wie bisher. Ähnliche Vorstöße sind bei uns in der Vergangenheit am Widerstand der Stuttgarter gescheitert. Direktor Speh meint aber, man könne mit diesem Geld den Straßenbahn- und Autobusverkehr weiter verbessern und dürfe heute einfach nicht mehr auf diese „nicht unbedeutende Einnahmequelle“ verzichten. hß

So sollen wir künftig Straßenbahn fahren. StN-Bild: Engel

Oben | Ein Zweispalter zum Debut: Stuttgarter Nachrichten vom 3. Juni 1959

Rechts | Für jeden etwas dabei: Bunte fähnchengeschmückte Versammlung vor der Halle Feuerbach, 13. September 1960. | Joachim von Rohr

ein sogenanntes Großraum-Gelenkfahrzeug vorgestellt, das die Maschinenfabrik Esslingen hergestellt hat. Bei diesem Gelenkwagen wird das mittlere Drehgestell eingespart. (...) Der neue Wagen erreicht eine Höchstgeschwindigkeit von 60 Stundenkilometern (...), so daß sich die Fahrzeiten verringern werden. (...) Auch die Schwenktüre ist eine Neuerung: Sie gibt die volle Breite der Türöffnung frei. Ein Höchstmaß an Sicherheit garantieren drei voneinander unabhängige Bremsen. – Nach Ansicht von Direktor Speh wird das neue Fahrzeug zum Standardtyp der Stuttgarter Straßenbahnen werden. – Die erste Probefahrt überzeugte von der Geschwindigkeit, der ruhigen Fahrweise und der modernen Ausstattung des Wagentyps, in dem allerdings nicht mehr geraucht werden darf. An Stelle von Holz sind im Innern nur noch Kunstplatten verwendet, die sich auch besser reinigen lassen. (...) Auch ein neuartiger Fußbodenbelag sei erwähnt (...).“ Wichtiger für die Leser ist an diesem Tag offensichtlich der neue Fahrplan der Bundesbahn – seine Details nehmen eine halbe Zeitungsseite ein.

Das städtische Amtsblatt informiert am gleichen Tag zwischen Meldungen über Luftfrachtrekord und Neckarkanalbau: „Straßenbahn setzt Großraum-Gelenkfahrzeuge ein. (...) Die Fahrgäste müssen künftig ausschließlich hinten einsteigen. Ausstiege befinden sich dagegen in der Mitte und vorn. Sie können von den Fahrgästen selbst bedient werden. Der neue Gelenkwagen besitzt zwei Motoren, die auf den Bergstrecken bei voller Besetzung eine Geschwindigkeit von 30–32 km/h gestatten. Diese Geschwindigkeit liegt um rund 10 km/h höher als bei allen früheren Typen. Der erste neue Wagen soll schon Ende Juni eingesetzt werden.“ Schon einen Tag später wird im Amtsblatt, Degerloch betreffend, ergänzt: „Die öffentlichen Verkehrsmittel sind nicht nur in anderen Stadtteilen, sondern auch von der berufstätigen Degerlocher Bevölkerung mitunter heftig diskutiertes Thema. Der Straßenbahndirektion ist es aber durchaus bekannt, dass bei der Weinsteigbahn zu den Hauptverkehrszeiten nach wie vor unerfreuliche Verhältnisse herrschen.“ Gemeint ist starke Überfüllung und als unnötig betrachtetes Umsteigen. „Die SSB haben den Bau von 42 Stück 18 Meter langen Gelenkwagen in Auftrag gegeben, von denen bis zum Dezember 30 und der Rest 1960 geliefert werden sollen. Jeweils zwei Wagen zusammengehängt ergeben 36 Meter lange Züge, die nur auf den Linien 5 und 6 Verwendung finden. (...) Sollte es zudem möglich sein, die Züge außerhalb der Hauptverkehrszeiten nicht nur alle 10 Minuten, sondern alle 7 Minuten fahren zu lassen, so wäre den bisherigen Missständen bestimmt in jeder Hinsicht abgeholfen.“ Das ist dann auch schon die öffentliche Resonanz auf den ‚Neuen‘. Einzig die SSB-Mitarbeiterzeit-

E
Feuerbach
13
Feuerbach
507
2525

Oben | Das Flaggschiff: Titelseite der SSB-Mitarbeiterzeitschrift, August 1959.

Rechts | Auf Probefahrt auf der Neuen Weinsteige, 16. Juli 1959. Wieder ist der Stromabnehmer beim zweiten Wagen gesenkt. | Hans Schwarz

schrift ‚Über Berg und Tal' widmet dem GT 4 natürlich mehr Raum: „Elegant und rationell – Die neuen Großraumwagen sind eingetroffen. – Elegant im Innern, elegant im Äußeren – das ist der erste Eindruck (...). Der Techniker stellt fest, daß diese neuen Vierachser mit zwei Drehgestellen, die durch einen Gelenkträger verbunden sind, auskommen. Das mittlere Drehgestell konnte also entfallen.“ Durch die Gelenkigkeit auch des Aufbaues „wird erreicht, daß alle Kurven ohne große Seitenausschläge befahren werden können. – Der Fahrgast bemerkt, daß diese Wagen bequem und gefällig sind. Ihr Inneres ist geschmackvoll und ansprechend, die Innenwände sind mit einem abwaschbaren Kunststoff verkleidet, der in einem hübschen Muster gehalten ist. (...) Die Polsterung der Sitze ist komfortabel.“ Von Einsparungen ist auch sogleich die Rede: Durch das größere Platzangebot Richtung Möhringen könne jeder zweite Zug der Verstärkerlinie 16 künftig wegfallen. Anstelle von vier Mitarbeitern beim bisherigen Drei-Wagen-Zug aus Zweiachsern spare man einen Mann ein. „Die angenehme und ruhige Fahrweise dieser schnittigen und gefälligen Fahrzeuge bringt weitere Vorteile:“ Der Antrieb beider Wagen, vom Fahrer gemeinsam gesteuert, lasse den Zug die Bergstrecken schneller bewältigen, spare somit Zeit und Umläufe. Außerhalb der Hauptverkehrszeit könne der ‚hintere‘ Schaffner vor dem Betriebshof selbstständig den zweiten Wagen abkuppeln und wegfahren, ebenfalls eine Zeitersparnis. Die von der Maschinenfabrik Esslingen (ME) geschaffene neue Fahrzeugserie „dürfte wohl den Anforderungen, die der moderne Massenverkehr stellt, in jeder Hinsicht gewachsen sein“, so das Fazit von ‚Über Berg und Tal'.

Der Magie einer technischen Bezeichnung ist sich noch niemand bewusst: Dass der Neue auf die Bezeichnung GT 4 ‚hört‘, liest man öffentlich noch nicht. Sie steht für den Terminus ‚Gelenktriebwagen mit vier Achsen‘. Und weil es 1959 mit Bremen und München noch andere Betriebe gibt, die ebenfalls solche Fahrzeugtypen beschaffen, wenn auch nach einem gänzlich anderen Bauprinzip und von anderen Lieferanten, trägt die Konstruktion nach der ‚Heimatstadt‘ des ‚Erstgeborenen‘ offiziell den Zusatz ‚S‘ für Stuttgart, einem alten Brauch der Herstellerfirmen folgend. Auch der heutige Stuttgarter Stadtbahn-Doppeltriebwagen heißt S-DT 8.

„Schnittig und gefällig" – Der Neue von 1959

HH
2
2
1

Klare Entscheidung – aber für was?

Stuttgarter Verkehrsnöte der 1950er Jahre

Dicht an dicht: In der Doppelhaltestelle Schlossplatz stehen die Bahnen mehr, als sie fahren (1956). | Dieter Göthel

Als der GT 4 anfangs auftrat, war die Straßenbahn in Stuttgart eine – aus heutiger Sicht – beschauliche, doch wenig effektive Einrichtung, was allerdings nicht am Unternehmen lag. Alle Durchmesserlinien drängten über die einschlägigen Knotenpunkte wie Bahnhofsvorplatz und Charlottenplatz, massiv behindert vom übrigen Straßenverkehr. Charakteristisch waren die ‚Straßenbahn-Geleitzüge' besonders auf dem Schlossplatz, wo in der Hauptverkehrszeit bald ein Dutzend Kurse oder mehr aufeinander auflief und in einer Reihe hintereinander stand, ohne dass es richtig weiterging. Wer von den Passagieren gut zu Fuß war, verließ eilends seinen eben ‚hinten' angekommenen Straßenbahnwagen und

'hechtete' nach vorne, denn da stand vielleicht gerade noch der vormalige oder gar vorvorige Kurs 'seiner' Linie in der langen Schlange abfahrbereit. So konnte man früher am Ziel ankommen, als das fahrplanmäßig eigentlich möglich gewesen wäre – aber solche sportlichen Einlagen taugten schlecht zum allgemeinen Maßstab für die öffentliche Mobilität. Attraktive Reisezeiten ließen sich so nicht erreichen.

Um die Umstände, Zwänge, Philosophien und Ziele zu verstehen, welche die Stadtplanung und die SSB seit 1945 beschäftigten und somit auch die Fahrzeugbeschaffung beeinflussten, ist ein etwas weiter gefasster Rückgriff nötig. Das Hauptproblem der SSB bildeten nicht zu wenige, sondern – wenn man so will – zu viele Fahrgäste. 1930 besaß Stuttgart rund 360.000 Einwohner, 1940 rund 100.000 mehr, aber 1950 überschritt man bereits die halbe Million (2). Man ahnte nicht, dass 1960 mit rund 640.000 Menschen noch immer nicht die Spitze erreicht sein würde. Der Zuzug, vor allem durch Flüchtlinge und Heimatvertriebene, richtete sich keineswegs nach dem vorhandenen Wohnraum. Vielmehr duldeten die Franzosen in der von ihnen besetzten Zone mit Südwürttemberg und Baden zunächst keine Vertriebenen, anders in der 'Ami-Zone', die Stuttgart mit einschloss. Also gehörte der Wohnungsmangel nach Kriegsende 1945 für fast zwei Jahrzehnte zum kommunalpolitischen Dauerbrenner: Gab es 1950 erst 117.000 Unterkünfte, war 1955 ein Stand von 157.000 Wohnungen erreicht (1963 würden es 201.000 sein, 1971 – bei mehr Wohnfläche für weniger Menschen – 223.000). Neben zusätzlicher Bebauung in den Stuttgarter Ortsteilen boten neue Stadtteile auf der sprichwörtlichen grünen Wiese die einzige 'große' Lösung. So entsprach die Eröffnung neuer Streckenabschnitte der SSB einem existenziellen Bedürfnis: 1950 von Zuffenhausen bis Stammheim, 1954 vom gleichen Ausgangsort zum Rotweg (heute: Rot), der mit 15.000 Einwohnern damals größten Neubausiedlung auf Stadtgebiet. Weitere Niederlassungen wie Dürrlewang oder Hoffeld erhielten zwar – anstatt der geplanten Straßenbahnverlängerungen – vorläufig SSB-Omnibusanschluss, aber auch dies brachte weitere Kunden für die Straßenbahnlinien.

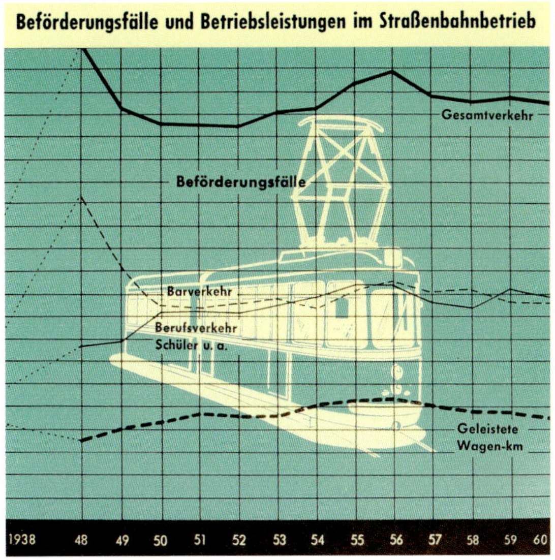

Zudem waren große Teile von Industrie und produzierendem Gewerbe seinerzeit noch in der Innenstadt und ihrer direkten Umgebung angesiedelt. Die Attraktivität für Einpendler aus dem Umland, 1929 noch 26.000 per Reichsbahn kommende Personen, stieg bis 1958 auf 109.000, einem für Westdeutschland damaligen Rekordwert (1972 würden allerdings 133.000 Einpendler erreicht sein und 2004 nunmehr 204.000). Die schon vor dem Krieg begonnene Erwägung, eine Vorortlinie der Eisenbahn unter dem Hauptbahnhof durch bis zu einer unterirdischen Schleife im Bereich der damals so genannten Roten Straße (heute Rotebühlstraße) zu verlängern, war 1952 bis 1955 unter dem Arbeitstitel „Stadtbahn Stuttgart" von der Bundesbahn weiter verfolgt worden, hatte also nichts mit der heutigen Stadtbahn Stuttgart zu tun. Aber wegen der hohen Kosten fehlte es an Beschlüssen. Gleichwohl beschäftigten sich auch andere Gemeinwesen mit der ‚Unterpflasterbahn': Mitte bis Ende der 1950er Jahre kamen etwa in Frankfurt/Main, Basel oder Zürich U-Bahn-Pläne auf. Während man am Main und anderswo noch über die Alternative einer Einschienen-Hochbahn, der so genannten Allweg-Bahn, nachdachte, präsentierte Brüssel zur Weltausstellung 1958 bereits eine auf Innenstadtabschnitten unterirdische Straßenbahn (3).

Zu viele Fahrgäste – zu wenig Platz

1956 erreichten die SSB mit 190 Millionen Fahrgästen auf der Schiene eine bis heute nicht mehr erreichte Rekordzahl, durch den Busverkehr nahmen die Leistungen aber noch weiter zu. Mehr Straßenbahnzüge, um dem Andrang Herr zu werden, waren nicht mehr unterzubringen, speziell wegen des Flaschenhalses auf der unteren Königstraße, wo 1958 „während der Flutzeit" (also der Hauptverkehrszeit) „eine Wagenfolge von 35 Sekunden notwendig wurde, die nicht weiter verdichtet werden konnte", wie Alt-SSB-Direktor Loercher im gleichen Jahr festhielt. „Überfüllung – Thema eins der Stuttgarter Straßenbahn" bilanzierte 1959 die Stuttgarter Zeitung. Schon zuvor galt, was SSB-Betriebsleiter Helmut Seeger Mitte 1960 angesichts von Zugfolge, Verkehrsdichte, Überbesetzung, Personalmangel und erschöpftem Straßenraum sagte: „Die Straßenbahn ist am Ende!" Bereits 1951 hatte allerdings SSB-

Linke Seite | Alle Wege führen zum Schlossplatz – und fast alle Linien. Abendliche Rush-hour, 22. Mai 1954 | Jörg Ißler

Mitte | Sehnsüchtige Blicke: Einwohner wären genug da – aber keine Unterkunft! Symbolfoto aus ‚Über Berg und Tal' 3/1959

Rechts | Der Andrang steigt langsam aber sicher, doch die kostendeckenden Bartarife verfallen immer mehr: Die Probleme der SSB im Schaubild, in ‚Über Berg und Tal' 1961

Technikchef Prof. Alfred Bockemühl dem Gemeinderat gesagt, es sei „kein Geheimnis, dass der Verkehr in Stuttgart einer Katastrophe zutreibt." 1953 mahnte Bockemühl, eine – andernorts zu beobachtende – Tendenz der Umstellung von der Straßenbahn auf den Bus sei ein Irrweg, da sie keine Probleme löse und die Verkehrsfläche dadurch keineswegs zunehme. Der Verkehrsexperte Kurt Leibbrand vom Verband öffentlicher Verkehrsbetriebe stellte 1954 fest, „dass heute schon in manchen Städten sich der Verkehr in unerträglicher Weise zusammenballt." Aus Stockholm zitierte Leibbrand die Erkenntnis von 1952, „es wäre eine Illusion anzunehmen, daß man die durch Vorausberechnungen ermittelte Auto-Verkehrsmenge tatsächlich bewältigen kann." Sein Fazit für alle Verkehrsträger: „Wir brauchen zuerst eine Gesamtkonzeption!"

Gleichwohl ging die Stadt schrittweise voran: 1956 wurde ein Generalbebauungsplan festgelegt und mit den Flächennutzungsplänen der Umlandgemeinden abgestimmt. Als Entwicklungsraum der Zukunft – innerhalb städtischer Flächen und außerhalb davon in akzeptabler Nähe – galt die Filderebene zwischen Vaihingen und Neuhausen; etwa 180.000 zusätzliche Bewohner sollten dort unterkommen können. Der Plan legte auch einen so genannten Cityring und das künftige Hauptstraßennetz fest. Da die Probleme von Schiene und Bus ebenfalls drängten, beschloss der Gemeinderat am 17. Januar 1957 eine weitere Studie: ‚Die Verkehrsuntersuchung über die Gestaltung des öffentlichen Nahverkehrs im Raume Stuttgart.' Verfasser war Prof. Dr. Walther Lambert (1908 – 1987), der Direktor des Verkehrswissenschaftlichen Instituts an der Universität Stuttgart; der eingebundene Kommentar zu Lamberts Erarbeitung kam von Prof. Dr. Max-Erich Feuchtinger und betraf nur die Frage, wie sich Lamberts Vorschläge auf den Straßenverkehr auswirken würden. Die Aufgabenstellung für Lambert lautete, auf Grundlage des Generalbebauungsplanes und der beschlossenen Straßenbauten Vorschläge für die Weiterentwicklung des öffentlichen Verkehrs zu machen. Lambert sollte ausdrücklich nicht untersuchen, wie die Straßenplanung zugunsten einer Gesamtverkehrsplanung für Schiene und Straße noch hätte geändert werden können oder sollen.

Ebenso ausdrücklich hielt Walther Lambert jedoch in seiner Studie fest, dass seine auftragsgemäße Bearbeitung in „keiner Weise eine Billigung der Konzeption“ der städtischen Straßenplanung darstelle.

Im Mai 1959 lag das Gutachten Lambert/Feuchtinger vor. Lambert beschrieb den „ungewöhnlich starken“, durch die einzigartige Kessellage der Stadt hervorgerufenen Einpendlerverkehr, denn den 1956 gezählten 434.000 Beschäftigten standen gerade 618.000 Einwohner gegenüber. Von den 275.000 Binnenpendlern gingen immerhin 34 Prozent zu Fuß; wer von den anderen ein Fahrzeug nutzte, tat dies zu 73 Prozent per Straßenbahn, weil die Eisenbahn zur Innerortserschließung kaum eine Rolle spielte. Das ergab 133.000 tägliche Straßenbahnfahrgäste. Dies widerspreche der „allgemeinen Entwicklungsrichtung in Europa“, wo man Trambetriebe auf Bus umstelle, habe aber in Stuttgart seinen Ursprung im raschen Wiederaufbau des dichten Netzes und sei erfreulich, weil die Straßenbahn wesentlich leistungsfähiger sei.

Ausgehend von den 630.000 Einwohnern 1959 rechnete Lambert mit einer maximalen Ansiedlung auf den offenen Flächen – also vorwiegend auf den Fildern – bis zu 805.000 Menschen. Einer Prognose, wann dies erreicht sein würde, verweigerten sich die Experten klar – als ‚Planjahr‘ wurde jedoch 1985 angesetzt (1980 siedelten dann allerdings nur 580.000 Bewohner in der Metropole, bis 1990 waren es zudem 10.000 weniger).

„Schwerwiegende Entscheidung“

Weil die ‚Eisenbahnlücke‘ auf den Fildern offensichtlich war, sah Lambert für den öffentlichen

Links | Autos oben, Schiene unten: Verkehrsphilosophie der 1950er Jahre! | Repro aus ‚Über Berg und Tal‘ 2/1963.

Mitte | Hochstraßen durch die Stadt: Die Paulinenbrücke hätte nur der Anfang sein sollen. | Repro aus ‚Über Berg und Tal‘ 5/1960.

Rechts | Tagsüber geht es noch: Beschaulicher Herbstnachmittag am 2. Oktober 1960. | Joachim von Rohr.

Verkehr fast ausschließlich die Straßenbahn als anpassungsfähiges Erschließungsmittel an. Außerdem war das Projekt einer großen eigenständigen Retortensiedlung, der ‚Neuen Stadt' – am Schönbuchtrauf in der Umgebung von Plattenhardt – offiziell ad acta gelegt worden, aber die Planer hielten für den Fall einer Wiederbelebung dieser Idee eine Schienenverbindung für angebracht. Professor Lamberts Resümee war eindeutig: Die Straßenbahn habe „überragende Bedeutung" für Stuttgart, deshalb „muss jede geeignete Maßnahme ergriffen werden, damit auch künftig der günstige hohe Anteil des öffentlichen Verkehrs erhalten bleibt." Lambert plädierte für ein Nebeneinander von öffentlichem Verkehr und Individualverkehr, wobei ersterer ohne Einschränkungen funktionsfähig bleiben müsse. Auf der Hand lag für ihn die künftige räumliche Trennung beider Verkehrsarten, aus Platzgründen in zwei Ebenen übereinander. Als Grundsatzfrage machte der Universitätsprofessor aus: Wo die Tram bereits einen eigenen Fahrweg besitze und nur Kreuzungen zu entflechten seien, könne sie ‚oben' bleiben. Wo dafür aber – wie mehrheitlich in Stuttgart – keine Fläche dafür übrig sei, müsse die Schiene in die unterirdische ‚zweite Ebene'. Ihre Vorteile, der geringe Raumbedarf und das Fehlen eines Ausstoßes von Abgasen, machten diese Lösung bei „weitem wirtschaftlicher als für die wenig leistungsfähige Straße." Damit war angesichts der topografischen Lage der Landeshauptstadt diese Entscheidung im Prinzip bereits getroffen.

Als künftige Verkehrsmittel stellte Lambert die herkömmliche Straßenbahn, die unterirdische Straßenbahn (U-Strab) und die U-Bahn, sowie die Vorort-Schnellbahn (S-Bahn) zur Diskussion. Das ‚U' „bezeichnet den Bahntyp, nicht die Raumlage:" Es stehe für den „unabhängigen Bahnkörper", der außerhalb der City oberirdisch verlaufen könne, jedoch stets kreuzungsfrei auf Dämmen oder in Einschnitten. Für ein richtiges U-Bahn-Netz mit den Linien Vaihingen – Hauptbahnhof – Zuffenhausen/Rot, Möhringen – Hauptbahnhof – Fellbach sowie Nellingen – Sillenbuch – Wagenburgtrasse – Hauptbahnhof – Vogelsang sah der Experte zu seinem Bedauern keinen Bedarf, auch wenn ein solches Konzept „absolut zukunftssicher" hätte sein mögen. Auch die nötige Umstellung ‚auf einen Schlag', die Jahrzehnte dauernde Bauzeit und Vorfinanzierung ohne Nutzen sowie der für die Attraktivität wenig förderliche oftmalige Umsteigezwang, zumal auf den Bus, wurden als Nachteile gesehen. Vor allem sprach gegen eine ‚echte' U-Bahn aber die Kollision von drei- und mehrstöckigen unterirdischen Knotenpunkten mit der S-Bahn-Planung und dem vorgesehenen Citystraßenring, der ja ebenfalls zum Teil Untertunnelungen der Straßenknoten vorsah. Zu tief, zu teuer – so realistisch war Walther Lambert. Die alternative U-Straßenbahn allerdings, so warnte er, könne durch die ganz andersartig zu gestaltende Netzkonzeption, unterirdische Wendeschleifen und unterirdische höhengleiche Kreuzungen (!) keineswegs „zur Keimzelle" einer später vielleicht doch begehrten U-Bahn werden. Es sei also, ein für allemal, eine „schwerwiegende Entscheidung zu treffen."

Für neue Trassen für eine U-Straßenbahn hingegen schlug das Gutachten zwei Linien vor: Eine sollte vom Hauptbahnhof über Schillerstraße – Kernerplatz (hier im Tunnel) – Gerokstraße – auf eigenem Bahnkörper – Ruhbank – Sillenbuch nach Nellingen führen, die zweite vom Hauptbahnhof/Planie in Hochlage über Olgaeck – Bopser, dann unterirdisch nach Degerloch und ab Degerloch West oberirdisch weiterfahren. Das restliche Strab-Netz sollte grundsätzlich beibehalten werden, allerdings waren die Strecken in der oberen Königstraße, Eberhard-, Blumen-, Alexander-, Haußmann- und der Nordbahnhofstraße aufzugeben (darunter also auch solche, die sich heute endgültig ins Stadtbahnzeitalter hinübergerettet haben). 17 Kilometer des Netzes, 44 Prozent, sollten zur Umstellung auf Bus überprüft werden. Das herausragendste Projekt, für das in diesem Fall aber bereits „die SSB Überlegungen angestellt" hatten, war die Neubaustrecke Rote Straße/Alter Postplatz (Stadtmitte) – Tunnel bis

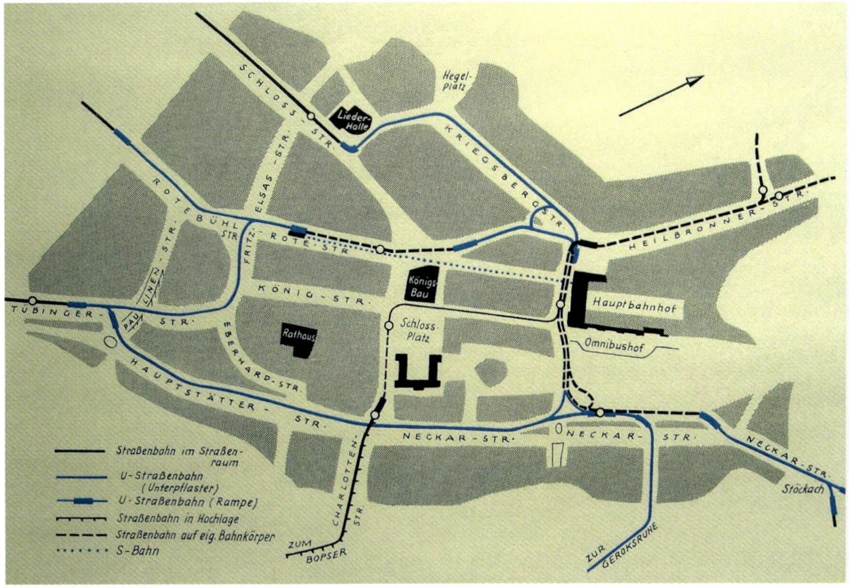

Große Pläne: Die S-Bahn allenfalls als Option, die Straßenbahn dagegen als dichtes unterirdisches Netz mit Wendeschleifen. | Aus ‚Über Berg und Tal', Juni 1960.

Pfaffensee/Universität – oberirdisch bis Vaihingen/Robert-Leicht-Straße, unterirdisch Ortskern Vaihingen – Dürrlewang – oberirdisch über Freibad Möhringen (bestehende Strecke) – Leinfelden – Neuhausen/Filder mit möglichem Abzweig nach Bonlanden/Aich. Allerdings stimmte diese Planung „mit dem Verlauf der projektierten S-Bahn praktisch überein", also dem Bundesbahnvorhaben, zeitweise auch ‚V-Bahn' (Verbindungsbahn) genannt. Experte Lambert sprach sich jedoch klar dafür aus, dass die Straßenbahn von der „City" auf die Filder fahren sollte, also auch über die Neubaustrecke, weil die nötige Grundlast für einen Bau als S-Bahn (Eisenbahn) nicht gegeben sei. Die S-Bahn, auch zwischen Hauptbahnhof und Stadtmitte, stufte er wegen der hohen Kosten und dem langen Bau generell nur als „letzte wertvolle Zukunftsreserve" ein, so dass sie in absehbarer Zeit nicht gebaut, aber bei der Tiefbauplanung berücksichtigt werden sollte.

Straßenbahn gegen Bundesbahn

Bei der Deutschen Bundesbahn (DB) las man diese Einschätzung freilich gar nicht gerne: „Der Verfasser neigt dazu, die Bedeutung der Straßenbahn zu stark hervorzuheben", lautete ein Kommentar (4). Schon bevor die Studie vorlag, drang im Januar 1959 der Disput nach außen: „Der Schienenkampf um den Fahrgast – Bundesbahn gegen Stuttgarter Straßenbahn – Wer soll uns auf die Filder fahren?" lauteten die Zeitungstitel. Die staatliche Bahn war verärgert, weil die Veröffentlichung der SSB über das „Schnellstraßenbahnprojekt" in direkter Konkurrenz zum erwiesenermaßen älteren Vorhaben der DB über die Unterpflasterbahn Hauptbahnhof – Filderraum stand. „Den Stuttgartern kann es gleichgültig sein, wer ihnen eine Schnellverbindung von Norden nach Süden baut (...)", fasste die Stuttgarter Zeitung zusammen: Es sollten sich „die zunächst noch feindlichen Planer zusammensetzen und gemeinsam an einem Schienenstrang ziehen, der uns schon lange fehlt."

Zurück zu Lamberts Studie, die sich nicht in Theorien erschöpfte: Für die Tunnelbauten machte sie konkrete technische Vorgaben. Der Tunnelquerschnitt sollte für alle Fälle für Meterspur- oder auch Normalspur-U-Bahn-Fahrzeuge mit einer Breite von 2,50 Metern bemessen sein. Eine gewöhnliche Zugeinheit sollte als Doppelzug fahren können und 37,50 Meter lang sein, jedoch sollten die Längen der Haltestellen vorsorglich für die Kombination Langzug (offenbar drei Einheiten)

Links | Noch größere Pläne: Die geplanten Schnellstraßenbahnen Innenstadt – Vaihingen und Innenstadt – Wagenburgtunnel – Stuttgart Ost – Nellingen (– Nürtingen). Beilage zur Stuttgarter Zeitung, 24. September 1960.

Rechts | Eigentlich fehlt nur noch der Gummibaum: So stellten sich die Planer die modernen Zeiten in der künftigen U(nterpflaster)-Straßenbahn vor. Aus ‚Über Berg und Tal' 1/1964.

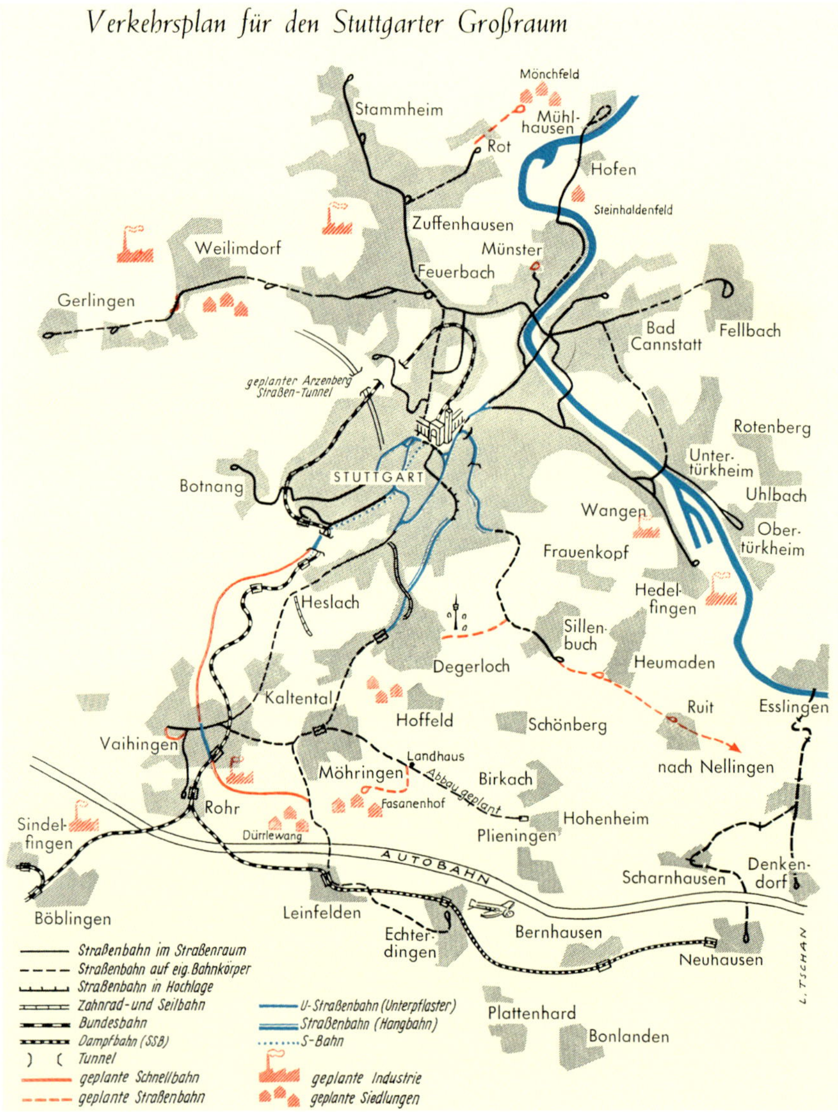

und Doppelzug (also zusammen fünf Einheiten) geeignet sein, jedenfalls insgesamt 92 Meter Länge aufweisen. Das für den Einsatz in den Tunneln als U-Straßenbahn von Lambert ausdrücklich erwähnte Fahrzeug war jedoch ein anderes: Wagenlänge 19 Meter, Zuglänge 38 Meter, in „Zugsteuerung", also Doppeltraktion gefahren – sein Name: der „GT 4". Dabei war zu der Zeit, als Lambert seine Ausarbeitung schrieb, von den Fahrzeugen noch kein einziges fertiggestellt. Laut Gutachten ging Lambert von einer Höchstgeschwindigkeit von 50 km/h, einem Haltestellenaufenthalt von 30 Sekunden an den bedeutenden Knoten und von 20 Sekunden an Zwischenhaltepunkten aus. Die Reisezeit, zum Beispiel von Degerloch West zum Hauptbahnhof, 23 Minuten, sollte sich mit der neuen Trassierung und dem neuen Fahrzeugtyp auf 16 senken, von Vaihingen Mitte zum Hauptbahnhof von 30 auf 23 Minuten. In der Studie hieß es abschließend: „Über das Kernproblem U-Bahn oder U-Strab muß seitens der zuständigen Stellen als erstes eine Grundsatzentscheidung herbeigeführt werden."

SSB-Technikchef Alfred Bockemühl betrachtete 1960 den Fall auf seine Weise: „Die große Leistungsfähigkeit der U-Bahn setzt natürlich das dafür nötige ‚Futter' voraus (...)." Lamberts Gutachten zeige, dass dies „bis zu einer geplanten Größe der Stadt Stuttgart mit 880.000 Einwoh-

nern noch nicht und auch später nicht vorhanden sein wird (...)", denn das Wachstum betreffe im wesentlichen nur die Umlandgemeinden, und die seien per Eisenbahn besser zu erreichen (5): „Vielleicht kommen wir der Lösung näher, wenn wir fragen, ob nicht ein vorhandenes Verkehrsmittel so gewandelt werden kann, daß es in sich selbst beide Systeme – U-Bahn und Straßenbahn – vereinigt." Die Kombination, die U-Strab, besitze in der Innenstadt die Vorteile einer U-Bahn, außerhalb die der Straßenbahn. Als wohl erstes Beispiel in Europa führte Bockemühl Brüssel an, wo das Konzept bereits funktioniere: Bei der Weltausstellung 1958 – der SSB-Aufsichtsrat hatte sich dorthin begeben – habe die dortige U-Straßenbahn den Andrang der Massen „glänzend bewältigt." Des SSB-Direktors Eindruck: „Es war die Generalprobe für die U-Straßenbahn-Idee." Das sah offenbar auch das städtische Gremium so: Am 20. April 1961 beschloss Stuttgarts Gemeinderat den Bau der U-Straßenbahn, wobei die Aktivitäten naheliegenderweise dort beginnen sollten, wo die Probleme am größten waren: zwischen Hauptbahnhof, Königstraße und Planie, auch wenn die eigentlichen Baupläne gegenüber Lamberts Vorschlägen noch einige Abwandlungen erfuhren. Jedenfalls: Die Zukunft für das Verkehrsmittel Straßenbahn – in etwas modernisierter Form – in Stuttgart war damit gesichert.

Zu dieser Zeit, Anfang 1961, waren etwa sieben Dutzend GT 4 ausgeliefert und in Betrieb; rund 1,5 Mio. Mark hatten die SSB mit Billigung der Stadt als handfeste Investition für die nächsten 20 Jahre bereits darin investiert; der hundertste Wagen wurde für Jahresmitte 1961 erwartet. Das wussten die Gemeinderäte bei ihrer Entscheidung. Der GT 4 war zur richtigen Zeit gekommen – gerade noch.

3

Gut gemeint, aber mit 25 Metern zu lang und zu unpraktisch für Stuttgarter Verhältnisse war Alfred Bockemühls Sechsachser GT 6. Wagen 3, der erste von der Maschienenfabrik Esslingen gelieferte dieser Bauart, sonnt sich am 9. März 1961 vor dem Betriebshof Degerloch. | Joachim von Rohr

Langer Weg zum kurzen Gelenkwagen

Die schwierige Fahrzeugbeschaffung der SSB 1945–1957

Wenn man die Entstehungsgeschichte des GT 4 genauer verstehen will, muss man ein gutes Stück zurückgreifen. Stuttgart ist für den Betrieb von Straßenbahnen schon immer – um im Bilde zu bleiben – ein anspruchsvolles, teures Pflaster. Schon die erste, normalspurige Pferdebahn wurde bald auf Meterspur umgestellt, damit es die Gäule mit den schmäleren Wägelchen auf den steilen Straßen leichter hatten. Mit dem elektrischen Betrieb konnten dann zwar auch die vielen lang andauernden Neigungen bewältigt werden, aber dafür waren stärkere Motoren und leichtere Bauweise als anderswo nötig. Bereits Paul Loercher, SSB-Technikchef von 1906 fast bis 1950, beklagte,

dass dem wünschenswerten Bau größerer Wagen Grenzen gesetzt seien, weil der geringe Platz zwischen den Rädern den Einsatz leistungsstärkerer Motoren nicht mehr zulasse. Man sieht: Fahrzeuge aus dem Standardprogramm eines Herstellers zu kaufen war für die Schwabenmetropole fast noch nie sinnvoll. Es hätte wohl auch dem schwäbischen Tüftlergeist widersprochen.

Aber Straßenbahnwagen ‚aus dem Katalog' gab es ohnehin nicht. Bei der Eisenbahn wurden die Fahrzeuge seit den 1870er Jahren und erst recht ab 1920 nach verbindlichen Mindestanforderungen und schließlich nach einheitlichen Typen für reichsweiten Einsatz gebaut. Aber bei der Straßenbahn? Zum einen galt es, verschachtelte Siedlungsgrundrisse, enge Durchfahrten durch ehrwürdige Stadttore und technische Relikte aus Pferdebahnzeiten zu berücksichtigen. Zum anderen spielte die atmosphärische Situation eine wichtige Rolle: Das nicht ohne Grund meist das Adjektiv ‚städtisch' stolz im Namen führende Verkehrsmittel Straßenbahn bildete von Anfang an ein demonstratives Zeichen kommunalen Selbstbewusstseins, so dass ein unverwechselbarer Stil der Fahrzeuge durchaus erwünscht war. Anders gesagt: Das Fahrzeug hatte sich dem Ort anzupassen, nicht umgekehrt.

Erst die wirtschaftliche Notzeit der 1920er Jahre und die Konkurrenz des Autos brachten erste Versuche zu einer Vereinheitlichung im Fahrzeugbau auf Seite der Hersteller. Und technisch aufgeschlossene Straßenbahndirektoren großer Betriebe stellten frühe Versuche an mit Niederflurtechnik, Gelenkwagen oder Leichtbaukonstruktionen. Zwar wären die Fahrgäste auch ohne solche Experimente gekommen, aber rascherer Fahrgastwechsel, größere Fahrzeugeinheiten, weniger Gewicht versprachen, auch wenn es nur um Sekunden oder Kilos ging, auf ein großes Gesamtnetz, Tag und Jahr umgelegt erhebliche Ersparnisse. So fuhr 1922 der erste Niederflurwagen in Stockholm, 1926 quietschte in Duisburg der erste Sechsachser um die Ecken, 1928 folgte in Dresden der erste dreiteilige Straßenbahnwagen.

Auch die SSB experimentierten 1937 zur Personaleinsparung – die Aufrüstung ließ grüßen – vorübergehend mit einem aus zwei kurzen alten Zweiachsern verschachtelten vierachsigen Gelenkwagen, oder was man dafür halten wollte. Wirklich durchsetzen konnten sich solche Neuerungen in Deutschland kaum. In den meisten

Streckennetzen stieß man auf zu viele Zwangspunkte, die Neukonstruktionen ergaben manches technische Problem, und es zeigte sich schlicht kein Anreiz: Das Geld reichte, der ‚Laden' lief – was wollte man mehr. Dass da aus Stuttgart, wo sozusagen das halbe Netz aus engen Kurven und langen Neigungen bestand, unter solchen Umständen keine Impulse für Straßenbahnfahrzeuge ‚von der Stange' zu erwarten waren, liegt auf der Hand.

Es ist bezeichnend, dass erst die Nazizeit mit ihrer Regelungswut, die in diesem Fall vor allem den Verbrauch des rüstungswichtigen Stahls steuern sollte, 1938 das Konzept für den sogenannten deutschen Einheitsstraßenbahnwagen hervorbrachte (6). In der eigentlichen Form setzte er sich nicht durch, obgleich Essen eine Vorserie bezog und Bochum und Berlin in leicht abgewandelter Form einige Exemplare erhielten, Berlin nur Beiwagen. Auch die SSB bestellten zwei Trieb- und zwei Beiwagen – für welchen Typ, weiß man nicht genau – und leisteten dafür 1942 eine erhebliche Anzahlung (7). Der ab 1943 dann wirklich in großer Zahl für viele Städte gebaute, erstaunlich ehrlich Kriegs-Straßenbahnwagen (KSW) geheißene Typ war gänzlich anders ausgelegt und diente, wie man sich vorstellen kann, anderen, wenn auch zivilen Zwecken.

Linke Seite | Früher Versuch: Der Stuttgarter „Gelenkwagen" 501 von 1937, der seinen Umbau aus zwei alten Zweiachsern nicht verhehlen konnte. Seine Fahreigenschaften dürften (vor allem in Gegenkurven) so gewesen sein, wie es sein verschachteltes Aussehen vermuten ließ. | Archiv SSB

Rechts oben | Modern, gewichtssparend und relativ schnell waren die zur Reichsgartenschau 1939 gelieferten Stahlwagen der Serie 701 ff (später in 601/801 ff umgenummert), die mit dem geplanten Reichs-Einheitswagen bereits viel gemeinsam hatten. Der nächste logische Schritt wäre der Übergang zum Vierachser gewesen. Betriebshof Degerloch, 28. September 1960. | Joachim von Rohr

Rechts unten | Viel (Steh-) Platz und wenig Komfort bot der reichsweit eingesetzte Kriegsstraßenbahnwagen (KSW). Zu den SSB stießen die ersten Wagen erst 1946 als Notlösung. Betriebshof Vogelsang, April 1958. | Joachim von Rohr

Keine Fahrzeuge, kein Geld

Für die SSB war nach den starken Bombenschäden in Stuttgart die Lage nach Kriegsende 1945 alles andere als günstig: Nur noch 27 Prozent der Triebwagen und 64 Prozent der Beiwagen, zusammen rund 300 Fahrzeuge, zeigten sich einsatzfähig. Obwohl man vorübergehend aus Pforzheim und Würzburg Wagen borgte, sank der Einsatzbestand, 1939 noch 380 Triebwagen, wegen des Mangels an Glas und Kupfer von 179 Triebwagen am Jahresende 1946 auf 117 im Frühjahr 1947. Gleichzeitig galt es, Ende 1946 schon 419.000 Einwohner zu bedienen gegenüber 266.000 zum Vorjahreszeitpunkt, weshalb sich das Verkehrsaufkommen – und das lief in dieser Zeit ja ausschließlich über die SSB – verdoppelt hatte. Die letzten vor dem Krieg beschafften Fahrzeuge waren die 24 für den Mehrverkehr zur Reichsgartenschau Stuttgart gelieferten und nach ihr benannten Wagen gewesen, erstmals mit Stahlaufbau (Tw 851 – 867). Selbstverständlich handelte es sich um eine speziell für Stuttgart entworfene Konstruktion, auch wenn die Fahrzeuge klare Merkmale des erwähnten Reichs-Einheitswagens erkennen ließen. Für weitere zehn Wagen für die SSB, vermutlich der selben Bauart, hatten die Lieferfirmen von der Regierung die benötigte Stahlmenge bewilligt bekommen, aber wahrscheinlich entstanden Geschütze daraus (8).

Deshalb beschloss der SSB-Aufsichtsrat noch am 11. Oktober 1945, sofort bei Fuchs in Heidelberg fünfzehn neue Triebwagen zu bestellen, später kamen nochmals acht dazu. Die ersten erschienen 1946 und gehörten wie die ganze Serie zur genannten KSW-Bauart (Tw 871 – 893). Somit erhielten die SSB damit erstmals einen nicht SSB-spezifischen Einheitstyp – und diese ‚Kriegs'-Wagen erfüllten ihren Dienst im Schwäbischen ironischerweise ausschließlich im Frieden.

Aufgrund eines Angebots der Maschinenfabrik Esslingen (ME) vom 5. September 1945 orderten die SSB außerdem gleichzeitig mit den Fuchs-Wagen auch 50 Triebwagen der erstmals 1926 gebauten 200er-Serie sowie 45 Beiwagen – so viele wurden dann jedoch nicht gebaut. Im Gegensatz zu den Vorkriegslieferungen wollten die SSB diese Wagen mit Stahlaufbau erstellen lassen. Doch weil dieser erneut zuteilungspflichtig war –

Die nächste Notlösung: Weil es an Stahl (und Geld) fehlte, wurden 1950 nach den alten Bauplänen von 1926 eilends nochmals Wagen mit Holzaufbau (aber etwas modernerer Technik) bezogen. Das drittgebaute Fahrzeug dieser Serie, Wagen 283, am 13. Mai 1960 in der Schleife Doggenburg | Joachim von Rohr nunmehr durch den ehemaligen Feind! – riet die ME nochmals zu Holzaufbauten (9). Auch dies brachte keine Beschleunigung, weil Esslingen auf Geheiß der Besatzungsmacht vorläufig nur noch Fahrzeuge für die wirtschaftlich wichtigere Eisenbahn herstellen durfte. Im Mai 1948 klagte SSB-Interimstechnikchef Paul Loercher vor dem Aufsichtsrat, der 1945 mit einjähriger Lieferfrist angenommene Auftrag sei „bis heute noch nicht einmal in Angriff genommen und auch in absehbarer Zeit nicht zu erwarten." Nach der Währungsreform 1948 wurde die Lage nicht besser: Die nunmehr für die Wagen geforderten Anzahlungen konnten die SSB nicht mehr leisten. Während die Rohstoffpreise stark stiegen, führte die politisch gewollte Einführung von verbilligten Sozialtarifen bei den SSB-Fahrscheinen zu Einnahmeverlusten. 42 Prozent der Fahrkarten erbrachten nur noch 27 Prozent der Einnahmen, 44 Prozent der Fahrgäste fuhren zu Tarifen unter den Selbstkosten. OB Klett wertete dies als Alarmzeichen: Noch nie hätten sich die SSB „in einer solchen Notlage befunden."

Erst als der Aufsichtsrat nach langer Diskussion im Dezember 1949 einer Tariferhöhung zum 1. Januar 1950 zustimmte, konnten die SSB die längst erwarteten Fahrzeuge nunmehr nochmals offiziell „sofort in Auftrag geben." Im August 1950 waren 20 Stück da (Tw 280–299), 1952 folgten zehn weitere „wie gehabt" (Tw 270–279). Trotz einiger technischer Neuerungen stellten diese Wagen mit ihrem Holzaufbau einen Rückschritt in die 1920er Jahre dar, vor allem angesichts der seit 1939 vorhandenen moderneren Bauart – aber was hätten die SSB tun sollen? Dazu kamen 50 mit provisorischen Mitteln gefertige Anhänger, ‚Pappdeckelwagen' genannt. Bis 1952, so Loercher 1963 zurückblickend, „war an eine Neuentwicklung nicht zu denken." Lediglich bei den Anhängern ließ sich ein gewisser Fortschritt etwas einfacher gestalten; hier lieferte Fuchs zwischen 1950 und 1953 in vier Tranchen insgesamt ganze 107 Beiwagen einer leichten, materialsparenden Stahlbauweise, SSB-Reihe 1300 ff. Überflüssig zu erwähnen, dass es sich wieder um eine spezifische Stuttgarter Bauart handelte, wenn auch zum Teil auf Grundlage von Fahrgestellteilen der KSW-Bauart, welche in Heidelberg noch ‚auf Halde' gelegen hatten. Inzwischen, schon 1950, hatte der Verband Öffentlicher Verkehrsbetriebe (VÖV) die Idee des Einheitswagens aufgegriffen und einen Stahlwagen Marke ‚Verbandstyp' präsentiert. Weshalb sie diesen nicht verwendeten, begründeten die SSB 1952 nicht nur mit dem dringenden Fahrzeugbedarf und dem noch 1950 herrschenden Stahlmangel, sondern auch mit dem geringeren Preis der ‚Holzwagen', schwäbisch sparsam. Vor allem aber wurde argumentiert, Stuttgart besitze bereits acht Wagentypen: „Die Beschaffung eines ‚Verbandstyps' hätte demnach für uns (...) nur eine neunte Type gebracht."

Was machen die anderen?

Während in Deutschland noch behäbige Zweiachser zum Standardangebot von Verkehrsindustrie und -betrieben gehörten, tat sich im Ausland ganz anderes. Mailand nutzte seit 1921 serienmäßig Gelenkwagen mit Fahrgastfluss und sitzendem Schaffner, und in den USA entwickelte ein Zirkel von Straßenbahndirektoren, das Electric Railway President Conference Committee, kurz PCC (eine Art Gegenstück zum deutschen VÖV), ab 1930 den gleichnamigen Wagen. Vierachsig, für Solobetrieb und als Ein-Richtungs-Wagen für Ein-Mann-Betrieb, prägten diese Fahrzeugtypen „bewusst oder unbewusst", so SSB-Betriebsleiter Helmut Seeger später, auch die Entwicklung in Europa. 1938 war der deutsche Einheits-Vierachser als Entwurf vorgestellt worden, 1940 beschaffte Zürich erstmals vierachsige Triebwagen. Kurz nach dem Krieg setzte Brüssel auf PCC-Wagen, Hamburg lieh 1951 einen davon aus. Weil, wie der VÖV feststellte, die Kosten der deutschen Straßenbahnunternehmen um etwa hundert Prozent, die Erlöse nur um etwa ein Drittel der Vorkriegszeit zugenommen hatten,

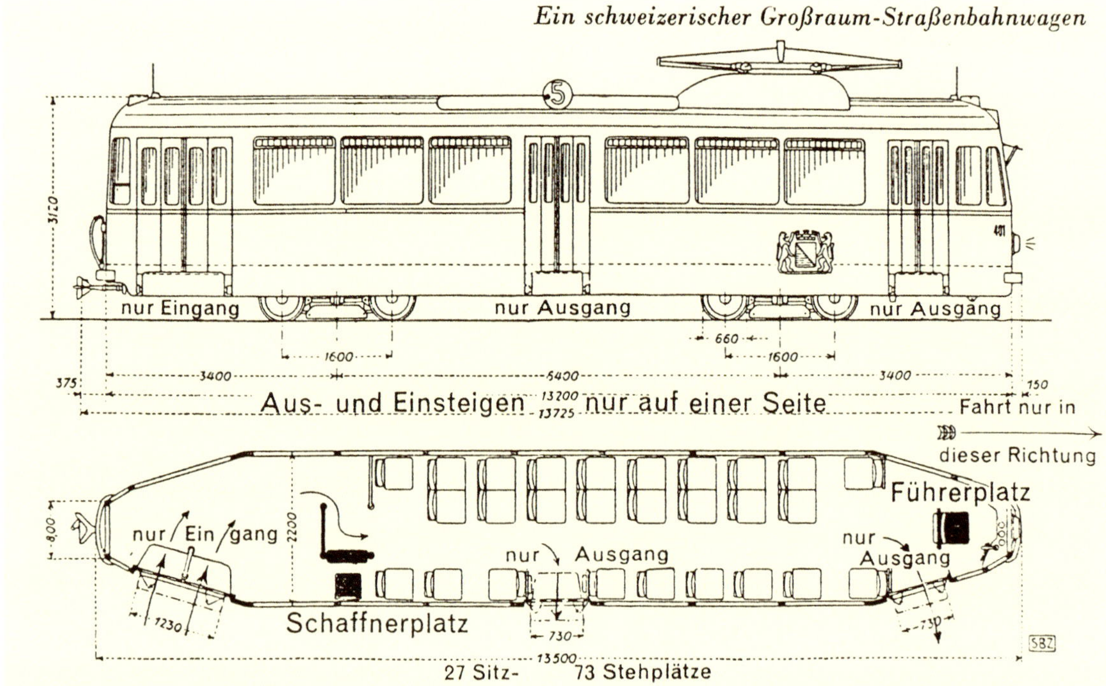

„verhinderte nur die dichte Wagenbesetzung einen wirtschaftlichen Zusammenbruch der Betriebe“, größere Fahrzeuge waren also ein wirtschaftliches Muss. 1950 stellte die Düsseldorfer Waggonfabrik (Düwag, später Duewag) einen auf europäische Verhältnisse zugeschnittenen, vom PCC-Typ beeinflussten Vierachs-Triebwagen mit 14,1 Metern Länge vor, der beifällig aufgenommen wurde: „Zwanzig Jahre hat er gebraucht, bis er endlich 1950 von einer Auslandstournee nach Hause kam und sich hier unter dem Namen Großraumwagen polizeilich meldete“, schrieb der VÖV 1953 mit belustigter Bewunderung. Damit verbunden war die Schilderung der Pflichten des Kunden im Wagen mit dem vielgerühmten ‚Fahrgastfluss‘, völlig neu für deutsche Verhältnisse: „1. Nur hinten einsteigen, 2. Baldmöglichst am Schaffner vorbeigehen, 3. Fahrgeld bereithalten, 4. Im Wagen möglichst weit nach vorne gehen. – Geschieht dies“, so der VÖV ahnungsvoll im Hinblick auf die eingefahrenen Gewohnheiten der eigenwilligen Germanen, „dann werden alle am Großraumwagen Freude haben.“ Auch die SSB ließen sich Pläne des Wagens kommen, aber von näheren Kontakten ist nichts bekannt (10).

Links | Der Zwang zu langen und schnellen Großfahrzeugen lag für alle Straßenbahnbetriebe auf der Hand: Werbeprospekt des Elektroausrüsters Brown, Boveri & C[ompagn]ie (BBC). Der stilisierte Sechsachser mit der schrägen Frontscheibe ähnelt nicht zufällig dem Neuentwurf der Düwag von 1950. | Archiv SSB

Rechts | Mitbringsel aus der Schweiz: Ein sinngemäßer Nachbau der neuesten Wagen aus Zürich war die Vorstellung von Alt-SSB-Direktor Paul Loercher, abgebildet in ‚Über Berg und Tal', August 1950.

Rechte Seite | Im Oktober 1949 tagte der Verband der öffentlichen Verkehrsunternehmen Deutschlands (VÖV) im unzerstörten Cannstatter Kursaal. Die Idee des Einheitswagens als Zwei- und Vierachser hatte, wie Modelle und Zeichnungen (ganz links und oben) zeigen, den Krieg überdauert. Wieder einmal eine Spezialausführung war für Stuttgart entworfen worden (Modell in der Mitte), doch von der „falschen" Firma MAN aus Nürnberg. Ganz rechts vorne der viel beachtete Münchener Dreiachser. | Emil Hatt, Archiv SSB

Bei den SSB beobachtet man aber schon zuvor das Geschehen aufmerksam: Im Aufsichtsrat führt Direktor Loercher am 31. Mai 1948 aus, wegen des verdoppelten Fahrgastaufkommens solle man sich „dem Vorgang nicht nur von Amerika, sondern auch von Italien, Schweiz (...) anschließen und Wagen mit doppeltem Fassungsvermögen (...) beschaffen", sprich Vierachser mit Fahrgastfluss, festem Schaffnerplatz und elektrisch angetriebenen Falttüren. Gegen einen Kauf in der Schweiz bei den Fabriken Pratteln oder Séchéron sprächen aber nicht nur die hohen Kosten von 290.000 Franken gegenüber etwa 85.000 Mark für einen Holzzweiachser, sondern auch die schlechte Eignung für die Stuttgarter Verhältnisse, die stärkere Motoren und verstärkte Bremsen erfordere. Genau ein Jahr darauf, am 30. Mai 1949, ist man einer Stuttgarter Spezialausführung wohl näher gekommen. Der kaufmännische SSB-Direktor Wilhelm Schrag erklärt, „die vorschlagene neue Wagentype soll im Prinzip nach den amerikanischen PCC-Wagen konstruiert werden."

Von dem neuen Wagen nunmehr überzeugt, genehmigt der Aufsichtsrat den Kauf von je zehn vierachsigen Trieb- und Beiwagen zum Preis von je maximal 200.000 Mark. Näheres über die Fahrzeuge oder gar den Hersteller weiß man heute nicht. Denkbar wäre jedoch ein Zusammenhang mit der Entwicklung der Maschinenfabrik Augsburg-Nürnberg (MAN), einem traditionellen Straßenbahnhersteller und am Zustandekommen der Einheitsplanung von 1938 nicht unbeteiligt. Denn die Nürnberger entwickeln 1949, möglicherweise auf eigene Faust, „für Stuttgart neue 4-achsige Ein-Richtungs-Triebwagen in Stahlausführung und Beiwagen in Leichtmetallausführung", zwecks Gewichtsersparnis für die steilen SSB-Linien, weil man mit den Schwaben ins Geschäft kommen will. Ein Miniaturmodell eines Vierachsers für Stuttgart wird auf der Jahrestagung der Arbeitsgemeinschaft öffentlicher Verkehrsbetriebe – des Vorläufers des VÖV – 1949 gezeigt (11).

Zunächst aber müssen sich die SSB mit Hausmannskost begnügen: „Von den vorgesehenen Großraumwagen können (...) die ersten Mitte 1951 eintreffen", stellt Wilhelm Schrag am 21. Dezember 1949 fest. Doch dauere die Erprobung nochmals drei bis sechs Monate, bevor überhaupt an eine Serienlieferung zu denken sei: „So lange aber dürfen wir nicht warten." Weil die modernen Wagen platzbedingt sowieso nur auf den Linien 1, 5 und 16 fahren könnten, sei die „Zwischenlösung" in Form des Nachbaues der bewährten Holzkasten-200er-Zweiachser Bauart 1926 „kein Vorgriff auf die geplante Beschaffung moderner Großraumfahrzeuge." Für die übrigen Linien werde ohnehin „der Einsatz anderer Typen richtig sein." Aber der beschlossene Kauf der modernen Wagen findet nicht statt, weil die SSB „einen im Jahr 1945 an Esslingen erteilten größeren Auftrag" – eben die ‚späten 200er' – „nicht annulliert und auch sogar eine Anzahlung geleistet hatte. Aufgrund dessen traten alle (...) angefragten Firmen (...) im Interesse der ME zurück, die als Vorlieferant die Straßenbahnverwaltung" (also die SSB) „zu ihrem Heimatmarkt erklärte", wie die MAN später traurig notiert (12). Die ME hat offenbar ihre guten Beziehungen spielen lassen: Erst müssen die SSB in Esslingen ihre neuen ‚alten Möhrchen' abholen. Nichts ist es mit den ersten Stuttgarter Vierachsern.

Große Pläne, kleine Lösung

Ein Vierteljahr später, im Frühjahr 1950, beginnt eine neue Ära: Alfred Bockemühl, vormals Direktor der Straßenbahn Dresden, tritt sein Amt als technischer SSB-Vorstand an. Für Bockemühl ist der Vierachser bereits ein ‚alter Hut': Schon 1929 hat er mit seinem Dresdener ‚Hecht'-Wagen den wohl ersten vierachsigen Drehgestelltriebwagen einer deutschen Straßenbahn präsentiert. Und so ist Bockemühl planerisch schon einen Schritt weiter: Der 14-Meter-Vierachser – mehr passt auch in Stuttgart nicht um die Kurven – ist ihm zu wenig leistungsfähig; länger soll er sein. Weil das ‚am Stück' nicht mehr geht, muss ein Gelenktriebwagen her: Zweimal eine Wagenhälfte nacheinander mit knapp dreizehn Metern ergibt zusammen einen sechsachsigen 25-Meter-Wagen mit drei Drehgestellen und sechs Achsen, also einen GT 6.

Weil der ebensowenig auf allen Linien fahren könnte wie der Vierachser, hat sich der für die Niederungen des Alltags zuständige SSB-Betriebsleiter Helmut Seeger nach einer Alternative umgeschaut und ist in München fündig geworden, was er im Herbst 1950 in ‚Über Berg und Tal' so beschreibt: Der neue Münchner Straßenbahnzug „faßt mit zwei Wagen so viel Fahrgäste wie ein seitheriger 3-Wagen-Zug." Seeger fällt die besondere Art des Fahrgastflusses auf, mit Zustieg „durch Türen symmetrisch in der Wagenmitte." Die Fahrgäste gingen „rechts oder links am sitzenden Schaffner vorbei", um vorne oder hinten auszusteigen, ein Prinzip, das bald auch in Stuttgart beim GT 6 Eingang finden wird. Der dreiachsige Wagen war richtig betrachtet ein Zweiachser mit drehbaren Einzelachsen und seitlich verschiebbarer mittlerer Lenkachse mit kleineren Rädern, die nicht der Lastverteilung diente, sondern nur die Aufgabe hatte, die erste und dritte Achse bei Kurvenfahrt radial einzustellen, ein Prinzip, das „von den Stuttgarter Zahnradtriebwagen von 1935 schon bekannt ist." Wie andere Straßenbahntechniker, die mit Zweiachsern ‚groß' geworden waren, betrachtete Seeger den von den Fahreigenschaften her idealen Vierachser mit seinem Mehr an Gewicht und beweglichen Teilen kritisch und betonte, dass der Dreiachser „fast ebenso ungezwungen" die Radien durchfahre. Dem damaligen Brauch entsprechend bezeichnete auch Seeger den Dreiachser bereits als „Großraumwagen", weil er mit 10,6 Metern Länge über Kupplung länger war als alle zuvor gebräuchlichen Zweiachser.

Der 1947 erbaute Münchner Probewagen war auf Grundlage der Dreiachserversion des nicht gebauten deutschen Einheitsstraßenbahnwagens entstanden. Auch ihn sah man bereits als Betriebsmittel für eine künftige „Unterpflasterbahn" in der bayrischen Hauptstadt vor. Ausgangslage war aber zunächst auch dort, ohne Änderung am Gleisnetz den maximal möglichen Schwenkbereich des Wagens innerhalb der bestehenden Raummaße auszunutzen. Die Frage war sozusagen, wie sehr man einen gewöhnlichen Zweiachser verlängern konnte, ohne bei Kurvenfahrt entgegenkommende Wagen zu streifen. Bei den zum Teil bis auf zwölf Meter heruntergehenden Münchner Kurvenradien wäre der Überhang des Wagens für einen Zweiachser zu groß geworden oder ein langes starres Fahrwerk hätte zu stark gezwängt, daher war das kurveneinstellbare dreiachsige Fahrwerk nötig. Aber die Blicke der SSB

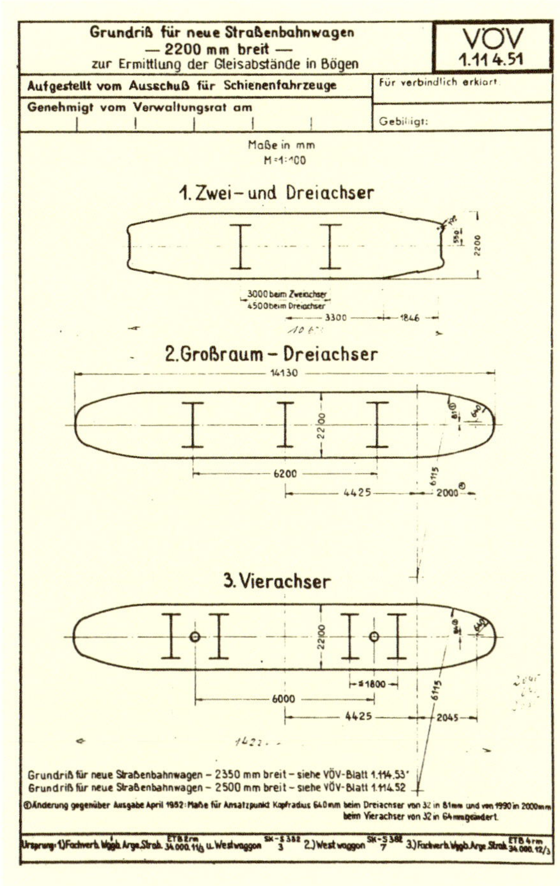

Die Empfehlung des VÖV zur Vereinheitlichung der deutschen Straßenbahnwagentypen sollte Kosten sparen, den Kaufpreis drücken und klare technische Maßstäbe für neue Streckenbauten vorgeben. Wer dem 14-Meter-Vierachser misstraute, hätte mit der selben Länge auch einen Dreiachser einsetzen können. | Archiv SSB

schweifen auch nach Norden: ‚Über Berg und Tal' stellt Anfang 1952 den „Straßenbahn-Großraumwagen Typ Hannover" vor, welcher der jungen vierachsigen Düwag-Bauart angehört. Der Fahrgastfluss, wieder nach klassischem Prinzip mit großem dreitürigen Einstieg hinten, Ausstieg Mitte und vorne, findet in Stuttgart ebenso Beachtung wie die optische Signalanlage, also die Haltewunschtaste für den Fahrgast, sowie die gummigefederten Radsätze – auch letztere werden sich kurz darauf in Stuttgart finden. Für den Vierachser zeigt sich in Stuttgart das gleiche Problem wie in München: Er würde sich bei einer insgesamt immer noch relativ kurzen Wagenlänge von zehn bis zwölf Metern schlicht nicht lohnen, aber ein längerer Vierachser würde zum Teil bereits anecken. Außerdem lassen sich die Fahrzeughersteller die technisch elegantere Lösung des Vierachsers gegenüber dem ‚guten alten' Zweiachser gut bezahlen. Helmut Seeger mahnt schon 1949: „Derartige Vierachser können jedoch nur bei ebenen Straßen verwandt werden, da das Befahren von Steigungen durch die geringe Adhäsion begrenzt ist" (13). Wohin aus Sicht des Jahres 1952 die generelle Richtung geht, wird Loercher später so beschreiben: „Es zeigte sich nun auch bereits, daß der anderwärts bevorzugte vierachsige Wagen sich in absehbarer Zeit als überholt erweisen mußte, obwohl man für ihn die Bezeichnung ‚Großraumwagen' gewählt hatte" (14).

Bockemühls Neuer

Wenig später, im November 1953, gelingt die Überraschung: „Ein Gebilde ungewohnter Mächtigkeit für unsere schmale Gleisspur von 1 m kommt ‚spitzig' auf den Beschauer zu, und nur Liniennummer und Streckenschild kennzeichnen es als Straßenbahn." So beschreibt Alfred Bockemühl, noch keine drei Jahre bei den SSB in Amt und Würden, sein neues Flaggschiff: den sechsachsigen Gelenktriebwagen GT 6, gebaut von Fuchs in Heidelberg. An der Neuentwicklung ist so ziemlich alles anders als bisher: die unerhörte Länge von nicht weniger als 25 Metern, die konsequente Ausstattung als Ein-Richtungs-Wagen (wofür am Hauptbahnhof und in Möhringen schon zuvor erste Wendeschleifen existieren), demzufolge die völlig türlose linke Fahrzeugseite, die zusammen mit dem durchgehenden Fensterband ein höchst elegantes Aussehen ergibt: „Seine ganze langgestreckte windschnittige Form deutet auf ‚Schnellfahrt' hin", unterstrichen durch „einklappbare Trittstufen wie beim Laufwerk der Flugzeuge", ein kühner Vergleich Bockemühls.

Die gute alte Fahrkurbel gibt es in solch einem Wunderwerk natürlich nicht mehr: Technisch ist der Wagen mit dem platzsparenden Feinregler, Tachograph, Leuchtstofflampen, Batterieversorgung, Hohlwellenantrieb mit gummigefederter Kraftübertragung und Druckluftbremse auf dem neuesten Stand. Automatische Belüftung, Warmluftheizung im Türbereich, Mikrofondurchsage, durch den Schaffner fernbetätigte Türen mit automatischer Beleuchtung, und Fahrwiderstände unter dem Wagenboden, so dass das Dach von Aufbauten frei und glatt bleibt, sind weitere Elemente. Für die Kunden soll es nicht beim Staunen bleiben, sie haben sich umzugewöhnen: „Denn in diesem Zug geht es anders zu als bisher!“ Der ‚Fahrgastfluss‘ hat in Stuttgart Einzug gehalten, mit dem von München und anderswo bekannten Prinzip ‚Einstieg in der Mitte, Ausstieg vorne und hinten‘ (15). Und, wie schon beim PCC-Wagen, der Schaffner läuft nicht mehr durch, er sitzt hinter dem Einstieg: Erst zahlen, dann fahren! Dass der Wagen keine Trittbretter und Türgriffe mehr hat, ist nicht weniger phänomenal als die völlig abgerundete Kopf- und Heckform des Zuges. Und durch die größere Breite von 2,20 gegenüber bisher 2,10 Metern lassen sich Sitzplätze besser unterbringen.

Euphorische Reaktionen bei den Vorführgästen: „Bald mehr solcher schöner Großraumwagen“, fordert OB Klett; „außerordentlich stark beeindruckt“ zeigt sich Stadtrat Schuler; „vorzügliche Fahreigenschaften“ stellt Baurat Hoß fest; „mutiger Vorstoß in technisches Neuland“, so die Aufsichtsbehörde. Nüchterner sieht es Anfang 1954 das Stuttgarter Amtsblatt: „Der erste moderne Großraumzug der SSB wurde auf der Linie 6 (...) in Dienst gestellt.“ Durch den noch immer unter Vorkriegshöhe liegenden Fahrzeugbestand seien

Linke Seite | Auch in Stuttgart wurde der Neubauvierachser aus Hannover von 1950 stark beachtet. Im Vorjahr hatte man ein 1:1-Modell der Stirnfront bereits zur VÖV-Tagung in den Kursaal geschafft. | Photo-Hildenbrand, Archiv SSB

Rechts oben | Deutschlands erster Nachkriegs-Sechsachser: Der Ende 1953 vorgestellte GT 6 Nr. 1 brachte mit seiner Gestaltung und Blinkleuchten, Nebelleuchte und ohne Kupplung ein völlig neues Bild in die Stuttgarter Straßenbahnwelt. | Archiv SSB

Rechts unten | Während die Stadtväter das Verkehrs-Chaos beklagten, konnte man werktags auf der Neuen Weinsteige problemlos Fotos ohne störende Autos anfertigen. Am 4. März 1954 war GT 6 Nr. 2 von Fuchs aus Heidelberg auf Probefahrt unterwegs. | Joachim von Rohr

aber noch immer „völlig überfüllte Züge mit Menschentrauben an den Trittbrettern (...) täglich zu beobachten. Beschwerden über die lebensgefährlichen Beförderungsbedingungen zählen zum Stadtgespräch." Die Perspektive für den GT 6: „Bis zum Jahresende sollen insgesamt 101 neue Gelenktriebwagen eine Besserung der Verhältnisse bringen."

Die Stärke der Neuen liegt durch den starken Antrieb in der kürzeren möglichen Fahrzeit auf langgezogenen Neigungsstrecken wie auf der Weinsteige, die Prof. Dr. Carl Pirath, Verkehrsplaner an der Universität Stuttgart, Bahnexperte und Vorgänger von Walther Lambert, „als schwierigste Modellstrecke" bezeichnet. Pirath sieht den Einsatz der langen Wagen als idealen vorläufigen Ersatz für das aufwändige, aber längerfristig unabdingbare ‚Vergraben' der Straßenbahn im Untergrund: „Der zweite Weg", die kurzfristige Erhöhung der Leistungsfähigkeit der ‚Öffentlichen' durch kompakte schnelle Züge, „ist billiger und führt zu schneller Abhilfe für eine gewisse Zeit (...)." Einig ist man sich aber auch, dass der GT 6 nicht das, sondern nur eines der Fahrzeuge für die Zukunft der SSB sein kann. Bockemühl selbst gibt zu, die Großraumzüge – zwei gleiche und ein ähnlicher, nunmehr von Esslingen gebauter dritter sind 1954 vorhanden – „sollen nur auf solchen Linien eingesetzt werden, die durchweg den ganzen Tag über vollbesetzt sind, so daß man nicht abkuppeln muß." Der anderswo übliche Standard 14 Meter-Vierachser sei in Stuttgart dagegen entweder zu klein oder zu groß, ob als Solowagen oder in Doppeltraktion. Der Pilotcharakter des GT 6 liegt somit auf der Hand: Die Leitung der SSB werde „wertvolle Erfahrungen für die endgültige Entscheidung über den zukünftigen Stuttgarter Großraumwagentyp sammeln können", wie es Bürgermeister Hirn ausdrückt. Alfred Bockemühl selbst bittet „um freundliche Mithilfe beim Gelingen des Versuchs."

T 2, der Unauffällige

Die Alltagssorgen lassen den SSB aber keine Zeit, um lange Versuche abzuwarten. Insgeheim hat sich deshalb zeitgleich mit dem GT 6, schon Ende 1953, ein weiterer Neubautyp ins Stuttgarter Netz eingeschmuggelt. ‚Über Berg und Tal' erwähnt ihn erstmals im Juni 1955 in einer diskreten betrieblichen Notiz, nicht weniger als 15 Monate nach seinem ersten Erscheinen. Rund fünfzig Stück dieser Wagen und eine entsprechende Anzahl Beiwagen stehen da längst im Dienst. Im August 1955 dann widmet die Werkzeitschrift den „Neuen zweiachsigen Triebwagen der Stuttgarter Straßenbahnen" eine ausführliche technische Beschreibung, aber ohne jeden einleitenden Hinweis, wann und warum sie beschafft worden wären. De facto handelt es sich um die neue Bauart T 2 (Reihe 700/800) mit den Wagennummern ab 751, später ergänzt durch solche ab 701. Die Erklärung dafür ist intern schon im Dezember 1952 im Aufsichtsrat geliefert worden: Anstatt dem üblichen Verkehrsrückgang zum Winterhalbjahr sind die Fahrgastzahlen gestiegen und gestiegen, so von 430.000 pro Tag im August 1952 auf

477.000 im Oktober, gegenüber 452.000 im Vorjahr 1951. Die Räte erklären sich dies auch mit den Neubausiedlungen Rotweg, Weilimdorf und Filder, wo „zweifellos noch viele (...) Wohnungen noch vor dem Winter bezogen worden sind." Weitere Betriebsmittel, 35 Trieb- und 30 Beiwagen für 1953, seien unabdingbar. Experimenten ist man abgeneigt: „Die von Prof. Bockemühl aufgeworfene Frage, ob nicht wirtschaftliche (...) Großraumzüge beschafft werden könnten, wird nicht weiter verfolgt, da zunächst die Bewährung der in Auftrag gegebenen drei Großraumzüge (GT 6) abgewartet werden muss und der augenblickliche Bedarf so schnell wie möglich (...) befriedigt sein muss."

Linke Seite | Den dritten GT 6 lieferte Esslingen – aber auch diese Ausführung sollte sich nicht durchsetzen, selbst wenn die Werbung viel versprach. | Inserat 1959

Rechts | Schwäbische Hausmannskost: Parallel zum GT 6 war ohne jedes Aufsehen der possierliche T 2 entwickelt und eingeführt worden, weit weniger fortschrittlich, aber bei den SSB überall brauchbar. Haltestelle Silberwald, 4. März 1954. | Joachim von Rohr

Es ist aber Bockemühl, der auf die Vorteile des offenbar kurzfristig aus dem GT 6 abgeleiteten T 2 hinweist: Der sei um zehn Prozent schneller als die bisherigen Wagen und spare durch die gummigefederten Radsätze Unterhaltskosten. Die erneute Eigenentwicklung für Stuttgart verteidigt Bockemühl damit, dass sich der 1952 vom VÖV vorgeschlagene zweiachsige Verbands-Einheitswagen für die Schwabenmetropole wegen des relativ hohen Gewichts allenfalls als Beiwagen eigne. Aber auch für diesen Zweck haben die SSB lieber passend zum T 2 die extra leichten, nur sechs Tonnen wiegenden Beiwagen der 1500er-Serie entwickelt, später als ‚Schiffle' bekannt und erbaut von Fuchs. Auch der T 2 ist technisch, soweit sinnvoll, fast so modern wie der GT 6, nachdem einige Neuerungen wie Neonbeleuchtung, Doppelstirnlampen, Luftbremse und Rollenlager schon in der ‚Alt-Nachbauserie' der Wagen 270 ff von 1952 vorab getestet worden sind. Mit einer Breite von wieder nur 2,10 Metern und einer Länge von knapp 11 Metern kann er überall ohne Gleisumbau fahren – das brauchen die SSB.

Vor Augen halten muss man sich, dass noch wenige Monate zuvor, im Frühjahr 1952, die Parole wie schon erwähnt lautete, man habe die alten bewährten Vorkriegskonstruktionen nachgebaut, damit zu den vorhandenen acht Stuttgarter Typen nicht noch eine andersartige weitere komme. Damals hatte es klar geheißen, dass „die Entwicklung der Zweiachser für Stuttgart abgeschlossen erscheint." Und jetzt ist Stuttgart der einzige deutsche Straßenbetrieb, der nach dem Krieg doch nochmals Zweiachser neu entwickelt hat! – insgesamt gesehen erneut ein Rückfall in eine veraltete Konzeption. Fast beschwörend heißt es in einer undatierten, um 1954 niedergeschriebenen Notiz der SSB: „Die wiederholten Nachbestellungen zweiachsiger Züge in den letzten Jahren waren durchaus richtig, ebenso auch die Bestellung der 27 Züge vom Februar 1953" – letzteres also der T 2, erbaut vom bewährten Lieferant Esslingen. „Durch den zeitgleichen Einsatz so grundverschiedener Fahrzeugbauarten manifestierte sich indessen keineswegs eine Unsicherheit im Hinblick auf die künftige Entwicklung", liest man 20 Jahre später in ‚Über Berg und Tal': „Der unteilbare Großraumzug" – der GT 6 – sei „dazu berufen, den Straßenbahnverkehr zu beschleunigen, wo den ganzen Tag über gleichmäßige Besetzung herrscht", lautet die erwähnte Akte von 1954. Es werde aber „auf Jahrzehnte hinaus der größere Teil des Verkehrs sich mit 2- oder 3-Wagen-Zügen abwickeln", weil je nach Andrang wahlweise mit einem oder zwei Beiwagen gefahren werden könne.

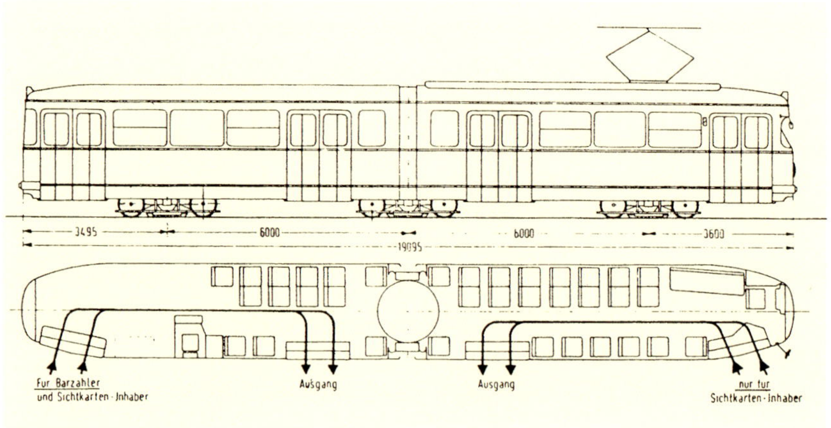

Links | Düsseldorfer Konkurrenz: Als ‚Antwort' auf den Stuttgarter GT 6 schuf die Düwag ihren alltagstauglichen 20-Meter-Sechsachser. | Sammlung Axel Reuther

Das Lange Elend

Hinsichtlich Kilometerkosten, Anhängelast und Stromverbrauch auf den langen Stuttgarter Steigungen waren dies zugegebenermaßen auch wichtige Argumente. Im Angesicht des damaligen Neun-Stunden-Arbeitstages und wesentlich geringerem Freizeitverkehr an Werktagen als heute konnte das Tagsüber Abstellen des zweiten Beiwagens für Stuttgarter Verhältnisse tatsächlich durchaus als wirtschaftlich gelten. Den T 2 rühmt ‚Über Berg und Tal' 1974 denn auch als revolutionären Versuch ohne vorherigen Prototyp, ein Wagnis, „zu dessen Durchsetzung Mut gehörte" und der sich trotz anfänglicher Problemchen, die dafür seinen Nachfolgern erspart bleiben sollten, „als Schrittmacher für folgende Modelle erwies." Zunächst spielt aber der T 2 selber die Hauptrolle: Nicht weniger als 123 Stück werden innerhalb von gut vier Jahren, bis 1957, gebaut. Vielleicht waren sie bereits gemeint mit den mysteriösen 101 Fahrzeugen, die im Zusammenhang mit dem ersten GT 6 genannt wurden und angeblich bis Ende 1954 hätten beschafft werden sollen – eine solch große Serienbestellung des GT 6 wäre kaum vorstellbar und auch nicht finanzierbar gewesen. Zum T 2 kommt bald die gewaltige Zahl von 146 Beiwagen der Reihe 1500/1600.

Dass die SSB über solch einen langen Zeitraum einen im Prinzip von Anfang an vergreisten Triebwagentyp beschaffen, hat zunächst vor allem einen Grund: Der GT 6, technisch und optisch ein ‚toller Hecht', bewährt sich in der Praxis verkehrlich nicht, vor allem die ersten beiden der drei Erprobungswagen. Der Auffangraum im Einstiegsbereich ist zu klein, die Fahrgäste stauen sich vor den beiden Sitzschaffnern, die breiten einteiligen Schiebetüren bewegen sich viel zu langsam, und die Türanordnung ist insgesamt ungünstig. Was der Wagen an Schnelligkeit gewinnt, geht durch die zu langen Haltestellenaufenthalte wieder verloren. Die Fahrgäste ächzen, wenn anstatt des gewohnten Zweiachserzuges ein GT 6 auftaucht; das Unwort von der „Bockemühle" macht die Runde. Die von seinem Schöpfer erhoffte Vorbildfunktion des langen Gelenkzuges erfüllt sich auf andere Weise als gedacht: Die Firma Düwag stellt noch 1954 eine

Rechts | Die passend zum T 2 entwickelten ‚Schiffle'-Beiwagen der Reihe 1500 gaben zwar als Zuggarnitur eine elegante Erscheinung ab, aber spätestens auf Bergfahrt mit zwei Hängern und gerade 30 ‚Sachen' wurden die technischen Grenzen der zierlichen Gespanne deutlich, mit welchen die SSB unter Betriebsleiter Seeger in die Zukunft fahren wollten. – Haltestelle Höhenstraße, 1960. | Joachim von Rohr

eigene Sechsachserkonstruktion vor, abgeleitet aus dem Düwag-Vierachser von 1950 (16). Der Düwag-Sechsachser ist nur so lang, dass ihn Dutzende von Straßenbahnbetrieben ohne Gleisabstandsumbauten sofort einsetzen können, aber Stuttgart nicht – und für den überlangen Bockemühl-GT 6 interessiert sich in der Praxis niemand anderes. Zudem hat sich die Düwag ihren Sechsachsigen patentieren lassen, Alfred Bockemühl seinen offenbar nicht.

So herrscht bei den SSB nun wohl Verunsicherung über den weiteren Weg: Der GT 6 ist auch für die wenigen ‚Langstrecken' nicht wirklich geeignet; den Drehgestell-Vierachser will man nicht; der T 2 ist alltagstauglich, aber gewiss kein Zeichen für Rationalisierung. Also: Derweil sich der Düwag-6x anderswo zum ‚Renner' entwickelt, hat Stuttgart nach der Mitte der fünfziger Jahre nunmehr zehn statt acht verschiedene Typen ‚im Angebot' – und noch immer kein Fahrzeug für die Zukunft. Was tun? Dazu kommt noch ein ganz anderes Problem: Stetig gehen die Talfahrt der Einnahmen und der hohe Anstieg der Kosten weiter, weil die aufsteigende Wirtschaft Rohstoffe und Energie ansaugt. Die einst geplante große Serie aufwändiger Gelenkwagen können sich die SSB in dieser Lage schlicht nicht mehr leisten.

Die Industrie als Vampir

Gut drei Jahre lang hört man nichts Neues, dann heißt es im Sommer 1957: „Straßenbahn auf neuen Wegen." In ‚Über Berg und Tal' wird dargestellt, es seien „alleine wirtschaftliche Erwägungen", welche den Großraum-Gelenkwagen erforderlich machen, weil ein langer Vierachser einen Schaffner weniger brauche als zwei Zweiachser. Hintergrund sind nicht nur sinkende Einnahmen der SSB durch nicht kostendeckende Sozialtarife, auf die immer mehr Fahrgäste Anspruch haben, und der Übergang von der Sechs- auf die Fünf-Tage-Woche, die erheblich weniger Fahrgeldeinnahmen erbringt, sowie die Konkurrenz der Motorisierung. Vor allem zieht die aufstrebende, gut zahlende Industrie den SSB das traditionell sparsam bezahlte Personal reihenweise ab – und wo weniger Schaffner, da noch weniger Geld in der Kasse. Kurz: Gut für die Wirtschaft ist schlecht für die Straßenbahn. Erkannt haben die SSB, dass die neue Technik nicht ohne neue Tarife bestehen wird: Der Fahrgastfluss kann nur rasch vor sich gehen, wenn Inhaber von Zeitkarten sich nicht hinter Einzelzahlern im gleichen Raum drängeln, sondern separat einsteigen können: „Der Gelenkwagen (...) setzt einen einfachen Bartarif und auch [die] Sichtkarte voraus." Ohne jede Erläuterung wird in ‚Über Berg und Tal' die Zeichnung eines neuen Gelenkwagens vorgestellt, unverkennbar wieder einmal ein Stuttgart-typisches Fahrzeug, diesmal ein 17 Meter langer Vierachser, jedoch nicht mit Antriebsdrehgestellen, dafür in ‚Sattelschlepper'-Technik.

Links | Ein ‚moderner' (Zwei-) Gelenkwagen nach dem Geschmack von Betriebsleiter Seeger: Die SSB waren drauf und dran, mit recht viel Aufwand aus den alten 200er-Vorkriegswagen und deren Anhängern jeweils Ein-Richtungs-Doppelwagen mit Fahrgastfluss zu basteln. In letzter Minute wurde der Serienbau gestoppt, der langsame und schwächliche „Tatzelwurm" in Gestalt von Wagen 201 blieb ein Einzelstück. Möhringen Bahnhof, August 1959. | Joachim von Rohr

Konkreter wird es Ende 1957 im Aufsichtsrat, wo Prof. Bockemühl anhand von Zeichnungen erläutert, dass sich der Betrieb „auf größere Einheiten umstellen muß." Gedacht ist erneut an den GT 6, von dem zu den drei existierenden Wagen zusätzlich „zwei zur Zeit in Anlieferung begriffen sind." Ferner sei ein 18-Meter-Gelenk-Vierachser „in Entwicklung befindlich", und es sollten Zwillingstriebwagen (ZT) geschaffen werden, in dem je zwei alte Zweiachser durch ein neues Mittelteil zu einem Gelenkvierachser vereinigt werden. Dabei will man von den jüngsten Exemplaren der 200er Serie von 1926 ff, 46 Stück, je zwei zu einem Doppelwagen zusammenbauen, brückenartig durch zwei Gelenke mit einem kurzen ‚schwebenden' Mittelteil aus modernen Bauelementen kombiniert. Die selbe Zukunft ist für die entsprechende Anzahl alter Beiwagen vorgesehen. Tatzelwurm, nach einem sagenhaften historischen Stuttgarter Ungeheuer, wird der entstehende einzige ZT-Probewagen Nr. 201 bald scherzhaft genannt werden, weil das fragile Gespann mitsamt Doppel-Beiwagen insgesamt nicht weniger als 42 Meter Länge aufs Maßband bringt.

Im Frühjahr darauf, am 18. April 1958, geht es im Aufsichtsrat zur Sache: „Der vierachsige Großraumwagen GT 4 wird bei der Maschinenfabrik Esslingen gebaut. – Der Wagen (...) bietet 160 Plätze und wird von 1 Schaffner bedient." Zwei Wagen könnten gemeinsam gesteuert, der Typ auf allen Linien (!) eingesetzt werden (letzteres war ein Irrtum). Ein Wagen koste 200.000 Mark. Als OB Klett als Vorsitzender des Rates eine Rechtfertigung für den Neuentwurf verlangt, erklärt Alfred Bockemühl: „Der erste Entwurf hatte (...) vorne ein festes Antriebsgestell, und der aufgesattelte hintere Teil (...) ein Laufdrehgestell." Somit hätten sich zwei verschiedene Fußbodenhöhen ergeben, vorne zwangsläufig hoch, hinten bewusst niedrig wegen des raschen Fahrgastwechsels. Der Grund: „Es sollten ursprünglich die brauchbaren Teile älterer Wagen dabei verwendet werden", wohl Fahrgestellteile und vor allem die der Werkstatt vertrauten gro-

Rechts | Annäherungsversuche: Einen 17-Meter-Neubauwagen mit zwei angetriebenen Achsen vorne und nachgeschlepptem Drehgestell ohne Antrieb, das wenigstens hätten sich die SSB vorstellen können. | Aus ‚Über Berg und Tal' 4/1957

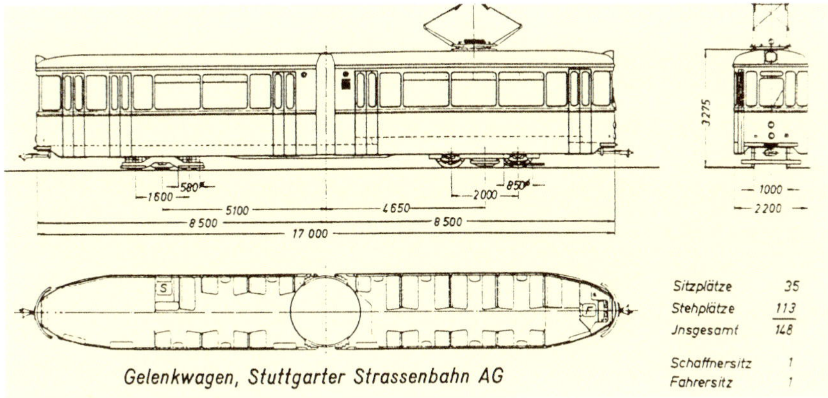

ßen, aber hohen alten Motoren. In Bremen habe sich jedoch eine ähnliche Konstruktion nicht bewährt. Zunächst habe die ME daher zu neuen Motoren geraten. „Im Laufe der Entwicklung hat Esslingen dann vorgeschlagen, einen Gelenkzug mit zwei Drehgestellen zu bauen, indem man diese durch einen Balken (...) verbindet." Um diese unterzubringen, waren neue Motoren jedoch definitiv Voraussetzung. Jetzt wird das ganze Elend sichtbar: Die wie immer sehr sparsame SSB unter den wachen Augen ihres ebenso sparsamen städtischen Oberhauptes Arnulf Klett kann nur durch homöopathische Anregungen der vorgesehenen Herstellerfirma schrittweise und schonend dazu gebracht werden, ein wirklich neues und technisch aktuelles Fahrzeug zu bestellen.

„Grundsätzlich Altes"

Die geizigen kommunalen Würdenträger finden jedoch anderweitig Befriedigung: „Bei den Zwillingswagen in Rastatt ist dagegen nur grundsätzlich Altes verwendet worden", betonen die SSB, wenn es auch nicht ganz stimmt: Das moderne Mittelteil und die Fahrschalter, zum Beispiel, sind neu. Technikdirektor Bockemühl verweist darauf, dass ein GT-4-Zug in Doppeltraktion 400.000 Mark kostet, ein etwa gleich langer, bei der Waggonfabrik Rastatt aus alten Wagen umgebauter Zwillingszug dagegen nur etwa 150.000 Mark. Bockemühl wolle sich „nicht dem Vorwurf aussetzen, nicht jede Möglichkeit zur Rationalisierung ausgenutzt und nicht nur neue Wagen bestellt zu haben." Alfred Bockemühl, schon zweimal Pionier des deutschen Straßenbahnwesens, Würdiger des Stuttgarter Weines und württembergischer Charaktereigenschaften: Dieweil anderswo die Konkurrenz seinen legendären GT 6 in anderer Form fabrikneu ‚abkupfert', muss er knausrigen Stuttgarter Gemeinderäten erklären, warum man kurz vor dem Jahre 1960, im Atomzeitalter, in neue Straßenbahnwagen keine alten Teile aus der Vorkriegszeit mehr hineinbaut.

Aber es kommt noch ganz anders: Während SSB-Verwaltungsdirektor Wilhelm Speh den neuen Esslinger GT 4 als „einleuchtende Konstruktion" preist, zieht der geplante Altbau-Zwillingswagen den Unmut des Betriebsrates auf sich: Der im Heckteil sitzende Schaffner könne wegen des zweifachen Wagengelenkes das Fahrzeuginnere bei den vielen Kurven kaum übersehen. Die Kritik von Betriebsrat Karl Hirsch wird noch deutlicher: Endlich müssten die SSB „für den Aufbau ihres Wagenparks ein System finden!" Für die Serie von Zwillingswagen stünden nur 46 alte Zweiachser im Fahrpark. Was, wenn die daraus herstellbaren 23 Zwillingszüge nicht ausreichen? Ob man dann wieder die nächste (Sonder-) Bauart basteln wolle? Der Probewagen des Zwillingsfahrzeugs soll zwar gebaut werden, aber man will den GT 4 in Serie – sofort. Auch OB Klett stimmt in den Chor mit ein. „Wenn man aus der Wagenmisere herauskommen will, soll man den GT 4 nehmen." Klett, der Gewiefte, setzt noch eins

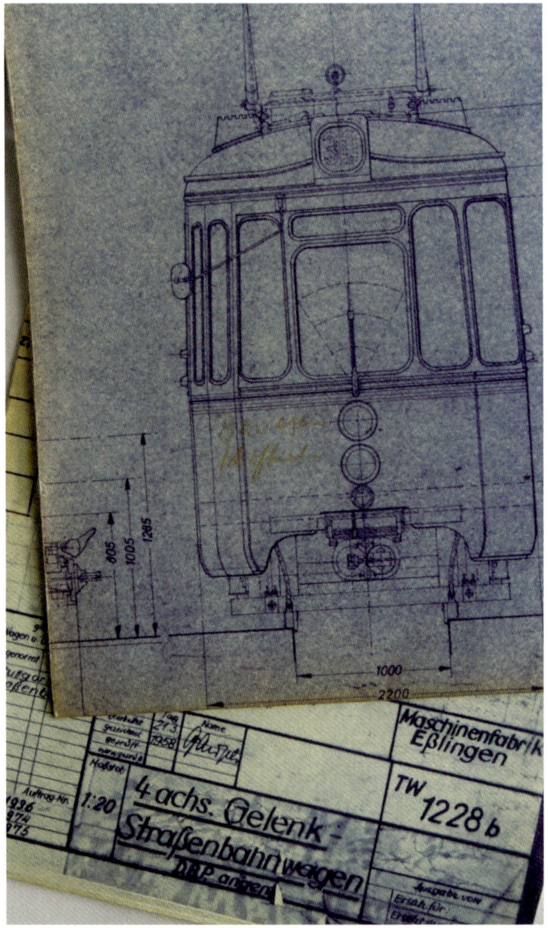

drauf: Für den Umbau zu Zwillingen müssten die alten Wagen ja aus dem Betrieb genommen werden. Wie solle das gehen, so lange noch kein Ersatz in Gestalt des GT 4 vorhanden sei? So kippt der Finanz- und Wirtschaftsplan der SSB, nach dem 1958 dreiundzwanzig ZT, 21 entsprechende Beiwagen und 25 Stück GT 6 (!) hätten beschafft werden sollen. Die für 1960 geplante Serienlieferung des GT 4 hingegen soll um ein Jahr vorgezogen, vom ZT nur erst einmal ein Stück beschafft werden. Formell werden die ersten 42 Stück GT 4 in der Sitzung vom 11. Juni 1958 bestellt. „Rationalisierung ist Trumpf", preist ‚Über Berg und Tal' Ende 1958 den Entschluss.

Was aber für Neubaufahrzeuge sind das dann, über welche die Stuttgarter Nachrichten bereits im Spätherbst 1958 berichtet haben: „Die Linie 6 hat sich verjüngt – Großraumwagen zwischen Möhringen und Gerlingen im Verkehr." War das so ähnlich nicht schon einmal, 1953, da? „Jetzt tun die Großraumwagen offiziell ihren Dienst. Bisher waren sie nur probeweise (...) eingesetzt." Es handelt sich um die angekündigte zweite Serie des GT 6 – nur aus den zwei Exemplaren Nr. 4 und 5 bestehend. Ihr Bau hat sich mit der Entscheidung über die ersten GT 4 gerade überschnitten. Zwar ist nun auch der Streckenabschnitt Hauptbahnhof – Gerlingen für die breiteren Wagen profilfrei gemacht, aber selbst mit fünf Exemplaren lässt sich kein wirtschaftlicher Wagenumlauf vornehmen. Und was sollen erneut zwei Prototypen sage und schreibe fünf Jahre nach Erscheinen der ersten? Kurz – ihre Zeit als Schrittmacher ist schon abgelaufen, bevor sie überhaupt da sind. „Von nun an werden sie zum Straßenbild gehören. Sie haben ihre Bewährungsprobe bestanden, hat man der Zeitung gesagt." Pfeifen im Walde ...

Dafür können sich, weniger als ein Jahr nach der Order nach Esslingen, die Aufsichtsräte davon überzeugen, was aus ihrem Wunsch geworden ist: Am 8. Mai 1959 besichtigen die Herren in Esslingen-Mettingen den ersten, fast fertig gestellten GT 4. Anstelle der vereinbarten beiden Probewagen sehen sie bereits eine halbe Halle voll: Weil der ME die Zeit zu knapp geworden ist, werden die Vorauswagen in die erste Serie voll mit einbezogen. Man erfährt auch, dass „die Aufarbeitung alter Wagen (...) nicht mehr lohnend" sein wird; gemeint ist die geplant gewesene Serie der Zwillingswagen. Die bereits dafür bestellten Neuteile finden bei der Modernisierung der KSW-Wagen von 1946 Verwendung (17). Damit ist auch klar, dass die zweite Serie von GT 4 unverzüglich benötigt wird. Am 30. November 1959 erfolgt der Beschluss dazu – über gleich 130 Stück. Der GT 4 hat buchstäblich eingeschlagen. Die SSB haben den Schritt zum zeitgemäßen Fahrzeugpark geschafft.

Links | Die ‚Geburtsurkunde' des Stuttgarter GT 4: Die älteste erhaltene Esslinger Werkzeichnung vom März 1958 enthält keine merklichen Abweichungen gegenüber der Lieferausführung. | Archiv SSB

Rechts | Fleißige Hände: Herstellung des GT 4 in den Mettinger Hallen; die einzelnen Baugruppen sind gut erkennbar. Vorne rechts der jeweils halbkreisförmige Bereich des Drehtellers in Fahrzeugmitte mit der Diagonalverstärkung, welche die Zugkraftkupplung vom A-Teil zum B-Teil aufnehmen wird. | Werkfoto Esslingen, Sammlung Guntram Schäfer

Oben | Sanfter Druck aus Esslingen: Nicht die SSB, sondern die ME setzten schließlich den kompletten Neubau von 18-Meter-Wagen durch. Zwischen Eisenbahnwagen entsteht die erste Serie des ME-GT-4 S, Frühjahr 1959. | Werkfoto Esslingen, Sammlung Jürgen Krantz

Unten | Letzter Schliff: Wagen 687 aus der vorletzten Lieferserie erhält am 9. Mai 1964 noch die Beschriftung auf den Türen; zwei Tage später wird er an die SSB übergeben werden. | Michael Weyrauch

Die Esslinger Fahrzeugfamilie

Trotz ihres völlig unterschiedlichen Grundentwurfes ähnelten sich der lange GT 6, der kurze T 2 und der gelenkige GT 4 gestalterisch sehr stark. Aber es gab noch frühere Fahrzeuge, die sich konzeptionell in diese „Familie" zumindest als Ahnen einreihen lassen: Fällt das Stichwort Prof. Bockemühl, so denkt man als erstes an den großen ‚Dresdner Hecht' von 1929. Mit diesem Fahrzeugtyp, seiner eigenen Schöpfung, hatte der junge Straßenbahndirektor Bockemühl Verkehrsgeschichte – und damals vor allem Verkehrszukunft – geschrieben. Ein langer, 14,5 Meter messender und schneller Vierachser, wie man ihn seinerzeit nur von der Eisenbahn her kannte, der abgesonderte Fahrerplatz, erstmals ohne ‚Kurbel', der dafür entwickelte platzsparende Kleinfahrschalter unter dem Wagenboden, Schaltung über Fußpedal, Druckknopfsteuerung über Schütze, beim Prototyp sogar elektrisch angetriebene Türen, schließlich elegante und komfortable ledergepolsterte Sitze in Stahlrohrgestellen aufgehängt, wie man sie vielleicht allenfalls im ‚Bauhaus' oder in einer Limousine erwartet hätte, schließlich mit 700/720 Millimetern eine niedrige Fußbodenhöhe, fast wie bei einem Niederflurwagen: Das war unerhört, das war revolutionär.

Diese Entwicklung konnte nach dem Krieg nur in Westdeutschland weitergehen, demgemäß fanden sich viele Elemente der ‚Hecht'-Wagen auch in Bockemühls Stuttgarter GT 6 von 1953, der wiederum folgerichtig eine ‚Hausnummer' größer ausfallen musste als sein sächsischer Vorläufer. Nachdem 1954 GT 6 Nummer 3 von Esslingen gebaut wurde, mit anderen technischen Details als die beiden Erstgebauten von Fuchs, wurde nicht nur parallel der Esslinger T 2 von 1953/54 zum kleinen Bruder des GT 6. Die ME konnte einschlägige Bauteile somit auch bei Aufträgen anderer Kunden außerhalb der SSB verwenden. Als 1956 die normalspurige Kleinbahn Siegburg – Zündorf einen leistungsfähigen, gut laufenden Wagen benötigte, schuf die ME einen eleganten, 14,1 Meter langen Vierachser mit 2,20 Metern Breite, wie der GT 6. Von den Details der Bauweise und der Ausstattung her war dieser Wagen nichts anderes als ein ‚vierachsiger T 2'. Als nächstes trat die SSB-Tochterfirma Straßenbahn Esslingen – Nellingen – Denkendorf (END) auf, die 1957 zwei 16 Meter lange, dem Siegburger Typ äußerlich sehr ähnliche Wagen erhielt, die jedoch – trotz Meterspur – massige 2,50 Meter breit waren, die gewaltige Zahl von 326 Sitz- und Stehplätzen boten und damit trotz kürzerer Länge dem GT 4 Konkurrenz machen konnten (18). Zwei gleichartige Beiwagen kamen dazu.

Oben | Der GT 6 machte den Anfang der ‚Fahrzeugfamilie' für neu entwickelte Straßenbahnwagen aus Esslingen. Anfangs durften diese Wagen nur von ausgewähltem Personal gefahren werden – mit weißen Handschuhen! Halle Degerloch, 6. Juni 1954. | Joachim von Rohr

Unten | Der T 2 als ‚kleiner Ableger' des GT 6 bekam keine Inserate und keine Pressevorstellung, dafür war die Produktion eines an sich längst veralteten Zweiachsers zu peinlich. Aber im Gegensatz zur Splittergattung GT 6 ging der T 2 in über 130 Exemplaren ‚über die Theke' – und bildete wieder einmal ein ‚Nur-Stuttgart-Modell'. Betriebsausweiche Beiberg vor Plieningen, 6. August 1958. | Joachim von Rohr

Oben | Mit ihm fing es an: Wagen 20 der normalspurigen Kleinbahn Siegburg – Zündorf im Rheinland, ein Einzelstück von 1956, bildete den ‚Urvater' der Esslinger Nachkriegsvierachser. Stirnfront und Teleskoptüren entsprachen sinngemäß dem SSB-T 2. | Foto vom Juli 1964 in Sieglar. Eckehard Frenz

Unten | Die beiden Wagen für Esslingen–Nellingen–Denkendorf von 1957/58 waren trotz Meterspur länger und breiter (2+2 Sitze) wie der ‚Siegburger', aber kamen aus dem gleichen ‚Baukasten'. | Archiv SSB

Im Jahr darauf, 1958, lieferte die ME für den Meterspurbetrieb zu Ulm zehn Vierachser, wieder wie in Siegburg gehabt, 14,1 Meter lang, 2,20 Meter breit und mit sechs Metern Drehgestellmittenabstand, nur besaß der Aufbau drei Türen und breitere Fenster. Während Siegburg und die END noch mit Schiebetüren – wie beim T 2 – Vorlieb nehmen mussten, fanden in Ulm erstmals Außenschwenktüren Verwendung, also die erste Anwendung dieser Konstruktion noch vor dem GT 4 (19). Die Drehgestelle der Wagen waren grundsätzlich – abgesehen von der Spurweite – baugleich mit den Antriebsgestellen der zum Schluss gelieferten beiden GT 6 von 1958, so dass die END später die Drehgestelle der abgewrackten GT 6 zum Teil als Tauschteile übernahm. Das Äußere aller genannten Fahrzeuge, vor allem das bauliche Rastersystem der Stirnseiten, ähnelte nicht zufällig stark dem des T 2 und dann des GT 4. Der GT 4 konnte also bereits auf einem Fundament erprobter Systemteile und Elemente aufbauen.

Zu weiteren Bestellungen entsprechender Fahrzeuge nach dem GT 4 oder parallel dazu kam es jedoch nicht mehr, auch wenn von der ME für 1964 kurioserweise noch ein ganzes Baukastensystem an Entwürfen überliefert ist: ein Doppelgelenkzug GT 64, ein gewöhnlicher Nichtgelenkvierachser T 44 (also praktisch wieder der

Vorschlag von 1949), sodann ein GT 4 mit 2,50 Meter statt der gewohnten 2,20 Meter Breite. Laut Verkaufsprospekt hätten der GT 4 und die anderen Konstruktionen außerdem mit 2350 Millimetern Breite geordert werden können. Besonders für Überlandbahnen mit breiterem Streckenprofil wäre dies interessant gewesen. Während 1963 die dritte Serie der GT 4 im Bau war, regte SSB-Direktor Seeger sogar kühn an, die nächste Serie mit einer Breite von 2.600 Millimeter anzufertigen, wodurch ein bequemer Sitzteiler von 2 + 2 mit einer um ein Viertel gesteigerten Platzkapazität entstanden wäre. Die Gleisbauabteilung hielt es jedoch „völlig ausgeschlossen“, innerhalb der nächsten zehn Jahre eine ganze Strecke für solche breiten Fahrzeuge herzurichten (20). Außerdem stellten ein Vierachser mit durchgehendem Rahmen oder ein Sechsachser ja genau die Fahrzeugtypen dar, welche die SSB zehn Jahre zuvor ausdrücklich nicht wollten. Keines dieser Projekte entstand je wirklich in den Fabrikhallen, vielmehr musste die ME im Jahr darauf ihre Produktion von Schienenfahrzeugen ganz aufgeben. Letzte Zuckungen!

Oben | Entwicklungssprung: Die Ulmer Meterspurvierachser von 1958 waren relativ kurz und schmal (2+1-Sitzteiler) und die Plattformen kürzer, dafür tauchten erstmals Schwenkschiebetüren auf. Schleife Kuhberg, 6. Juni 1959. | Joachim von Rohr

Unten | Die verlängerte Ulmer Konstruktion, noch immer vierachsig, nunmehr jedoch als Gelenkwagen mit der völlig neu- und eigenartigen Gelenkträgerbauweise: Das ergab den GT 4 Bauart Stuttgart! Bahnhofplatz, 1. Oktober 1960. | Joachim von Rohr

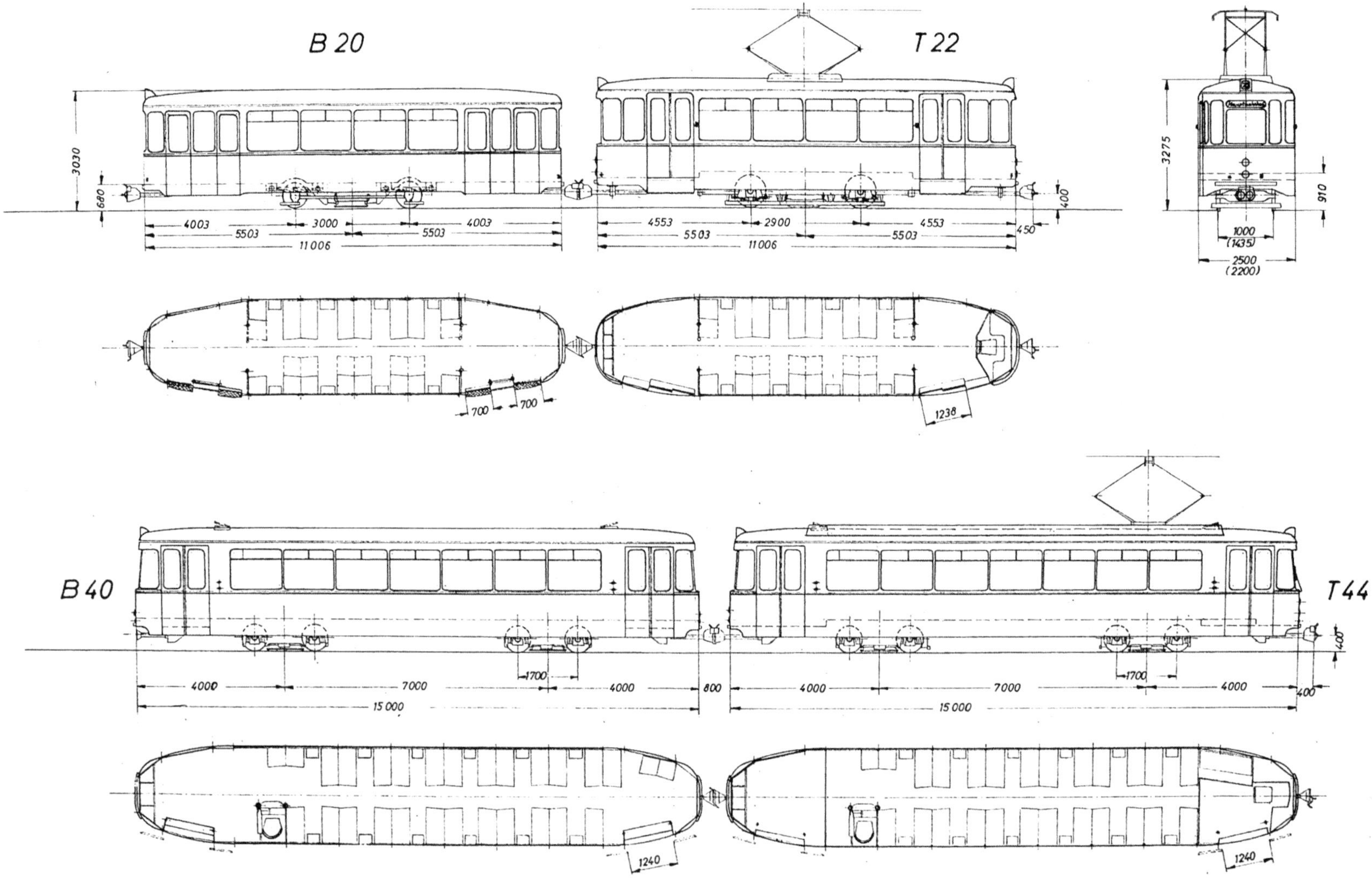
B 20
T 22
3030
680
4003
3000
4003
5503
5503
11 006
4553
2900
4553
5503
5503
11 006
450
400
3275
910
1000
(1435)
2500
(2200)
700
700
1238
B 40
T 44
4000
7000
1700
4000
800
15 000
4000
7000
1700
4000
400
15 000
400
1240
1240

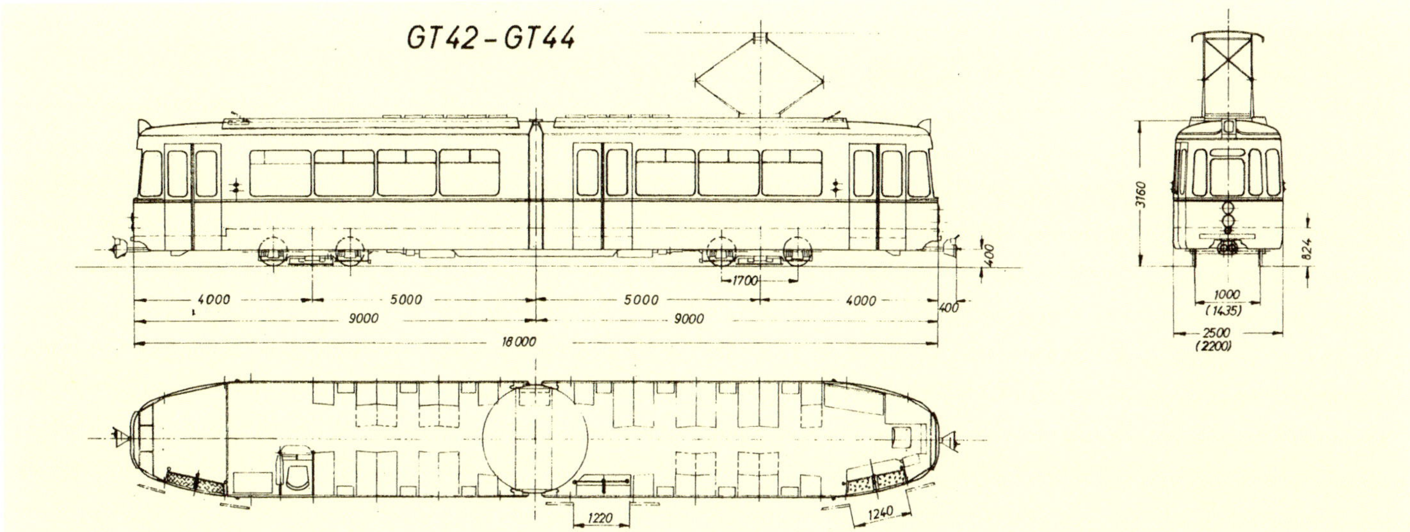

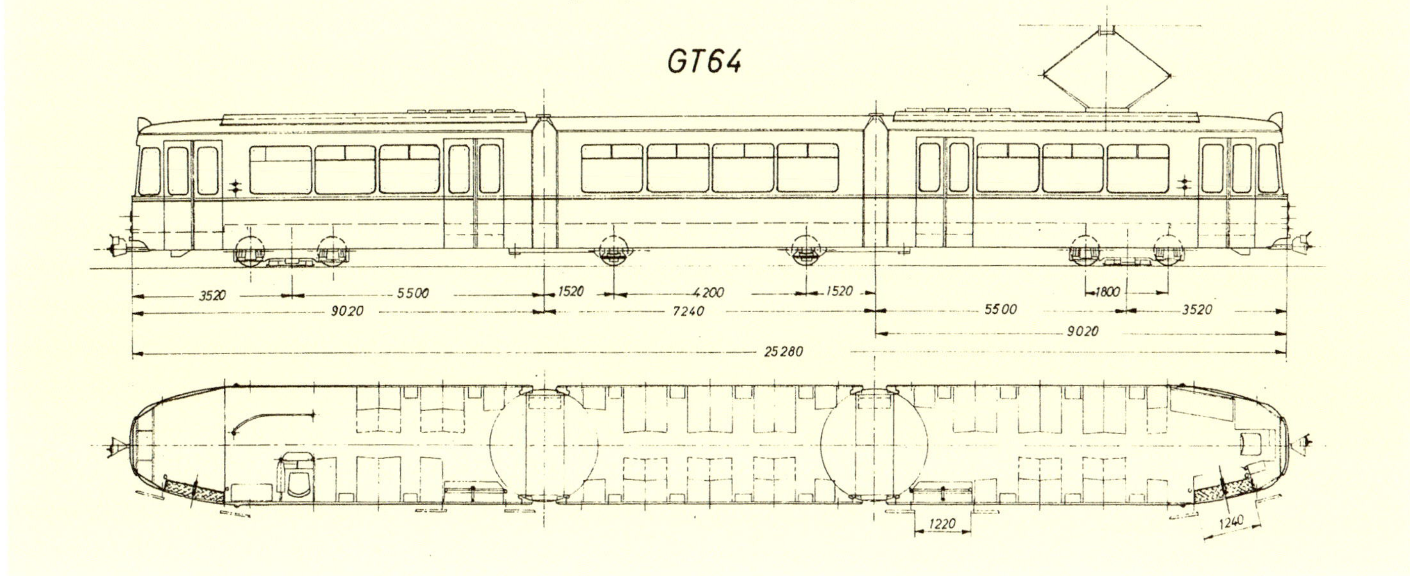

Linke Seite | Selbst den guten alten T 2 hätte die ME auf 2,50 Meter Breite „aufgepumpt" und für Normalspur hergestellt – wenn ihn denn jemand hätte bestellen wollen. Auch der Nichtgelenkvierachser T 44 mit Allachsantrieb und gleichartigem Beiwagen B 40 wurde angepriesen. | Archiv SSB

Rechts oben | Heute im Angebot: Den Stuttgarter GT 4 mit einer Breite von 2,50 Metern und vier Sitzen nebeneinander; Spurweite wahlweise 1.000 oder 1.435 mm, zwei Achsen (GT 42) oder vier Achsen (GT 44) angetrieben – das hätte die ME gerne auch noch verkauft. ME-Entwurf von 1964. | Archiv SSB

Rechts unten | Auch die Version als langer Sechsachser entstand auf dem Reißbrett. Wie der Achsstand im Drehgestell von 1.800 statt 1.700 mm ausweist, wären hier immerhin vier statt zwei Achsen angetrieben worden. Demzufolge lautete die Bauartbezeichnung: GT 64. Die Fahreigenschaften wären bescheiden gewesen. | Archiv SSB

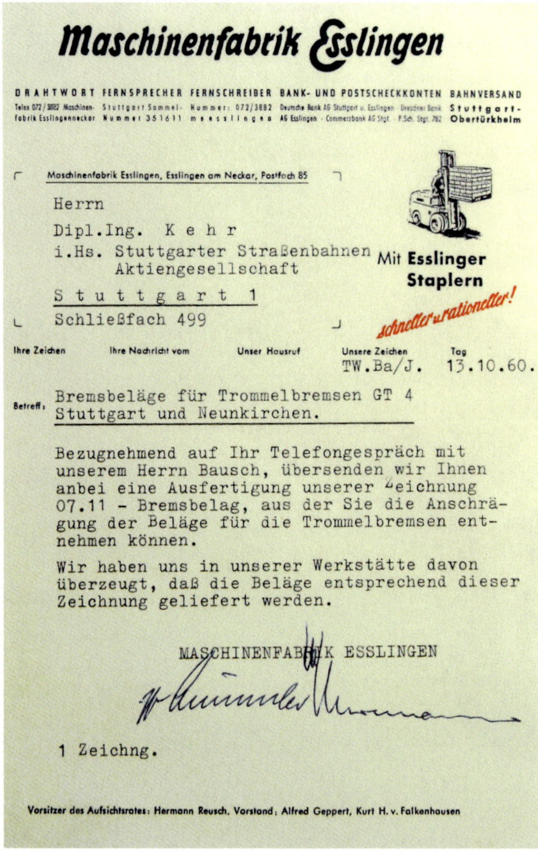

Maschinenfabrik Esslingen

DRAHTWORT Telex 072/3882 Maschinenfabrik Esslingenneckar
FERNSPRECHER Stuttgart Sammel-Nummer 351611
FERNSCHREIBER Nummer: 072/3882 meesslingen
BANK- UND POSTSCHECKKONTEN Deutsche Bank AG Stuttgart u. Esslingen · Dresdner Bank AG Esslingen · Commerzbank AG Stgt. · P.Sch. Stgt. 782
BAHNVERSAND Stuttgart-Obertürkheim

Maschinenfabrik Esslingen, Esslingen am Neckar, Postfach 85

Herrn
Dipl.Ing. K e h r
i.Hs. Stuttgarter Straßenbahnen
Aktiengesellschaft
S t u t t g a r t 1
Schließfach 499

Mit Esslinger Staplern schneller u. rationeller!

Ihre Zeichen | Ihre Nachricht vom | Unser Hausruf | Unsere Zeichen TW.Ba/J. | Tag 13.10.60.

Betreff: Bremsbeläge für Trommelbremsen GT 4
Stuttgart und Neunkirchen.

Bezugnehmend auf Ihr Telefongespräch mit unserem Herrn Bausch, übersenden wir Ihnen anbei eine Ausfertigung unserer Zeichnung 07.11 - Bremsbelag, aus der Sie die Anschrägung der Beläge für die Trommelbremsen entnehmen können.

Wir haben uns in unserer Werkstätte davon überzeugt, daß die Beläge entsprechend dieser Zeichnung geliefert werden.

MASCHINENFABRIK ESSLINGEN

1 Zeichng.

Vorsitzer des Aufsichtsrates: Hermann Reusch, Vorstand: Alfred Geppert, Kurt H. v. Falkenhausen

Wilhelm Kehr von den SSB betreute als „guter Geist“ Entwurf und Inbetriebnahme der Wagen für und in Neunkirchen und Esslingen. Links- zeichnend Prokura („ppa“) [Karl] Mümmler, der geistige Vater, „Erfinder“ und Patentverfasser des GT 4. | Archiv SSB

Der „Vater“ des GT 4

Der GT 4 hatte Erfolg, der Erfolg hat viele Väter. Wer steckt eigentlich hinter dem GT 4? Die Angaben sind widersprüchlich. Ist, zum Beispiel, der Gelenkige „auf Anregung der SSB von einer bekannten schwäbischen Maschinenfabrik entwickelt worden“, wie ‚Über Berg und Tal‘ 1958 gemütvoll berichtet, oder wie Diplomingenieur Schumann von der ME in ‚Über Berg und Tal‘ 4/1961 sagt, „in Esslingen in eigener Verantwortung?“ Anlässlich des 200. Fahrzeugs 1963 würdigt Helmut Seeger, „die in Stuttgart und anderso gemachten Erfahrungen veranlaßten nun die Maschinenfabrik Esslingen und hier insbesondere ihren Chefkonstrukteur Dipl.-Ing. Mümmler, ohne jede äußere Anregung und Ermutigung, einen völlig neuartigen (...) Gelenkwagen mit nur zwei Drehgestellen (...) zu entwerfen.“ Vielleicht kommt man der Sache noch näher, wenn man erwägt, wer eher nicht der geistige Vater des GT 4 gewesen sein dürfte und welcher GT 4 gemeint ist: der verwirklichte vierachsige Wagen mit Gelenkträger und zwei Antriebsdrehgestellen oder der zuvor projektierte vierachsige Starrachs-Schleppdrehgestell-Gelenkwagen. Das schon zitierte Aufsichtsratsprotokoll vom 18. April 1958 hält eindeutig fest, dass es die ME war, welche den Gelenkzug mit zwei Drehgestellen und durchgehendem Stützbalken vorschlug. Finanziell zeigte sich der Hersteller großzügig: „Die ME werde die Konstruktionsänderungen nicht in Anrechnung bringen, weil sie mit größerer Bestellung rechne.“

Bereits vom Mai 1957, als die SSB noch den ‚Sattelschlepper‘-Entwurf vorstellten, sind Modellversuche der ME überliefert, die ergaben, dass „der Vierachs-Gelenk-Drehgestellwagen mit großer Wahrscheinlichkeit Laufeigenschaften aufweisen wird, die denen des Sechsachsers ähnlich sind (...)“ (21). Die ursprüngliche Überlegung, welche Fahrzeuglänge für die Schaffnerabfertigung, die Länge der Haltestellen und die nötige Anpassung an schwankendes Verkehrsaufkommen angemessen sei, stammte demzufolge von den SSB, mitsamt dem Entwurf für den buckligen Sattelschlepper-Triebwagen. Denn dass die ME von sich aus eine fahrwerktechnisch solch rückschrittliche Konstruktion präsentiert hätte, während allerorts nur noch Drehgestellwagen beschafft wurden, erscheint ausgeschlossen. Es war dann an der ME, den SSB behutsam und schrittweise klarzumachen, dass es vorteilhaftere Möglichkeiten gäbe. Außerdem setzte die ME offenbar große Hoffnungen auf einen Fahrzeugtyp, der sich auch anderswo gut absetzen ließ – der Sattelschlepper gewiss nicht. Dass die ME eine Eigenentwicklung brauchte, ist verständlich: Das Düsseldorfer Konkurrenzprodukt Düwag-Sechsachser verkaufte sich so gut wie geschnittenes Brot. Ein gleich großer Sechsachser konnte es also für Stuttgart nicht sein, ergo war ein ähnlich großes Fahrzeug gefragt, aber eben ‚irgendwie‘ nicht mit sechs Achsen (22).

Und wer stand persönlich hinter oder auch vor dem ME-GT 4? Alfred Bockemühl hatte mit Begeisterung für seinen GT 6 geworben. Nach dem Schock mit der verkehrlich ungünstigen Aufnahme seines Sechsachsers verfocht Bockemühl seine Konstruktion hartnäckig, um nicht zu sagen bock(emühl)ig weiter und schickte die ‚zweite Auflage‘ fast zeitgleich, aber noch vor dem GT 4 ins Rennen. Betriebliche Anforderungen, Begründungen und Einsatzmöglichkeiten für den GT 6 und den GT 4 widersprachen sich völlig, obwohl sie zunächst pro forma für die gleichen Linien vorgesehen waren. Nur einer konnte gewinnen, nach Lage der Dinge klar der GT 4. Bockemühl äußerte sich zwar in seinen Fachartikeln, soweit auch vom GT 6 die Rede war, freundlich über den GT 4 und betonte die Gleichwertigkeit beider „Stuttgarter Typen“ (23), aber was hätte er als oberster Repräsentant des Stuttgarter Verkehrsunternehmens auch anders tun sollen, gegenüber einer vom Aufsichtsrat beschlossenen Konstruktion? Immerhin erkannte er den Nutzen des GT 4 gegenüber dem GT 6 an und gab dem Sattelschlepper-Vierachser keine Zukunft.

Der gute alte Zweiachser

Demgegenüber geht man vermutlich nicht fehl, wenn man unterstellt, dass die Einführung eines so „späten“ Zweiachers wie des T 2 maßgeblich von Betriebsleiter Helmut Seeger (1904–1969) beeinflusst wurde. Seeger war bei den SSB seit 1931 leitend tätig, unangefochten ohne jede Unterbrechung auch während und nach der Nazizeit. Er stellte fachlich wie persönlich eine buchstäbliche Autorität dar. Sein grimmiger hohenlohischer Humor erschloss sich nicht allen Beteiligten, seine Gesundheit und letztlich sein Leben trug er für die SSB zu Markte. Helmut Seeger galt als Typus des geborenen Technikers, der mit dem Umstand, dass die Fahrgäste ab Mitte der 1950er Jahre nicht mehr ganz von selber kamen und neben technischen Obliegenheiten plötzlich auch Kundenakzeptanz, Marketing und Öffentlichkeitsarbeit bei der Straßenbahn eine Rolle spielten, zunächst seine Probleme hatte.

In seinem Lehrbuch ‚Straßenbahnerfibel‘ von 1949 legte Seeger bereits dar, „der Dreiachser ist dem vierachsigen (...) Wagen durch sein leichtes Gewicht und durch dessen günstigere Verteilung auf die angetriebenen Achsen (...) überlegen.“ Eine solche Einschätzung entsprach aber bereits damals nicht mehr dem Stand der Technik. Wo der Gleisabstand ausreichte, waren Vierachser längst das Gebot der Stunde. Für Stuttgart mochte deshalb vorübergehend noch eine Ausnahme angebracht sein, aber Seegers Fibel war nicht Stuttgart-spezifisch gedacht. Seeger bezog sich auf den von ihm ja kurz darauf, 1950, beschriebenen Münchner Lenkdreiachser. Für die Nachkriegsentwicklung für Stuttgart übernahm Seeger vom Münchner Muster die Länge von rund elf Metern, beschränkte sich aber anstatt des mehrteiligen Lenkachsfahrwerkes mit seinen für die Schwaben ungewohnten beweglichen Teilen wieder auf ein herkömmliches Zweiachsfahrwerk, das wegen der engen Kurven einen recht kurzen Achsstand und der Wagen somit große Überhänge erhielt. Nur nichts Ungewohntes, so hieß wohl die Seegersche Devise.

Seeger pflegte diese Ansicht ja schon vor dem Amtsantritt von Alfred Bockemühl ab März 1950. Auch ein Paradiesvogel wie Bockemühl musste auf die Anforderungen des täglichen Betriebes und einen eingeführten leitenden Mitarbeiter wie Seeger Rücksicht nehmen. Insofern liegt auf der Hand, dass Bockemühl als geistiger und praktischer Schöpfer größter Fahrzeugeinheiten wohl kaum die Idee zu dem gemütlichen T 2 haben konnte. Umgekehrt ist kaum anzunehmen, dass ein erklärter Befürworter des Zwei- und Dreiachsers wie Helmut Seeger, mit ausgesprochener Abneigung gegen Drehgestellwagen und für

Stuttgart so neumodische Bauteile wie Kardanwellen, als Verfechter eines solchen und des ME-GT 4 hätte auftreten können. Es spricht viel dafür, dass Seeger als betriebliche ‚Hausmacht' hinter der kurzfristigen Entwicklung des T 2 stand, also als ‚moderner' Wagen wieder nichts anderes geschaffen wurde als ein altbackener, wenn auch optisch und technisch aufgehübschter Standardzweiachser. Nach dem folgenden Bockemühlschen Fiasko mit dem GT 6 ließ sich so das entstandene planerische Vakuum nutzen, um den Bau des T 2 über lange Jahre als Großserie durchzusetzen. Bockemühl bezeichnete den T 2 später nolens volens als „Übergangstype zum Gelenkzug."

Nicht alle mögen den GT 4

Als 1958, ein Jahr nach der letzten Ablieferung eines T 2, die Beschaffung des Esslinger GT 4 endlich anstand und Seeger im Aufsichtsrat nach seiner Meinung gefragt wurde, verwies er auf die Zuständigkeit des SSB-Vorstandes mit dem Hinweis: „Alles, was er" [Seeger] „sagen könne, könnte als Kritik verstanden werden." Über die Notwendigkeit von ‚Großwagen' als solchen war sich Seeger immerhin im klaren (24). Der bis dato im Raum stehende 17-Meter-Sattelschlepper-Entwurf der SSB wäre bei genauem Hinsehen eine verkappte Kombination eines fast herkömmlichen zweiachsigen Triebwagens mit einem ‚angebäppten' Beiwagen geworden, nur unter gemeinsamem Gehäuse verborgen. Fahreigenschaften, Komfort und Gleisbeanspruchung wären entsprechend unvorteilhaft gewesen. Mit diesem Gefährt hätten die SSB die 1970er Jahre erreichen wollen! (25). Da diese Konstruktion vielmehr eine Art weitergestrickter T 2 darstellte, kann man sich Helmut Seeger oder die ihn umgebenden SSB-Werkstattplaner als zumindest geistige Urheber vorstellen.

Schritt für Schritt wurde dieser Entwurf dann von Esslingen über den Haufen geworfen, sprich die Überlegungen des Jahrzehnte erfahrenen Betriebs-

Oben | Irgendwie muss es doch gehen! Das Prinzip des Gelenkträgers, das geometrisch große Probleme macht, erprobte die ME auf einer Richtplatte an einem Funktionsmodell; Frühjahr 1958. | Archiv SSB

Rechte Seite | Der SSB-Sattelschlepper! Ein Zweiachser mit kurzem starrem Antriebsfahrgestell, aber bitte sparsam mit den alten hohen Vorkriegsmotoren und deshalb der antriebslose Nachläufer mit geringerer Bodenhöhe, das war der Entwurf der SSB für einen GT 4 (vergleiche mit der Skizze von Seite 45). Welchen ‚Fahrkomfort' dieses Gefährt besonders in den Kurven geboten hätte, lässt sich erahnen. | Amtsblatt Stuttgart, 8. August 1957

Mitte | Für die letzten sechs Jahre des Schienenfahrzeugbaues in Esslingen wurde der GT 4 zum Aushängeschild stilisiert, wie dieses Titelblatt einer Werbemappe der ME zeigt. Aufnahme in der Schleife Hedelfingen vor dem Hochsilo am neuen Neckarhafen (Westkai).

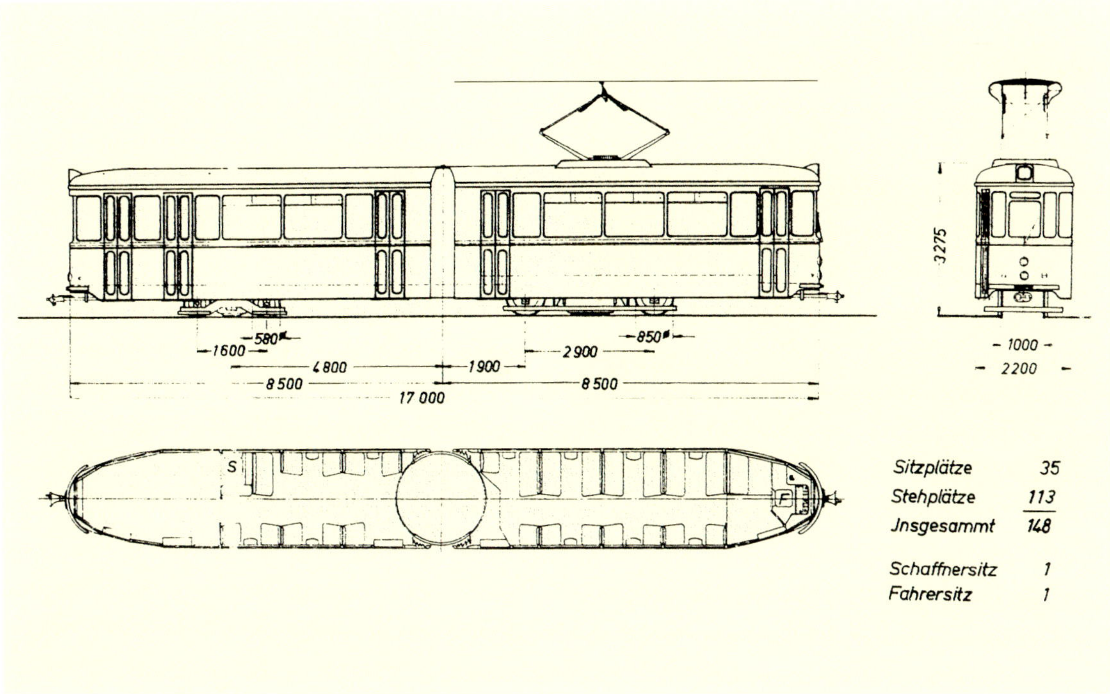

praktikers Seeger waren in diesem Fall nichts wert, wodurch Seegers obige eigenwillige Aussage verständlich würde. Fünf Jahre später, Anfang 1963, nachdem der zweihundertste GT 4 ausgeliefert worden war, trat Seeger sogar als Autor eines lobenden Artikels über Gelenkwagen im allgemeinen und den ME-GT 4 im besonderen auf. Ob er seinen Frieden mit dem Drehgestellwagen gemacht hatte, muss offen bleiben; die Autorenschaft hatte einen offensichtlicheren Grund: Alfred Bockemühl war eben, auf Ende 1962, in Ruhestand gegangen; Seeger war sein Nachfolger (26).

1964 bis 1966, noch während die letzten GT 4 die Fabrik verließen, baute die ME im Auftrag der SSB 70 Stück der durch den GT 4 zunächst überflüssigen T 2 in die 35 vierachsigen Doppelgelenkwagen vom Typ DoT 4 mit schwebendem Mittelteil um; das Bauprinzip war also genau das gleiche wie beim vormaligen ZT-Tatzelwurm von 1958, nur mit besserem Erfolg. Antriebstechnisch blieben die Fahrzeuge unangetastet, stellten also nach wie vor, nur eben kurzgekuppelt, Zweiachser dar. Dieser Umbau war eine Idee von Helmut Seeger, dem nunmehr höchsten Techniker der SSB (27). Dass die Stuttgarter wieder einmal als letzter Betrieb in Deutschland solch einen Umbau noch vornehmen ließen und dabei in noch längst nicht abgeschriebene Fahrzeuge

Der tut's auch! Der Münchner Lenkdreiachser – hier der noch etwas ‚eckige‘ Prototyp von 1946 – war das ‚Wunschmodell‘ von SSB-Betriebsleiter Seeger. | Aus ‚Über Berg und Tal‘, Oktober 1950

nochmals sehr viel Aufwand und Geld investierten, muss vor diesem Hintergrund nicht als Widerspruch gelten, zumal der DoT 4 als eine Art späte Genugtuung (Seegers?) dafür betrachtet werden könnte, dass der Tatzelwurm als Serienfahrzeug nicht hatte ausgeführt werden dürfen. Mit dem DoT 4 standen für zwei sehr wichtige Streckenäste, die Linie 8 nach Gablenberg und die Linie 10 zum Killesberg (und nebenbei zur Doggenburg), Großraumwagen zur Verfügung. Der Umbau dieser Strecken auf die für den GT 4 nötigen Kurvenabstände war stadtplanerisch und finanziell nicht zu verantworten, worüber man sich von Anfang an klar gewesen sein müsste. Wenn OB Klett anlässlich Seegers Verabschiedung Anfang 1969 aussprach, Seeger hätte „zusammen mit dem damaligen technischen Vorstand [Bockemühl] die heute in aller Welt bekannten Gelenktriebwagen entwickelt“, so wird diese Verbrämung vor allem als freundliche Geste an den Scheidenden für seine sonstige Lebensleistung zu verstehen gewesen sein, denn beides traf nicht zu.

Die Leute im Hintergrund

Ein technisches Produkt wird nicht alleine von einer Person geschaffen. Ingenieur Karl Mümmler, „der Konstrukteur des GT 4“, wurde bereits genannt; er war Chefkonstrukteur der ME (28). Auf jeden Fall waren zwei weitere Personen an wichtiger Stelle mit dem GT 4 befasst: Der Konstrukteur Erich Bausch (1923–1982), der zumindest die Drehgestelle für den GT 6 und den GT 4 entwickelt hatte, und der 1919 geborene und bei der ME nicht in der Entwicklung, aber in der Fertigung leitend tätige Betriebsingenieur Ludwig Feucht. Als die ME-Bahnsparte ihre Pforten schloss, wechselte Feucht zum 1. Juli 1965 zu den SSB und übernahm die Leitung der Hauptwerkstatt Ostheim, später Möhringen. Bei seinem Eintritt 1983 in den Ruhestand bezeichnete ihn SSB-Technikchef Manfred Bonz als „den anerkannten Fachmann für den GT 4.“ Bereits zu seiner Esslinger Zeit habe Feucht als Mittelsmann zwischen Esslingen und Stuttgart „die Geburtsfehler des GT 4 ausbügeln müssen.“ Im SSB-Aufsichtsrat war Ende 1965 geklagt worden, man habe sich „um die freiwerdenden Leute der ME bemüht, aber nur einen einzigen Mann anwerben können“, weil die SSB-Gehälter einfach zu niedrig waren. Dennoch ging auch Erich Bausch dann zur Fahrzeugtechnik der SSB und wurde deren Chef.

Die – sicherlich lückenhafte – Aufzählung wäre unvollständig ohne Wilhelm Kehr. Der 1927 als Direktionsassistent bei den SSB eingetretene Diplomingenieur hatte SSB-seitig sofort firmenseitig Entwicklung und Bau der Waldfriedhofseilbahn zu leiten. Auch die ersten geometrischen Maßskizzen von 1950 und später, in denen der Schwenkbereich von zwei-, drei-, vier- und sechsachsigen Fahrzeugen bei Kurvenfahrt auf dem SSB-Netz ermittelt wurde, tragen seine akkurate Handschrift, so dass Kehr von der ersten Stunde an bei der Konzeption neuer Fahrzeuge beteiligt gewesen sein muss. Als die ME versuchten, den GT 4 auch an auswärtige Betriebe zu vermitteln, bewältigte Kehr als SSB-Betriebspraktiker im Esslinger Auftrag die technische Seite. Zumindest für die 1961 nach Neunkirchen im Saarland gelieferten Wagen schlug er die nötigen Konstruktionsänderungen vor, überwachte Auslieferung, Einsatz und Bewährung der Fahrzeuge und bewältigte den anstehenden Schriftwechsel. Auch für die Reutlinger Straßenbahn war Kehr über Jahrzehnte als Berater tätig; dass 1963 drei GT 4 für dort gebaut wurden, ist sicherlich seiner Vermittlung zu verdanken. Wilhelm Kehr (1900–1988), mit hohem Können bescheiden im Hintergrund wirkend, wurde nicht erst bei seiner Pensionierung 1967 scherzhaft-anerkennend als ‚das technische Gewissen der SSB‘ bezeichnet.

Der Abkömmling: Der Personalmangel führte auch zum Umbau der Wagen vom Typ T 2 in den Doppelgelenkvierachser-Typ DoT 4. | Emil Hatt, Archiv SSB

Außer der Technik spielt bei einer Fahrzeugbeschaffung auch eine ganz andere Seite eine Rolle, die Finanzierung. Josef Hirn (1898–1971) war in der Zeit von OB Arnulf Klett als Kämmerer der Stadt Stuttgart tätig, hatte also bei Großvorhaben der SSB ein wichtiges Wort mitzureden. Wie schon zur Finanzierung der Holzkastenwagen von 1950 mussten die SSB nämlich 1959, als die Raten für die neuen GT 4 anstanden, nach etlichen Jahren ihre Tarife wieder erhöhen, was ihnen gewaltigen Unmut der Kunden und „schweren Beschuss“ einbrachte (heute wird meist jedes Jahr erhöht). Für 1959 erhielten die SSB von der Stadt ein Darlehen von 3,5 Millionen Mark für ihre Fahrzeuginvestition. Außerdem wurde mit der Stadt ein neuer, für die SSB günstigerer Straßenbenutzungsvertrag ausgehandelt, so dass die neuerlich auftretenden Bilanzverluste, nicht zuletzt aus dem Busbetrieb, noch in Grenzen gehalten werden konnten. Auch Hirn, der mit Klett ohnehin meist an einem Strang zog, zeigte sich vom ME-GT 4 voll überzeugt, zumal mit den ersten rund 150 GT 4 etwa 250 alte Wagen, zwischen 31 und über 40 Jahre alt, ‚abserviert‘ werden konnten: „Ein Meilenstein in der Geschichte der SSB seit 1945“ liege vor. Über das Versuchsstadium hinaus, befand Hirn, sei nun „eine klare Planung“ absehbar (29).

Der Wagen ohne Ecken

Wenn sich der GT 4 trotz mancher Probleme zum ‚Renner‘ der SSB gemausert hatte, was widerfuhr dann dem GT 6, dem ursprünglich mit viel Vorschusslob bedachten Flaggschiff? Die Bedeutung des ‚Langen‘ für seinen Schöpfer Prof. Dipl.-Ing. Alfred Bockemühl (1896–1992) wird daraus erkenntlich, dass dieser bereits am 3. Juli 1950, auf der zweiten Aufsichtsratsitzung nach seiner Bestellung nach Stuttgart zum 1. März jenes Jahres, den Räten „anhand von Zeichnungen einen von ihm entworfenen sehr modernen Straßenbahnzug erläutert“ und um Freiheit zur weiteren Planung bat, was die Herren „mit Befriedigung“ abnickten. Die Idee zum Sechsachser soll Bockemühl bereits 1947 in Dresden entwickelt haben (30). Im selben Jahr hatte er dort seine Vision eines doppelstöckigen langen vierachsigen Niederflurwagens präsentiert, damals in den zerbombten Städten eine radikale und an sich undenkbare Vorstellung (31). Die sich nach beiden Enden verschmälernde, glatte, fast stufenlose, überall abgerundete Erscheinung des GT 6 – bis hin zu den Fenstereinfassungen – lag nur zum Teil in betrieblichen Notwendigkeiten und dem Zeitgeschmack begründet. Bockemühl war Anhänger der antroposophischen Lehre Rudolf Steiners und brachte diese von der Art der Einrichtung seines Dienstzimmers über seine ‚ecklosen‘ Fahrzeugschöpfungen, schon beim Dresdner ‚Hecht‘, bis zu seiner persönlichen Erscheinung – mit selbstgefertigtem Halstuch statt Krawatte – zum Ausdruck. Der SSB-Aufsichtsrat hatte zur Anstellung des gebürtigen Bochumers denn nicht nur deshalb geraten, weil er eine „erste Kraft auf dem Gebiete des Nahverkehrs“ darstelle, sondern auch weil jener „als Mensch bestens zu empfehlen“ sei. Auch die drei GT-6-Erstlinge trugen innen drei verschiedene Farbdekore, bei denen Bockemühl testen wollte, welche Farbe – gemäß der psychologischen Entsprechung der Steinerschen Farbenlehre – am besten zum Stuttgarter Volkscharakter passe. Hier war nicht nur ein Techniker am Werk, sondern auch (längst bevor man so etwas bei öffentlichen Verkehrsmitteln kannte) ein Designer, und schließlich Seelenforscher in einem – und das in einer an sich so nüchternen Gestalt eines ‚elektrischen Straßenbahndirektors‘.

Elektrisiert war Bockemühl allerdings auch, und zwar vom Gedanken der von der Landesplanung gewünschten Neubau-Straßenbahnstrecke Stuttgart-Mitte–Hohenheim–Plieningen–Bernhausen–Sielmingen, als ‚Mittlere Filderlinie‘ bezeichnet (von einer Mittleren Filderstraße war noch keine Rede). Die Verlängerung nach Nürtingen – eine sehr sinnvolle Absicht – hätte als zweiter Schritt folgen sollen (32). Die überlastete Weinsteigelinie kam als Basis nicht in Betracht, vielmehr wollte der ‚Professor‘, wie der Technikchef SSB-intern auch genannt wurde, „durch die später noch zu bauende nördliche Röhre des Wagenburgtunnels“ ansteigend über die Südröhre hinweg zur Planckstraße und über die Ruhbank und Sillenbuch weiter nach Riedenberg, Kemnat und Birkach zunächst gegen Plieningen vorstoßen. Die schwach frequentierte Linie Möhringen–Plieningen–Hohenheim sollte aufgelassen werden. Um die Baukosten wissend, plante Bockemühl, „nicht mit dem ruhenden Teil, dem Unterbau, sondern dem beweglichen Teil“, also den neuen Zügen, zu beginnen. Die Stadt investierte zunächst aber in die Innenstadtplanung und den Straßenverkehr; der Wagenburgtunnel blieb ein reines Straßenbauwerk (33). Mit dem betrieblichen Ärger um den GT 6 und die Alternative Vierachser schien sich das Thema erledigt zu haben.

„Geheimwaffe“ GT 6

Als Ende der 1950er Jahre die Diskussion um die Schnellbahnverbindung auf die Filder mit dem Projekt Rote(bühl)straße–Vaihingen–Neuhausen auflebte, tat dies auch Bockemühl. Weil keine Möglichkeit für weitere Straßenbauten aus dem Kessel zum aufstrebenden Ostfilderraum bestehe, betonte er 1958, den Wagenburgtunnel betreffend, erneut, „es fehlt gerade das für uns entscheidende Bindeglied, nämlich die Tunnelröhre für die Straßenbahn“ (34). Für sein ‚Schnellstraßenbahnprojekt‘ Westfilder mit den Tunneln Reinsburgstraße–Charlottenbuche und Vaihingen

Ortsmitte sah er Abzweigungen Leinfelden-Schönbuchrand-Neckartal sowie Pfaffenwald-Böblingen/Sindelfingen vor – und „als Fahrzeuge sechsachsige Gelenktriebwagen von 25 Metern Länge, mit etwa 250 Sitzplätzen (...) in den 2,50 Meter breiten Wagen." Vier solcher Züge gekuppelt sollten 1.000 Mann fassen. Die Strecke sei wesentlich schneller und billiger zu bauen als die S-Bahn der Bundesbahn. Die SSB habe „mit Rücksicht auf diese Pläne" (also ihre eigenen) bereits zwischen Vaihingen und Möhringen eine neue Hauptwerkstatt in Planung, so dass die breiten Wagen nicht mehr durch die Stadt fahren müssten (35).

Stahlbau made in Esslingen: Das Foto vom Mai 1964 zeigt, dass der GT 4 trotz der Stirnrundung und dem auch seitlich leicht nach oben eingezogenen Wagenkasten ohne teure gebogene Stirnfenster auskommt. | Michael Weyrauch

Was Bockemühl hier anpries, war vom Prinzip her nichts anderes als wiederum sein GT 6, nur offenbar in einer um 30 Zentimeter breiteren Ausführung, aber wohl auch auf Meterspur. Hier wird deutlich, warum der SSB-Technikchef 1958 nochmals zwei etwas ausgereiftere GT 6 nachliefern ließ, sie ab jetzt regelmäßig auf Strecke sehen wollte und gar die Bestellung von 25 Stück vorgesehen hatte. Nicht für das ‚normale' SSB-Netz waren diese Nachkömmlinge vorgesehen, wo Personal und Fahrgäste sie nicht mehr begrüßten, „sondern die gekuppelten GT 6 sind den zu vermehrenden besonderen Bahnkörpern und U-Strecken vorbehalten", wie Bockemühl sibyllinisch andeutete. Um der Bundesbahn zuvorzukommen und durch eine vor der Tür stehende Fahrzeugflotte vollendete Tatsachen zu schaffen, hatte der Ingenieur also inzwischen das ausgetüftelte frühere Betriebskonzept des ausschließlich als Solowagen (ohne jede Kupplung!) gebauten GT 6 verlassen und pries das Fahrzeug nunmehr als 51-Meter-Doppelzug oder gar als Vierfacheinheit an. Sogar ein Gespann GT 6 + GT 4 stand nun in Bockemühls Betriebsprogramm zur Wahl (36).

Über den GT 4 veröffentlichte zwar gar Bockemühl einen Artikel, denn dieses ‚Königsrecht' stand ihm als oberstem Techniker der SSB zu. Aber seine Formulierungen über die GT-4-Züge, „die von der Maschinenfabrik Esslingen gebaut werden" (so ganz ohne die SSB!?) oder dass „neuerdings Ausführungen von Gelenkwagen erscheinen" (einfach so, irgendwo?), „bei denen das mittlere Drehgestell durch einen ‚Balken' ersetzt ist", lassen gegenüber den sonst herzwärmenden Bockemühlschen Formulierungen eine gewisse Distanz erkennen. Trotz Bockemühls Einsatz für ‚seinen' GT 6 empfahl allerdings Walther Lambert 1959 in seiner maßgeblichen Studie nur einen Fahrzeugtyp für die künftigen Tun-

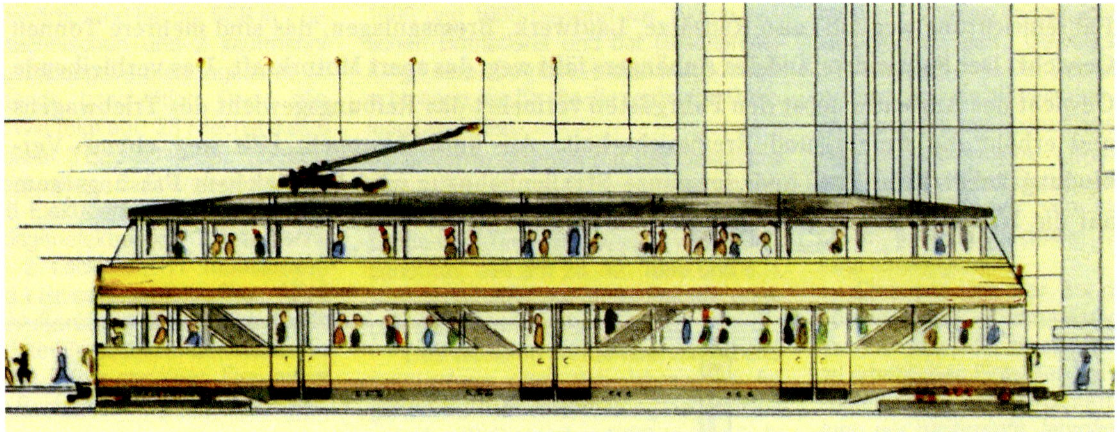

nelstrecken: den GT 4. Nachdem der Serienbau des GT 6 bereits im Vorjahr gekippt worden war, hatte Alfred Bockemühl nun seine zweite entscheidende Schlacht verloren. Dass der GT 4 die Bockemühlsche Formen- und Farbenphilosophie weiter hinaus in die (Straßenbahn-) Welt trug, mochte ihm ein schwacher Trost sein.

Während der Bundesgartenschau 1961 und dem vorübergehenen Abzug der T 2 zwecks Umbau zum DoT 4 war man bei den SSB nochmals froh um die große Platzkapazität der GT 6. Ende 1961 ging man sogar noch von einem Umbau der Fahrzeuge aus – einer Verkürzung auf GT-4-Länge? (37). Mit dem Ausscheiden Bockemühls aus dem Dienst Ende 1962 verschwand die Erwähnung des GT 6 in der Fachpresse, und die Einsätze nahmen ab. GT 6 Nr. 3 wurde Mitte 1965 als erster im Vogelsang zersägt, Nr. 2 sollte als nächster folgen, weil er „wertvollen Gleisraum“ belege (!). Er verschwand – aus den Augen, aus dem Sinn – nach Stuttgart-Wangen in den Gleisbauhof. Taktvoll bewahrte man die letzten Überflüssigen bis zum Ende der Abschreibungszeit auf. Als ab 1965 bei den SSB schrittweise der Ein-Mann-Betrieb eingeführt wurde, bedeutete das so oder so das Todesurteil für die wenigen GT 6, denn auf Fahrscheinverkauf durch den Fahrer konnte man sie nicht umstellen, dafür lag die erste Tür zu weit hinten. 1968, als die SSB das hundertjährige Straßenbahnjubiläum zu Stuttgart festlich begingen und stolz das erste restaurierte historische SSB-Fahrzeug vom Anfang des 20. Jahrhunderts vorführten, verschwanden diskret die restlichen GT 6; man hatte nicht den Mut, über die Schatten der Vergangenheit zu springen.

Als Alfred Bockemühl 1992 mit 96 Jahren starb, würdigte die Zeitschrift ‚Light Rail and Modern Tramway‘: „Die Bruderschaft der Straßenbahner hat einen außerordentlichen, wenn auch exzentrischen Ingenieur und Obmann von großer Vorstellungs- und Gestaltungskraft verloren. – Seine Rolle in der Entwicklung des modernen Straßenbahnwagens war herausragend.“ Da Bockemühl für Stuttgart stand und Stuttgart längst für den GT 4, kam das Blatt zu dem wohl irrtümlichen Schluss: Was er dort entwickelt habe, sei **„the highly-unorthodox but successful GT 4 tramcar.“**

Links | Alfred Bockemühls Vision: Ein zwischen den Drehgestellen abgesenkter Niederflur-Doppelstockwagen! | Aus ‚Betrachtungen und Ausblicke‘, 1947

Oben links | Was sich in der Höhe noch nicht machen ließ, setzte Bockemühl beim GT 6 in Länge um: SSB-Hauptwerkstatt Ostheim, März 1954. | Joachim von Rohr

Oben rechts | So hätte die Zukunft des SSB-Betriebs unter Alfred Bockemühl aussehen sollen: Über 100 Exemplare des GT 6 wären als Solowagen unterwegs gewesen. Theodor Alt hatte im Oktober 1959 zwischen Landauer Straße und Pfostenwäldle das Glück, zwei GT 6 auf einmal auf Linie 6 zu erblicken. | Sammlung Eckehart Alt

Unten links | Der GT 6 als ‚Schnellstraßenbahnwagen' war schon da, die Strecke durch den (linken) Wagenburgtunnel auf die Filder sollte noch kommen: Das Westportal am 4. April 1958 mit SSB-Bus. | Theodor Alt

6
Möhringen
21
548
1229

Mit dem GT 4 durch die Jahrzehnte

1959–1968: Zukunft unter Tage

\+ + + 1961: Juri Gagarin erster Mensch im Weltraum + + + Antibabypille auf dem Markt + + + DDR fördert Bauindustrie: Ostberlin mauert sich ein + + + 1962: merkwürdige Musik aus England, Absender: The Beatles + + + Wasser im Überfluss: Die Nordsee besucht Hamburg + + + Mangel an Stoff: Miniröcke werden eingeführt + + + Welt in Panik: Ost-West-Krise auf Kuba + + + 1963: Er war ein Berliner: Attentat auf Kennedy + + + Drama in Fernost: Vietnamkrieg + + + 1966: Überfluss an Politikern: große Koalition + + + 1968: Überdruss an Universitäten: Studentenrevolution + + + Neu entdeckte Jahreszeit im Osten: Prager Frühling + + +

Buntes Bild am Schlossplatz: Wagen 548 war am 2. Oktober 1960 genau zwei Monate jung, als neben ihm gut dreißig Jahre alte Gefährte aus den 1920er Jahren Dienst schoben. Der stählerne Ausguckturm des verkehrsregelnden Schutzmannes an der Kreuzung Königstraße/Planie bot diese Perspektive. | Joachim von Rohr

Und in Stuttgart? Bei den SSB muss 1961 rollen, was Räder hat: Die Bundesgartenschau auf dem Killesberg lockt sieben Millionen Besucher an. Auch die Welt-Sportveranstaltung Gymnästrada beschäftigt die Straßenbahner – erstmals braucht man ausländische Mitarbeiter. Der Tänzer John Cranko übernimmt die Leitung des Stuttgarter Balletts. Einige SSB-Busse und -Fahrer schnuppern Berliner Luft: Nach dem Mauerbau kommen sie den (West-) Berliner Verkehrsbetrieben zu Hilfe. Versöhnung, „Jumelage", 1962 mit dem einstigen ‚Erzfeind': Frankreichs Präsident Charles de Gaulle besucht Stuttgart; das wiederum erwählt sich Straßburg als Partnerstadt aus. Mehr geht nicht: Im Oktober 1963 hat Stuttgart 640.560 Einwohner, so viel wie nie zuvor – und seither nicht mehr. Englands Queen ist „amused": Staatsbesuch 1965 am Nesenbach. Staatssekretär Hägele ist laut Umfrage der drittbeliebteste Landespolitiker. Nur leider: Es

Links | Die ‚Bretter-U-Bahn': Bei Gerlingen erprobten die SSB das Verhalten der Stromabnehmer unter der geringen Oberleitungshöhe im künftigen Tunnelbetrieb. Haltestelle Feldweiche, 6. Juni 1965. | Gerhard Jäkle.

Oben | Die Ankunft des hundertsten GT 4 Mitte Juni 1961 markierte auch psychologisch eine Art Durchbruch: So schnell kann uns die Straßenbahn in Stuttgart jetzt niemand mehr nehmen! Wagen 428 trug das ‚Hunderter'-Schild sogar freudig etliche Wochen im Planbetrieb, allerdings nicht mit 100 Stundenkilometern. Foto vor der Halle Ostheim. | Archiv SSB

Rechts | Der ‚Sechser' wie aus dem Bilderbuch: Kühn geworden, hängten die SSB auf ihrer nachfragestärksten Linie an zwei GT 4 auch noch einen Beiwagen. Die 90-Grad-Kurve zwischen Echterdingen und Leinfelden befahren am 15. Mai 1965 die Wagen 509, 692 und 1620. | Dieter Schlipf

gibt ihn gar nicht – kleiner Scherz des mit der Umfrage betrauten Regierungsmitarbeiters namens Manfred Rommel. Die Stadt geht in den Untergrund: 1966 fahren Autos erstmals unter dem Kleinen Schlossplatz durch und die Straßenbahn unter dem Charlottenplatz.

Was macht derweil der GT 4? ‚Über Berg und Tal' 1/1960 berichtet: „Der neue Großraum-Gelenkwagen der SSB – genannt GT 4 – hat sich in den vergangenen Monaten hervorragend bewährt." Scheinbar ist der Wagen ein Neutrum: „Das erste der gelieferten GT 4 hat 20.000 km zurückgelegt. Es wurde völlig zerlegt und in allen Teilen untersucht (...). Technische Schwierigkeiten sind nicht aufgetreten." Anderthalb Jahre später, Mitte Juli 1961, als der hundertste Wagen eintrifft, heißt es dort: „Großes Aufsehen erregte in den Straßen Stuttgarts ein mit Girlanden und Nelkensträußchen geschmückter Großraumwagen (...). Ein Schild mit der Ziffer ‚100' wies auf die besondere Bedeutung dieser Jubiläumsfahrt hin." Monatlich kommen sechs weitere dazu: „Sieht man von Düsseldorf und von Italien (...) ab, so ist eine solche Vielzahl moderner Wagen – wie in Stuttgart – in Europa einmalig." Dieser Wagentyp sei „eine Pioniertat im deutschen Straßenbahnwesen." Auf Jahresende 1961 wird ein Bestand von 144 GT 4, dem „Schnelltriebwagen", gemeldet, im Jahr darauf sind es 209. „Leistungen, die niemand sieht," würdigt ‚Über Berg und Tal': Trotz rund zweihundert eingesparter alter Wagen verfügen die SSB nunmehr über 3.000 Fahrgastplätze mehr. Ende November 1963 vermeldet die Stuttgarter Zeitung den 250. Wagen, im Oktober 1964 ist der 300. in Betrieb, während eines der ersten Gefährte 400.000 Kilometer erreicht hat, und im Herbst 1965 findet sich als Abschluss aller Bauserien der Wagen 350 ein.

Ausländischen Betrachtern bleibt der neue Gelbe nicht verborgen: „Es gibt eine große Verschiedenheit an Straßenbahnwagentypen in Stuttgart, aber am eindrucksvollsten ist der stromlinienförmige Typ der 500er-Serie (...). Aber so sonderbar es auch erscheinen mag: sie verfügen nur über Drehgestelle an jedem äußersten Ende. Wie sie es fertig bringen, in der Mitte nicht durchzubrechen ohne die Unterstützung eines dritten Drehgestelles, ist das Wunder deutscher Ingenieurkunst", dies stellt ‚The Bay Electric Railroad Review' in New York im Dezember 1960 fest (38). Eine Stimme aus England fügt zum GT 4 hinzu: „Es handelt sich um einen revolutionären Wagen. Die Eleganz der äußeren Form ist besonders bemerkenswert." 1964 empfindet ein Besucher aus Kopenhagen: „Diese GT-4-Wagen sind vorbildlich in der Geschichte der Straßenbahnen. Sie fahren fast geräuschlos und sind sehr bequem für das Publikum eingerichtet. Das Aussehen der Fahrzeuge ist schnittig und elegant."

Vergnügungsreise mit der Straßenbahn –
Stuttgarter Zeitung, 3. Februar 1962

„Von Fellbach nach Rohr mit dem Einser. – Kaum einer käme wohl auf den Gedanken, nur aus Spaß einmal mit der Straßenbahn quer durch Stuttgart zu fahren (...). – Eigentlich war es mehr eine Entdeckungsfahrt (...) und dazu eignet sich am besten die Straßenbahn, weil man dabei nicht nur das Land, sondern auch die Leut kennenlernt. An der Endschleife in Rohr beginnen wir also unsere Fahrt an einem reizenden kleinen See (...). Neben der Straßenbahn gackern die Hühner, denen nicht einmal ein hochmoderner vierachsiger Gelenktriebwagen zu imponieren scheint. Es wird gebimmelt, und wir (...) fahren ein Stück der (Eisen-) Bahnlinie entlang Richtung Vaihingen –. Dann geht die Fahrt durch Heslach, rechts und links ein Gewirr von kleinen Straßen und Gäßchen –. ‚Marienplatz, nach Degerloch umsteigen' tönt es aus dem Lautsprecher. – In gewissen Abständen hört man den Ruf ‚Bitte, nach vorne durchgehen'. Vor nicht allzu langer Zeit, als man noch ohne den eleganten GT 4 auskommen mußte, wurde man nur aufgefordert, bis zur Mitte durchzugehen oder aufzurücken. – Auf der Königstraße nehmen wir die Parade der Schaufenster ab; am Schloßplatz fühlen wir uns in einer Residenzstadt und am Hauptbahnhof in einer Großstadt. – Alle Autos, die von der Cannstatter Straße kommen,

fahren jetzt neben der Straßenbahn. Eine Mutter sagt zu ihrem Kind: ‚Wenn du schön brav bist, darfst du nachher Schiffle sehen', und das wirkt. Man wird ordentlich stolz beim Anblick der Schiffle (...), und man fühlt sich so recht als Bürger einer Hafenstadt (...). – Stuttgarter Straße, Stuttgarter Allee, Stuttgarter Platz, diese Namen scheinen uns zeigen zu wollen, daß die Fellbacher (...) stolz auf ihre landeshauptstadtliche Nachbarschaft sind. Nach dem Schutzmanntürmle auf besagtem (...) Platz biegt unser GT 4 rechts ab und fährt auf die vorletzte Haltestelle zu (...). An der Lutherkirche (...) ist nun unsere schöne Fahrt zu Ende; sie war schön, weil wir einmal alle Unannehmlichkeiten des Straßenbahnverkehrs übersehen haben. (...) Und für unser Vehikel, an dem der Schaffner gerade die Schilder dreht, damit man ‚Rohr' lesen kann, ist aus dem Ende der einen Fahrt der Anfang der neuen geworden." | Maria Stein

Fellbach Höhenstraße, 21. April 1968, mit Wagen 423 und 574. Die Allee stammt noch aus dem Eröffnungsjahr 1929 der Fellbacher Strecke. | Dieter Schlipf

Links | Lichter der Großstadt: Abendliche Rush-hour in der unteren Königstraße, um 1962. Wagen 444, der später legendäre ‚Schicki-Express', wird auch 44 Jahre später noch den SSB zu Diensten sein. | Archiv SSB

Mitte | Marketing auch bei den SSB: Mit dem Winterfahrplan 1963/1964 erhielten die Fahrplanhefte zum ersten Mal eine grafische Gestaltung und ein die Fahrgäste als Kunden ansprechendes Vorwort, das über die fahrplantechnischen Neuerungen Auskunft gab. Den Titel zierte selbstverständlich – der GT 4. | Archiv SSB

Rechts | Zum Sommerfahrplan 1960 schlug sich die vollständige Bestückung der ersten Linien mit GT 4 auch in kürzeren Reisezeiten nieder. | Archiv SSB

Auf Volkes Stimme hören

Was haben die Kunden vom GT 4? Zunächst formuliert die Stuttgarter Zeitung gleich zu Anfang, Ende August 1959, eine „Bitte an die Fahrgäste um Geduld", bis zum Jahresende alle bestellten 42 Wagen eingetroffen sind. Weil die auf Linie 5 und 6 schon vorhandenen GT 4 schneller und öfter fahren als die alten Wagen, kommt es bis dahin und bei den noch nicht umgestellten Linien, wo diese mit dem GT zusammentreffen, zu ungewohnt unterschiedlichen Zugabständen. „Die Fahrgäste müssen umlernen", bekundet ‚Über Berg und Tal' Ende 1959: Noch fahren GT 6 – mit Mitteleinstieg – und GT 4 – mit Endeinstieg – in bunter Mischung; Sichtkarteninhaber dürfen auch vorne hinein, mit dem Durchlaufen stockt es, „ein wunder Punkt." Vorne sind die Wagen kaum besetzt, hinten kommen die Zusteiger nicht mehr hinein, drinnen halten sie den gewohnten Schwatz mit dem Schaffner. Alfred Bockemühl hält fest: „Das Fahrgastfluß-Verfahren krankt an der Unwachheit der Fahrgäste." Zwar könne der Schaffner über Lautsprecher „verschiedene Sprüche in liebenswürdiger Form an die Fahrgäste richten." Ob sie gehört werden, so Bockemühl resignierend, „ist eine andere Frage." Der Humor geht den Bähnlern trotzdem nicht verloren. ‚Über Berg und Tal' gibt „einen Dialog im Großraumwagen" wieder: „Drucket se doch net so, i muß doch au an der nägschda Statio aussteiga!' – ‚Des goht mi nex a, i hätt scho an d'r letzta Statio aussteiga solla und komm net bis zur Tür!'"

Ganz andere Probleme plagen jenen Teil der Mitfahrer, die Raucher sind: Im GT 4 ist der blaue Dunst schlicht verboten, in anderen Wagen noch nicht. „Was man von den Fahrgästen der Großraumwagen verlangen kann (…), darf man auch denen der anderen Wagen zumuten", meint die Zeitung. Zunächst wollen die SSB aber eine Umfrage abhalten: „Man kann ihr (der SSB AG) das nicht übelnehmen, wenn sie auf ‚Volkes Stimme' hören will; im Gegenteil, sie tut gut damit (und sie täte noch besser, wenn sie das noch öfters täte, nämlich auf des Volkes Stimme hören)",

Linie **6** **Montag bis Freitag** **Möhringen**–Degerl.–Schloßpl.–Hauptbhf.–Rob.-Bosch-Krankenh.–Feuerb.–Weilimdorf–Gerling.

Möhringen	—	—	—	—	—	504	526	541	556
Degerloch West	—	—	—	—	—	11	33	48	603
Bopser	—	—	—	—	—	22	44	59	14
Schloßplatz	—	—	—	—	—	530	552	607	622
Hauptbahnhof .	—	—	—	—	—	33	55	10	25
Robert-Bosch-Krankenhaus .	—	—	—	—	—	45	607	22	37
Hunsrückstr. ..	422*	444*	459*	514*	536*	56	18	33	48
Weilimd., Giebel	37	59	514	29	51	611	33	48	703
Gerlingen	42	504	19	34	56	16	38	53	08
Möhringen	611	626	641	656	711◆	726	744	804	824
Degerloch West	18	33	48	703	18	33	51	11	31
Bopser	29	44	59	14	29	44	802	22	42
Schloßplatz	637	652	707	722	737	752	810	830	850
Hauptbahnhof .	40	55	10	25	40	55	13	33	53
Robert-Bosch-Krankenhaus .	52	707	22	37	52	807	25	45	905
Hunsrückstr. ..	703	18	33	48	—	18	36	56	16
Weilimd., Giebel	18	33	48	803	—	33	51	911	31
Gerlingen	—	38	53	08	—	38	56	16	36
Möhringen	844	usw. alle 20 Min. ab Möhringen bis Gerlingen		1544	1604	1624	1641	1656	1711
Degerloch West	51			51	11	31	48	1703	18
Bopser	902			1602	22	42	59	14	29
Schloßplatz	910			1610	1630	1650	1707	1722	1737
Hauptbahnhof .	13			13	33	53	10	25	40
Robert-Bosch-Krankenhaus .	25			25	45	1705	22	37	52
Hunsrückstr. ..	36			36	56	16	33	48	1803
Weilimd., Giebel	51			51	1711	31	48	1803	18
Gerlingen	56			56	16	36	53	08	23
Möhringen	1726	1741	1756	1811	1826	1844	1904	1919	1949
Degerloch West	33	48	1803	18	33	51	11	26	56
Bopser	44	59	14	29	44	1902	22	37	2007
Schloßplatz	1752	1807	1822	1837	1852	1910	1930	1945	2015
Hauptbahnhof .	55	10	25	40	55	13	33	48	18
Robert-Bosch-Krankenhaus .	1807	22	37	52	1907	25	45	2000	30
Hunsrückstr. ..	18	33	48	1903	18	36	56	11	41
Weilimd., Giebel	33	48	1903	18	33	51	2011	26	56
Gerlingen	38	53	08	23	38	56	16	31	2101
Möhringen	2019	2049	2119	2149	2219	2249	2319	2354	027
Degerloch West	26	56	26	56	26	56	26	001	33
Bopser	37	2107	37	2207	37	2307	37	12	—
Schloßplatz	2045	2115	2145	2215	2245	2315	2345	020	—
Hauptbahnhof .	48	18	48	18	48	18	48	23	—
Robert-Bosch-Krankenhaus .	2100	30	2200	30	2300	30	000	35	—
Hunsrückstr. ..	11	41	11	41	11	41	11	46	—
Weilimd., Giebel	26	56	26	56	26	56	26	101	—
Gerlingen	31	2201	31	2301	31	001	31	06	—

* = ab Halle Feuerbach ◆ = bis Halle Feuerbach

wie die Stuttgarter Zeitung genüsslich betont. Indes, zum 1. Januar 1960 heißt es generell „Schluss mit den Raucherfreuden." Andererseits sind die SSB nicht mit allen Fahrgästen zufrieden: „Zerschnittene Sitze in einem neuen Großraumwagen", klagt ‚Über Berg und Tal' 1961: „Von seltsamer Geistesverfassung" müssten jene Menschen sein, denen die Zerstörungen, „die sich in letzter Zeit häufen", Freude bereitet. Zwei Jahre darauf wird das selbe Übel festgehalten, 1966 ebenso: „Straßenbahnsitze reihenweise aufgeschlitzt; Tag für Tag zerschlitzte Polster eingeliefert", Beiwagen und Omnibusse „in brutaler Weise beschädigt." Kein neues Problem ... Auch dass die Jugend ihre Technikkenntnisse mit Hilfe des GT 4 erweitert, ist nicht unbedingt erwünscht: Fahrer und Schaffner wundern sich zunehmend, warum die mittlere Tür nicht schließt ... ‚Buben' verkleben die Lichtschranke mit ‚Papierle'. Auch die SSB verschicken ‚Papierle': Strafanzeigen! Von angenehmerer Art zeigen sich die Kunden, welche am 10. Mai 1966 im GT 4 unterwegs sind: OB Klett und Baden-Württembergs Ministerpräsident Kurt-Georg Kiesinger eröffnen die erste U-Strab-Tunnelstrecke der Tallängslinie am Charlottenplatz. Im selben Jahr wird Willy Reichert, der schwäbische Volksschauspieler, in der Linie 5 angetroffen, somit im GT 4.

Der GT 4 als Damenretter

Ganz andere Sorgen hat schon im Frühjahr 1959 ein Straßenbahnbenutzer und Vater mehrerer Töchter. „Es dürfte Ihnen wohl bekannt sein", informiert er die obersten Straßenbahner, „daß die leidige Damenmode seit einiger Zeit die berüchtigten Pfennigabsätze vorschreibt, und daß Ihre Lattenroste oder besser gesagt ‚Absatzfallen' in den (alten) Straßenbahnwagen immer häufiger zu Schäden und Reparaturkosten führen" (an den Schuhen natürlich). Der Bedauernswerte, durch das Ungemach seiner Nachkommen mit „derartigen Kosten" belastet, bittet die SSB dringend, sie möge bei Neubauten einen anderen Bodenbelag verwenden. – Schmunzelnd informiert ihn die

Direktion, es werde „in den neuen Großraumwagen an Stelle des offenbar mit Gefahren verbundenen Fußbodens einen linoleumartigen Belag (...) geben." Und so geschieht es auch: Der GT 4 ist von Anfang an ausgestattet, „um Damenmode und Straßenbahn in Einklang zu bringen."

‚Absatzprobleme' für die Damen? Nicht im GT 4! Grafik: Amigo (Erwin Kaysersbach)

Oben | Zur Schwachlastzeit traute man auch einem einzelnen GT 4 zu, einen zweiachsigen Beiwagen mit sich zu führen, aber nur auf Linien ohne langgezogene Steigungen. Kurze Rampen konnte diese Kombination aus vier antriebslosen und nur zwei angetriebenen Achsen auch bei feuchtem Wetter notfalls noch mit Schwung bewältigen. Am Morgen des 26. August 1963 kommt dieser „Spar-Fünfzehner" in der Tübinger Straße vor der Sankt-Maria-Kirche vorbei. | Gerhard Jäkle

Unten | Der GT 4 machte sie arbeitslos: In langen Reihen erwarten die Vorkriegswagen vor der unteren Halle Ostheim ihr Ende. GT 4 Nr. 448, ein gutes halbes Jahr alt, leistet ihnen wegen eines Unfallschadens vorübergehend Gesellschaft. | Dieter Schlipf

Links | Protest! Studenten haben 1964 diese GT-4-Züge eingekeilt und versuchen durch das geöffnete Seitenfenster, den Fahrer zu bedrängen. Der Grund: Die SSB haben die Fahrpreise um bis zu 25 Prozent erhöht! | Sammlung Guntram Schäfer

Oben | ‚Straßenbahn frei' – als Adjektiv in einem Wort wünschten sich dies nicht wenige Kreise auch für die Stuttgarter Verkehrsplanung. Unbehelligt davon drückt sich dieser GT 4 am 9. Juli 1965 unter dem Breuninger-Hochhaus in der Holzstraße durch, der Umleitungsstrecke während des U-Strab-Baues in der Hauptstätter Straße. | Joachim von Rohr

Unten | Das hat er bestimmt noch nicht! Zu seinem 20-jährigen Amtsjubiläum am 23. April 1965 erhielt OB Dr. Arnulf Klett ein Modell des noch immer neuesten Fahrzeugtyps der SSB. Deren kaufmännischer Direktor Wilhelm Speh (links), SSB-Betriebsleiter Gerhard Egner (Mitte) und rechts neben ihm Baubürgermeister Dr. Jürgen Hahn freuen sich mit dem Geehrten. Selbst der technische SSB-Direktor Helmut Seeger (rechts) wagt ein Schmunzeln. | Hans-Peter Feddersen

Ausbau, Neubau, Umbau

Betroffenheit herrscht am 7. Mai 1962, als die erste ‚echte' Streckenstilllegung in der Innenstadt die gut frequentierte, aber mit ihren Mini-Solowägelchen aufwändig zu betreibende Quartierslinie 3 Marienplatz – Silberburgstraße betrifft. Das erspart durch die Umstellung auf Busse, die keinen Schaffner brauchen, neun Mann Personal und zehntausend Mark für Gleissanierung. Ausbau an anderer Stelle: Auf dem Fünfer vom Olgaeck bis zur Ruhbank wird 1963 der Gleisabstand erweitert, damit künftig der GT 4 fahren kann. Und man plant weiter hinaus: Nach ‚Heumaden Süd', zum Freiberg und zum Fasanenhof sollen dereinst Strecken führen. Auch die Bundesbahn macht sich Gedanken: Eine Kommission für den Bau des S-Bahn-Tunnels Hauptbahnhof – Wildpark – Vaihingen tritt zusammen.

„Ein Festtag für die Filder:" Am 19. Mai 1964 macht sich der Sechser erstmals durchgehend von Gerlingen bis Echterdingen auf den Weg, nachdem der Bahnhof Möhringen für die weiterlaufenden Fahrten umgebaut worden und eine Schleife durch Echterdingen angelegt worden ist. Natürlich besteht der Eröffnungszug aus zwei GT 4 – mit Zweiachsanhänger. Prominenter eigenhändiger Fahrer zwischen Degerloch West und Möhringen ist OB Klett. Ab dem 3. November 1964 ist der GT 4 unten durch: Unter ‚dem Breuninger' nämlich, denn wegen des U-Strab-Baues wird die Tallängslinie provisorisch unter dem Kaufhaus und über den Karlsplatz verlegt. Umstellung für die Fahrgäste: Am 16. August 1965 wechseln etliche Linien ab wichtigen Knotenpunkten ihren Verlauf, damit der GT 4 sinnvoller eingesetzt werden kann, wo es technisch schon geht. Damit es geht, folgen 1967 die Schleifen Heumaden und Plieningen. Das gepachtete Stück bis Hohenheim, auf dem damals fast niemand mehr fährt, beansprucht die Universität wieder für sich – aber bitte ohne Straßenbahngleis. Schlechte Nachricht: 1966 ist der Straßenbahnverkehr rechnerisch noch langsamer geworden, zwischen Stöckach und Marienplatz beträgt die Reisegeschwindigkeit etwa 13 Stundenkilometer (heute ist man doppelt so schnell). Tiefbauamtschef Adolf Heeb bittet um Verständnis: Vollkommene Bevorrechtigung an den Ampeln für die Straßenbahn sei nicht möglich. Das Jubiläum 100 Jahre SSB – eigentlich: 100 Jahre Straßenbahn in Stuttgart – wird am 27. Juli 1968 gefeiert. Freude bei den Verantwortlichen: „In der 100jährigen Geschichte der Stuttgarter Straßenbahn hat ein neuer Abschnitt begonnen: So wie der GT-4-Großraumwagen (...) aus dem Tunnel am Charlottenplatz hinausfährt, so werden die Züge in einigen Jahren aus den Tunnelröhren wieder ans Tageslicht gelangen, denn die Straßenbahn der Zukunft fährt nicht mehr auf, sondern unter der Straße."

Links | In festen Händen des GT 4: Linie 1, hier am Marienplatz am 20. März 1962. Rechts die SSB-eigene ‚Gummikonkurrenz'. | Dieter Schlipf

Mitte links | Im GT 4 auf Stimmenfang: Porsche-Liebhaber Arnulf Klett mischt sich 1966 unter die Berufstätigen – seine Wiederwahl steht an! | Archiv SSB

Mitte rechts | Wohin des Weges? Vor dem Wilhelmsbau hat sich am 7. Juli 1965 eine illustre Versammlung von SSB-Fahrzeugen eingefunden, darunter ein GT-4-Solowagen und ein Zwei-Wagen-Zug. | Joachim von Rohr

Rechts | Jubel um den GT 4, auch wenn der Beifall der ersten Tunnelstrecke der SSB gilt: Haltestelle Charlottenplatz, 10. Mai 1966 | Archiv SSB

Vom Bayerwald zur Schelle

„Der Beruf des Straßenbahners ist vielseitig und krisenfest", warben die SSB 1960 in einer Ausstellung des Arbeitsamtes auf dem Killesberg. Sie taten gut daran, denn der Personalmangel war das zunächst wohl offensichtlichste Problem Ende der 1950er, Anfang der 1960er Jahre. In der aufstrebenden Industrie winkten besser bezahlte und als angenehmer empfundene Stellen. Hätten die SSB „nicht Arbeitslose aus den bayrischen Notstandsgebieten angeworben", hielt die Stuttgarter Zeitung Ende 1959 fest, dann hätte es bereits Einschränkungen beim Fahrplan geben müssen. Sogar in Österreich wurden künftige Mitarbeiter für die Arbeit ‚bei der Schelle' (Straßenbahnklingel)– so die Bähnlersprache – im Schwäbischen eingesammelt; etliche davon blieben bis heute. Während anderswo, etwa in Mannheim, die Straßenbahner für mehr Lohn „für die vermehrte Arbeit auf dem Großraumwagen streikten", zahlten die SSB ihren Leuten auf dem GT 4 vorsorglich etwa acht Prozent mehr – auch ein ‚Erfolg' der Rationalisierung. „Der Straßenbahn fehlen 200 Mann", hieß es Ende 1960. Eine Lösung sahen die SSB nur in der schnellstmöglichen Verwirklichung der Verkehrspläne von Prof. Lambert, damit sich die Lage durch mehr größere

Wagen und schnelleren Umlauf entspanne. Mitte 1961 hielten dann „Enrico und Antonio“ Einzug: Diese beiden Italiener wurden stellvertretend für 44 Landsleute, 16 Griechen und 18 andere Angehörige anderer Nationen in ‚Über Berg und Tal‘ vorgestellt, dienunmehr bei den SSB schafften.

Damals sah man bei der Straßenbahn die Sache noch sportlich: Es sei „in Stuttgart zur Zeit ein richtiger Wettlauf zwischen den laufenden Neulieferungen von personalsparenden Vierachs-Gelenkzügen und dem Personalabgang im Gange, und es ist nicht abzusehen, wer gewinnt!“ Durch

eine erneute Lohnerhöhung Ende 1961 – 3.766 Mitarbeiter waren tätig - betonten die SSB, „es sei der Beruf des Straßenbahners jetzt auch von der finanziellen Seite her gesehen attraktiv“, die Sozialleistungen und den ‚warmen Rock‘ des öffentlichen Dienstes nicht zu vergessen. Aber

Ende 1962 hatte man schon wieder über 100 Kräfte verloren. In der Not kam man auf eine neue Idee: Was in beiden Kriegen geholfen hatte, nämlich Frauen im Straßenbahnerrock, sollten es nun auch wieder tun. Aber Hausfrauen waren für den klassischen ‚geteilten Dienst' – morgens in der ‚Frühspitze' um sieben Uhr, dann nochmals abends gegen 18 Uhr, bedeutend später als heute! – kaum zu gewinnen. Immerhin, die Eingestellten erhielten 1964 sogar neu entworfene, figurbetonte „stewardessenähnliche Kleidungen" anstatt dem bisherigen militärartigen schweren Tuch. In Nordbaden, wo Industriearbeitsplätze offenbar etwas rarer waren, verdingten sich hingegen schon seit einiger Zeit Damen bei den Straßenbahnen: „Mannheim hat Glück bei den Frauen", wie die Zeitung 1963 treffend feststellte. 1965 gaben dann bei den SSB erstmals auch weibliche Fahrscheinprüferinnen den (freundlichen) Ton an. Wenn nicht Schaffnerin, dann Fahrerin, hieß die nächste Devise. Doch wurden die SSB abrupt gestoppt: Eine noch geltende Verordnung aus der Nazizeit, so stellten die Advokaten fest, schützte die Damen vor dieser ‚körperlich schweren' Tätigkeit. Es sollte bis Anfang der 1970er Jahre dauern, bis dieses juristische Hindernis beseitigt war. 1962 schickten die SSB die Werber an die Hochschulen: Nunmehr sahen sich die Fahrgäste zunächst in den Ferien erstmals rund 50 studentischen Schaffnern – und Schaffnerinnen – gegenüber, im Folgejahr kamen auch Kräfte aus Südeuropa und von weiter her dazu. Was die ‚alten' Stuttgarter und Stuttgarterinnen nun davon hielten – und dann auch noch ‚junge Leut'? „Abwartend, doch nicht unfreundlich betrachtet der Fahrgast unseren syrischen Hilfsschaffner, einen Studenten des Maschinenbaues", hält ‚Über Berg und Tal' fest. 1964 war der Studi-Einsatz mit 200 Mann schon Routine. „Zum ersten Mal seit Jahren", atmeten die SSB auf, „kann unser Stammpersonal planmäßig wieder seinen Urlaub nehmen." Im Frühjahr 1965 wird ein ursprüngliches Ziel doch erreicht: Die ersten 16 regulären Schaffnerinnen nehmen ihren Dienst auf.

Angstschweiß im GT 4

Studentenschaffnerin Ruth erzählt in ‚Über Berg und Tal' 6/1962: „Ich werde den Vorabend vor dem großen Einsatz nie vergessen (...). Gegenseitig frugen wir uns die Stationen ab, wie einst in der Schule ... Der Morgen graute (...): Würden wir den Abend noch in Uniform erleben? Der blanke Schrecken fuhr uns in die Glieder: (...) Oh weh, je mehr wir uns dem Schloßplatz näherten, desto stärker schwoll der Menschenstrom (...). ‚Hat alles Fahrscheine?' – ‚Wer bitte noch zugestiegen?' – Fieberhafte Überlegungen schossen mir durch den Kopf: Zwei Teilstrecken macht einen 40-Pfennig-Schein ... Spitze des Stempels auf das Ziel ... wo sind wir eigentlich? Du mußt doch ausrufen! – Richtung Wilhelma begann der Wagen sich zu leeren. Welch eine Wohltat! Endstation! Erschöpft lasse ich mich in eine Ecke sinken und trockne mir den Angstschweiß von der Stirn ..." Nach der Einarbeitung sind die SSB jedoch mit fast allen sehr zufrieden: „Kaum ein Fahrgast wird gemerkt haben, daß er sozusagen Amateure vor sich hatte." Und dazu die Möglichkeiten einer Frau: „Wir glauben nicht, daß ein Fahrgast allzu böse geworden ist, wenn sie eine schwierige Auskunft durch ihr nettes Lächeln ersetzt hat."

Links | Modernes Stuttgart: Die Charlottenstraße wird 1968 noch von den mittelalterlichen Tagelöhnerhäuschen an der Esslinger Straße flankiert. | Archiv SSB

Mitte | So idyllisch, wie es diese Grafik aus einem Werbeprospekt der SSB vermuten lassen sollte, ging es für die Schaffner nicht immer zu. Der GT 4 und einer der markanten Anderthalbstöckerbusse, die ebenfalls 1959 auftauchten, bilden die stilistische Kulisse. | Sammlung Horst Leitz

Rechts | ‚Gehobener' Dienst: Obwohl der Schaffner im GT 4 sitzen durfte und höher saß als die Fahrgäste, wanderte das Personal reihenweise ab: In der Industrie winkte ‚richtiges' Geld! | Archiv SSB

Kundenservice, fast perfekt

Auch zum Thema der Kommunikation zwischen Schaffner und Fahrgast steuern die 1960er Jahre Bedeutsames bei. Dass in Stuttgart die landestypische schwäbische Sprachökonomie dem erfolgreichen Dialog mit dem Kunden nicht immer förderlich war, ist verständlich. Ein stammesüblicher, aber für Fremde zunächst überraschend erscheinender Hang zu einer gewissen Grobheit der Äußerungen, auch wenn sie nicht so gemeint war, erleichterte das Verfahren zudem wenig. Als Stuttgart sich mit Fernsehturm, neuem Mineralbad oder Bundesgartenschau anschickt, von einer Handwerker- und Weingärtnerstadt zu einem Touristenmagnet aufzusteigen, versuchen auch die SSB durch allerlei Appelle, die Situation günstig zu beeinflussen. 1967 schließlich durchlaufen alle 1.128 Fahrer, Schaffner und Vorgesetzte – darunter auch Damen – ein von einer Frankfurter Unternehmensberatung durchgeführtes psychologisch beratendes Seminar, während die SSB-eigene ehrenamtliche Schauspielbühne für die erforderlichen guten und ‚bösen' Lehrbeispiele in authentischer Mundart sorgt. „Mit Psychologie an der Kurbel", berichtet die Stuttgarter Zeitung am 1. Februar 1967 und unterstreicht „den Wandel von der Abfertigung hin zur Bedienung des Kunden." Sogar ‚Die Welt' vermeldet wenig später aus dem Ländle: „Höflichkeitskurse in Stuttgart: Straßenbahner lernen die Kunst des Überhörens." Allerdings müssen die Berater ebenso feststellen, dass „sich auch die Fahrgäste oft mehr als daneben benehmen." Der bekannte Cannstatter Ironiker Thaddäus Troll raunt im selben Jahr, er habe gehört, dass sich sogar Stuttgarter Straßenbahnschaffner neuerdings der Höflichkeit befleißigten, vermöge sich „allerdings nicht für den Wahrheitsgehalt dieses Gerüchtes zu verbürgen" (39). Es ist jedoch nicht so, dass die Kur nichts bewirkte: „Der schnelle 31er" zwischen Plieningen und Vaihingen, dessen regelmäßig zu frühe Abfahrten die Stuttgarter Zeitung im März 1968 wiederholt beklagt, laufe inzwischen mit den flotten und schönen GT 4. Zwar fahre man noch immer zu früh ab, lästert das Blatt: „Aber jetzt lächeln die Fahrer dabei freundlich."

Links | Am 17. Mai 1967 ist am Charlottenplatz auch der Tunnelabschnitt der Talquerlinie betriebsbereit. Der Eröffnungszug macht sich auf den Weg in den Untergrund. | Kurt Eppler/Archiv SSB

Rechts | Der Stuttgarter Zeitung zu „heiß" erschien um 1969 diese Karikatur des Schnellzeichners Amigo alias Erwin Kaysersbach. Knapp 40 Jahre später sei sie dem Archiv entrissen ...

An Kummer fehlt es den SSB in der (gar nicht) ‚goldenen Zeit' des GT 4 nicht. Im Sommer 1959 beanstandet die Firma die betriebsfremden Lasten und die ungleichen Verhältnisse. Die Straßenbahn müsse bei Straßenausbauten, an denen sie unbeteiligt sei, dennoch die Umbaukosten für ihre Gleisanlagen selbst zahlen; Schwerbeschädigte habe sie – nach einem Gesetz von 1943 – kostenlos zu befördern, aber der Staat zahle ihr den Einnahmeausfall nicht; Diesel wird steuerlich teurer als Benzin, obwohl die Busse die Straße entlasten, die Autos keineswegs ... Die Verkehrsbetriebe betonen, sie wollen Eigenwirtschaftlichkeit, keine Subventionen. Erleichterungen tun da gut: „Stuttgart fängt an – Das erste Projekt der Untergrund-Straßenbahn wird begonnen", wird im Frühjahr 1962 gejubelt; „Stuttgarts Zukunft liegt im Untergrund." Noch oben im Tageslicht versieht der GT 4 sein Werk: „Neue Wagen sparen Geld", freut sich die Zeitung Ende 1964. Durch den Personalabbau seit 1958 um 850 Mitarbeiter – von damals 4.200 Mann – haben die SSB nicht nur die Investitionskosten des GT 4 kompensiert, auch eine 1965 anstehende Lohnerhöhung, die fünf Millionen kosten würde, kann durch die Personaleinsparung auf drei Millionen Mehraufwand abgefedert werden. Ergebnis: Der GT 4 ist „der beherrschende Wagentyp." Im Jahr später, Ende Juli 1965, heißt es, „so unerfreulich die Folgen des Autoverkehrs sind, so erfreulich sind

Der Schnelle Einunddreißiger ...: Die nicht alltägliche Garnitur 1 x GT 4 und 1 x Beiwagen B 2 gehörte werktags zum gewohnten Bild zwischen Vaihingen und Plieningen; am Wochenende genügte ein einzelner GT 4. Der Kontrast zwischen den Alt-Filderbahnmasten von 1906 und dem Hotelkomplex von Stuttgart International, im Volksmund als SI bekannt, könnte kaum größer sein. Kurt Eppler/Archiv SSB die von der Straßenbahn erreichten technischen Fortschritte: In den nächsten Wochen wird der 350. und letzte Gelenktriebwagen GT 4 in Dienst gestellt." Zusammen mit den bis Ende 1965 ausgelieferten Umbau-DoT 4 besäßen die SSB dann einen „in Europa konkurrenzlosen Wagenpark mit dem größten Platzangebot aller deutschen Straßenbahnen."

Fernsehen, der Feind der Straßenbahn

Dennoch nimmt der Fahrgastrückgang zu, mal zwei, mal fünf Prozent pro Jahr. Ursache: jedes Jahr 10.000 Autos mehr in der Stadt, das Fernsehen hält die Leute daheim, die abendlichen ‚Kino-Spitzen' bei der Fahrgastzahl fallen weg. Die Bilanzverluste – inzwischen gibt es regelmäßig welche – liegen bei zwei bis drei Millionen Mark pro Jahr. Zum 1. Juli 1962 erhält der Verkehrsbetrieb nach außen hin Entlastung: „Die SSB AG bekommt eine neue Mutter!" Die Stadt gründet die Stuttgarter Versorgungs- und Verkehrsgesellschaft SVV, durch welche die Verluste der Straßenbahn künftig mit dem Gewinn des damaligen Strom-, Wasser- und Gasversorgers Technische Werke der Stadt Stuttgart (TWS) verrechnet werden. Aber die ‚Ehe' erfüllt nicht lange ihren eigentlichen Zweck: Schon bald liegen die Verluste der SSB noch höher, 1963 etwa zehn Millionen Mark – die Stadt muss nun direkt einspringen. „Die kranke Straßenbahn", schreibt Dr. Georg Pfeiffer, vormals Schriftleiter von ‚Über Berg und Tal', im Herbst 1964 in der Presse. Noch sei es nicht zu spät, ihr zu helfen. Warum verlange die Stadt noch immer „eine mittelalterlich anmutende Wegeabgabe" von ihrer Tochter, warum werden Parkhäuser in der Stadt gebaut statt „bereits weit draußen vor der City", warum müssen die SSB die teuren Tunnelbauten mitzahlen? Die Straßenbahn sei ein Instrument der Gemeindepolitik wie Kindergarten oder Krankenhaus, „der letzte Wall gegen die Überflutung durch das Auto", deshalb für eine nachhaltige Unternehmensführung genauso auf kalkulierbare feste städtische Zahlungen angewiesen wie jene, unabhängig von den Nachfragerzahlen. „Die Millionensorgen der Straßenbahn", bilanziert die Zeitung wenig später: „Ohne die Stadt wird es nicht gehen." So beschließt die Stadt Anfang 1965 eine Kapitalerhöhung für die SSB um zehn Millionen Mark.

„Im Labyrinth", kommentiert Redakteur Gerhard Eigel alias ‚ei' von der Stuttgarter Zeitung Mitte 1965: Die TWS trügen den Verlustausgleich für die städtische Schwester „mit der mürrischen Resignation eines unschuldig Verurteilten." Wenn sie nicht mehr Geld erhalte, habe die Straßenbahn, die sich „nur noch mühsam von Station zu Station" schleppe, keine andere Wahl: Weniger Fahrten, Betriebsschluss ab 20 Uhr? Etwas Entscheidendes müsse geschehen, „irgendwo in dem Labyrinth muß er doch sitzen, der Mann mit der Kasse, der unsere Straßenbahn schneller macht und unsere Straßen frei, der die U-Strab baut (...) – aber er muß erst gefunden werden." Im übrigen stelle der Name Straßenbahn unter diesen Umständen schon eine Abwertung dar, die SSB machten sich deshalb Gedanken darüber, ob man nicht zukünftig von etwas anderem sprechen solle: der „Stadtbahn."

Bei solcher Lage fehlt es auch nicht an Kritik. Schon 1964 muss OB Klett die Beschaffung des GT 4 verteidigen. Sie sei seinerzeit „mit überzeugender Mehrheit gebilligt" worden. Diese Rationalisierung habe zwar Geld gekostet, aber bringe jeden Tag hohe Einsparungen. Auch lägen die SSB-Verluste im bundesweiten Vergleich gering, die Bilanzsumme fast an der Spitze. Manche Bürger lamentieren weiter: Die neuen schnellen Wagen müssten hinter langsameren älteren hergondeln, die automatischen Türen bräuchten zu lang (die Dutzende täglichen Unfälle beim früheren ‚schnellen' Auf- und Abspringen sind bereits vergessen!), der Großraumwagen sei seit der schrittweisen Umstellung auf schaffnerlosen Betrieb sowieso witzlos. Also: Fehlplanung im Fahrzeugpark, hinausgeworfenes Geld zu Lasten

Es wird eng für den GT 4 – hier allerdings nur in der Unterführung Zahn-Nopper-Straße in Zuffenhausen, wo sich bis zum Gleisumbau jeweils nur ein einziger GT-4-Zug befinden durfte (8. Juli 1972). | Dieter Schlipf

des Fahrgastes. Zudem könnten die Fahrer mit den langen Zügen nicht umgehen, das Zugende würde in den Kurven mitsamt den Insassen herumgeschleudert. Fazit 1965: „Gebt uns unsere alten, vertrauten Bahnen wieder!"

Verknitterte Mienen

Noch stärker wird der Gegenwind im Herbst 1966. Ein Fahrgast notiert in einem Offenen Brief die unzumutbare Belastung des Fahrers, der heute – im 49-Meter-GT-4-Doppelzug mitsamt Zweiachser-Beiwagen – für 400 Fahrgäste zuständig sei, vordem für maximal 270. Weil der Fahrer die automatischen Türen freigebe, sei er für das Unfallrisiko alleine zuständig und somit immer schuld – früher ‚verteilte' es sich auf die Fahrgäste. Zudem, so spottet der Informant, stünde im Moment „fast ein Viertel von ‚Europas modernstem Straßenbahnfahrzeugpark' nicht betriebsfähig abgestellt, weil die Lagerbestände an neuen Radreifen erschöpft sind ..." Das ‚öffentliche Ärgernis' SSB müsse entgegen seiner Eigenwerbung ‚schnell, sicher, bequem' als ‚Stuttgarter

Sardinen-Büchsen' bezeichnet werden. Die Arbeitsgemeinschaft Stuttgarter Bürgervereine kritisiert 1968 genau das Gegenteil: Bei den SSB sei zu wenig rationalisiert worden, Wagenpark und Werkstattplanung Wallgraben seien angesichts des Fahrgastrückgangs überdimensioniert. – Wie man's macht ...

Die SSB suchen ihr Heil in der Öffentlichkeitsarbeit, werben um „Vertrauen und Verständnis." Die Presse darf bei der Kundenschulung für die Schaffner dabei sein, 1965 werden erstmals Tage der offenen Tür im Betriebshof Cannstatt und der Hauptwerkstatt Ostheim veranstaltet; 1968 zum Hundertjährigen gibt es quietschgelbe Plastikstraßenbahnmodelle für die Kinder. Bei der Stadt hingegen ist man 1966, die U-Querlinie unter

Mitte | Die moderne SSB: Als am 21. Juli 1968 das Jubiläum 100 Jahre Straßenbahn in Stuttgart begangen wurde, fand sich der wiederbelebte Oldtimer 222 inmitten der fast 60 Jahre jüngeren GT 4 wieder. | Dieter Schlipf

Rechts | Der GT 4 auf dem Land? Ein warmer Sommerabend am 25. Juni 1968 in der Schleife Mühlhausen. | Dieter Schlipf dem Charlottenplatz betreffend, „froh, daß bei der Finanzlage der Stadt die (...) begonnenen Vorhaben überhaupt fertiggestellt werden können." Ende 1966 schlägt Bürgermeister Sander gar Gesundschrumpfen vor, mehr 15- und 20-Minuten-Verkehr statt 10er-Takt, neun Linien einschränken, Linie 21 ganz aufgeben. Panik bei den Aufsichtsräten: Wenn das U-Bauwerk Charlottenplatz in der Querrichtung dann nur noch von Linie 4 befahren würde, könnte das Land vielleicht seine Zuschüsse „für Stuttgarts stolzes Bauwerk" kürzen. Tenor: Der Gemeinderat sollte „den Mut haben, den Verlust aus dem Stadtsäckel zu bezahlen."

1967 sehen die SSB angesichts der überall gähnenden Finanzlöcher keine andere Wahl: Zum ersten Mal nach drei Jahren genehmigt die Stadt wieder eine Tariferhöhung. Die Folge: Im Vergleich zu den jeweiligen Vormonaten registriert das Verkehrsunternehmen im Jahr darauf Fahrgastrückgänge bis zu 25 Prozent! Auf die letzten zehn Jahre gerechnet fahren rund ein Drittel weniger Menschen mit. Statt Mehreinnahmen unter dem Strich noch weniger Geld: „Heute", kommentiert die Stuttgarter Zeitung im Frühjahr 1968, „sind die Mienen der verantwortlichen Herren im Direktionsgebäude noch verknitterter, als man dies ohnehin gewohnt ist (!). Sie haben sich gründlich verrechnet! Der Direktor scheint nicht ganz im Bilde gewesen zu sein ..." Man sieht: Der Fahrverein Gelb-Schwarz Stuttgart hat in dieser Zeit keine ausgesprochen gute Presse. „Klagelieder", formuliert Redakteur Dieter Schubert von der Stuttgarter Zeitung Ende 1968 über die Situation der SSB und die bei der Redaktion eingehenden Beschwerden: Was solle die SSB noch machen? Der Zuschussbedarf liege dabei in Nürnberg oder München doppelt und dreifach so hoch: „Straßenbahn – überall die gleichen Probleme. Stuttgart in ‚bester' Gesellschaft: Rationalisierung – Abwanderung – Zuschussbedarf – bessere Fahrzeuge – höhere Fahrpreise ..." Auffassungen, Gutachten – „was wird?", fragt Schubert. „Düstere Prognose" meldet die Zeitung kurz darauf: Angesichts von anstehenden Gehaltserhöhungen für die Mitarbeiter, Arbeitszeitverkürzung, noch weniger Fahrgästen und erschöpfter Personaleinsparung wisse man nicht, wie planen; der Verlust könne von zwölf auf bis zu 17 Millionen Mark steigen. Direktor Speh mit einem Wort: 1969 werde „furchtbar."

Der scheidende Technische Direktor Helmut Seeger wünscht seinen SSBlern „flotte Fahrt in ein neues Zeitalter, in dem der öffentliche Nahverkehr nicht – wie heute – ein notwendiges Übel, sondern eine Lebensnotwendigkeit darstellt", und der seinen Mitarbeitern wieder Ehre und Ansehen bringe.

‚Unsere heiligen Kühe' – Der angesehene Journalist Wolf Schneider (‚Deutsch für Profis') bezieht Stellung, zitiert in ‚Über Berg und Tal' 5/1967. Seine Thesen und Ausführungen als Auszug:

„1. Das Auto hat die Summe der Menschenwürde auf der Welt vermindert.
2. Das Auto hat den Lärm und Gestank auf der Welt vermehrt.
3. Das Auto ist in seiner heutigen Form kein Zweckfahrzeug.
4. Das Auto vergeudet Milliarden.
5. Das Auto ist dabei, die Eisenbahn zu ruinieren.
6. Das Auto hat die Städte hässlicher gemacht und ihren Wohnwert gesenkt.
7. Das Auto ist sich selbst im Wege."

Schneider weist auf die große Unwirtschaftlichkeit des Auto-Massenverkehrs wegen des hohen Bedarfs an teuren Flächen hin: „Würde die Straßenkapazität unserer Städte für Straßenbahnen, Busse und Fußgänger freigehalten, so gäbe es kein Verkehrsproblem. Nicht die Straßenbahn also ist altmodisch, das Auto ist es." (40)

Mit dem Slogan ‚Großstadt zwischen Wald und Reben' machte Stuttgart in den 1960er Jahren auf sich aufmerksam, Spötter fanden allerdings angesichts der Verkehrsverhältnisse die Version ‚zwischen Hängen und Würgen' angebrachter. Ungeachtet solcher Widrigkeiten heult dieser GT-4-Zug am 24. Oktober 1964 die Neue Weinsteige hinauf, festgehalten von Gerhard Jäkle.

4
Hölderlinplatz
652
AEG
652

Mit dem GT 4 durch die Jahrzehnte

1969–1975: Epoche Groche

+ + + 1969: Er hängt am Kabel: erster Mensch auf dem Mond + + + 400.000 hängen herum: Musikfestival beim Weiler Woodstock im Staate New York + + + 1971: Sport hängt am Geld: Skandal bei der Bundesliga + + + 1972: München feiert die Olympiade – und hängt ab jetzt an der S-Bahn + + + 1973: Deutschland hängt am Tropf: Ölkrise + + + Kinder hängen am Fernseher: erstmals Sesamstraße + + + 1974: alles hängt am Radio: Schwedens ABBA singt + + + SPD hängt an der Macht: Helmut Schmidt wird Bundeskanzler und kommt ins SSB-Waldheim + + + 1975: Bürger hängen an der Heimat: Gemeindereform Baden-Württemberg unter großen Protesten abgeschlossen + + +

Willkommen im Tunnel (1965). | Archiv SSB

Und in Stuttgart? Mit den SSB auf große Fahrt – 1970 wird die Tochter SSB-Reisen gegründet. ‚Partner der Welt': Stuttgart verordnet sich 1971 einen neuen Werbeslogan. Schlechte Partner: Die SSB beklagen die erschreckende Zunahme von Vandalismus; zerschlagene Scheiben, zerrissene Vorhänge, zerschnittene Kabel. 1972: Der wöchentliche Stuttgarter Flohmarkt startet. Deutsches Turnfest 1973 in Stuttgart: Hochbetrieb für die Straßenbahn. Viele Menschen fahren zum ersten Mal seit ihrer Schulzeit wieder mit dem Bus: Vier autofreie Sonntage – der Staat lässt Öl sparen. Die Fußballweltmeisterschaft 1974 besucht auch Stuttgart. Viele Zuschauer verlassen das Staatstheater: Intendant Claus Peymann betritt es. Und: Es folgen ihm viele Zuschauer. Manfred Rommel, Dichter, Freidenker, Karikaturist, Poet, Sparer und Humanist, wird – auch noch – Oberbürgermeister von Stuttgart, als Nachfolger des überraschend verstorbenen OB Klett.

Neue Besen bei den SSB: Kurz nach dem Jahreswechsel auf 1969 treten Dr.-Ing. Gottfried Groche (1914–2005) und Diplomkaufmann Hans-Ulrich Bartling (1935–1983) als technischer und kaufmännischer Chef der SSB ihre neuen Ämter an. „‚Regierungserklärung' im SSB-Waldheim", kommentiert Zeitungsredakteur Schubert: „Nicht gerade alles, aber eine ganze Menge soll sich bei der SSB AG ändern." Zug um Zug Umstellung zur U-Bahn-ähnlichen Schnellbahn auf eigenem Bahnkörper, umgehende Stilllegung von vier Straßenbahnstrecken, straffe Verwaltung, neue Organisation, Sonderangebote für die Kunden, weniger Betriebshöfe, Fahrscheinautomaten jetzt für alle Fahrscheinarten, Einführung des vollständigen Ein-Mann-Betriebs, der EDV, einer Betriebsleitstelle und des innerbetrieblichen Vorschlagswesens, Offenheit für einen Tarifverbund mit der Bundesbahn – die Herren haben sich viel vorgenommen. Nicht zu vergessen: Ab Herbst 1969 werden erstmals Lehrlinge ausgebildet. „Als öffentliches Unternehmen haben wir die Pflicht dazu", sagt Bartling. Was den GT 4 angeht: Die Direktoren haben sich bereits von seiner Eigenschaft überzeugt, „oft recht unangenehm zu schaukeln." Ein probeweiser Stoßdämpfer habe sich bewährt, man werde ihn überall einbauen. – War da einstens etwas mit Lob für den GT 4?

Zauberwort ‚kreuzungsfrei'

‚Wünsch dir was' heißt ein populäre Fernsehsendung, die 1969 startet. ‚Wünsch dir was' auch bei den SSB: Schon im März 1969 präsentiert ‚U-Bahn-Mann' Groche sein neues Konzept „von der U-Straßenbahn zur U-Bahn." Gottfried Groche hat seine prägende Zeit bei der Hamburger Hochbahn (HHA) erlebt; dort steht die U-Bahn, teils als Hochbahn verkehrend, im Vordergrund. 1955 hat die HHA beschlossen, die von ihr mitbetriebene Hamburger Straßenbahn aufzugeben, schrittweise, Zug um Zug, und damit ist, als man 1969 schreibt, längst angefangen worden; der hanseatische Senat sieht das altertümliche ‚Verkehrshindernis' Tram als der Weltstadt nicht würdig an. Groche war zwischenzeitlich Chef der Alwegbahn-Gesellschaft gewesen, also wiederum einer (Ein-Schienen-) Hochbahn, auch wenn diese – in jedem Sinne – nie Boden unter die Füße bekam. Ein Eintreten für die im Straßenbild auf Augenhöhe präsente Stuttgarter Gelb-Schwarze war von Groche nicht zu erwarten. „Wer in dieser Zeit zur SSB AG gegangen ist", erinnerte sich 2000 der damalige Busfahrer und spätere SSB-Fahrschulleiter Manfred Scheuermann, „dem hat man nur gesagt: Die Zukunft liegt beim Bus."

Der Techniker Groche geht den Weg, von dem Planer Lambert exakt zehn Jahre zuvor sagte, er sei ein für allemal versperrt, wenn man sich für die U-Strab entscheide. Groches indes nicht undurchdachter Ansatz: Die weiteren Ausgaben für den U-Strab-Bau in der Innenstadt seien nur gerechtfertigt, wenn man die Linien auch außerhalb des unterirdischen Bereiches möglichst in U-Bahn-artige, tiefer- oder höhergelegte Trassierung bringe, damit auch dort schnell, kreuzungsfrei und unfallfrei gefahren werden könne. Acht Linien umfasst der Grochesche Entwurf, mit Gerlingen, Freiberg, Echterdingen und Vaihingen als einem Teil der Endpunkte: „Alle anderen heute bestehenden Straßenbahnstrecken werden aufgegeben und durch Omnibuslinien ersetzt." Im Hinblick auf das kommende S-Bahn-Konzept der Bundesbahn, so Groche, seien parallele Linien von SSB und DB sowieso nicht sinnvoll, eine Straffung des Netzes also unvermeidbar. Als Beispiel könne die Linie 14 Westbahnhof–Innenstadt wegfallen. Dies wiederum spare Baukosten auch bei den weiteren unterirdischen Abschnitten, wenn Verbindungskurven und Wendeschleifen

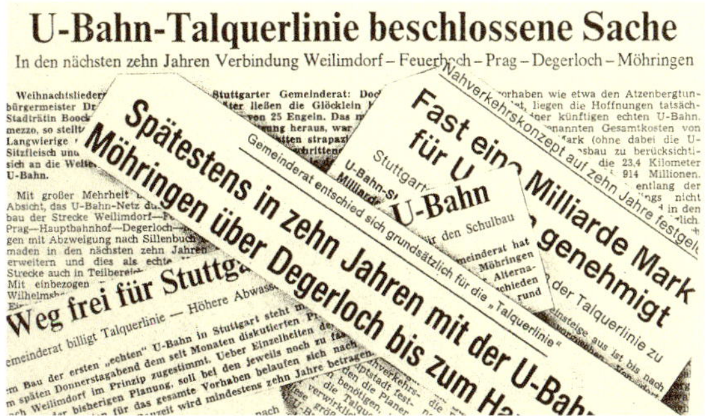
U-Bahn-Talquerlinie beschlossene Sache
In den nächsten zehn Jahren Verbindung Weilimdorf – Feuerbach – Prag – Degerloch – Möhringen
Spätestens in zehn Jahren mit der U-Bahn
Möhringen über Degerloch bis zum Ha
Fast eine Milliarde Mark für U-Bahn genehmigt
Weg frei für Stuttg

Links | Da strahlen sie: Die SSB-Chefs Gottfried Groche und Hans-Erich Bartling präsentieren den künftigen Stuttgarter U-Bahn-Wagen – wenn auch noch aus Holz. | Repro aus ‚Über Berg und Tal', Frühjahr 1973

Oben | Man spricht U-Bahn: Viel Papier

Unten | Für Schwarz-Seher: Auf dem Fahrplantitel 1972 war das U-Symbol erstmals vertreten. | Archiv SSB

GAISSMAIER
Ihr Supermarkt mit Herz
Stgt.

15
Heslach
GIROKASSE
728

TANZSCHULE
KELLER-TUCHE
STUTTGARTER ZEITUNG
ZEITUNG
491

Linke Seite oben links | Aus allen Richtungen: Am 9. Dezember 1973 am Pragsattel, dem Verkehrsknoten seit alters her. Links die – heute längst verschwundenen – Straßenbahnerwohnhäuser. | Dieter Schlipf

Linke Seite unten links | Umleitung wegen dem U-Bahn-Bau: Dieser „Einser" müht sich von der Tübinger Straße in die Eberhardstraße, 15. November 1969. Tuche werden im Eckgebäude heute längst nicht mehr feilgeboten, auch die beiden GT 4 Nr. 491 und 598 sind derweil im Hochofen gelandet. | Dieter Schlipf

Linke Seite oben rechts | Die Aufsiedelung gänzlich neuer Stadtteile brachte den SSB viele Neukunden und wäre ohne die SSB nicht zu schaffen gewesen: In Freiberg am 8. Juli 1972. | Dieter Schlipf

Linke Seite unten rechts | Magie der Linien: Eröffnung des Tunnelabschnittes Stöckach–Marienplatz, 10. Mai 1972. | Norbert Lux

Rechte Seite oben | Die Pop-Farben-Welle der 1970er Jahre ging auch an den SSB nicht spurlos vorüber, wie die Linienplanhefte dieser Zeit beweisen. Neu ist das ‚U'-Symbol. | Archiv SSB

entfielen, letztere deshalb, weil das SSB-Fahrzeug der Zukunft ein Zwei-Richtungs-Doppeltriebwagen sein werde, eben ein „üblicher" U-Bahn-Wagen. Das alles solle Schritt für Schritt vor sich gehen. Bis etwa 1980 werde man sich noch den letzten Straßenbahnen bedienen. Der GT 4 ist angezählt ...

Menschliche Maßstäbe

Erklärung der Verkehrsfreunde Stuttgart e.V. unter Fritz Pfenningstorff, zur Verkehrssituation in Stuttgart, Frühjahr 1969: „Wir fordern (1.) die Anwendung des Wegekostenprinzips, wonach der Kraftverkehr alle von ihm verursachten und in Anspruch genommenen Leistungen, auch Verkehrssicherung und Parkraumbau, selbst decken muß, (2.) die steuerliche Begünstigung des Kraftwagens ist (...) zu neutralisieren, (3.) ein erträgliches Maß der Unfallziffern (...) ist durch konsequente Handhabung der Verkehrsvorschriften zu erreichen. Nur so kann es gelingen, den Kraftwagen in eine nach menschlichen Maßstäben geordnete Gesellschaft einzugliedern und ihm seinen wahren Sinn wiederzugeben."

„Nur noch U-Bahn"

Das Jahr 1969 kommt nicht so schlimm wie befürchtet, es kommt schlimmer. Über 20 Millionen Mark fehlen am Jahresende in der Kasse, für 1970 werden gleich über 27 Millionen eingeplant. Nicht einmal die anstehenden Investitionen können rechnerisch voll gedeckt werden. „Ein bißchen viel auf einmal, so wenig Geld", bangt Zeitungsredakteur ‚ube' alias Dieter Schubert Ende 1969. Gleichwohl: „Es wäre falsch, wollte man die Talfahrt unserer Straßenbahn den neuen Direktoren ankreiden. Anderen an ihrer Stelle wäre es kein Haar anders ergangen. Die Weichen dazu sind schon lange zuvor gestellt worden." Schubert bezeichnet absehbare Lohnerhöhungen, steigende Kosten, mehr Autos und weniger Fahrgäste als nahezu unbeeinflussbar, und weitere Rationalisierung dürfe nicht auf Kosten des Kunden gehen. Schuberts einziger Rat, wenn die SSB attraktiver werden sollen: „Die öffentliche Hand muß in die Bresche springen."

Das tut sie auch, zumindest ein Stück weit: Am 20. Januar 1970 kommen die 1,4 Kilometer Neubaustrecke von Zazenhausen bis zur Neubausiedlung Freiberg dazu, wo das damals größte Wohnhochhaus Deutschlands steht. Neues ‚Futter' für den GT 4 ... Dr. Groche betont, es solle die letzte neue Straßenbahnstrecke in Stuttgart sein:

Linienplan 1977 – mit gewandeltem „U". | Archiv SSB

„Künftig möchte ich nur noch U-Bahn-Strecken eröffnen." Man erfährt auch, „dass dieser Abschnitt vom Planum her bereits so vorbereitet ist, dass später breitere Fahrzeuge eingesetzt werden können." Das neue Konzept wirkt. „Fahren – womit?", fragt allerdings Ende 1970 Redakteur Günter Haag von den Stuttgarter Nachrichten in einem bösen Kommentar. Seit Jahren dokterten die Verkehrsplaner herum: Zukunft für die Tram? U- oder S-Bahn? Parkhäuser vor oder in der Stadt? Keiner wage es, weitreichende Entschlüsse zu fassen. Das Ergebnis, „zum Beispiel in Stuttgart: Seit Jahren investiert man in die (...) zum Sterben verurteilte und stets in die roten Zahlen fahrende Straßenbahn Millionensummen." Dabei sei sie hoffnungslos überfüllt und habe nichts Attraktives zu bieten „außer dem Klimmzug über ihre mühseligen Einstiegsstufen und dem Schattenboxen mit den automatischen Türen." Armer GT 4! – Ein attraktives Netz für den – damals so genannten – Nahschnellverkehr auf der Eisenbahn weit um die City, mit den in USA längst bewährten Park-and-Ride-Stationen, die man etwa schon in Waiblingen, Backnang oder Böblingen brauche, hätten die Planer über Jahre verschlafen. Mitte der 1970er Jahre werde, so Haag, der Verkehr selber den Verkehrstod sterben – nichts geht mehr. Resultat: „Was uns diese Planungsfehler (...) täglich an Nerven kosten, geht an unserer Arbeitskraft ab. Es ist die Frage, wie lange das der Staat und die Kommunen (...) noch verantworten können."

SSB-Vorstand Hans-Erich Bartling dreht im Jahr darauf, Ende 1971, den Spieß herum: „Das Auto – keine Alternative zum öffentlichen Nahverkehr", bringt er seine Sicht auf den Punkt. Im Ballungszentrum könne der Straßenverkehr wegen „der zerstörerischen Eingriffe in die Bausubstanz der Städte, seiner Gefährlichkeit" für die Menschen, dem Flächenverbrauch und dem Umweltschutz nur noch eine Ergänzung zu den ‚Öffentlichen' sein. Autofahren koste 15 mal mehr als die Straßenbahnfahrt. Die Straßenbahn erbringe Leistungen für die Allgemeinheit, die sonst direkt die Städte erbringen müssten. Daher brauche sie keine Defizitabdeckung, sondern „wir haben Anspruch auf ein direktes Leistungsentgelt als Gegenleistung von den Kommunen." An deren Ehrgeiz appelliert Bartling, er hoffe, die Stadt Stuttgart werde hier bald „eine ähnliche Pionierrolle spielen wie vor Jahren im technischen Bereich mit ihrer U-Bahn-Konzeption." 1971, nebenbei bemerkt, werden die SSB 40 Millionen Verrechnung benötigen. Auf einen möglichen künftigen Anschluss ans Stuttgarter Netz freuen sich unabhängig davon jedenfalls die Orte Schmiden, Oeffingen und Rommelshausen: Bereitwillig reservieren sie 1971 Flächen für die künftige Stadtbahn. Etwa ab 1980 könnte diese, so die Planer, bis Rommelshausen fahren.

‚U' wie ‚Zukunft'

Was am 4. September 1971 über die Bühne geht, ist die Eröffnung des Tunnelstücks Charlottenplatz–Marienplatz, somit des zweiten unterirdischen Bauabschnittes – selbstverständlich wird er nun als „erster U-Bahn-Abschnitt" gewürdigt. Seit 1967 beteiligt sich der Bund über Mineralölsteuereinnahmen an den Baukosten – das Gemeindeverkehrs-Finanzierungsgesetz ist eingeführt, der ominöse ‚Mann im Labyrinth' von 1965 somit gefunden. Gottfried Groche betont bei der Einweihung, die SSB „sind nicht so vermessen, eine U-Bahn (...) wie in Berlin, Hamburg oder München zu wollen." Es gehe einfach um die auch an der Oberfläche unabhängige Führung. „Wir werden noch viele Jahre auf diesen Streck-en (...) mit Wagen fahren, die der U-Bahn angenähert, aber (...) noch Straßenbahnwagen sind." Derartige neue Züge sollten Ende des Jahrzehnts beschafft werden: „Bis dahin müssen wir mit unseren heutigen GT-4-Wagen auskommen."

Das Programm wird auch zum Name und zum Symbol eines Aufbruchs: „Mit dem ‚U' in die Zukunft!", wünscht ‚Über Berg und Tal' für 1972. Das noch etwas ungelenk dicke, offizielle ‚U'-Emblem taucht ab jetzt auf dem Fahrplan auf, in Inseraten gar in allen in den 1970ern pop-U-lären ‚Pop-Farben', denn: „Stuttgarts U sucht junge Leute." Die behäbige Oma SSB AG hat sich in die verjüngende Altweibermühle begeben! Fünf Kilometer sind fertig: Im Mai 1972 folgt der dritte Teil der „Stuttgarter U-Bahn", Charlottenplatz–Stöckach. Gegenüber Redakteur Günter Verdin von ‚Stuttgarter Leben' gibt das gut abgestimmte Duo Groche/Bartling einen weiteren Einblick in seine Vorhaben: Möglich sei bei weiterem Ausbau der U-Bahn-mäßigen Trassierung später vielleicht die Umstellung von elektrischer Oberleitung auf Stromschiene – Hamburg lässt grüßen! ‚U' stehe im übrigen nicht für ‚unterirdisch', sondern für ‚unabhängig' (Groche hatte soweit doch „seinen" Lambert gelesen!). Ein kleiner Teil der Straßenbahn, etwa zum Hölderlinplatz, wohin die U-Bahn nicht gebaut werden könne, bleibe wohl auch weiterhin erhalten. Von 4.200 Mitarbeitern habe man in den letzten zehn Jahren ohne Entlassungen auf 2.700 abgebaut, dafür sei jedoch das Personal überaltert: „Zu uns wollte doch niemand kommen." Daher könne man hoheitliches Denken der Mitarbeiter nicht an einem Tag auf Dienstleistungswille umstellen. Man betreibe bereits Werbung, dürfe nun auch Fahrerinnen einstellen, biete zu besonderen Gelegenheiten Tagesnetzkarten und Kombifahrkarten mit der Bundesbahn an; die Seniorenkarte werde eingeführt.

„Straßenbahn raus!" fasst Stuttgarts Zeitungsredakteur Dieter Schubert im Frühjahr 1972 eine

Oben | Das „U" wird jung: Personalwerbung anno 1972 | Archiv SSB

Unten | Feines Tuch: Ab 1973 gab es neue Dienstkleidung für die SSB-Mitarbeiter. Gegenüber dem Uniformschnitt der früheren Jahre wirkte der ‚Stewardess-Sakko-Stil' höchst leger. Wagen 749 hat die blauen (statt roten) Sitzpolster der letzten Bauserie. | Archiv SSB

Nebendiskussion zusammen: Die Planungen, auch die obere Königstraße zur Fußgängerzone zu machen (die untere ist kurz davor) schreiten voran, somit gilt nun das verbleibende Bahngleis aus Sicherheitsgründen „als ärgerliche Sache", wie es Baubürgermeister Christian Farenholtz formuliert. Die SSB wehren sich dagegen, wegen Betriebsmehrkosten für eine Umfahrung für den ‚Fünfzehner' und der geringeren Attraktivität ihrer Züge. „Aber immerhin sind die bisher eben nicht verwöhnten Fußgänger" auf einmal in Stuttgart wieder ein Maßstab, wie Schubert feststellt. Seine Einschätzung: Man möge auch die restlichen Linien 10 und 14 bald herausnehmen, denn der ‚Zehner' zwischen Doggenburg und Killesberg werde in absehbarer Zeit sowieso sein Leben aushauchen. – Wintereinbruch Ende 1972, auf den Straßen geht nichts mehr, und bei der Straßenbahn? „Ein durcheinander geratener Fahrplan, überfüllte Wagen, an den Haltestellen die Menschen (...) im gießenden Regen, in den Wagen (...) die Leute mit nassen Mänteln gedrängt wie (...) ‚Heringe in Tomatensoße'." Schuld an den Verhältnissen, erklärt ein Stuttgarter Zeitungsredakteur, sind „nicht die Verwaltungen der öffentlichen Verkehrsbetriebe. Schuld ist vielmehr eine Verkehrspolitik, die (...) die öffentlichen Verkehrsmittel vernachlässigt und dies heute noch tut."

Links | Jetzt gehört der Schlossplatz den Fußgängern – und (noch) der Straßenbahn (18. April 1978). | Gerhard Jäkle

Rechts | Bundesweites Autofahrverbot am 9. Dezember 1973: Benzin wird knapp! Nur Straßenbahn und Eisenbahn beleben die Szene an jenem Sonntag, nicht nur in Feuerbach. | Dieter Schlipf

Links | Freude über den Tunnel: Ebene Minus 2 am Charlottenplatz am 14. September 1967. Noch geht es gleich danach wieder ans Tageslicht. | Dieter Schlipf

Rechts | Winterreise durch den Weidachwald nahe der Haltestelle Landhaus am 21. Dezember 1969. Wagen 458 steht noch heute im Einsatz. | Dieter Schlipf

„Tunnelgefühle!"

„Jetzt haben wir einen richtigen langen Tunnel. Fünf Kilometer am Stück sind immerhin ein Wort. Zuvor dauerte die Freude einer ungestörten Tunnelfahrt meist nur wenige Sekunden (...), jetzt ‚unter Tage' nach Fahrplan acht Minuten. Eine solche Fahrt entbehrt nicht des prickelnden Reizes (...): am Stöckach scheint noch die Sonne, obwohl man bei der Adlerstraße bei Regen in die Tiefe abtauchte –. ‚Echte' Tunnelgefühle erlebt zweifellos der (...) Fahrgast, wenn der GT 4 von einer hell beleuchteten Haltestelle in den von allen Lichtquellen abgeschalteten Tunnel einfährt und der Fahrer zügig aufdreht. Das tiefe Schwarz der Tunnelnacht umgibt den Zug auf einsamer Fahrt –. Freundliche Unterbrechungen (...) sind die U-Haltestellen: (...) farbenfrohe Elemente an den aufgehellten Wänden, helle Lichtbänder, bunte Signale –. Die Weiterfahrt wird zum neuen Erlebnis –. Das Fahren mit der U-Bahn (...) und die rasche Einfahrt in jede Haltestelle mit den Großstadt-Bahnsteigen der Weltstädte lassen fast völlig vergessen, daß der gelb-schwarze GT 4, sobald er die Ausfahrtrampe am Tunnelmund hinter sich hat, wieder ‚nur' als Straßenbahn fahren kann." | Peter Brodbeck, damaliger Pressechef der SSB, in ‚Über Berg und Tal', Herbst 1972

„Reine U-Bahn"

„Rauf und runter" mutmaßt im Frühjahr 1973 Redakteur Schubert: „Eigentlich haben Straßenbahndirektoren ja nichts zu lachen." Doch der Silberstreif am Horizont: Der 1970 erstmals wieder registrierte Anstieg der Fahrgäste nimmt zu. Vier Prozent mehr Kunden – und mehr Einnahmen – im ersten Quartal 1973, die höchste Steigerung seit 1956! „Denn seit Stuttgarts schwarzgelbe GT 4 streckenweise im Tunnel und auf eigenem Bahnkörper verkehren und damit rascher vorankommen, haben sich den Vierachsern wieder mehr Leute anvertraut." Zeitgleich präsentieren Groche und Bartling das Sperrholzmodell des künftig vorgesehenen U-Bahn-Wagens – „und blinzeln dazu so verschmitzt in die Linse wie weiland Pat und Patachon." Denn die Stadt beschließt, dass auf die Stück für Stück im unterirdischen Ausbau begriffene Tallängslinie, die noch zwangsläufig als U-Strab fahren muss, nun der Umbau der Querlinie Weilimdorf–Schlossplatz –Möhringen (U2) mit Abzweig nach Heumaden (U1) „als erste reine U-Bahn-Linie" erfolgen soll. Die Finanzierung der Strecke, wo man ab Beginn der 80er Jahre damit fahren können solle, sei mit den Rathausgewaltigen bereits abgemacht. Jetzt müsse noch der Gemeinderat entscheiden, damit es „ein geordnetes Rauf und Runter und am Ende kein Drunter und Drüber gibt", meint Schubert.

Mitte 1974 hat die ‚Straßenbahn-raus'-Diskussion auch den nahen (Stuttgarter) Osten erreicht: Nicht nur den Durchgangsstraßenverkehr, auch das Tramgleis möchte der Bezirksbeirat von Gablenberg „so schnell wie möglich loswerden." Anlässlich des U-Bahn-Baues zwischen Bopser und Degerloch sei sowieso vorgesehen, den Abzweig Olgaeck aufzugeben und damit auch die Linie 5 über die Geroksruhe (die heutige U15!) und die Linie 8 nach Gablenberg. Die U-Bahn-Planer möchten doch untersuchen, so der Wunsch des Lokalgremiums, ob nicht schon zuvor der ‚Achter' aufgelassen werden könnte, weil das Straßenpflaster mit Rillengleis zu viel Lärm mache und die Wendeschleife am Ostendplatz dem Bau des Bürgerzentrums im Wege stehe. Aber noch vier Jahre werden die Ratsmitglieder den ‚Achter' zu Gablenberg bimmeln hören.

Ab Mitte 1975 können die ersten GT 4 dann auch ‚sprechen'. Auf dem ‚Einser' wird ein automatisches Gerät zur Haltestellenansage getestet, besprochen mit einer sanften Frauenstimme (41). Prompt kommen Wünsche und Anstände an die Direktion: Die einen Kunden loben die Höflichkeit der unsichtbaren ‚Fahrerin', die zweiten beklagen die „übertrieben deutliche Ansage", dieweil doch das Fahrpersonal lieber sein Augenmerk auf den Verkehr richten solle. Die dritten vergewissern sich ergrimmt, dass auch wirklich ein männliches Wesen vorne im Fahrerkabäuschen sitzt und „koi' Weib": Noch wird den Schienenfahrkünsten der Evastöchter von manchem misstraut. Und die letzten schließlich vermissen neben dem gewohnten schwäbischen Idiom plötzlich auch „wehmütig die Grätigkeit bestimmter Fahrer", berichtet Redakteur Michael Spohn von der Stuttgarter Zeitung. Etwa zeitgleich, Mitte Juli 1975, feiern die SSB einen aus ihren Reihen als Millionär. Der technische Mitarbeiter heißt GT 4 Nummer 511 und hat in 15 Jahren eine Million Kilometer hinter sich gebracht, als erster seiner Art. „Wenn die SSB AG von Millionen spricht", amüsiert sich die Stuttgarter Zeitung, „tut sie das meist (...) mit Blick auf ihr Defizit. Doch diesesmal ist von einem technischen Millionending die Rede, das zumindest für die Fahrtüchtigkeit des kommunalen Nahverkehrsbetriebes spricht." Im übrigen: „Daß man dem Wagen die 15 Jahre nicht ansieht, hält die Straßenbahn der gründlichen Wartung und Pflege zugute."

3
Möhringen
514
3 PLIENINGEN
3003
SSB

Mit dem GT 4 durch die Jahrzehnte

1976–1984: Die Stadtbahn – ein Kompromiss

+ + + 1976: Einstieg: der Montag wird zum ersten Tag der Woche, statt Sonntag + + + 1977: Einhalt: Deutsche Bundesbahn stellt letzte Dampflok ab + + + 1978: Einflug: Siegmund Jähn ist erster Deutscher im All + + + 1979: Einschub: Erster Smogalarm in Deutschland + + + Ausflug: Sowjets in Afganistan + + + 1980: Einfall: Ernö Rubiks Zauberwürfel verdreht Europa + + + Eindruck: der 40. Präsident der USA bleibt Schauspieler + + + 1981: Einlauf: FC Bayern wird deutscher Fußballweltmeister + + + 1982: Aufsehen: erstes deutsches Retortenbaby ist produziert + + + 1983: Einwärts: DDR wird von Udo Lindenberg annektiert + + + Einzug: Bundestag wird zum Biotop für Grüne + + +

Die Stadtbahn macht sich breit: Versuchswagen 3003 erntet noch manche ungläubigen Blicke. Einfahrt Möhringen aus Richtung Plieningen, Frühjahr 1983. | Ulrich Brockschmidt

Und in Stuttgart? Vorsicht Steinschlag: 1976 locken die Rolling Stones 42.000 Besucher ins Neckarstadion. Das Weindorf und die Klettpassage machen auf, letztere fast rund um die Uhr. Reaktion der Stuttgarter: „So ebbes brauchet mir net!“ Die Staufer kommen: Stuttgart zeigt 1977 die erfolgreichste Kunstausstellung Europas. Blumentraum: Bundespräsident Scheel eröffnet die Bundesgartenschau und rückt zur Eröffnung im SSB-Sonderbus an. Alptraum: Stammheim, beschauliche Endstation des GT 4 auf der Linie 5, wird auch zur solchen für das Leben von drei Untergrundattentätern. Manfred Rommel spricht anlässlich ihrer Beisetzung: Im Tod hört alle Feindschaft auf. 1978: Auch die S-Bahn geht in Stuttgart in den Untergrund. Popsänger Peter Schilling aus Stuttgart bleibt 1982 wochenlang „Völlig losgelöst“ in den Charts. An Hanns-Martin Schleyer erinnert ab 1983 die neue Halle. Neue Verbindung: 250.000 Bürger legen mit der Menschenkette Stuttgart–Ulm Ami-Raketen moralisch an die Kette. Stirling für Stuttgart: Der britische Architekt entwirft für Stuttgart 1984 die Neue Staatsgalerie. Leibesübungen: Der gleichnamige Stuttgarter Verein wird zum dritten Mal deutscher Fußballmeister.

Ein neuer Begriff hält Einzug: „Stuttgarts Stadtbahn geht 1976 ein kräftiges Stück voran“, bekräftigt ‚Über Berg und Tal‘ erstmals Ende 1975.

Unter dem Zeichen des blau-weißen ‚U‘ ist ab jetzt, was die Ausbaumaßnahmen angeht, nur noch von der Stadtbahn die Rede. Die Straßenbahn gilt nun als Verkehrsmittel, aber nicht mehr als Markenname. Sie ist nur noch ein – wenn auch langfristiges – Auslaufmodell. Am 9. April 1976 wird jedermann klar, was da eigentlich 1962 zu ‚buddeln‘ begonnen worden ist: Die Straßenbahn verabschiedet sich an Stuttgarts markantesten Punkten von der Oberfläche – vor dem Hauptbahnhof und in der unteren Königstraße; der vierte U-Abschnitt mit der U-Haltestelle Arnulf-Klett-Platz ist eröffnet. Und die Straßenbahn zieht sich ein erstes maßgebliches Stück ganz zurück: Mit der Linie 10 Killesberg – Hauptbahnhof–Doggenburg verschwinden ab 10. April auch deren Gleise, eben jene, die nicht für den GT 4 tauglich sind; 35 Straßenbahnfahrer

Linke Seite | ‚Europas schönste Straßenbahnstrecke' betitelten Liebhaber die Neue Weinsteige. Am 6. Juli 1987 war noch ein Vierteljahr Zeit, dies zu genießen. | Gerhard Jäkle

Mitte | Flower-power für den GT 4: Man schreibt 1977 – Bundesgartenschau in Stuttgart! | Archiv SSB

Rechts | Schleife Obertürkheim Bahnhof, August 1980: Mit dem O-Bus geht's weiter nach Esslingen. | Guntram Schäfer

halten in Zukunft ein Lenkrad. Die GT-4-Großserienphilosophie hat ihr erstes Opfer gefordert.

Erst hinterher erfährt man, dass in den Monaten zuvor aber eine ganz andere Philosophie geopfert werden musste: Zunehmende Stadtflucht, Unklarheit darüber, ob Stuttgarts künftige Einwohnerzahl niedriger oder noch niedriger sein wird, und drastisch sinkende Steuereinnahmen allerorten führen, freundlich gesagt, zu „neuen Überlegungen: Das bisherige U-Bahn-Konzept mußte überdacht werden", erwähnt ‚Über Berg und Tal' Anfang 1976. Wie ein Schock wirkt außerdem die Nachricht, der Bund habe die U-Bahn Stuttgart zugunsten der S-Bahn aus dem Förderprogramm geworfen. Nur mühsam gelingt es den SSB hernach, in Bonn wieder gegenzusteuern. Man sei jedenfalls wieder zum ursprünglichen Verkehrsplanungsprogramm der 1960er Jahre zurückgekehrt: schrittweise Inbetriebnahme von Ausbaustrecken, aber mit Kreuzungen für den Autoverkehr, statt die „bei günstigster Entwicklung" erhoffte völlig unabhängige U-Bahn-Linie. Der GT 4 kann sich freuen: Er kann jetzt doch nicht „direkt durch ein reinrassiges U-Bahn-Fahrzeug ersetzt werden, weil bei Ausmusterung des GT 4 die dafür nötigen" [völlig] „unabhängig geführten Strecken noch nicht zur Verfügung stehen." Weil aber das weitgehend unabhängig geführte Ausbaunetz „qualitativ wesentlich besser sein wird als die bisherige Straßenbahn, wurde dafür der Begriff ‚Stadtbahn' gewählt."

Bonn ist es auch – nicht Stuttgart –, das festlegt, dass bestehende Straßenbahnlinien parallel zu künftigen S-Bahn-Strecken keine Ausbauför-

KAUFHOF
KAUFHOF
WASCHGERÄTE
HERDE
macht den Altbau neu
Staffelstr. 5 + Hauptstätter Str. 132

Linke Seite | Wilhelmsplatz Bad Cannstatt, die große Verkehrsdrehscheibe, noch mit dreigleisiger Anlage. | Klaus Bäurle

Rechts | Kommt um jedes Eck: Der Zweier zwängt sich an der Schleife Obere Ziegelei durch die Straße ‚In den Ringelgärten', April 1982. | Dieter Knupfer

derung enthalten. Sprich: Sie werden wegfallen. Konsequenzen hat die Neuausrichtung außerdem für die Fahrzeugplanung. Weil der künftige GT-4-Nachfolger formell am Straßenverkehr teilnehmen wird, darf er nicht breiter als 2,65 Meter werden. Nur für die Bauwerke hält man langfristig weiter an der 2,90-Meter-Marke fest. Auch die Rangfolge des Ausbaues ändert sich. Anstatt der Querlinie Weilimdorf–Möhringen erhält nun die Umstellung der Linien 1 Vaihingen–Fellbach, 14 Heslach–Mühlhausen und 5 Freiberg–Möhringen Vorrang. „Stadtbahn Stuttgart – ein Kompromiß" heißt es etwas zerknirscht. Die sparsamen Schwaben haben dennoch die Kurve bekommen. Sie betonen, es werde „Systemruinen, also aus Geldmangel unvollendete Bauwerke, nicht geben." Und sie halten Wort.

Der GT 4 verursacht einen Skandal

Mitte der 1970er Jahre versuchen deutsche Terroristen, die Baader-Meinhof-Bande, durch Entführungen und Anschläge ein neues Gesellschaftsmodell herbeizubomben. Wie eine Käseglocke liegt Beklemmung über Deutschland. Niemand weiß, wen es als nächstes trifft. 1976 sitzen die drei wichtigsten Täter in Stuttgart-Stammheim ein – ein Name wird zum Fanal, ein Stadtteil zum indirekten Hochsicherheitstrakt.

Im selben Jahr führt Stuttgarts Theaterregisseur Claus Peymann im Staatstheater Albert Camus' Stück ‚Die Gerechten' über russische Revolutionäre auf – und blendet am Schluss die Filmszene eines fahrenden Straßenbahnzuges ein. Zielschild des bedrohlich auf den Betrachter zukommenden, unschuldigen ‚Fünfers', für jedermann erkennbar: ‚Stammheim'! Ein Tumult im Saal und ein nur mühsam zu glättender kulturpolitischer Stuttgarter Skandal sind die Folge, man unterstellt Peymann Parteinahme für die Inhaftierten. Deutschland ist in jener Zeit unvorstellbar empfindlich.

Höhepunkt mit beschränktem Jubel

Im Frühjahr 1976 beschließt der Gemeinderat die neue Planung, später als ‚Integriertes Nahverkehrskonzept' bezeichnet. Noch ein Grundsatzentscheid: Als künftige Spurweite empfehlen die SSB die

Normalspur. Sie sei sicherer, die Gleisunterhaltung durch Standardteile günstiger. Als vermutlich erstes Bauwerk, das von der Breite her für Normalspurgleis vorbereitet ist, geht im Februar 1977 die neue König-Karls-Brücke in Betrieb. GT 4 auf neuen Wegen: Im April 1977 folgt die neue Streckenführung in Botnang durch die Regerstraße, vorher – in Alt-Botnang – war der Einsatz nur etwas eingeschränkt möglich. Die SSB stellen die ersten von 500 einheitlichen Fahrscheinautomaten auf, welche die bisherigen Handkurbelgeräte ersetzen. Frohlocken bei den ‚Öffentlichen‘: Die Internationale Automobilausstellung Frankfurt bittet ihre Besucher, nicht mit dem eigenen Pkw zu kommen – nichts geht mehr. „Die Zukunft des öffentlichen Nahverkehrs“, schließt SSB-Pressesprecher Peter Brodbeck daraus, „hat schon begonnen.“

In Stuttgart beginnt sie am 1. Oktober 1978 richtig: Der Verkehrs- und Tarifverbund VVS tritt in Kraft. Der erste SSB-Zug im VVS-Zeitalter ist kurz nach Mitternacht ein GT 4, mit Fahrer Wilhelm Stimpfig. Es gibt umfangreiche Veränderungen: Fahrscheine bekommt man in keinem Straßenbahnzug mehr zu kaufen, nur noch am Automat in der Haltestelle. Die S-Bahn kommt unterirdisch bis zur Schwabstraße, der GT 4 zieht sich dafür aus der oberen Königstraße, der Rotebühlstraße und vom Westbahnhof zurück. Weil die Planie straßenbahnfrei werden soll, muss das DoT-4-Refugium Linie 8 Vogelsang-Schlossplatz -Gablenberg endgültig wegfallen, aber dem DoT 4 bleibt die Linie 2 Obere Ziegelei-Vogelsang, weil

Linke Seite | Schatten über Stammheim: Linie 5 als Politikum.

Mitte | Morgensonne auf Neu- und Alt-Gerlingen am 28. Dezember 1977 auf Wagen 514 und 596; rechts am Horizont zeigt sich der Engelbergturm von Leonberg. | Dieter Schlipf

Rechts | Ruhiger Vorweihnachtsverkehr: Am Beiberg vor Plieningen mit Wagen 717 am 20. Dezember 1981. | Dieter Schlipf der GT 4 an letzterem nicht ‚ums Eck' kommt. Der GT 4 im Zenit seiner ‚Macht': 94 Prozent aller Zugleistungen der SSB bewältigen jetzt die Vierachser. Gleichwohl: Die ersten ihrer Art bräuchte man jetzt eigentlich nicht mehr. 17. November 1978: GT-4-Fahrer Hardy Seiler hat die Ehre, den letzten Straßenbahnzug über den Schlossplatz zu fahren – ab jetzt geht's auch hier ‚im Keller'. „Die gute alte Straßenbahn", so ‚Über Berg und Tal', „ist fast völlig von der Oberfläche verschwunden. 110 Jahre lang war die Straßenbahn das konstante und auch belebende Element dieses Platzes, dem wohl in Zukunft manches Mal die schwarz-gelben Wagen fehlen dürften." Platzwechsel auch an anderer Stelle: Gottfried Groche ist Mitte 1978 in den Ruhestand gegangen und mit ihm endgültig auch der U-Bahn-Gedanke. Manfred Bonz wird sein Nachfolger als technisches Vorstandsmitglied.

„Besser fahren im Beruf", lautet die Parole ab 1980: Die SSB suchen wieder einmal dringend Fahrer und Facharbeiter. Modell-Bahner: Im Juni 1980 freut sich der SSB-Vorstand über ein Tischmodell eines Schienenfahrzeugs. Es ist gelb, sein Vorbild soll auf Normalspur fahren und heißt S-DT 8: Der Nachfolger des GT 4. Auch wenn es sich noch kaum jemand vorstellen kann: Der Weg in die Zukunft ist damit klar. Die weitere Entwicklung im Zeitraffer: 1981 ist der erste ‚echte' Prototyp-

wagen fertig, 1982 beginnen mit den bis dahin drei Prototypen die Versuchsfahrten auf der Karlsruher Albtalbahn, Anfang 1983 können zwischen Möhringen und Plieningen dann auch auf dem ersten normalspurigen, vielmehr dreischienigen SSB-Netzteil die neuen ‚Großen Gelben' mit dem Testbetrieb beginnen. Ab Februar 1983 nehmen auch die ersten Fahrgäste verunsichert im geräumigen DT 8 Platz: Ist dieser Wagen erste Klasse? Der niedrige GT 4 mit seinen klebrigen Sitzen, nur halb so lang wie ein ‚ausgewachsener' neuer Stadtbahnwagen, schrumpelt atmosphärisch plötzlich zu einem freundlichen Relikt vergangener Tage zusammen: „Die im ‚Sechser'", notieren die Stuttgarter Nachrichten, „haben neidisch geguckt."

Wenig später vermindert sich der Bestand an GT 4 erstmals: Bei einem Auffahrunfall in Feuerbach am 13. März 1983 wird Wagen 499 so stark ‚verkürzt', dass man ihn verschrotten muss. Im Jahr darauf aber hat auch der GT 4 Grund zum Feiern: Am 10. August 1984 würdigen die SSB den auf den Tag genau 25-jährigen Einsatz der Bauart, speziell von Wagen 501, wohnhaft im Betriebshof Degerloch. Fünf Millionen beförderte Fahrgäste, anderthalb Millionen Kilometer ist die Bilanz des technischen Jubilars. „Unsere ‚Dienstälteste' feiert Geburtstag", schreibt ein Boulevardblatt: „Fast schon reif für's Buch der Rekorde." Bei der Nord-Stuttgarter Rundschau weiß man aber wohl um die anstehende Entwicklung: „Gelber Veteran soll weichen", da doch gerade die Linie 15 nach Freiberg bald auf Stadtbahn umgestellt werden solle. Die Erkenntnis: „Mit 25 Jahren hat der 1959 erstmals eingesetzte Triebwagen GT 4 schon keine Zukunft mehr."

Linke Seite | 1978 – Der Stuttgarter Verkehrsverbund kommt. Spötter befanden, der Werbeslogan sei überaus zutreffend, fahre die gezeigte Bahn doch in den Stadtteil mit dem (nach damaligem Dafürhalten) sichersten Ort Deutschlands: dem dortigen Gefängnis.

Rechts oben | Einbahnstraße: Eingleisig durch Feuerbach an der Hohewartstraße. | Horst Leitz

Rechts unten | Wann kommen wir drei wieder zusammen? Kräftige Farben am Pragsattel, 4. Juli 1987. | Gerhard Jäkle

Nordbf-Hbf-Charlottenplatz-Fernsehturm
(Ruhbank)-Sillenbuch-Heumaden
Hbf-Charlottenplatz-Fernsehturm
(Ruhbank)-Sillenbuch-Heumaden
Notruf
15
Heumaden
494

Mit dem GT 4 durch die Jahrzehnte

1985–1998: Fitnesskur für Meterspur

+ + + 1985: Begeistert: Badisches Bobbele Boris B. jüngster Tennis-Sieger in Wimbledon + + + Beruhigend: Österreichs Wein bedenkenlos als Frostschutzmittel verwendbar + + + 1986: Bedrohlich: Atomkraft aus der Ukraine ist sicher gefährlich + + + 1989: Beseeligt: Berliner sind das glücklichste Volk der Welt + + + 1991: Beachtlich: im Intercity-Express mit 250 Sachen durch Deutschland + + + 1993: Beschaulich: So genanntes World Wide Web verfügbar – aber zu was? + + + 1998: Beendet: Fußballtrainer Trapattoni hat beim FC Bayern fertig + + +

Rand-Erscheinung: Jedem seinen Bahnsteig, wie hier 1993 am Pragsattel. | Levin Haueisen

Und in Stuttgart? 1985 entsteht in Wangen das Theaterhaus. Mit Dächle: Die Stadt bekommt ein neues Logo. 1989/I: Gorbimania, 10.000 jubeln auf dem Schlossplatz. 1989/II: Letzte Fahrt im GT 4: Ein festgestellter Schwarzfahrer ersticht nach dem Aussteigen zwei Polizeibeamte. 1989/III: Stuttgart wird ‚grenznahe' Stadt, Breuninger leiht dem Rathaus 80.000 Mark Begrüßungsgeld für ‚Besucher' aus der DDR. „Be happy and pay the deficit", rät ein Sportfunktionär: Die Leichtathletik-Weltmeisterschaften 1993 hinterlassen Spuren. Die Internationale Gartenbau-Ausstellung IGA hinterlässt das ‚grüne U', in diesem Fall ein Grüngürtel zwischen Löwentor und Killesberg. Fast wie im richtigen Leben: Stuttgart erhält 1994 ein Musical. Alles nur ein Spiel: 1996 macht die Spielbank im sparsamen, evangelischen Stuttgart mehr Umsatz als die in Baden-Baden. Grünes Wunder: Rezzo Schlauch wird fast OB in Stuttgart – Wolfgang Schuster ganz. 1998: Deutschland amüsiert sich – „Let's putz" in Stuttgart.

„Die Straßenbahner haben leuchtende Äuglein bekommen", hat die Presse am 28. September 1985 beobachtet. Da ist offizieller Start der Stadtbahn in Gestalt der Linie 3 Vaihingen–Plieningen mit den ersten serienmäßigen DT 8. Sprich: Die ersten GT 4 sind nun überflüssig. 170 von ihnen, so die damalige Berechnung, wird man über das Jahr 2000 hinaus noch brauchen. 1986 folgt dann als Herzstück des SSB-Netzes die Linie 1 Vaihingen–Fellbach für den Stadtbahnbetrieb. So geht es ab dann fast jedes Jahr. Schritt für Schritt wird der ‚Auslauf' des GT 4 eingegrenzt, die Meterspurschiene entfällt; mit Trauerschleifchen verabschieden sich an den Stichtagen jeweils kurz nach Mitternacht die GT von ‚ihren' Strecken. Und ab vier Uhr morgens fährt dann die Stadtbahn, außer nach Obertürkheim: Dort ist am 24. September 1994 um 0.47 Uhr endgültig Schluss mit dem SSB-Schienenverkehr aus Stuttgart, 50 Jahre nach dem Verschwinden des Straßenbahngleises aus Esslingen. Neues Meterspurgleis: 1993 zur IGA gibt es extra eine neu gebaute Wendeschleife in der Pragstraße für den Sonderverkehr der Massen vom Umsteigeparkplatz Cannstatter Wasen zum Präsentationsgelände Rosensteinpark. Der GT 4 wartet, doch (fast) niemand erscheint – Parkplätze hat's auch woanders.

Schon Ende 1986 treten die SSB einer Generalsanierung einiger GT-4-Fahrzeuge näher. Anlass ist, so Zeitungsredakteur Dieter Schubert, „eine gewisse Unsicherheit", was mit den Rest-Straßenbahnstrecken Stammheim–Ruhbank und Hölderlinplatz–Obere Ziegelei passieren soll. Sie gehören nicht zum 1976 beschlossenen Stadtbahnnetz, dennoch wollen die SSB diese Äste „keineswegs aufgeben", nicht zuletzt, weil der Bahnanschluss über die Obere Ziegelei hinaus bis Neugereut seit

Linke Seite | Triumphbogen: Während der Umstellungsphase auf der Weinsteige befuhr der GT 4 sogar noch den neuen Stadtbahntunnel, hier auf Probefahrt (Sommer 1987). | Horst Rudel/Archiv SSB

Rechts | Jetzt gehört der GT 4 zu den Alten: Das letzte Foto von Wagen 525, den in Bad Cannstatt ein unaufmerksamer Lkw-Fahrer zerstört hatte. Möhringen, Frühjahr 1987. | Bertil Mächtle

Links | Großer Andrang am 22. Juli 1990 in der Schleife Freiberg. Wegen Bauarbeiten am Pragsattel wurde Linie 13 bis Schleife Zuffenhausen Kelterplatz umgeleitet und Linie 6 bis Freiberg, wo – seinerzeit – planmäßig schon Linie 15 hinkam. | Guntram Schäfer

Rechte Seite | Dunkle Wolken über dem GT 4: Haltestelle Peregrinastraße, 2. Februar 1983. | Gerhard Jäkle

zwei Jahrzehnten auf dem stadtplanerisch verankerten Wunschzettel steht. Ob aber ab Mitte der 1990er Jahre noch Fördermittel für die Umspurung verfügbar sein werden, sei völlig offen. So werden nach einigen Vorversuchen ab 1988 dann tatsächlich 40 Stück GT 4 unter dem Arbeitstitel GT 4-2000 grundlegend ‚fit' gemacht, letztlich kommen noch ein paar mehr dazu. Die Lokalpresse sieht's mit Wohlwollen: „Wer glaubt", so die Nord-Stuttgarter Rundschau 1989, „auf das erste Anrollen der neuen hypergestylten Stadtbahnzüge folge postwendend die Verschrottung der altbackenen Straßenbahnen, irrt sich. So schnell wird dem knallgelben Blechungetüm mit dem unromantischen Namen GT 4 nicht der Garaus gemacht." Wenn es nach den SSB gehe, dann kämen zumindest im Stuttgarter Norden „noch ein paar Jährchen dazu", so lange werde der Fünfer nach Stammheim, der Dreizehner nach Feuerbach bummeln. Die Statistik aber ist unbestechlich: 1990 beansprucht die Stadtbahn erstmals mehr Linienlänge für sich als die Meterspur, 1991 überschreitet sie auch bei der Länge der auf Stadtbahnbetrieb ausgebauten Streckenabschnitte die 50-Prozent-Marke. Dennoch erhält der GT 4 ab November 1990 ein letztes Mal mehr Auslauf, das ‚Menü' seiner Fahrten wird um die Hauptverkehrslinie 16 Gerlingen – Heumaden erweitert.

Der gestohlene GT 4

Den Rat, doch besonders nach Alkoholgenuss auf die Straßenbahn umzusteigen, nehmen im Dezember 1990 zwei junge Männer ernst: Im Betriebshof Cannstatt, wo gerade die nächtlichen Putz- und Schlosserkolonnen am Werke sind, marschieren sie gegen 0.45 Uhr nachlässig grüßend in die Halle, setzen sich ans Fahrpult und begeben sich auf Fahrt – nur dass es keine Straßenbahner sind. ‚Halt!' rufen schließlich die Hallenarbeiter – da ist die Fuhre schon auf der Mercedesstraße unterwegs, Richtung Innenstadt. So ganz SSB-sattelfest sind die neuen ‚Kollegen' denn doch nicht: Schließlich überfahren sie ein rotes Signal, der Zug wird zwangsgebremst, die zwei ‚Entführer' flüchten. „Womit wieder bewiesen wäre", stellen die Stuttgarter Nachrichten erfreut fest, „daß in Stuttgart der öffentliche Nahverkehr immer beliebter wird."

Rückzug im Scherz und im Ernst

Wie sehr die Stammheimer an ihrer Schienenverbindung hängen und am GT 4, macht die Meldung vom 1. April 1993 aus der Rundschau deutlich: „Das Unfaßbare ist eingetreten: Aus für die gute alte Straßenbahnlinie 15. Gestern haben die beiden ersten Wagen auf dem örtlichen Schrottplatz ihre letzte Ruhestätte gefunden. Klammheimlich (...) setzte die SSB den Rotstift an. –

Links | Als der GT 4 ‚jung' war, gehörte Mut dazu, mit einer Blue Jeans angetan in ihn einzusteigen. Was hätten Zeitgenossen wohl von der Ankündigung gehalten, 30 Jahre später würden die Fahrgäste ein Skateboard mit sich führen? | Archiv SSB

Rechte Seite | Glänzende Spuren: Der GT 4 in Gaisburg. | Heiko Müller

Bringt das Bezirksrathaus nun die Rettung?" Bezirksvorsteher Rainer Böhm habe sofort eingegriffen, eine eigens eingerufene Bürgerwehr sei vor dem Straßenbahndepot in der Strohgäustraße energisch angetreten, um den Abtransport weiterer Wagen zu verhindern. Nun mangle es, nach dem Rückzug der SSB, an geeigneten Fahrern, um den Betrieb durch die Ortsbürgerschaft provisorisch weiterzuführen. Mit Handzetteln würden ehrenamtliche Kräfte gesucht. „Wer hilft den Stammheimern aus der Patsche?" – Zum Auswahltermin um 15 Uhr im Rathaus sollen sich an diesem 1. April einige Anwärter eingefunden haben ...

Doch im Ernst geht der Rückzug des GT 4 zwangsläufig weiter. 1995 zählt man noch 99 der Vierachsigen im Bestand, davon 48 Stück der ‚2000er-Edition'. Gleichzeitig sind 98 Stadtbahnwagen im Bestand, haben also die doppelte Zahl an GT 4 ersetzt. 1996 endet der GT-4-Einsatz bis Giebel, ab 1997 kommt er nicht mehr bis Hedelfingen. Im selben Jahr braucht man auch die seit einiger Zeit zu „Beitriebwagen" umgebauten Fahrzeuge nicht mehr, bei denen man sich die Modernisierung des Fahrerplatzes sparte, weil sie nur noch als jeweils zweites Fahrzeug im Zugverband – ohne Fahrer – eingesetzt worden sind. Sprich, jetzt hat es genügend GT 4 der etwas moderneren Version. Schlecht für Fußballfans unter den GT 4:

1998 wird auch die Stadionlinie umgestellt, die Meterspur kommt nicht mehr zum Cannstatter Wasen.

Mit der Straßenbahn ins Blaue – Unterwegs mit der Linie 15
Süddeutscher Rundfunk, S2 ‚Eckpunkt', 18. November 1997, Auszug

„... Aus der Ferne zerschneidet das Quietschen und Rattern der ersten Straßenbahn die morgendliche Stille. Unauffällig wie eine Tarantel auf dem Käsekuchen nähert sie sich. Hell erleuchtet und schrill im Ton markiert sie das vorläufige Ende aller Beschaulichkeit. – Zischend kommt sie vor mir zum Stehen. Drinnen (...) unter der Decke hängen graue Plastikschlaufen ungeordnet nebeneinander (...). Die rostbrauen Rollos sind mal ganz, mal zur Hälfte heruntergezogen, bieten Schutz vor den Strahlen einer Sonne, die erst noch aufgehen muß. Mein ästhetisches Empfinden wird durch die Sitzbezüge im vorderen Wagen auf eine harte Probe gestellt. Geschwindigkeit und Geräuschpegel der Straßenbahn nehmen zu. Sie krümmt und windet sich, und es kommt mir vor, als würde ich auf einem Delphin übers Wasser reiten. Es geht bergab. Das Schaukeln wird heftiger, das Pfeifen schriller, die Geschwindigkeit erhöht sich nochmals.

Ich träume mit offenen Augen (...) und sehe, wie die Köpfe der vor mir Sitzenden im Rhythmus der Bewegung hin- und herschwingen. Wieder in Heumaden angekommen, steht die Sonne bereits als großer orangefarbener Ball am Himmel, orangefarben wie der Fahrkartenautomat. – Gegen 7 Uhr drängen die ersten Schüler in die Straßenbahn. Gekaute Kaugummis verströmen jetzt jugendliche Frische. Musik drängt aus den Kopfhörern eines Walkman (...). Durch das Me(e)hr an Menschen scheint die Straßenbahn kleiner geworden zu sein. Die Enge lässt mich spüren, was es heißt, ein ‚Massen'-Verkehrsmittel zu sein."

15

Mit dem GT 4 durch die Jahrzehnte

1999–2007: Der Fünfzehner und seine Anhänger

+ + + 1999: Unbegrenzt: Immer mehr Mobiltelefone auf dem Markt – wie konnte die Menschheit zuvor existieren? + + + 2000: Unerklärlich: Millionen begrüßen das neue Jahrtausend – ein Jahr zu früh + + + 2001: Unerlässlich: Psychologische Kriegsführung – Erstmals Frauen bei der Bundeswehr + + + 2002: Unbeschreiblich: Nicht reif für die Insel – Dem Euro bleibt England erspart + + + 2005: Unbestritten: Das Einstein-Jubiläumsjahr wird stark beachtet, relativ + + +

Südländisch anmutende Sonnenterrasse im Sommer, milde Melancholie im Winter: der Eugensplatz mit der gleichnamigen Haltestelle im Zuge der Linie 15, 22. Dezember 2004.

Stuttgart im Jahre 1999

Aus der Zeitschrift ‚Stuttgarter Leben', Nr. 8/1955

„Während sich einst zwischen Hindenburgbau und Hauptbahnhof unentwegt aufregende Kämpfe zwischen Autofahrern, Straßenbahnen und Fußgängern abspielten, promenieren heute auf dem inzwischen dort angelegten Park gelangweilt zwischen Blumenbeeten und Bäumen unsere Hundebesitzer. Sie kümmern sich nicht darum, daß sich hinter dem einstigen Hauptbahnhof, auf dessen Dach die Hubschrauber landen, eine wirbelnde moderne City ausbreitet. Jetzt irren nicht mehr verängstigte Straßenbahnen durch den dichten Auto- und Fußgängerverkehr Stuttgarts. Sie haben sich in Untergrundbahnen verwandelt und sind nicht mehr zu sehen. Auch nach Möhringen fährt man mit der Untergrundbahn, und in einer Sesselbahn geht es hinauf auf die Wielandshöhe und mit einer zweiten zum Bubenbad."

Oben | Wegen **ihm** kommen die Leute!

Rechts oben | Überraschender Ausblick aus dem 15er: Steil fällt der Bopser zwischen Ruhbank und Stelle nach Osten ab | Guntram Schäfer

Rechts unten | Ein Industriestadtteil mit Heilquellen und Weinbergen – kein Widerspruch in Stuttgart! Endhaltestelle Obere Ziegelei in Bad Cannstatt, Mai 2002.

Und wie ist es wirklich in Stuttgart, 1999? 160.000 kommen zum Evangelischen Kirchentag, die U-Haltestelle Schlossplatz wird wegen Überfüllung gesperrt. Der GT 4 ‚feiert' seinen 40. Geburtstag, noch gescheiter kann man ihn nicht machen. Orkan Lothar knickt Bäume und SSB-Oberleitungsmasten. Noch nie kommen so viele Menschen, um Regenwolken zu sehen: Das war die Sonnenfinsternis 1999 in Stuttgart. Vampire dringen 2000 ins Möhringer Musical ein. 250.000 Menschen sehen die Troja-Ausstellung 2001. Die SSB machen Dampf: Mit dem Wasserstoffbus-Versuch ab 2003. Im Jahr darauf wird die Seilbahn 75 und der Triebwagen 222 wird 100. SSB-Technikchef Wolfgang Arnold begrüßt den 150. Stadtbahnwagen.

Haltestellen kann man singen: Die Musikgruppe ‚füenf' ertönt 2004 in den Stadtbahnen. Stuttgarts grüner OB-Kandidat Boris Palmer möchte die Innenstadt-Straßenbahn wieder einführen. Die Stadtbahn schläft nie: An Silvester macht sie durch – das war noch nie da. Erstmals seit 1944 ist 2005 Stuttgarts empfindlichste Baulücke am Kleinen Schlossplatz sinnvoll gefüllt: Das neue Kunstmuseum öffnet. Stadtbahnwagen 3399/3400 zieht als 164., neuestes und letztes Mitglied seiner Familie in die SSB-Hallen ein. Nie gereut und hoch erfreut kommt die U2 jetzt bis Neugereut, und die U5 bis Mönchfeld. Nur die Wasserstoffbusse dampfen ab, nach Hamburg. 2006: Vier Wochen Fußball-Weltmeisterfieber in Stuttgart, die größte Veranstaltung, welche die Stadt je gesehen hat.

Aber 1999 ist auch, wenn man so will, wiederum der Beginn einer neuen Epoche: Mit der Eröffnung der umgespurten Stadtbahnlinie U7 bis Heumaden ist das ursprünglich geplante Stadtbahnnetz komplett. Ab jetzt kommen die Überraschungen: Zunächst die beiden ‚echten' Neubaustrecken nach Remseck und Nellingen von 1999 und 2000, und dann die Tatsache, dass sich die zwei letzten GT-4-Linien 2 Hölderlinplatz–Obere Ziegelei und 15 Stammheim–Ruhbank aus dem Interimsnetz, das einstens zur völligen Auflassung anstand, unter der Hand über die Jahre gerettet haben und jetzt als weiterhin ‚schienenwürdig' eingestuft worden sind. Keine zehn Jahre vorher wäre belächelt worden, wer der Stadtbahn einen solchen Ausbau vorausgesagt hätte. Dafür – auch das ist neu - geht es beim GT 4 jetzt ans ‚Eingemachte', mit positiver Botschaft: Seine letzten Linien bleiben dem Schienenverkehr erhalten, das ist die Hauptsache. Zum 22. Juni 2002 tritt der GT 4 auch von Linie 2 ab. Jetzt bleibt nur noch der ‚Fünfzehner'!

Der Zweier hat's geschafft: Er wird zur U2 geadelt (Dezember 2002). | Archiv SSB

Untergrund-Arbeiter GT 4: Haltestelle Rotebühlplatz/Stadtmitte, 11. Februar 2002. | Guntram Schäfer

Fahrstuhl zum Schrott?

Längst ist der GT 4 als Bote aus einer anderen Zeit selbst zum Kultobjekt geworden. Schon in den 1980er Jahren hat Wolfgang ‚Wolle' Kriwanek, Rockstar aus Stammheim, die ‚Strambe' populär gemacht: „I' muaß die Stroßaboh no kriaga", singt er in breitestem Schwäbisch, „bloß d'r Fenfer brengt mi hoim!" Nichts anderes als ‚seine' Stammheimer Linie aus Jugendtagen, damals Linie 5, später eben 15, gleichermaßen mit dem GT 4 befahren, war damit gemeint. Spätestens im neuen Jahrtausend stellen die SSB-Mitarbeiter belustigt fest, wenn sie für jedes Foto, das vom GT 4 tagtäglich von den ‚Schienen-Paparazzi' irgendwo zwischen Stammheim und Ruhbank gemacht wird, nur einen Euro bekämen, dann wären sie reich. Als Joe Bauer, Kolumnist der Stuttgarter Nachrichten und bekennender SSB-Fahrgast, im Juli 1999 erfährt, dass der ‚Fünfzehner' demnächst nicht mehr nach Heumaden kommt, wegen des bevorstehenden Stadtbahnbaues, übermannt ihn die Wehmut über das (vermeintliche) völlige Abtreten der Meterspurigen: „Neulich (...) dachte ich: Bei all ihren Schwächen, bei all ihrer Unvollkommenheit, sie war schon eine Nummer. Eine echte Nummer. Jetzt wird sie begraben. Wenigstens dafür hat man ein Blasorchester bestellt. Schließlich war sie der Musik verbunden. Ihr Kreischen, erregend wie eine verlotterte Kreissäge, hat mich oft aus dem Tran gerissen (...). – Jetzt fährt sie dahin, die alte Schlampe, geht auf ihren letzten Trip, im Fahrstuhl zum Schrott. Zieh Leine, Linie 15!

Am 31. Juli wird sie aus dem Nummernkonto der SSB gestrichen – sie sieht ja auch aus, als leide sie an Hepatitis – und ersetzt durch den Luxusliner Nummer 7. Schon pflastern Leichen seinen Weg, frisch umgelegte Bäume, deren Zweige einst fröhlich der Nummer 15 winkten. So war ich unterwegs auf Abschiedstour über die Schienen des Todes (...). – Für die Linie 15, die Linie der Geschichten, gibt es keinen Sommer mehr. Farewell, alte Schlampe, du Königin der Strampe." Die SSB-Pressestelle kann Bauer ob seiner irrtümlich vorgezogenen Abschiedsfahrt trösten: „Von Stammheim aber bis zur Ruhbank wird sich der 15er weiterhin seines geschlängelten Lebens erfreuen, mindestens bis zum Jahr 2004 (...). Sogar eine Schleife winden die SSB ihrer Schmalbrüstigen, eine neue Gleisschleife nämlich an der Ruhbank. Die Anhänger des 15ers erreichen also weiterhin Stammheim mit der Strambe."

Als im Juni 2002 der vorläufige Abschied von der GT-4-Linie 2 zum Hölderlinplatz ansteht, bevor ab Dezember 2002 die Stadtbahn erscheint, widmet Lokalredakteur und West-Bewohner Wolfgang Schulz-Braunschmidt der ‚Gelben' eine Reportage: „Der Zweier kratzt die Kurve. – Agnes Balogh sieht Gelb. Seit 22 Jahren. Alle zehn Minuten. Dann zieht wieder eine Straßenbahn an ihrem Kiosk in der Hölderlinstraße vorbei. Die beiden Doppelwagen des Zweiers rumpeln um die Kurve zur Kornbergstraße. ‚Ich mag die alte Bahn', sagt die Kioskfrau. ‚Früher bin ich auch damit gefahren'. Auch ihre Kundschaft schätzt die Oldtimer. ‚Der Wechsel zur Stadtbahn gefällt kaum jemand', weiß sie aus vielen Gesprächen. – Eberhard Schulze hat die Lizenz für den alten Zweier (...): ‚Ich kenne jede Macke im Gleis'. –

Schon etliche Schienenfahrzeuge der SSB tragen symbolisch die Wappen von Stuttgarter Stadtteilen und Umlandgemeinden, jedoch bisher noch kein GT 4. Seit 5. Oktober 2006 ist dies anders: Fahrschulwagen 401 als ältester im Stuttgarter Linienverkehr eingesetzter Wagen erfuhr die ‚Taufe' auf den Namen Stammheim, eingerahmt von SSB-Technikvorstand Wolfgang Arnold, Stuttgarts Technikbürgermeister Dirk Thürnau, dem Journalist Gerhard Viel und Stammheims Bezirksvorsteher Rainer Böhm. | Susanne Schupp

Gemächlich rollt der Zweier durch die Kornbergstraße, beiderseits flankiert von parkenden Fahrzeugen. Schulze hat die Blechbänder am Rand stets im Blick. Auch so mancher gedankenverlorene Fußgänger ist ihm schon vor die Bahn gelaufen. ‚Das rechte Fußpedal hat schon viele Leben gerettet'. – Drinnen hat der GT 4 noch viel von seinem Charme aus den 60er Jahren bewahrt. Mit Resopal verkleidete Wände, tiefer gelegte Stehplätze im rundlichen Heck, Ausstellfenster mit Haken – wie einst beim Käfer. Dagegen versprühen die neuen Stadtbahnwagen den Charme kunststoffverkleideter Schuhkartons. Doch längst nicht mehr alles ist Nostalgie. Die

Links oben | Noch bietet die steile und kurvige Walddurchquerung vor der Ruhbank eine der Attraktionen der Straßenbahnlinie 15, wie hier am 13. November 2005. | Dieter Schlipf

Links unten | Bitte Ruhe – bitte Ton! Die Anhänger des GT 4 verfolgen ihn sogar bis in den Betriebshof. Fernsehaufnahmen in Bad Cannstatt, 1. September 2005.

Rechte Seite links | Abwärts! In der Haußmannstraße, 1993. | Harald Baumeister

Rechte Seite rechts | Oberleitungen wie Spinnweben: Fast scheint es, als wolle der Zug am Eugensplatz stadteinwärts in bodenlose Tiefe versinken, 14. Dezember 2004.

Sitze im gelb-grün gesprenkelten SSB-Einheitslook passen nicht zu den kleinen Nierentischen unter den Fenstern. – Die neuen Kabelstränge unter dem Fußboden waren allerdings notwendig – allein schon wegen der Sicherheit. Es gibt kaum noch Ersatzteile. Doch die Oldtimer auf der Meterspur müssen noch durchhalten. Stuttgarts letzte Straßenbahn, der Fünfzehner nach Stammheim, wird erst in einigen Jahren auf Stadtbahnbetrieb umgestellt.“

‚Knitz‘, der Kolumnist der Stuttgarter Nachrichten, kann sich zur selben Zeit dem Thema auch nicht entziehen: „Eigentlich müsste der 15er ins Touristenprogramm aufgenommen werden. Wer Muße hat, kann hier viel sehen. Und hinterher ist jeder von dem Geschuckel derart erschöpft, dass er in Stuttgart übernachten muss, was sich wiederum positiv auf die Bilanz der Fremdschläfer auswirken könnte. Also, verachtet bloß die alten Karren nicht! – Auf dem Weg nach Stammheim war jetzt auch ein Gefangenentransporter unterwegs. So eine Art Spitzbuben-Express. Falls sie dich je mal da hinauskarren, dachte ‚Knitz‘, dann aber bitte im 15er. Einfach so, aus Gründen der Menschenwürde und der Sentimentalität. Diese vorerst wohl letzte öffentliche Fahrt wäre ein Aufschub. Und der erste Schritt zur Besserung. –“

Straßenbahn als Autoabschleppdienst
Stuttgarter Nachrichten, 1. März 2005

„Das Umsteigen vom Auto auf den öffentlichen Nahverkehr hat ein 18-jähriger Golf-Fahrer wohl etwas zu wörtlich genommen: Der ortsunkundige Fahranfänger verirrte sich am Samstag um 20.15 Uhr unterm Fernsehturm im schneeverwehten Bereich Ruhbank auf die Straßenbahngleise" [im Schotterbett auf eigenem Bahnkörper abseits der Straße, jedoch schneebedeckt]. „200 Meter weit fuhr er talwärts, ehe er bemerkte, dass es hier weder Beleuchtung noch Verkehrsschilder gab. Er bremste und blieb in einer Böschung hängen. – Zur Bergung rückten zwei Abschleppfahrzeuge an, die allerdings nicht an den Unfallort herankamen. Also musste sich die Straßenbahn selbst behelfen: Nach Rücksprache mit dem SSB-Verkehrsmeister entschied man sich, den Golf mit Hilfe einer Straßenbahn der Linie 15 und einem Stahlseil rückwärts aus dem Wald zu ziehen."

Links | Ecke Haußmannstrasse/Kernerstraße: Irmgard Benz verewigte 1981 als ‚SSB-Sonntagsmalerin' diese fotorealistische Szene.

Mitte | Die letzte Linie! Auch im Fahrplan 2005/2006 bezeichnet das Symbol in der Kopfspalte das Refugium des GT 4.

Rechte Seite | Der ist echt – aber eben im Maßstab 1:87: Seit 2004 gibt es den GT 4 als zwei Handteller großes Funktionsmodell zu kaufen. SSB-Mitarbeiter Thomas Mörbe schuf die dazu passende Nachbildung des Bahnhofs Möhringen, hier mit dem originalgetreuen Bahnübergang Balinger Straße.

„Gelbes Lustobjekt"

„Schöne Aussicht mit sanftem Geschaukel", heißt es im Juni 2005 in der Stuttgarter Zeitung. „Die alte Linie 15 (...) ist die letzte schmalspurige Straßenbahn auf Stuttgarts Gleisen, ein Stück fahrende Geschichte. (...) Von 2007 an wird niemand mehr Fotos von der heißgeliebten GT 4 machen können. Dann nämlich werden dort, wo sich jetzt die schmalen Wagen der Linie 15 den Berg hinauf schlängeln, bullige Stadtbahnen auf der Panoramastrecke (...) verkehren. – Schon wenn man in die 15 einsteigt, fühlt man sich in die Vergangenheit zurückversetzt. Mit einem dumpfen Stöhnen setzt sie sich in Bewegung. Sie kämpft sich die lange, steile Auffahrt vom Olgaeck zum Eugensplatz hinauf, die an die Straßen von San Francisco erinnert. Hier am Eugensplatz wird die Linie 15 sofort ihrem Spitznamen gerecht: Panoramabahn. Zum Charme der alten Bahn gehört auch das unruhige Geschaukel in engen Kurven, vor allem wen man in der Kurve hoch zur Heidehofstraße fährt."

Im August 2005 nimmt sich auch Redakteur Schulz-Braunschmidt der Sache wieder an: „Die Tage des Fünfzehners sind gezählt. – Noch bleibt

15 **Stammheim – Hauptbahnhof – Ruhbank** **SSB** **VVS**

Gültig nicht 29.7. bis 8.10.06
Durch den Umbau zur Stadtbahn verschieben sich die Abfahrtszeiten in der laufenden Fahrplanperiode baustellenbedingt mehrfach.
Bitte informieren Sie sich über die örtliche Presse, Aushänge oder im Internet unter www.vvs.de oder www.ssb-ag.de

Montag - Freitag

→																					
Stammheim	00.03	00.10	00.30	00.50	01.10				04.40	04.57		05.12	05.27		05.42	05.52	06.01	06.11	06.21	06.31	06.41
Stammheim Rathaus	00.03	00.10	00.30	00.50	01.10				04.41	04.58		05.13	05.28		05.43	05.53	06.02	06.12	06.22	06.32	06.42
Korntaler Straße	00.05	00.12	00.32	00.52	01.12				04.42	04.59		05.14	05.29		05.44	05.54	06.03	06.13	06.23	06.33	06.43
Heutingsheimer Straße	00.05	00.12	00.32	00.52	01.12				04.43	05.00		05.15	05.30		05.45	05.55	06.04	06.14	06.24	06.34	06.44
Wimpfener Straße	00.07	00.14	00.34	00.54	01.14				04.44	05.01		05.16	05.31		05.46	05.56	06.05	06.15	06.25	06.35	06.45
Salzwiesenstraße	00.08	00.15	00.35	00.55	01.15				04.46	05.03		05.18	05.33		05.48	05.58	06.07	06.17	06.27	06.37	06.47
Zahn-Nopper-Straße	00.09	00.16	00.36	00.56	01.16				04.47	05.04		05.19	05.34		05.49	05.59	06.08	06.18	06.28	06.38	06.48
Kirchtalstraße	00.11	00.18	00.38	00.58	01.18				04.49	05.06		05.21	05.36		05.51	06.01	06.10	06.20	06.30	06.40	06.50
Zuffenhausen Rathaus	00.12	00.19	00.39	00.59	01.19				04.50	05.07		05.22	05.37		05.52	06.02	06.11	06.21	06.31	06.41	06.51
Hohensteinstraße	00.14	00.21	00.41	01.01	01.21	04.15	04.30	04.45	04.53	05.10	05.17	05.25	05.40	05.47	05.55	06.05	06.14	06.24	06.34	06.44	06.54
Friedrichswahl	00.15	00.22	00.42	01.02	01.22	04.16	04.31	04.46	04.54	05.11	05.18	05.26	05.41	05.48	05.56	06.06	06.15	06.25	06.35	06.45	06.55
Borsigstraße	00.17	00.24	00.44	01.04	01.24	04.17	04.32	04.47	04.55	05.12	05.19	05.27	05.42	05.49	05.57	06.07	06.16	06.26	06.36	06.46	06.56
Sieglestraße	00.18	00.25	00.45	01.05	01.25	04.20	04.35	04.50	04.56	05.13	05.22	05.28	05.43	05.52	05.58	06.08	06.17	06.27	06.37	06.47	06.57
Pragsattel	00.20	00.27	00.47	01.07	01.27	04.21	04.36	04.51	04.59	05.16	05.23	05.31	05.46	05.53	06.01	06.11	06.20	06.30	06.40	06.50	07.00
Löwentor	00.21					04.22	04.37	04.52	05.00	05.17	05.24	05.32	05.47	05.54	06.02	06.12	06.21	06.31	06.41	06.51	07.01
Nordbahnhof	00.23					04.25	04.40	04.55	05.03	05.20	05.27	05.35	05.50	05.57	06.05	06.15	06.24	06.34	06.44	06.54	07.04
Mittnachtstraße	00.25					04.26	04.41	04.56	05.04	05.21	05.28	05.36	05.51	05.58	06.06	06.16	06.25	06.35	06.45	06.55	07.05
Milchhof	00.26					04.28	04.43	04.58	05.06	05.23	05.30	05.38	05.53	06.00	06.08	06.18	06.27	06.37	06.47	06.57	07.07
Pragfriedhof	00.28					04.29	04.44	04.59	05.07	05.24	05.31	05.39	05.54	06.01	06.09	06.19	06.29	06.39	06.49	06.59	07.09
Türlenstraße (Bürgerhospital)	00.30					04.31	04.46	05.01	05.09	05.26	05.33	05.41	05.56	06.03	06.11	06.21	06.31	06.41	06.51	07.01	07.11
Hauptbf (A.-Klett-Pl.)	00.33					04.34	04.49	05.04	05.12	05.29	05.36	05.44	05.59	06.06	06.14	06.24	06.34	06.44	06.54	07.04	07.14
Schlossplatz	00.34					04.35	04.50	05.05	05.13	05.30	05.37	05.45	06.00	06.07	06.15	06.25	06.35	06.45	06.55	07.05	07.15
Charlottenplatz	00.36					04.37	04.52	05.07	05.15	05.32	05.39	05.47	06.02	06.09	06.17	06.27	06.37	06.47	06.57	07.07	07.17
Olgaeck	00.37					04.38	04.53	05.08	05.16	05.33	05.40	05.48	06.03	06.10	06.18	06.28	06.38	06.48	06.58	07.08	07.18
Eugensplatz	00.39					04.40	04.55	05.10	05.18	05.35	05.42	05.50	06.05	06.12	06.20	06.30	06.40	06.50	07.00	07.10	07.20
Heidehofstraße	00.41					04.42	04.57	05.12	05.20	05.37	05.44	05.52	06.07	06.14	06.22	06.32	06.42	06.52	07.02	07.12	07.22
Stafflenbergstraße	00.42					04.44	04.59	05.14	05.22	05.39	05.46	05.54	06.09	06.16	06.24	06.34	06.44	06.54	07.04	07.14	07.24
Bubenbad	00.44					04.46	05.01	05.16	05.24	05.41	05.48	05.56	06.11	06.18	06.26	06.36	06.46	06.56	07.06	07.16	07.26
Payerstraße	00.45					04.48	05.03	05.18	05.26	05.43	05.50	05.58	06.13	06.20	06.28	06.38	06.49	06.59	07.09	07.19	07.29
Geroksruhe	00.47					04.50	05.05	05.20	05.28	05.45	05.52	06.00	06.15	06.22	06.30	06.40	06.52	07.02	07.12	07.22	07.32
Stelle	00.49					04.52	05.07	05.22	05.30	05.47	05.54	06.02	06.17	06.24	06.32	06.42	06.54	07.04	07.14	07.24	07.34
Ruhbank (Fernsehturm) an	00.52					04.55	05.10	05.25	05.33	05.50	05.57	06.05	06.20	06.27	06.35	06.45	06.58	07.08	07.18	07.28	07.38

Stammheim	06.51	alle	18.21	18.26	18.35	18.50	18.56	19.05	19.20	19.26	19.35	19.50	20.05	20.20	alle	22.05	22.10	22.23	22.43	23.03	23.08	23.23	23.43
Stammheim Rathaus	06.52	10	18.22	18.27	18.36	18.50	18.56	19.05	19.20	19.26	19.35	19.50	20.05	20.20	15	22.05	22.10	22.23	22.43	23.03	23.08	23.23	23.43
Korntaler Straße	06.53	Min	18.23	18.28	18.37	18.52	18.58	19.07	19.22	19.28	19.37	19.52	20.07	20.22	Min	22.07	22.12	22.25	22.45	23.05	23.10	23.25	23.45
Heutingsheimer Straße	06.54		18.24	18.29	18.38	18.52	18.58	19.07	19.22	19.28	19.37	19.52	20.07	20.22		22.07	22.12	22.25	22.45	23.05	23.10	23.25	23.45
Wimpfener Straße	06.55		18.25	18.30	18.39	18.54	19.00	19.09	19.24	19.30	19.39	19.54	20.09	20.24		22.09	22.14	22.27	22.47	23.07	23.12	23.27	23.47

genug Zeit, um noch einmal im betagten GT-4-Doppelwagen auf der Meterspur durch Stuttgart zu rumpeln. – Stuttgarts letzte Straßenbahn stirbt jeden Tag ein bisschen. In zwei Jahren sollen auf der 13 Kilometer langen Strecke zwischen Ruhbank und dem Kelterplatz in Zuffenhausen nur noch Stadtbahnzüge der Linie U15 verkehren. Im drei Kilometer entfernten Stammheim kommen diese erst 2010 an - nach dem Bau des Tunnels unter der Unterländer Straße. – An jeder Ecke, hinter jeder Kurve kann ein mit Spiegelreflexkameras behängter Strambe-Paparazzo lauern. ‚Da ist wieder einer', sagt Straßenbahnfahrer Manfred Berner und deutet nach vorn. Der 59-jährige hat am Charlottenplatz gerade einen Kollegen abgelöst (...). Der vor Aufregung über das aufgetauchte gelbe Lustobjekt von einem Bein aufs andere hüpfende Hobbyfotograf stört den Fahrer nicht. – Berners Bahn rollt weiter. Vor den klassischen Fassaden entlang der Gänsheidestraße macht die Oldtimerkarosserie des Fünfzehners eine gute Figur. – Auf der Rückfahrt bruddelt der Fünfzehnnullvierer wie ein alter Schwabe – er ächzt, quietscht, rumpelt, rattert und jault über das alte Gleisbett. Den Rentner Hans-Ulrich Jackisch aus Zuffenhausen (...) stört das Geschaukle überhaupt nicht: ‚Die Strambe hört man wenigstens. Wenn die nicht mehr fährt, dann fehlt mir was'."

Zisch zum Abschied leise Servus

Selbst bis zum Staatsanzeiger der Landesregierung ist Ende 2005 die Kunde vom gelben Klassiker gedrungen. Jochen Blind berichtet in der ‚BW-Woche': „Zisch leise Servus. – Das ist in Baden-Württemberg einzigartig: Über die Straßen der Landeshauptstadt rattert der Charme der 60er Jahre – in Gestalt einiger gelb-weißer Straßenbahnwagen. – Doch nun sind die Tage der Bahnlegende gezählt. Zeit zum Abschiednehmen. – Ruckelnd kommt sie an der Haltestelle zum Stehen. Zischend gehen die Türen auf, klappernd senken sich die Trittstufen. Laut zischend schließen sich die Türen wieder. Wenn sich mit einem

‚Pling' die Hydraulik zurückgemeldet hat, geht es rumpelnd weiter. So fährt es sich seit mehr als 40 Jahren mit der Linie 15 durch die Landeshauptstadt – etwa vorbei am Staatsministerium (...). Doch dort kündigt sich nun das Aus für die putzigen Straßenbahnen an. – Die alten, gelbweißen Bahnen und Stuttgart – das war eine besondere Beziehung. Denn die Baureihe mit dem Namen GT 4 wurde speziell für Stuttgart entwickelt. – Liebhaber hat die 15 auch wegen des Designs: der runden Formen, die heute wieder in Mode sind, der ovalen Handtaschenablage unter den Fenstern, den Dachluken, durch die der Fahrtwind hereinweht. Ein Muss auch für Stuttgart-Touristen. – Im Jahr 2007 soll der letzte Wagen aufs Abstellgleis rollen. – In den vergangenen Jahren fand sich für manch einen im Linienverkehr in anderen Ländern noch ein Gleis, so in Rumänien. Einen Trost gibt es also für Straßenbahn-Nostalgiker: Wer es nicht mehr ohne Ruckeln und Zischen aushält, wird die alten Wagen im Urlaub besuchen können."

So schön der GT 4 für manchen auch sein mag: Er muss abtreten, es geht nicht anders. Trotz der Teilmodernisierung wird der Unterhalt der fast 50 Jahre alten Konstruktion immer schwieriger und auch immer teurer. Es ist etwas anderes, wenn man tagtäglich als Praktiker in der Werkstatt oder als Verantwortlicher im Betrieb für die historischen Gefährte zuständig ist als wenn man nur als Straßenbahnliebhaber sonntags ein paar Bilder macht. Neue Richtlinien, zum Arbeitsschutz oder vor allem zur Barrierefreiheit der öffentlichen Verkehrsmittel, lassen dem Betreiber schon gesetzlich keine andere Wahl. Wer mit Kinderwagen unterwegs ist – Hobbyfotografen sind das selten - oder nicht mehr gut laufen kann, begrüßt die stufenlos erreichbare Stadtbahn als Segen, die Klimaanlage mit Luftentfeuchtung im Alltag ebenso – so war es bisher noch auf allen Linien, Hand auf's Herz. Würde ein Busunternehmer mit 50-jährigen Fahrzeugen im täglichen Betrieb bestehen können?

Der Stuttgarter Gemeinderat hat am 21. Januar 2003 den Umbau der Linie 15 beschlossen. Die Leser der Zeitschrift Straßenbahn-Magazin wählten 2004 den GT 4 neben seinem Erzrivalen Düwag-GT 6 zum Wunschmodell Nummer eins. Die SSB ließen den Wunsch in Erfüllung gehen und den GT 4 produzieren: als 22 Zentimeter langes Tischmodell aus Kunststoff. Beim ‚echten' GT 4 gibt es den ersten Wagen 501 von 1959 längst nicht mehr, ebensowenig den letzten mit Nummer 750 von 1965 – beide wurden das Opfer von unverschuldeten Unfällen. Der älteste heute bei den SSB eingesetzte Wagen ist Nummer 401 von 1961.

Am 6. September 2005 ist das Olgaeck mit den ersten Metern für die Linie U15 eingebautem Gleis erwacht – die letzte Strecke des GT 4 wird angenagt. Zum Fahrplanwechsel im Dezember 2007 soll sie für die Stadtbahn fertig sein. Und im Spätherbst 2005 hat noch einmal ein halbes Dutzend SSB-Mitarbeiter nach Hunderten von Vorgängern letztmalig eine Ausbildung als GT-4-Fahrer genossen. Zwar besitzen die SSB genügend Fahrdienstmitarbeiter für die Meterspur, aber damit das vorhandene Personal im größeren Umfang für den anstehenden Einsatz auf dem DT 8 ausgebildet werden kann, ohne dass Lücken im Dienstplan entstehen, war nochmals Nachschub für die Meterspur-Fahrer nötig. 2006 laufen noch 26 Stück GT 4 auf Linie 15, dem Refugium auf Zeit. Bis zum letzten Tag werden die Gelenkwagen voll in Schuss gehalten, im glänzenden Lack. Ende 2006 wird der endgültige Count-down des GT 4 begonnen haben: Noch zwölf Monate ...

Die Panoramastrecke in der Gerokstraße – hier im Dezember 2004 – steht der Neuen Weinsteige nicht nach und lässt sich auch zukünftig von SSB-Schienenfahrzeugen aus genießen.

15
618

Links | Die Fahrt mit der Eisenbahn ist für viele ein außerordentlicher Anlass – die mit der Straßenbahn ist täglicher ‚grauer' Alltag. Haltestelle Feldweiche (heute: Breitwiesen), 28. April 1963. | Dieter Schlipf

Mitte | Hält der wirklich einfach auf der Straße? Die Ampelschaltung hält immerhin die Autos auf Distanz. Auf dem Vierer in Botnang, 1993. | Gerhard Heck

Rechts | So war's im GT 4: Sanftes Schwanken auf rotklebrigem Polster; die Insassen mitunter wie vom Künstler Loriot platziert. | Vera Wörner

Leben mit dem GT 4

Der GT 4 war nicht nur ‚der' Stuttgarter Straßenbahnwagen als solcher, er hat über 40 Jahre lang, fast bis ins fünfte Jahrzehnt, das Stadtbild bestimmt. Das heißt: Zwei Generationen von Stuttgartern und Pendlern sind mit ihm (oder soll man sagen: in ihm?) groß geworden. Im Alltagsleben bildete er eine vertraute Konstante, an der man sich buchstäblich festhalten konnte: so nüchtern, wie ein öffentliches Verkehrsmittel nur sein kann, und so charmant wie ein weltläufiger Eingeborener, so unauffällig wie ein flüchtiger Bekannter und so vertrauenswürdig wie ein langjähriger Freund; so abweisend wie ein kahler Platz und so diskret wie eine Gartenlaube. Konfirmandenunterricht oder schlechtes Zeugnis, erste Liebe im Herz oder Diplom in der Tasche: Der GT 4 verschaffte eine berechenbare Frist im Tagesablauf. Er erwies sich je nach Bedarf als offen oder verschwiegen; manchmal etwas schrullig, im ganzen aber verlässlich – wie es ein guter ‚Lebenspartner' eben ist. An seine günstigen Eigenschaften hat man sich rasch gewöhnt. Und seine Fehler? Erst jetzt, da der Abgang des GT 4 endgültig bevorsteht, ahnt man, dass man selbst sie wehmütig vermissen wird.

Oben | Jeder fand mit dem GT 4 Anschluss, zumindest wie hier in der Schleife Heumaden: Weiter geht's auf die „Dörfer" nach Kemnat und Nellingen! (1993) | Steffen Lenz

Unten | Der GT 4 möchte von seinen Fahrgästen gedrückt werden – zumindest an den Türtastern: Salzwiesenstraße in Zuffenhausen, 27. August 2005. | Dieter Schlipf

Links oben | Ausguck für Neugierige: Vorne kann man dem Fahrer über die Schulter linsen, hinten bietet sich der beste Rundblick auf die Umgebung - oder den mehr oder weniger (eigen-) willig folgenden zweiten Wagen.

Rechts oben | Zum Anpfiff! Was war unwichtiger als der GT 4, wenn es zum Neckarstadion ging, so lange er zuverlässig ankam? | Markus Frank

Links unten | Ein so genanntes Verkehrs-Chaos – aber nur auf der Straße. Der GT 4 zieht unbehelligt seine Runden. Eugensplatz, 1993. | Achim Förnzler

Rechts unten | Ist hier die Welt noch in Ordnung? In der langgezogenen Schleife Gerlingen bahnte sich der GT 4 bis zuletzt seinen Weg zwischen Fachwerkhäusern und bäuerlichen Anwesen hindurch (1993). | Karl-Heinz Riesch

401

Frau am Steuer – ab Februar 1972 auch beim GT 4. Fahrmeister Eugen Klaiber weist in Heslach am Fahrschulwagen 401 die ersten vier Anwärterinnen ein. | Archiv SSB

An der Kurbel

Einmal GT 4 fahren ...

„Der alte Wunschtraum manches Buben, selbst einmal einen Straßenbahnzug zu lenken, erfüllte sich kürzlich wieder einmal für ein rundes Dutzend würdiger Männer.“ So in ‚Über Berg und Tal‘ im Juni 1964 zu lesen: Staatsanwälte, vor allem mit Verkehrsdelikten befasst, durften „einen modernen GT 4 und einen Motorwagen älterer Bauart nach Obertürkheim steuern.“ Solche Einladungen hatten und haben bis heute ihren Grund: Echter als die Wirklichkeit kann nichts sein, und so lädt die SSB-Fahrschule immer wieder Juristen, Polizisten oder Verkehrsplaner, aber auch Journalisten zum vorübergehenden Platz ‚an der Kurbel‘ ein. Sie sollen persönlich erfahren, wie einfach einerseits – tech-

Links | Der Staatsanwalt hat das Wort! Juristen machen sich 1969 auf dem Schulwagen mit der rauen Wirklichkeit vertraut. SSB-Betriebsinspektor Erwin Mauch – mit Dienstmütze – schaut den Herren auf die Finger. | Kurt Eppler/Archiv SSB

Rechts | Der ‚Chef' fährt selbst: Oberbürgermeister Arnulf Klett am Fahrschalter von einem ‚seiner' GT 4, was ihn (also den OB, vielleicht auch den GT 4) sichtlich erfreute. Wen nicht? | Kurt Eppler/Archiv SSB

nisch – und vor allem wie schwierig es andererseits – verkehrlich – ist, einen gelben Zug sicher durch den Stadtverkehr zu bewegen, jedenfalls so ganz anders als aus Sicht des Autofahrers oder des Fußgängers. Und das soll sich – so hoffen die SSB – dann in der beruflichen Tätigkeit der Experten mit Verständnis für die Situation des Verkehrsbetriebs und seiner Mitarbeiter, vor allem beim Fahrdienst, niederschlagen. „Mit Ruck und Zuck über die Weichen", berichtete die Stuttgarter Zeitung: „Aber es gelang den Staatsanwälten doch, die Wagen wieder heil abzuliefern."

Als zwei Jahre später verlautet, SSB-Pressesprecher Peter Brodbeck höchstselbst habe die Fahrerprüfung abgelegt, lässt die ‚Laudatio' der Zeitungsschreiber nicht auf sich warten: „Notfalls kann nun der Kollege Brodbeck, wenn alle Straßenbahnstränge reißen und ihn der Ärger mit der Presse an den Rand der Verzweiflung bringt, auch auf andere Weise bei der Straßenbahn sein Brot verdienen. – In ein paar Jahren (...) können wir ihn sicherlich als Kavalier der Straße für unfallfreies Fahren auf dem Führerstand eines GT 4 auszeichnen." Brodbeck solle ruhig die Zeitungsleute jetzt öfter einmal selbst spazierenfahren: „Im Berufsverkehr, damit auch unsereiner einmal sieht und spürt, wie es bei dreißig Grad über Null in einer vollelektrifizierten Sardinenbüchse zugeht."

„Trotz der Nüchternheit unserer Zeit hat die Straßenbahn für viele ihre Faszination behalten", heißt es 1970, als wieder einmal Bauverwaltungsleute und Richter eine verkürzte ‚Fahrer-Ausbildung' erhalten. Richterin Wiedemann schildert ihre Erfahrungen in ‚Über Berg und Tal': „21. Januar 1970: Nach der theoretischen Einweisung durch Oberfahrmeister Mauch die ersten drei Stunden mit dem fremden Ungetüm. Zaghaft und ruckartig sind die Bewegungen noch, aber immerhin: es fährt! – Angst kenne ich von Anfang an nicht. Das ist meinem ausgezeichneten Fahrmeister, Herrn Hertfelder, zu verdanken. Mit ruhiger Stimme gibt er seine Anweisungen (...) und gibt mir das Gefühl, den großen GT 4 allmählich in den Griff zu bekommen. – 26. Januar: Ich fange an, ‚Cäsar'" [Rufname im SSB-Funksystem, im übertragenen Sinn für den Wagen] „Schritt für Schritt kennenzulernen, (...) und daß ich mich leider nicht immer auf meinen freundlichen Fahrmeister verlassen kann, wenn er so hinterhältig harmlos die Anweisung gibt, bei der nächsten Haltestelle durchzufahren, bei der es sich dann bestimmt um eine Zwangshaltestelle handelt. – 2. Februar: Besuch der Hauptwerkstatt. Wir lernen ‚Cäsars' Innenleben kennen und staunen, wieviele Hände sich rühren müssen, um all die schönen GT 4, DoT 4, Zweiachser usw. in Ordnung zu halten. – 4. Februar: Allmählich macht mir das Straßenbahnfahren richtig Spaß.

Selbst die Widrigkeiten in Stuttgarts Dorfstraße, wie der Fahrmeister die Königstraße – gewiß nicht zu Unrecht – zu nennen pflegt, machen mir nicht mehr viel aus. – 5. Februar: Abends zuhause ertappe ich mich doch tatsächlich dabei, daß ich sehnsüchtig dem Klang des vorbeifahrenden ‚Fünfzehners' lausche und es gar nicht erwarten kann, bis ich selbst wieder fahren darf. – 9. Februar: ... man sollte alle Autofahrer einmal so einen GT 4 führen lassen. Ich glaube, dann hätten es die geplagten Strab-Fahrer bald besser."

Meister Bimmler

Im Frühjahr 1970 zeigen die Verkehrsfreunde Stuttgart auf der Messe auf dem Killesberg einen originalen Fahrerplatz des GT 4, ausgeliehen von der SSB-Fahrschule. Mehr als 7.000 Besucher, darunter Ministerpräsident Hans Filbinger und Bundesbahnpräsident Hermann Ziller, „nahmen die Gelegenheit wahr, sich für Minuten als Straßenbahnfahrer zu fühlen", berichtet Organisator Ulrich Theurer. Wenig später dient ein GT 4 unter SSB-Pressesprecher Peter Brodbeck als rollendes Seminar für die Redakteure baden-württembergischer Betriebszeitschriften, und dann folgt schon wieder ein Fahrschulkurs für Journalisten unter Fahrmeister Eugen Klaiber. Einer der Redakteure berichtet in der Stuttgarter Zeitung: „Erste Kontakte mit dem schwarz-gelben ‚Cäsar'. – ‚Da liegt das Handwerkszeug', sagt Fahrlehrer Rudolf Lucke und zeigt auf zwei Hebel (...). Noch steht der als Schulwagen umgebaute GT 4 in der Halle des Betriebsbahnhofes 5 an der Mercedesstraße. – Zaghaft drücke ich auf den Türschalter. Schwupp, die Türen klappen zu. Lösen der Druckluftbremse mit dem rechten Hebel. Fahrmeister Lucke schiebt mir die linke Hand, die den Fahrstock hält, sachte nach vorn (...). Der Wagen rollt, verläßt die Halle. – Aber jetzt, Cannstatter, Stuttgarter, flehe ich insgeheim, geht mir bitte aus dem Weg! – Ein Blick in den Spiegel: Hinten alles frei. Die erste Weiche taucht auf. Ich ziehe den Fahrstock zurück, die Motoren werden umgepolt, wirken nun als Generatoren, bremsen. Ein Tastendruck, die Weiche schnappt in die gewünschte Stellung. Dann wird mit dem rechten Fuß gebimmelt, der linke steht leicht auf dem Pedal für die Schienenbremse (...). Im Bimmeln, wenn es nur danach ginge (...), wäre ich bestimmt schon Meister im Straßenbahnfahren.

Beim Schwanenplatz kommt es (...) zum ersten herzhaften Kontakt. Eine Autofahrerin biegt unvorschriftsmäßig nach links ab, kreuzt die Gleise. Ich reiße Fahrstock und den Hebel für die Druckluftbremse zurück, trete auf alle verfügbaren Hebel. Längst hat Fahrmeister Lucke die Schienenbremse betätigt. ‚Cäsar 34' steht vor dem Auto wie ein Fels. Im Führerstand rappelt, klingelt, blinkt und leuchtet es (...). – Auf der ansteigenden Rotebühlstraße drehen die Räder des Wagens durch. ‚Geben Sie Sand!', sagt Fahrmeister Lucke. Ich drücke den Hebel bei der rechten Hand nach links. Sand rieselt vor die Räder in den Spurrinnen, ‚Cäsar 34' faßt wieder Fuß. Hinauf zum Westbahnhof, Herderstraße, Bebelstraße: Allmählich wird mir klar, was es heißt, einen Straßenbahnzug durch den Nachmittag in die Innenstadt zu steuern. – Mit flauem Gefühl verlasse ich am Schloßplatz (...) den Wagen. Für die Passanten ist das halt irgendein Schwarzgelber. Ich aber habe jetzt (...) ein ganz anderes Verhältnis zu so einem GT-4-Triebwagen. – Während ich beobachte, wie er in den U-Strab-Tunnel am Charlottenplatz entschwindet, beginne ich zu glauben, ‚Cäsar 34' habe mir (...) mit aufleuchtenden und verlöschenden Lichtern (...) zugeblinzelt."

1979 erhalten auch Pkw-Fahrlehrer ihre Absolution: „Das Scherzen der vier weicht alsbald einem interessierten Zuhören – Oberfahrmeister Willi Hertfelder erläutert (...) die Signale für Straßenbahnfahrer. ‚Jetzt gange m'r mol in d'r Wage', meint der stellvertretende SSB-Fahrschulleiter anschließend. – Es wird still im Zug, der sich nun ruckartig, aber langsam in Bewegung setzt. Schon nach wenigen Metern beutelt eine Zwangsbremsung die Passagiere durch, Hertfelder lächelt zufrieden: das Sicherheitsbremssystem funktioniert. – An den Haltestellen wartende Fahrgäste. Enttäuschung draußen, ‚Bremsversuche' steht" [bei uns] „angeschrieben." Edgar Rehberger von der Cannstatter Zeitung ist 1993 dran: „‚Vorsicht, das Auto wird gleich losfahren'. Und prompt biegt der Wagen, ohne auf uns zu achten, in die König-Karl-Straße ein. Wütend trete ich auf die Klingel. (...) Natürlich die Autofahrer, denke ich und gondle mit meiner Straßenbahn in Richtung Daimlerplatz weiter. – Im Lauf der Jahre haben die Fahrlehrer der SSB (...) einen siebten Sinn entwickelt. ‚Manchmal sieht man es schon an

Abschiedsfahrt
mit GT4 Speisewagen

unverzüglich bei Fahrtantritt entwerten

vom alten 2er
Hölderlinplatz→
Stöckach→ Hackstraße→
Schlachthof→ Viehwasen→
↔Gleisdreieck Wasenstraße↔
Gleisbauhof→ Stöckach→
Berliner Platz Schleife→
Betriebshof Cannstatt

Sonderfahrkarte Preis: 20 Euro

gültig am 16. Juni 2002

Start: 9.30 Uhr
Betriebshof Cannstatt
SSB VB 5

„Wer zu spät kommt, den bestraft das Leben."
Michail Gorbačov

Linke Seite | Wenn ich ‚mal groß bin, werde ich GT-4-Fahrer! Er hat's geschafft: Halle Cannstatt, um 1970. | Archiv SSB

Rechts oben | Es ist angerichtet! Stilvoll reisen im mit Gardinen versehenen GT 4 am 16. Juni 2004; Sekt und Häppchen wurden gereicht.

Rechts unten | Das hätten auch die ‚normalen' Fahrgäste gerne gehabt! Zum Abschied der Meterspur-Fahrmöglichkeit zwischen Berliner Platz und Gleisbauhof Wangen gab es den ersten (und bisher letzten) GT-4-‚Speisewagen'-Einsatz, mit Flaggenschmuck auf dem Dach.

Achtung Bremsversuche: Auch wenn Ende 2005 die letzte Ausbildung neuer GT-4-Fahrer stattfand, werden die Fahrschulwagen 401 und 403 für die turnusmäßig vorgeschriebenen Nachschulungen weiterhin benötigt, so lange es in Stuttgart GT 4 gibt. In manchen Fällen genügt ein ‚normaler' Wagen, wie hier im Oktober 2006 in Bad Cannstatt bei der Ausfahrt Mercedesstraße.

der Lenkradhaltung, daß einer gleich abbiegt', erzählt Axel Schurr, der seit 18 Jahren bei den SSB arbeitet. Im Lauf der dreistündigen Fahrt (...) erweisen sich seine Vorahnungen als richtig. ‚Routine ist unbezahlbar', sagt Ausbilder Manfred Scheuermann, der bereits 1958 den Dienst bei den SSB antrat. – Die Straßenbahn hat drei voneinander unabhängige Bremsen: die Betriebsbremse, die mit der linken Hand betätigt wird, die Federspeicher- oder Feststellbremse, die mit der rechten Hand bedient wird, und die Schienenbremse, die der linke Fuß auslösen kann. ‚Das Straßenbahnfahren ist kein Problem', sagt der Fahrlehrer. ‚Wir müssen vielmehr die Kunst des Bremsens vermitteln'. – Einmal selbst vorne ‚an der Kurbel sitzen' kann ganz schön an die Nieren gehen. Den Hebel nach vorne ziehen, beschleunigen und ‚auf Serie' gehen, das ist noch kinderleicht. Wenn da nur nicht die vielen Eindrücke wären, die (...) auf einen einprasseln. Verkehr, Haltestellen, Überwege, Kreuzungen, Signale, Lichtzeichen, Fußgänger und und und."

Alles, was gelb ist

Der Kollege von der Nord-Stuttgarter Rundschau ist bei der gleichen Fahrt dabei: „Ein gelbes Leuchten in der Ferne. Die Passanten fangen an zu laufen und wundern sich: Heute ist die Straßenbahn ganz schön früh dran. Vom Hinweisschild ‚Fahrschule' nehmen offenbar nur wenige Notiz. Aber alle Hast nützt nichts. Die Türen bleiben verschlossen. Lange Gesichter, wenn sie vorbeifährt. Ein bedauerndes Grinsen von Journalist Gerhard Viel am Fahrpult. Das erscheint ihnen hämisch und schadenfroh. ‚Die Leut' würdet au' in a Poschtauto ei'steiga', wenn es nur gelb isch', meint Oberfahrmeister Axel Schurr. – Schurr steht beruhigend zur Seite und führt schon mal das Händchen, wenn es gar zu heftig an der Bremse ziehen möchte. ‚Wer schnell halten will, muß langsam fahren', sagt er fachmännisch. Ein abrupter Zug am Bremshebel, und die Bahn wird nur noch schneller. ‚Metall auf Metall ist vergleichbar mit Autoreifen auf vereistem Kopfsteinpflaster', erläutert der Botnanger Manfred Scheuermann. Er hat als Schaffner angefangen, war Straßenbahner, Busfahrer und ist seit 1989 Leiter der Fahrschule."

An der kurzzeitigen Beschäftigung ‚bei der Schelle' fand auch Stuttgarts formell oberster Straßenbahner, Oberbürgermeister Arnulf Klett, offensichtlich Vergnügen. Seine Tätigkeit als Fahrer des Eröffnungszuges 1964 nach Echterdingen ist bereits bekannt. Als am 20. Januar 1970 die erste Fahrt nach Freiberg anstand, übergaben die SSB-Direktoren Groche und Bartling dem Stadtoberhaupt „als äußeres Zeichen seiner kommenden

Tätigkeit die Dienstmütze eines Verkehrsmeisters." Von der vormaligen Endhaltestelle Himmelsleiter steuerte der OB mit Oberfahrmeister Mauch im Rücken „behutsam fahrend, sich jedoch durch kräftiges Läuten ständig bemerkbar machend", den dicht gefüllten Festzug durch ein Menschenspalier bis zur neuen Endschleife Freiberg. Das bewährte Gespann Klett/Mauch kam auch am 7. September 1971 im neuen Tunnel Charlottenplatz–Marienplatz zum Einsatz, was „‚Straßenbahnfahrer' Klett trotz gelegentlichen ruckartigen Bremsens spielend bewältigte", wie ‚Über Berg und Tal' festhielt.

Ein ungewohntes, aber bald planmäßiges Bild bot sich den Fahrgästen seit Anfang 1972. Damals wurden, zum ersten Mal seit dem ersten Weltkrieg, wieder Frauen als Fahrerinnen ausgebildet, „ein Versuch, die katastrophale Personallage zu lindern." Nach zehnjährigen Bemühungen und schließlich zweijähriger Auseinandersetzung war es SSB-Direktor Groche Ende 1971 endlich gelungen, vom Bundesarbeitsministerium die entsprechende Genehmigung zu bekommen. Auguste Walter, Luise Weihrauch, Barbara Schmid und Erna Hoppe hießen die ersten weiblichen Bedienerinnen des GT 4. Vereinzelte Proteste von Kunden, die etwas gegen eine ‚Frau am Steuer' hatten, legten sich bald. „Man wird auch in Stuttgart die Erfahrung machen, daß man mit einer Frau am Führerstand nicht schlechter fährt als mit einem Mann", so die Stuttgarter Zeitung am 11. Februar 1972, dem ‚Tag danach'. Und man fuhr wirklich nicht schlechter: Über 25 Jahre blieben einige folgende Kolleginnen dabei; auch heute ist die Stadtbahn zum einem guten Teil fest in Frauenhänden.

Nach all' den Fremd-Fahrern muss auch ein Profi am Fahrerplatz zu Wort kommen. Michael Wild, Straßenbahner bei den SSB, ist einer davon, wie die Stuttgarter Zeitung im August 2002 berichtet: „Da lege ich schon Wert darauf: Straßenbahn und Stadtbahn – das sind zwei paar Stiefel. – Straßenbahn zu fahren ist einfach anders, schöner. Ich mag es, wenn's wackelt und hier und da in der Kurve auch mal quietscht. Viel Mechanik, wenig Elektronik – da macht für mich den Charme der alten Wagen aus. In meiner Familie bin ich der fünfte Straßenbahnfahrer in Folge. Schon mein Urgroßvater hat diesen Beruf ausgeübt, damals haben noch Pferde die Wagen gezogen. – Es ist immer wieder ein schönes Gefühl, wenn Stuttgarts Straßen verstopft sind und ich mit meinem Bähnle ungehindert vorbeirauschen kann. Vor allem, wenn ich dann sehe, dass in jedem Auto nur eine Person sitzt. Da fasse ich mir doch an den Kopf und denke: Was für eine Platzverschwendung! – Tja, so wie es aussieht, bin ich der Fünfte und Letzte in meiner Familie, der

den Beruf des Straßenbahnfahrers ergriffen hat. Schließlich wird auch die gute alte Linie 15 eines Tages der Stadtbahn weichen müssen. – Wenn es soweit ist, dann stirbt endgültig ein Stück Stuttgart."

Wenn ein GT-4-Fahrer und eine GT-4-Fahrerin heiraten, womit findet dann wohl die Reise zum Standesamt statt? (1998) | Sammlung Steidle

6
1562
Schaffner-
loser
Beiwagen
GALLION
525
Einstieg

Das ist er, einer der berüchtigten schaffnerlosen Beiwagen: Auf der Planie, 28. April 1971. | Gerhard Jäkle

Der geteilte Fahrgast

Erst die Schaffner los – dann schaffnerlos

Auch beim Betrachten der Zeitläufe, die der GT 4 durchgestanden hat, wird wohl keine Straßenbahn-‚Idylle' vergangener Zeiten so beschworen wie die des Schaffners. Dabei war aber gerade der GT 4 letztlich das Symbol für die Abkehr vom Schaffner. Als der GT 4 auftauchte, konnte das Konzept ‚weniger Schaffner für mehr Fahrgäste' zwar den Personalmangel etwas lindern, aber die Auswirkungen nur verzögern. Dass man auch deshalb das Rauchen in den Wagen eilfertig verbot, um den verbliebenen Schaffnern wenigstens in dieser Hinsicht keinen Grund zur Klage zu geben, waren weitere und vielleicht bis dahin ungewohnt mitarbeiterfreundliche Folgen. Rasch reifte die Idee,

Links | Schleife Gerlingen, 12. März 1961: Noch fährt der Schaffner im ersten Wagen mit. | Joachim von Rohr

Mitte oben | Der Schaffner mit dem Teleskoparm: Durch originelle Karikaturen versuchten die SSB, ihren Fahrgästen die ‚Sitten' im GT 4 klarzumachen. | Zeichnung von Amigo (Erwin Kaysersbach)

Mitte unten | Der Fahrgastfluss: Nur hinten an Tür 3 einsteigen, dann auf dem ‚Abo' das obligatorische Häkchen mit dem blauen Kopierstift vom Schaffner machen lassen, dann erst nach vorne gehen und einen Sitz- (oder Steh-) Platz suchen. | Hans Schwarz, Archiv SSB

für Zeitkarteninhaber, die ja beim Schaffner nichts lösen mussten, einen eindeutig abgetrennten Raum zu schaffen und den Schaffner damit zu entlasten. Genau so etwas hatte man beim GT 4 mit seinem ‚Alle-hinten-hinein'-Prinzip aber bewusst nicht beabsichtigt, weil die Philosophie noch wenige Jahre zuvor eine ganz andere gewesen war.

Weil der GT 4 nicht nur die ersten T-2-Triebwagen, sondern auch etliche deren relativ moderner Zweiachser-Beiwagen B 2 der 1.500er-Serie arbeitslos machte, hieß der nächste Einfall: Wir hängen dem GT-4-Doppelzug jeweils einen B 2 an, der ohne Schaffner fährt. Das nun war zwar im Entwicklungsprogramm des GT 4 ebenfalls nicht vorgesehen gewesen, aber zwei GT 4 ‚packten' einen Zweiachshänger auch die langen Steigungen hinauf, außerdem erweiterte sich das Platzangebot des Gesamtzuges um 90 willkommene Plätze. Allerdings mussten die bisher vom Schaffner zentral durch Druckluft betätigten Türen im Beiwagen auf automatische Schließung, Selbstbedienung durch den Fahrgast und Überwachung durch den Fahrer im GT 4 umgebaut werden, wie es die Kunden vom GT 4 selbst her freilich schon gewöhnt waren. Am 2. November 1960, reichlich ein Jahr nach dem ersten Erscheinen des GT 4, war offiziell der erste so umgestaltete Zug auf Linie 6 unterwegs. De facto gondelte aber schon ab Juli 1960 der Beiwagen

1554 als Erprobungsmuster auf dem Sechser durch die Lande, denn dort war der Andrang durch die Neubausiedlungen Richtung Weilimdorf/Giebel/Gerlingen am größten. In den ersten Wochen fuhr im 1554 der Schaffner als ‚Anstandsperson' noch mit, bis das Publikum sich ans Knöpfchendrücken gewöhnt hatte. ‚Klappe(r)nde' Trittbretter mit Elektrokontakten und die ‚Vorwahl' des Haltewunsches im Inneren des Wagens an den Türtastern durch den Fahrgast bewährten sich, obwohl manche Fahrgäste durch die schlechten Erfahrungen mit den schaffnergesteuerten, regelrecht ‚unaufhaltsamen' Türen des GT 6 zunächst große Bedenken äußerten. Die SSB waren in Deutschland nach eigenen Angaben der erste Verkehrsbetrieb, der sich 1960 diese Betriebsart ‚traute', andere wie Aachen, Mülheim/Ruhr und München zogen dann nach. Für den Einsatz in der Nebenverkehrszeit, wenn ein einzelner GT 4 mit einem Zweiachsbeiwagen behängt werden sollte, war eine solche Kombination für den ‚schwachbrüstigen' Triebwagen aber nur für relativ ebene Strecken tauglich, also von der Innenstadt aus Richtung Cannstatt oder aber – typischerweise – ganztägig auf der teils mäßig frequentierten Filderquerlinie Vaihingen–Plieningen.

Mitte 1961 waren dann drei Probezüge auf Linie 6 unterwegs; gegen Jahresende beschlossen die SSB

Oben | Möhringen Bahnhof, 21. August 1959: Wagen 507 ist gerade zwei Wochen alt. Anstatt dem schüchternen Hinweisschild im Fenster von Tür 2 werden schon bei den nächsten Wagen kräftige Außenaufschriften ‚Ausstieg' und schließlich ‚Einstieg hinten' folgen. | Joachim von Rohr

Unten | Der GT 4 musste wohl schon deshalb 19 Meter lang werden, damit all' die vielen Hinweisschilder ihren Platz finden konnten. Beim Ein-Mann-Betrieb hieß es: Wer ohne Fahrschein – wieder nur vorne einsteigen! | Otto Blaschke

Links oben | Alles nicht so einfach: Nur Tür 1 a wird vom Fahrer fernbedient und kann offen stehen bleiben. Tür 1 b dient wie Tür 2 nur dem Aussteigen und schließt sich automatisch wieder. | Archiv SSB

Mitte links und rechts | Die Dame weiß, wie's geht! Wenn die ‚Wild-West-Saloon'-Klapptürchen innen vor Tür 2 (und vor Tür 1 b) hinter dem aussteigenden Fahrgast, der sie aufzudrücken hatte, wieder in die Parallele zurückschnappten, schloss sich die eigentliche Außentür automatisch. Von außen kam man hier nicht hinein! | Archiv SSB

den Umbau von 30 Beiwagen. Dann, „die Not gebiert kühne Ideen", wie ‚Über Berg und Tal' schrieb, ging es Schlag auf Schlag, wie tabellarisch festgehalten werden kann:

Ende 1962	50 schaffnerlose B-2-Beiwagen
Ende 1963	75 Stück
Ende 1964	100 Stück (davon 80 für GT 4, 20 Stück für T 2 als 2. Beiwagen)
1965	146 schaffnerlose Beiwagen

Selbst der arme GT 6 wurde 1962 auf seine alten Tage in seiner hinteren Hälfte ‚entmannt' und fuhr somit nur noch mit einem, nur für ‚vorne' zuständigen Schaffner. Schaffnerlose Wagen kamen aber vorläufig nur während der Hauptverkehrszeit in Dienst, unter Tags hängte man sie ab, da dann vorwiegend Einzelfahrscheinzahler unterwegs waren. Somit ergab sich ein günstiger gleichmäßiger Personalbedarf. Um den Mann mit dem blauen Stift – den Schaffner – weiter zu entlasten, wurden schon ab Anfang

1961 die im Ausland längst bekannten Streifenkarten ausgegeben, also im Vorverkauf bei den SSB-Verkaufsstellen zu erwerbende Mehrfahrtenkarten. Die musste der Schaffner zwar immer noch mit seinem Blaustift abhaken, aber die Zahl der Verkaufsvorgänge wurde geringer. Streifenkarte A galt dabei für einheitliche zwei Teilstrecken ohne Umsteigen, Karte B hingegen für Fahrten verschiedener Länge mit Umsteigen. In den Haltestellen hielten 1964 die ersten Automaten Einzug, dort konnte man jetzt Streifenkarten ‚aus der Kiste' kaufen. Nur 0,05 Prozent Schwarzfahrer wollen die SSB in jenem Jahr in den ‚Schaffnerlosen' bei Prüfungen festgestellt haben – ehrliche Stuttgarter!

Schielender Schaffner

Eine weitere Idee kam Anfang 1964 dazu: Der Gang vor dem Schaffnerplatz des GT 4 wurde zweigeteilt. Rechts hatten sich – wie bisher –

Links | Tür 3 wurde vom Schaffner über Druckluftantrieb geöffnet und geschlossen, wahlweise beide Türflügel oder – bei ungünstigem Wetter – nur einer. August 1959. | Joachim von Rohr

Mitte | Mit Beginn der Umstellung auf schaffnerlosen Betrieb erhielt zunächst Tür 3 die beleuchteten Türtaster zur Selbstbedienung durch den Fahrgast. | Archiv SSB

Rechts | Tür 2 blieb zunächst noch unverändert: Die Klappschranken und die ‚richtungsweisenden' Aufschriften sind gut erkennbar. | Archiv SSB

Schaffnerloser Wagen mit Entwerter

Nur für Fahrgäste mit Sichtkarten, Umsteigefahrausweisen oder Mehrfahrtenkarten

Einmannwagen
Barzahler bitte beim Fahrer einsteigen

Funk im Wagen

Barfahrscheinlöser oder Streifenkarteninhaber aufzustellen, links durften nun Sichtkarteninhaber (also Zeitkartenbesitzer) mit grüßend erhobener Karte am wachen Auge des Schaffners – der nun gewissermaßen schielen musste – vorbeidefilieren. Alle ab dieser Zeit noch ab Esslingen gelieferten GT 4 erhielten diese Einrichtung gleich ab Werk. Ab Herbst 1964 ging es schon wieder einen Schritt weiter: Nun wurden auf den Linien 9, 13 und 23 auch die Beitriebwagen, also der jeweils zweite GT 4 im Zugverband, schaffnerlos gefahren; der Schaffnerplatz blieb verwaist. Nach und nach hatte man alle Türen der betreffenden Wagen auf die schon bekannte Selbstbedienung durch den Fahrgast umgebaut. Ab November 1965 drehte man dieses Prinzip herum: Nun fuhr bei allen GT-4-Doppelzügen der Schaffner im zweiten Wagen mit statt im ersten, weil sich der Zug so besser überwachen ließ. Kundenproteste hatten die SSB auf diese Umstellung gebracht. Aber beim GT 4 ging die Rationalisierung mit großen Schritten weiter:

Linke Seite links | Zunächst wurde der Schaffner im jeweils zweiten GT 4 pro Zug eingespart und dort auch Tür 1a für Selbstbedienung umgebaut. Für den Fotograf hat man hier den vorderen Wagen abgehängt. Das Hinweisschild war allerdings nur ein Muster. | Archiv SSB

Mitte links | Linie 5 und 6 erhielten als erstes die schaffnerlosen zweiachsigen Beiwagen. Das Vorsichtzeichen auf dem Heck sollte die Fahrer des folgenden Zuges warnen, dass der ungewohnt lange vordere Zug mit seinem ‚Schwanz' an zunächst ungewohnter Position der Haltestelle zum Stehen kam. Planie, März 1962. | Dieter Schlipf

Mitte rechts | An ‚dienstlichem' Lesestoff mangelte es den Fahrgästen vor dem Betreten der ‚Schaffnerlosen' nicht: Wagen 1571, Ende 1961 passend zum Einsatz mit GT 4 umgebaut, bereits mit Türselbstbedienung. Die letzte Tür dieser Wagen wurde 1965 nach Zwischenfällen dauerhaft verschlossen. | Horst Leitz

Rechts | Das grüne ‚Warndreieck' brachte eine interessante Note ins Zugbild. Rechts die Bremsleuchte, darunter – beidseitig – die Schlussleuchten bei Dunkelheit, ganz unten die Reflektoren. Ostheim, Dezember '62. | Dieter Schlipf

Anfang 1966:	erste Entwerter in schaffnerlosen Beiwagen (auf Linie 8/18), für Streifenkarte B (Karte A weiterhin durch Schaffner zu entwerten)
Anfang 1967:	Entwerter für Karte B im schaffnerlosen (jeweils ersten) GT 4 am (ehemaligen) Schaffnerplatz
Anfang 1967:	Ein-Mann-Betrieb ab 20 Uhr im GT 4 und DoT 4 (jeweils Solowagen); Fahrscheinverkauf und Entwertung Streifenkarten A durch Fahrer, für Karte B am Entwerter (zunächst auf Linien 4 und 13)
Frühjahr 1967:	Ein-Mann-Betrieb ab 20 Uhr auf allen Linien mit GT-4-Einsatz
Sommer 1967:	selbes Prinzip auch sonntag morgens (jeweils außer Linien 1 und 6 wegen starkem Andrang)
Herbst 1967:	Entwerter im schaffnerlosen

	Wagen auch für Streifenkarte A zugelassen
Ende 1968:	Ein-Mann-Betrieb – ohne Schaffner – auch werktags außerhalb der Hauptverkehrszeit auf Linie 5, am Wochenende ganztägig; Spätzeit- und Sonntagfrüh-Ein-Mann-Betrieb auf Linie 8 und 18
Mai 1970:	Jeder Straßenbahn-Fahrer verkauft Fahrscheine. Ende des Schaffnereinsatzes auch auf Linie 15. Schaffnereinsatz nur noch auf Linien 1 und 6, nur im 2. Wagen, nur bis 20 Uhr, und werktags. Fahrscheinvorverkauf durch Standschaffner und rund 80 Automaten (für Streifenkarten) an wichtigen Haltestellen und Verkaufsbuden an Haupthaltestellen

Spätestens mit diesem Zeitpunkt, de facto wesentlich früher hatte sich das so sorgsam entworfene Betriebs- und Abfertigungskonzept, das dem GT 4 ursprünglich zugrunde lag, in Luft aufgelöst. Die Revolution fraß ihre Kinder: Der GT 4, der Schaffnerhäupter sparen, aber weiterhin gezielt einsetzten sollte, brauchte, schon während seine letzten Wagen aus der Fabrik kamen, fast gar keinen Schaffner mehr. Der Fahrer wiederum, der vorne vor der Tür in seiner engen rundlichen Einfassung saß, wo er laut einstiger Absicht vom Publikum unbehelligt bleiben sollte, hatte nun mit demselben zu verkehren und gar mit Fahrscheinen und Geld zu hantieren. Und der Fahrgastfluss, den man dem Publikum mühsam hatte versucht anzugewöhnen, war somit Schritt für Schritt fast wieder überflüssig geworden oder folgte jetzt mal diesem, mal jenem Verlauf. – Die weiteren Maßnahmen:

Anfang 1971:	Schaffner nur noch auf Linie 6
Frühjahr 1972:	probeweise erster Automat für Streifen- und Einzelkarten (Haltestelle Rathaus)
1973:	Rund 100 weitere Automaten für Streifenkarten aufgestellt
Juni 1976	Mit Auflassung der 49-Meter-Züge auf Linie 6 verschwinden die letzten Straßenbahnschaffner (außer auf der Zahnradbahn)
Mitte 1977:	Beginn der Aufstellung von rund 500 orangefarbigen Automaten (bis Herbst 1978) für gesamtes Tarifsortiment (Einzel-, Streifen-, Tageskarten) außer Zeitkarten; diese Geräte ersetzen die bisherigen Automaten
1. März 1978:	Kein Fahrscheinverkauf mehr beim Straßenbahn-Fahrer in U-Haltestellen; dort nur noch aus Automaten. Fahrerverkauf nur noch „oberirdisch".
1. Oktober 1978:	Start des Verkehrs- und Tarifverbundes Stuttgart, keinerlei Fahrscheinverkauf mehr durch Straßenbahn-Personal

Aus der Aufstellung wird deutlich, dass die SSB aus der Not eine Tugend machten und die Personalkosten des Schaffners schließlich mitsamt diesem ganz aus ihrer Rechnung strichen. 1971 musste ‚Über Berg und Tal' allerdings auch bekennen, dass die Rationalisierung im Fahrdienst mit Ausnahme der Linie 6 „damit fast am Ende" sei. Bei den Ein-Mann-Triebwagen hatte man bereits ab 1966 mit dem Ausbau des Schaffnersitzes begonnen, die im Zugverband als zweites laufenden GT 4 folgten ab 1973, was zusätzliche Sitzplätze schuf. 1978 war das Thema Schaffnerplatz im GT 4 endgültig ‚abgehakt'. Der DoT 4 hatte schon seit 1973 keine Schaffner mehr gesehen, die zum Schluss sowieso mehr die Rolle von Kundenberatern auf der ‚Touristiklinie' 10 zum Killesberg spielten, wenn auch die technische Schaffnereinrichtung weiterhin vorhanden war. Die freigewordenen Schaffner wurden zu Fahrern umgeschult. Da man ausscheidende alte Fahrer somit nicht durch Neueinstellungen, son-

dern durch oft schon langgediente Mitarbeiter ersetzte, stieg der Altersdurchschnitt des Personalbestandes dadurch aber stetig an – ein neues Problem.

Der Fahrer mit dem Langen

Die langen 49-Meter-Züge aus zweimal GT 4 und einmal B 2 sorgten nicht nur anfangs für ungewohnte Umstände. Fahrer nachfolgender Züge, welche die Länge des sich vor ihnen schlängelnden Bandwurms nicht rechtzeitig wahrnahmen und wie üblich direkt nach diesem in eine Doppelhaltestelle einfahren wollten, konnten dies nicht vollständig und blockierten die davor liegenden Straßenfahrbahnen zum Missvergnügen der Autofahrer. Zur Abhilfe erhielten bereits die ersten drei schaffnerlosen Beiwagen Mitte 1961 auf der Rückwand ein großes weißes Dreieck mit grünem Rand. Dergestalt konnten die so markierten Wagen nur noch im GT-4-Zugverband eingesetzt werden, was sich aber technisch durch die Türschließautomatik und die spezielle Belegung der Elektrokontakte an den Kupplungen sowieso ergab. Ab 1967 verzichtete man auf diese Kennzeichnung wieder, und ab 1969 waren die schaffnerlosen Zweiachser durch vereinheitlichte Belegung der Kupplungskontakte wieder universell für GT 4 und DoT 4 bzw. T 2 verwendbar.

Das zweite, lange beklagte Problem war das zu frühe Beschleunigen der Fahrer nach engen Kur-

Links | Selbst wer den zweiachsigen Beiwagen irrtümlich erklommen hatte, fand keine Ausrede: Auch in dessen Inneren entging man nicht der Belehrung. | Archiv SSB

Rechts | Zeigt her eure Kärtchen: Ab Wagen 680 ging es ‚zweigleisig' am Schaffner vorbei, rechts für die Barzahler, links für die Abonnenten. | Archiv SSB

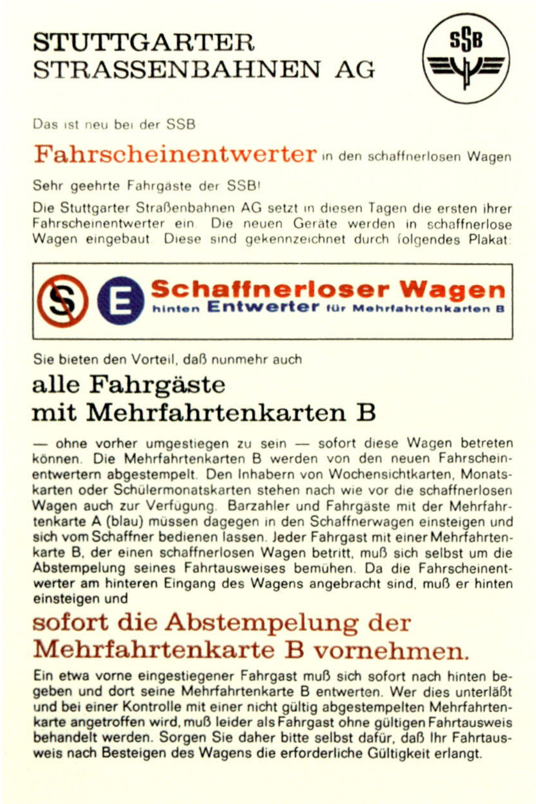

STUTTGARTER STRASSENBAHNEN AG

Das ist neu bei der SSB

Fahrscheinentwerter in den schaffnerlosen Wagen

Sehr geehrte Fahrgäste der SSB!

Die Stuttgarter Straßenbahnen AG setzt in diesen Tagen die ersten ihrer Fahrscheinentwerter ein. Die neuen Geräte werden in schaffnerlose Wagen eingebaut. Diese sind gekennzeichnet durch folgendes Plakat:

Sie bieten den Vorteil, daß nunmehr auch

alle Fahrgäste mit Mehrfahrtenkarten B

— ohne vorher umgestiegen zu sein — sofort diese Wagen betreten können. Die Mehrfahrtenkarten B werden von den neuen Fahrscheinentwertern abgestempelt. Den Inhabern von Wochensichtkarten, Monatskarten oder Schülermonatskarten stehen nach wie vor die schaffnerlosen Wagen auch zur Verfügung. Barzahler und Fahrgäste mit der Mehrfahrtenkarte A (blau) müssen dagegen in den Schaffnerwagen einsteigen und sich vom Schaffner bedienen lassen. Jeder Fahrgast mit einer Mehrfahrtenkarte B, der einen schaffnerlosen Wagen betritt, muß sich selbst um die Abstempelung seines Fahrtausweises bemühen. Da die Fahrscheinentwerter am hinteren Eingang des Wagens angebracht sind, muß er hinten einsteigen und

sofort die Abstempelung der Mehrfahrtenkarte B vornehmen.

Ein etwa vorne eingestiegener Fahrgast muß sich sofort nach hinten begeben und dort seine Mehrfahrtenkarte B entwerten. Wer dies unterläßt und bei einer Kontrolle mit einer nicht gültig abgestempelten Mehrfahrtenkarte angetroffen wird, muß leider als Fahrgast ohne gültigen Fahrtausweis behandelt werden. Sorgen Sie daher bitte selbst dafür, daß Ihr Fahrtausweis nach Besteigen des Wagens die erforderliche Gültigkeit erlangt.

Links | Damit der Schaffner auch keine Mehrfahrtenkarten mehr abstempeln musste, kamen die Entwertergeräte dazu. 10.000 Handzettel sollten für Aufklärung sorgen. | Archiv SSB

Rechte Seite | Die Faschingsbeilagen zu ‚Über Berg und Tal' 1961 und 1963 lassen erahnen, dass die ständigen Veränderungen auch am SSB-Personal nicht spurlos vorübergingen. | Archiv SSB

ven („I' han denkt, i' hätt' 'n Kurze!"), so dass sich, je länger der Zug war, spätestens die hintersten Insassen, nämlich im „Schaffnerlosen", gewaltig der Fliehkraft ausgesetzt sahen: Von der „lebensgefährlichen Fahrt" war des öfteren die Rede, Prellungen und zerstörte Brillen wurden wegen der „springenden Straßenbahn" beklagt. Beim Einsatz hinter den gemächlicher beschleunigenden T 2 hatte es solche Probleme nicht gegeben. Nicht nur wegen ihrer eleganten Form und ihrem wiegenden Lauf durch den großen Überhang, sondern auch wegen der genannten Umstände bekamen die 1.500er-Beiwagen den Übernamen „Schiffle" oder „Schlamper". Da man als Fahrer eines GT-4-Langzuges bei vier Motoren im Verband nicht unbedingt sofort merkt, ob gut 40 Meter weiter hinten der Beiwagen im Gleis mitläuft oder neben demselben, gab es manche delikaten Situationen für die betroffenen Fahrgäste, nicht zuletzt deshalb, weil ja im letzten Wagen kein Schaffner mehr amtete, der das Malheur mitbekommen hätte. Kurz, auch diese betrieblich-betrübliche Zugkombination sorgte nicht selten für ausgiebigen Gesprächsstoff und umgab das Betreten des letzten Wagens hinter dem GT 4 mit dem Nimbus des Berüchtigten.

Nachdem Ermahnungen wenig fruchteten, pinselte der Gleisbau ab 1966 nach Ende des jeweiligen Radius einen großen weißen Punkt zwischen die Schienen, welcher die Stelle angab, ab welcher bedenkenlos wieder ‚Saft' gegeben werden konnte. Heute gibt es das nicht mehr, aber Doppeltraktion bei der Stadtbahn – und auch die Fliehkraft in engen Kurven ist noch nicht abgeschafft … . Für den Fahrgast wichtig – und anfangs verwirrend – war das Kennzeichen der Wagen mit Entwerter, nämlich hinter der Seitenscheibe ein weißes ‚E' auf blauem Grund, sowie der Wagen mit Ein-Mann-Betrieb, wofür wiederum auf der Stirnseite ein blaues ‚E' in rotem Kreis stand. Ein durchgestrichenes ‚S' schließlich bezeichnete zeitweise generell den schaffnerlosen Wagen. Mit dem stetigen Übergang auf gänzlich schaffnerlosen Betrieb erledigten sich auch diese gut gemeinten Feinheiten wieder von selbst.

Bunte Vielfalt

Die technische Seite der beschriebenen Maßnahmen führte fast über alle Jahre zu ständigen Umbauten bei Türen, Bremsbedienung, Inneneinrichtung, Beschilderung, Beleuchtung und an den beteiligten Fahrzeugen und hielt Werkstatt wie Personal, Betrieb wie Verwaltung ständig auf Trab und am Schwitzen. Von den 1.500er/1.600er-Beiwagen (B 2) gab es zur Hoch-Zeit der Umstellungsphase nicht weniger als fünf auf den zweiten Blick verschiedene Ausführungen: Drei

Versionen mit jeweils unterschiedlichen elektrischen Kupplungskontakten und Bremsventilstellungen für die drei Zugkompositionen mit GT 4, DoT 4 oder T 2, dann die Unterscheidung zwischen Schlussläufer und „Mittelläufer“ – also erster Beiwagen im Drei-Wagen-Zug hinter dem T 2 – und schließlich die noch nicht schaffnerlose Ausführung. Als weitere „Attraktion“ erhielt ein Teil der B 2 nachträglich Hilfsfahrpulte für die Rückwärtsfahrt. Dies hatte den Zweck, dass vor allem beim Einrücken in den Betriebshof Vogelsang das Queren der verkehrsreichen Bebelstraße erleichtert werden sollte. Inkonsequenterweise wurden aber nur die GT 4 und die T 2 auf die Ansteuerung durch diese Hilfsfahrschalter umgebaut, die DoT 4 nicht, so dass diese Investition in die Beiwagen zu einem gewissen Teil sinnlos blieb. Durch all diese Vielfalt wurde die Aufteilung der Beiwagen auf die Betriebshöfe, die Zugbildung und letztlich die wirtschaftliche Ausnutzung der Wagenkapazität natürlich sehr erschwert. Das Hallenpersonal versah schließlich die vorderen Kupplungen der Anhänger mit einer ‚selbstgestrickten‘ Farbcodierung, um beim Rangieren den Überblick zu bewahren. Erst als der schaffnerlose Betrieb fast flächendeckend eingeführt war und sich die Einsätze der T 2 stark verringerten, konnte man die B-2-Beiwagen technisch und betrieblich nach und nach wieder in einheitliche Form bringen.

Und dann war da noch der schlecht zu beeinflussende ‚unsichere Faktor‘ – der Kunde. „Wir wollen die Fahrgäste heute noch nicht belehren, wie sie sich in den schaffnerlosen Wagen zu verhalten haben“, kündigte die Stuttgarter Zeitung schon Mitte 1960 an, aber verhieß schon einmal: „Die Fahrgäste selbst müssen eine Art Verkehrs-Anstands-Polizei bilden.“ Im August 1960 gab es schon die ersten Proteste, weil sprachunkundigen arglosen Gastarbeitern oder Touristen, die nichtsahnend ‚ganz hinten‘ eingestiegen waren, zehn Mark Schwarzfahrerentgelt abgeknöpft wurden, wobei es gar zu Tätlichkeiten kam. Ende 1962 hieß es in der Presse, „das Experiment ist geglückt, die Stuttgarter haben sich ans ‚Selbstbedienen‘ in der Straßenbahn schon einigermaßen gewöhnt.“ Im Frühjahr 1963 wurde bekannt, dass Frankfurt den selben Versuch abgebrochen habe, weil die Schwarzfahrerquote auf zehn Prozent hinaufschnellte; in Württembergs Metropole lag das Verhältnis zur selben Zeit bei drei Prozent, „zum höheren Ruhm Stuttgarts.“ Zwei Jahre später verkündeten die SSB, durch verschärfte Prüfungen sei die Beanstandungsquote von vormals fünf auf inzwischen anderthalb Prozent zurückgegangen.

Faschingsbeilage zu ‚Über Berg und Tal' 1961/ 1963 | Archiv SSB

Ein Chef sieht rot

1964 stellte die Zeitung hingegen „keine Liebe zu schaffnerlosen Wagen fest;" die Kunden versammelten sich lieber beim Graubemützten im vorderen Wagen. Auch wurde der Ton des Umgangs der Fahrscheinprüfer gerügt, besonders gegenüber Gastarbeitern, während die SSB betonten, es gebe genug Mitfahrer, die genau Bescheid wüssten, aber sich unwissend stellten oder Sprachunkundigkeit vortäuschten: „Es fällt manchmal schwer, da immer höflich und freundlich zu bleiben." Weil die Presse die Vorfälle regelmäßig und im ‚gelben' Sinne nicht günstig aufgriff, scheute sich SSB-Direktor Helmut Seeger nicht davor, Journalisten persönlich zu rüffeln. Anfang August 1964 wetterte er, die Stuttgarter Zeitung habe den SSB „für 100.000 Mark Prestige kaputtgemacht." Gerade in der Ferienzeit, wenn die Herren Redakteure nichts rechtes zu schreiben wüssten, stürzten sich die Gazetten, so der Gewaltige, „mit Wonne auf die Fehler der Straßenbahn." Im Tagblattturm reagierte man am 13. August „(‚Belehrung im Straßenbahnstil')" postwendend: „Nun kennt man also die Meinung der Straßenbahngesellschaft ganz genau: die anderen sind an allem schuld!"

Tags darauf kam Direkter Seeger nicht besser weg: „Meine Lieblingsfarbe ist rot", unterstellte das Deutsche Volksblatt am 14. August 1964 ironisch in einer Glosse. Das Blatt regte an, wenn der Herrscher aller Nesenbach-Bähnler schon so gerne rot sehe, so mögen die SSB doch wenigstens ihre schaffnerlosen Beiwagen damit anpinseln, damit die Kunden endlich deren Funktion begriffen. Und siehe da: SSB-Chef Seeger ging glattweg darauf ein. Schon am 21. August stellte er der schreibenden Zunft den ersten entsprechend markierten Wagen vor. „Der Straßenbahndirektor ist gar nicht so", freute sich die Presse: „Direktor Seeger griff unsere Anregung auf." Alle vorhandenen 92 zweiachsigen Beiwagen und die noch folgenden 54 umzubauenden würden außen an beiden Plattformen rot bemalt, dazu kam die unübersehbare Aufschrift ‚Schaffnerloser Wagen'. Helmut Seeger, der Geplagte, fand den richtigen Ton: „Es mag Ihnen so gehen wie jenem, der sich gegen eine geschlossene Tür wirft – und siehe da, sie gibt nach ..." Es gebe weder betriebliche noch künstlerische Einwände, stellte Seeger, der seine Pappenheimer reichlich kannte, nun ebenfalls ironisch fest: „vorausgesetzt, daß die zuständigen und nicht zuständigen Stuttgarter damit einverstanden sind."

Rückschlag am 21. September 1965: Ein kleines Kind wurde im Beiwagen eingeklemmt und mitgeschleift. Der Staatsanwalt beschlagnahmte den Zug, Leserbriefscharen forderten Änderungen wegen „der vielen Vorfälle in den letzten Jahren." Eine Woche später war wieder ein Kind betroffen. Sofort nahmen die SSB alle schaffnerlosen Beiwagen außer Betrieb und mussten Altbauzüge und sogar einen GT 6 als E-Wagen (‚Einsatzwagen', also Verstärkerwagen) einsetzen. Ab November 1965 waren die Beiwagen wieder auf Achse, nachdem die SSB die von den neueren GT-4-Lieferungen schon bekannten Druckwellenleisten an den Türen, die bei Widerstand nachgaben, sowie Lichtschranken eingebaut hatten. Die hinterste, von vorne schlecht einsehbare Tür bei den Beiwagen der 1.500er/1.600er-Reihe wurde ganz stillgelegt. Das Unternehmen betonte, bei den älteren GT 4, welche die Türschließautomatik noch nicht besaßen, sei bisher nichts passiert.

„Kundendienst tut Not", hieß dennoch die weitere und wiederholte Kritik, die andere Betriebe wie die Hamburger Straßenbahn als positive Vorbilder darstellte. Wieder reagierten die SSB auf Vorschläge der Kunden: Die Haltestellen erhielten erstmals umfangreiche Beschilderungen; die seitliche Wagenzielangabe wurde ausführlich gestaltet, und der Schaffnerplatz wurde in den zweiten Wagen verlegt, von wo aus der Mitarbeiter den ersten und dritten Wagen tatsächlich besser im Blick hatte. Jene Umstellung, ab Mitte November 1965, sorgte trotz eigens gedruckter Informationsaufkleber sofort wieder für neue Anstände: „Jetzt ist der letzte Rest von Klarheit beseitigt." ‚Hinten' nur Sichtkartenleute und Umsteiger, vorne beim Fahrer nur Sichtkarten-Einsteiger und Umsteiger: Prompt war Wagen 2 grundsätzlich überfüllt, ‚vorne' und ‚hinten' hatte es Platz – Kritik, Proteste! Also gaben die SSB außerhalb der Hauptverkehrszeit kurzfristig auch vorne den Einstieg mit Streifenkarte frei. Schließlich waren, die letzten Züge aus Zweiachsern mit eingerechnet, nicht weniger als acht verschiedene Zugkombinationen im Netz unterwegs, deren jede vom Fahrgast ein anderes Verhalten forderte. Das Ergebnis: Niemand wusste angeblich mehr Bescheid, obwohl es doch darum gegangen war, für jede Situation eine praktische Lösung zu finden. „Kaum zumutbar", urteilte die Zeitung: „Es ist schwer, über die Straßenbahn keine Satire zu schreiben."

Das fanden auch die Studentenschaffner, deren einer sich 1966 in der Zeitung Gedanken über die geistige (Un-) Beweglichkeit der Kunden machen durfte: „Und wenn eine rüstige Frau angerannt kommt und noch vorne herein will, obwohl sie eine Mehrfahrtenkarte hat, und das ‚Schiffle', der schaffnerlose Beiwagen, leer und traurig hinterherschaukelt, wenn ich sie dann frage, warum sie nicht hinten eingestiegen ist und sie antwortet: ‚Des verschtand i net, des neue Zeugs', dann denke ich auch: ‚Oma, du bisch saublöd'."

Für Rangierfahrten erhielt ein Teil der Zweiachs-Beiwagen schließlich sogar eine am GT 4 orientierte Rückwärtsfahrausrüstung mit Heckscheinwerfer und der bekannten kombinierten Rück- und Bremsleuchte. Echterdingen Hirschstraße mit dem heutigen Museumswagen 1547 (auf Sonderfahrt), 19. September 1987. | G. Jäkle

14
HEIZÖL
KOHLE
PROPANGAS
Zweigle
BRINGT
WÄRME
INS HAUS
HEIZÖL
KOHLE
PROPANGAS
468

Auffällig waren die Werbeflächen auf dem GT 4 genug: Warmes Abendlicht am Feuersee auf Wagen 468 und Kopfsteinpflaster, 5. August 1973. | Dieter Schlipf

„Farblich sauber abgestimmt"

Das Äußere des GT 4

Schwarz und gelb – die Farben des Stuttgarter Stadtwappens – sind traditionell die Farben der SSB-Fahrzeuge, ergänzt um das kontrastierende Weiß. Das galt natürlich auch für den GT 4. Dem Zeitgeschmack entsprechend besaßen die Wagen ursprünglich eine bei genauem Hinsehen recht filigrane Farbgestaltung. Die Trennung zwischen gelbem Wagenkastenunterteil und weißem Fensterband geschah durch eine Chromleiste, die oben und unten als optische Fortsetzung direkt angesetzt einen schmalen schwarzen Zierstreifen aufwies. Unterhalb der Chromleiste verlief nach einem schmalen gelben Feld nochmals ein sehr dünner schwarzer Zierstreifen. Insgesamt ergab sich so die schon seit jeher von

Links | Weil das Heck des GT 4 bei Einfahrt in Kurven am meisten ausschwenkt, gab es einige so genannte Begegnungsverbote, markiert durch eine gelbe Tafel mit grünem Kreuz (rechts oben). Ein Zusatzschild ‚GT' beschränkte das Verbot bei Bedarf auf den GT 4, wie hier bei der Einfahrt in die Schleife Leipziger Platz, 1973 | Bernd Katz

Rechts | Anfangs fiel die Werbebeklebung noch zaghaft aus: Einen in der Zeit der Italien-Vorliebe besonders populären Aperitif preist hier Wagen 557 am 5. März 1961 in der Augsburger Straße an. | Joachim von Rohr

den Vorkriegsfahrzeugen gewohnte Erscheinung eines dreifachen schwarzen Zierstreifens. Oberhalb der Fensterkante verlief als oberer Abschluss des Fensterbandes ebenfalls ein schmaler schwarzer Zierstreifen, an den sich direkt unterhalb wiederum ein schmaler gelber Streifen anschloss. Nach oben begann, durch eine Regenablaufkante abgesetzt, das silbergraue Dach. Diese insgesamt geschmackvolle und von den Proportionen der Streifen untereinander gediegen abgestimmte Lackierung betonte die langgestreckte Eleganz des Fahrzeugs unauffällig. Gegenüber dem T 2 von 1953 mit seinem dreifachen Trennstreifen, Chromleiste und einem schwarzen unteren Abschluss des gelben Wagenkastens bedeutete das aber immerhin schon eine Vereinfachung. Bei der Ablieferung trug Wagen Nr. 501 an den Türen keine Chromleisten, ab Nr. 502 und bei den eigentlichen Serienwagen lief die Leiste dann überall durch.

Etwa seit 1971 wurde bei Neulackierungen beim GT 4 die Chromleiste generell entfernt, um das zweimalige Abkleben zu ersparen, auch bei den anderen Fahrzeugtypen. Erster so aus der Lackierwerkstatt entlassener Wagen war 1970 GT 4 Nr. 707; bis 1981 hielt sich die Chromleiste am längsten bei Wagen 552. Ab 1976 verzichteten die SSB auch auf die Zierstreifen oben im Fensterband. Dessen weiße Farbe wurde bis zur Re-

genrinne hinaufgezogen, ebenso verschwand ab dann der zweite schwarze Zierstreifen, so dass seither nur noch ein einziger, breiter Trennstreifen zwischen weiß und gelb verläuft. Wagen 580 war der erste dergestalt vereinfachte Kandidat und erhielt deshalb anfangs den Beinamen ‚Eierkopf'. 1975 kam eine Variante der Dachlackierung hinzu: Das Dach wurde anthrazitgrau bis unterhalb der Regenrinne eingefärbt, von den Maßen her entsprechend etwa dem ursprünglichen Aussehen. Allerdings erhielten bis auf wenige Ausnahmen nur Beitriebwagen diese Version. Man konnte aber jahrelang verschiedenste Erscheinungsvarianten nebeneinander sehen.

Durch die großen Wandflächen war der GT 4 von Anfang an als Werbeträger interessant. Bereits bei der Vorstellung des ersten Wagens 1959 betonte der kaufmännische SSB-Direktor Wilhelm Speh, er wolle künftig auch bei den SSB-Fahrzeugen, aber „‚aber farblich sauber abgestimmt', Reklameschriften an Straßenbahnen und Omni-

4
Göppinger
730
LBS

15
Stammheim
Stuttgarter Historische Straßenbahnen e.V.
Mit der 15 und 23 kommen Sie
450

5
Stammheim
510

6
BARTH
FISHER HiFi
422
SSB

bussen anbringen lassen, also nicht nur einzelne Plakate wie bisher.“ Zuvor sei das, so sagte Speh damals, „am Widerstand der Stuttgarter gescheitert. Die SSB wollten jedoch heute einfach nicht mehr auf diese ‚nicht unbedeutende Einnahmequelle‘ verzichten“ (42). Die Mehreinnahmen hätten nicht zuletzt dazu dienen sollen, weitere neue Fahrzeuge zu beschaffen. Bis etwa 1928, als die gelb-weiße Lackierung eingeführt wurde, hatte es allerdings bereits Werbung an Stuttgarts Straßenbahnwagen gegeben. 1963 bestätigten die SSB, dass der GT 4 wegen seiner auffallenden Größe

Linke Seite links oben | 1978 ließen die SSB probeweise erstmals die so genannte Vollwerbung zu. Wagen 409 und 730 gingen mit der Aufschrift ‚Herr Mineraldirektor‘ als Werbung für sauren Sprudel auf die Reise, Wagen 511 entsprechend als ‚Frau Oberdurstrat‘. Obertürkheim Bahnhof, März 1987. | Dieter Knupfer

Linke Seite rechts oben | Wagen 450 trägt seit 2006 eine Werbung für das Straßenbahnmuseum Zuffenhausen – und bekam wie fast alle SSB-Fahrzeuge im selben Jahr das Logo der Fußball-Weltmeisterschaft | Jens Niendorf

Linke Seite links unten | Auf Initiative eines Modehauses durfte die Klasse 8 c des Zuffenhausener Ferdinand-Porsche-Gymnasiums am 16. Oktober 1985 Wagen 510 individuell bemalen. Damit gondelte er einige Zeit durch die Lande: Schleife Möhringen Bahnhof, um 1988. | Horst Leitz

Linke Seite rechts unten | Wagen 422 – ebenfalls in der Schleife Möhringen ums nördliche Lagerhaus – bekam eine der üblichen Großflächenbeklebungen. Foto vom 8. Mai 1986. | Horst Leitz

Oben links | Ich bin der Neue! Damit seine neuen inneren Werte auch nach außen sichtbar werden sollten, erhielt 1988 der Modernisierungs-Prototypwagen 410 diese ungewohnte Lackierung Marke ‚kleine Stadtbahn‘. Sie verschwand jedoch wieder, bevor er überhaupt auf Strecke ging. | Ulrich Brockschmidt

Oben rechts | Eine der jüngsten Werbungen auf dem GT 4 ist die für die Heslacher Seilbahn. Die ursprüngliche Idee, den Wagen auf der Seite gänzlich mit einer ‚Teakholzbretter‘-Folie als vermeintlichen Seilbahnwagen zu versehen, kam nicht zum Tragen. Schleife Sonnenberg, April 2006. | Archiv SSB bei den Werbetreibenden mehr Nachfrage finde als die zweiachsigen Fahrzeuge. Bis 1990 gab es außer den mit Folien zu beklebenden seitlichen langgezogenen Werbeflächen auch an den sich verjüngenden Fahrzeugenden anklemmbare kleine Werbetafeln, die jedoch abgeschafft wurden, weil sie sich während der Fahrt immer wieder einmal lösten. Auf Betreiben der Werbefirmen versahen die SSB 1978 erstmals einen GT 4 (Nr. 730) mit so genannter Vollwerbung, so dass vom gelb-weißen Grundgewand nichts mehr erkennbar war. Um die Fahrgäste nicht zu irritieren, wurde dann jedoch festgelegt, dass an Fahrzeugfront und -heck weiterhin die SSB-Lackierung erkennbar sein müsse.

Äußerlich fiel am GT 4 und anderen SSB-Fahrzeugen seit 1968 der rote Punkt auf der Stirnseite über dem Zielschildkasten auf. Er bezeichnete solche Wagen, die bereits über Sprechfunk verfügten. Bis 1970 hatten alle noch im Einsatzbestand befindlichen Triebwagen (soweit sie an der Spitze des Zugverbandes eingesetzt wurden) Funk erhalten, damit konnte der Punkt theoretisch wieder entfallen, hielt sich aber noch lange. Die ab 1959 gebräuchliche Aufschrift ‚Einstieg' bzw. ‚Ausstieg' auf den Türen hatte eine Höhe von 105 Millimeter. Als die SSB 1979 anstatt der gesetzlich formell vorgeschriebenen Eigentümeraufschrift ‚Stuttgarter Straßenbahnen AG' ihr neu eingeführtes SSB-Initialien-Logo (Höhe mit Rahmen 270 mm) auf den Fahrzeugen aufbringen wollte, war dafür eine Ausnahmegenehmigung des Regierungspräsidiums nötig. Schon zuvor hatte das Unternehmen aber seinen Schriftzug nicht aufgebracht – wie wird wohl derjenige heißen, dem zu Stuttgart eine gelb-weiße Straßenbahn gehört? Bei dieser Gelegenheit gingen auch die für Stuttgart typischen ‚eckigen' Ziffern (100 mm) der Wagennummern verlustig, die mit Schablone aufgetragen worden waren. Seither werden Standardklebeziffern vom Schrifttyp Helvetica verwendet (ebenfalls 100 mm hoch). Ab 1980 zogen außerdem Piktogramme statt schriftlicher Hinweisschilder in den Fahrzeugen ein. 1999 haben die SSB den Schrifttyp Rotis als ‚Unternehmensschrift' eingeführt und gleichzeitig das SSB-Emblem modernisiert. Auf dem GT 4 werden jedoch nur bei Reparaturen diese neuen Elemente angewendet.

Das Jahresende 1982 brachte im übrigen den Abschied von der altgewohnten Farbgebung in kadmiumgelb (RAL 1021), weil man auf diesen damals schadstoffhaltigen Lack verzichten wollte. Zunächst erschienen die GT 4 bei Neulackierungen in einem dunklen Gelb, das sich jedoch als zu wenig verkehrswerbend erwies. 1985 entschieden sich die SSB für das bis heute auch bei der Stadtbahn gebräuchliche ginstergelb (RAL 1032), auch wenn dieses weniger ‚leuchtet'. Für die schwarzen Linien wird tiefschwarz (RAL 9005) verwendet, für das Fensterband reinweiß (RAL 9010). Das Dach besaß anfangs die Farbgebung silbergrau (RAL 7001), seit 1979 wurde verkehrsgrau (RAL 7043) verwendet. Heute sind die Dächer schwarzgrau (Farbton anthrazit, RAL 7016) (43). Wagen 410 erfuhr 1988 probehalber einen Anstrich in Farbtönen und Design der Stadtbahnwagen in ginstergelb mit mattschwarzem Fensterband. Möglicherweise sah dies zu fortschrittlich aus, jedenfalls wechselte er alsbald wieder sein ‚Hemd'. Die heute bei den SSB reservierten drei Museumswagen vom Typ GT 4 repräsentieren drei verschiedene Bauserien mit ihren Eigenheiten. Sicherlich wird sich nach dem Ende des regulären Meterspurbetriebes auch ein Vertreter der noch fehlenden wesentlichen vierten Bauserie (Nr. 401–500/543–572, Typ Ostheim) dazugesellen. Es wäre eine reizvolle Aufgabe, eines dieser Fahrzeuge in den Ablieferungszustand zurückzuversetzen, mit Chromleisten, Schaffnerplatz und vollständiger damaliger Beschilderung und Beschriftung. Unabhängig davon hätten alle vier Exemplare ihre geschichtliche Bedeutung für Stuttgarts Verkehrswesen.

Links | Werbung nicht auf, sondern mit dem GT 4: Gerhard Lang aus Stuttgart ließ zum SSB-Sonntagsmalerwettbewerb 1979 sogar Michelangelos Engel in der Stadt am Nesenbach zum Dienst antreten. Sein Motto: „Nicht einmal fliegen ist schöner". | Archiv SSB

Rechts | ‚Das Personal – Straßenbahner mit Leib und Seele' überschrieb Ulrich Heilgeist aus Marbach am Neckar 1981 seinen Beitrag mit den in Reih' und Glied aufgestellten gelben Wagen. | Archiv SSB

Die Verkehrsfreunde Stuttgart auf Sonderfahrt: 1965 nach Degerloch West. Weil der Sonderzug auf dem „falschen" Gleis fahren muss, widerfährt das am Haltepunkt Sonnenberg auch dem GT 4. | Kurt Eppler/ Archiv SSB

Achtung Filderexpress

Der GT 4 als Eisenbahn

Der GT 4, das wird niemand bestreiten, ist ein waschechter Straßenbahnwagen. Dennoch war er schon auf Eisenbahngleisen unterwegs, Jahrzehnte bevor solche Systeme bundesweit Schule machen sollten. Im Stuttgarter Fall hatte dies historisch erklärbare Gründe: Die Zahnradbahn und die damit zusammenhängenden Strecken der Filderbahngesellschaft waren nach dem Eisenbahnrecht konzessioniert, weil es bei ihrer Betriebsaufnahme 1884 noch keine Straßenbahnen und damit auch keine entsprechende andere Rechtsgrundlage im ‚Ländle' gab. Auch nach der Übernahme der Filderbahn durch die SSB ab 1920 blieb dies bis 1981 so, als die SSB den

Unten | Kleine Fluchten: Wagen 469 macht sich hinter SSB-E-Lok Nr. 1 auf den Weg nach Rastatt zwecks Hauptuntersuchung und Umbau auf schaffnerlosen Betrieb. Der ‚Kollege' auf Linie 31 muss weiterhin im beschränkten Stuttgarter Kreis seine Runden ziehen. Möhringen Bahnhof, 5. März 1969. | Dieter Schlipf

Oben | Der GT 4 neben der Dampflok: Immer diese Sonderfahrten! Die Gesellschaft zur Erhaltung von Schienenfahrzeugen (GES) lässt es 1972 in Möhringen dampfen. | Kurt Eppler/ Archiv SSB

Rechts unten | Güter auf die Bahn: Die normalspurige Diesellok der SSB wird sich mit den leeren Heizölkesselwagen erst auf den Weg nach Vaihingen machen, nachdem sie der Linie 3 die Vorfahrt gelassen hat. Um 1980. | Archiv SSB

restlichen Eisenbahn-Güterverkehr von Vaihingen nach Möhringen einstellten. Bis dahin hatte es schon lange einen technischen Mischbetrieb auf den Fildern gegeben: Der Personenverkehr lief nach dem Straßenbahnprinzip, dennoch konnten die Straßenbahnfahrzeuge auf den zum Teil dreischienigen Eisenbahngleisen der Filderbahn verkehren, die früher im normalspurigen Güterverkehr bis Degerloch West und Hohenheim reichten.

Bis 1981 amtete auf Bahnhof Möhringen demzufolge auch ein ‚Rotkäppchen‘, also ein Fahrdienstleiter der Eisenbahn. Bei der Einfahrt in den Ortsbereich Vaihingen verließen die GT 4 wieder das zum Güterbahnhof Vaihingen führende Eisenbahngleis und gingen in den rechtlichen Bereich der Straßenbahn über. Trotz des zweigleisigen Ausbaus der Strecke Degerloch – Möhringen – Vaihingen für Straßenbahnzüge blieb es bei einem einseitigen Dreischienengleis für die Güterzüge. In einer Richtung – von Vaihingen nach Degerloch – hatten diese also das ‚falsche‘, in Fahrtrichtung linke Gleis zu befahren. Mussten in dieser Zeit Straßenbahnfahrten in der Gegenrichtung stattfinden, hatten diese wiederum ebenfalls regelwidrig das andere Gleis zu benützen. Die Türen des GT 4 befanden sich in diesem Fall sozusagen auf der falschen Seite, aber da es keine erhöhten Bahnsteige gab, machte das keine großen Probleme. Besaßen die bis 1964 verwendeten alten Filderbahnwagen noch „eisenbahnmäßige“ Ausstattungsteile wie blecherne Zuglaufschilder und ebensolche Zugschlusssignale, so durfte der GT 4 auf solche Attribute verzichten. Die beleuchtete Liniennummer auf dem Dach bildet zusammen mit den beiden Stirnscheinwerfern das im Eisenbahnbetrieb übliche Drei-Licht-Spitzensignal. Die hierfür an sich vorgeschriebene Form eines ‚A‘ muss bei nicht dafür geeigneter Fahrzeugbauart nicht eingehalten werden.

Dass auf den Filderstrecken die Eisenbahn-Bau- und Betriebsordnung galt, hatte auch Folgen für die in diesem Bereich eingesetzten Fahrer. Alle Mitarbeiter im regulären Linienverkehr, welcher über Degerloch nach Süden hinausreichte, mussten zusätzlich zur Straßenbahnerprüfung auch die Absolution für die Eisenbahn-Signalordnung erwerben. Fahrer ohne diese Zusatzkenntnisse, welche auf Betriebsfahrten das Filderbahnnetz erreichten, mussten ab Degerloch einen entsprechend ausgebildeten Fahrer als Lotse mitnehmen, wie in vergleichbaren Fällen bei der Eisenbahn üblich. Mit der Umstellung auf Stadtbahnbetrieb ab 1983, der rechtlich bis heute eindeutig unter die Betriebsart ‚Straßenbahn‘ fällt, war das Zwitterdasein der Filderbahn und des GT 4 vorbei.

„Rotkäppchen“ und der (böse?) GT 4. Fahrdienstleiter Erwin Glock wacht in Möhringen Bahnhof über das Geschehen (um 1983). Seit 1981 war mit dem Erlöschen des Eisenbahnrechtes auf der Filderbahn dieser Posten zwar formell schon abgeschafft – aber die ‚rote Kapp‘ machte sich eben gut. | Archiv SSB

15
15
15
15
15

Volles Haus: Nur etwa zwischen 1.30 und 3.30 Uhr morgens bietet das Innere der oberen Halle Cannstatt diesen Anblick (11. Juli 2006).

Unter Dach und Fach

Der GT 4 im Betriebshof

Auch wenn die Straßenbahn (fast) nie schläft, muss sie irgendwo unterkommen. Nachdem der GT 4 als erstes auf der Linie 6 Gerlingen–Möhringen und der Linie 5 Möhringen–Stammheim unterwegs war, stand mit dem Depot Degerloch ein ausreichend geräumiger Betriebshof zur Verfügung – es lag neben der heutigen Stadtbahnhaltestelle Degerloch Albstraße. Schon der lange GT 6 hatte dort Unterschlupf gefunden. Auch die Depots in Feuerbach (neben der heutigen Stadtbahnhaltestelle Feuerbach Krankenhaus) und Zuffenhausen lagen an diesen Linien und eigneten sich für den GT 4. Für den Einsatz ‚im Westen' konnte der GT 4 ab 1963 nach kleinen Vorar-

Oben | Zwischen Landhausstraße, Ostendstraße, Talstraße und Schönbühlstraße erstreckten sich etwa seit 1910 auf zwei Etagen Betriebshof und Hauptwerkstatt der SSB. Für den 40 Jahre jüngeren, viel längeren GT 4 war dies nur zum Teil brauchbar. Untere Halle Ostheim, 1962. | Archiv SSB

Unten | Damit sich die ungleich belasteten Radsätze des GT 4 unter dem Strich gleichmäßig abnutzen, werden die kompletten Drehgestelle nach etwa der ‚halben' Einsatzzeit um 180 Grad gedreht eingebaut. Eine entsprechende Wendevorrichtung – wie hier in Ostheim – wurde später auch im Betriebshof Vogelsang eingebaut. | Archiv SSB

beiten im Betriebshof Vogelsang untergebracht werden, im Südnetz war bis auf ein Gleis auch der alte Betriebshof Südheim an der Hohentwielstraße verwendbar. Nachdem die Wendeschleife Heidenklinge für den GT 4 befahrbar gemacht worden war, kam auch der dortige ‚Freiluftabstellplatz' dazu. In die mehr als beengten Betriebshöfe Westend (Ecke Augusten-/Schwabstraße, heute unvorstellbar) und Marienplatz, letzterer aus der Pferdebahnzeit, wäre man mit dem breiten Vierachser erst gar nicht hineingekommen. Der Einzug des GT 4 löste also zwangsweise auch große Aktivitäten für den Bau neuer Betriebshöfe aus, doch war dafür eigentlich kein Geld vorhanden.

Trotz solcher Kalamitäten bauten die SSB deshalb schon zuvor die Heidenklinge von drei Freigleisen 1955 auf sechs Gleise 1957 aus. 1962 kam die Firma in ernsthafte Schwierigkeiten, weil man nicht wusste, wohin mit den monatlich hinzustoßenden nagelneuen GT 4. Ein provorisches Holzdach über die mittlerweile neun Gleise in der Heidenklinge machte den Anfang für den neuen Betriebshof Südheim; stattdessen war am Marienplatz damit 1963 für immer Schluss. Auch das Depot Westend sollte 1963 ersetzt werden, wurde aber als reine Abstellfläche notgedrungen bis 1967 für einige Altbauzüge weiterhin genutzt; der Platzmangel blieb treuer Begleiter der SSB.

In Südheim/Heidenklinge buddelte man unter Betrieb unverdrossen weiter, 1969 war die heutige moderne Betonhalle für nunmehr 15 Gleise erstmals benutzbar und somit der erste speziell für den GT 4 angelegte Betriebshof im Werden (seit 1967 hieß es offiziell überall auch ‚Betriebshof', nicht mehr ‚Bahnhof' für die Depots der SSB). 1970 wurde die Anlage in der Heidenklinge offiziell eröffnet, 1971 hörten die Mitarbeiter die Mahnung, das Depot sei auch dienstlich endlich als ‚Heslach' zu bezeichnen, nicht mehr als ‚Südheim'. 1965 hatte man außerdem in der Wagenhalle Cannstatt eine Durchfahrt in Form einer Schleife angelegt, die Anlage somit ‚GT-4-tauglich' gemacht und die Halle für den GT 4 verlängert. 1966/67 folgten auch Anbauten in Degerloch und Vogelsang und selbst in Feuerbach wurde die eingezwängte Hallenfläche mehrmals erweitert. Auch in der geräumigen Halle Zuffenhausen entlang der Strohgäustraße gab es für die Wagen der Linie 5 keine Probleme. Im Betriebshof Ostheim schufen die SSB 1958/59 eine neue, riesige zweigeschossige Halle, 90 m lang, 30 m breit, mit rund 2,5 Kilometern überdachter Gleislänge, zwar noch nicht für den GT 4 geplant, aber für ihn benutzbar. Auch die Filderbahnhalle am Bahnhof Möhringen bevölkerte ab 1964 der GT 4.

Sorgenfalten bereitete aber den SSB-Werkstattleuten das Jahr 1964, je näher es kam, denn dann

Oben | Die enorm lange Halle Degerloch bot die angemessene Unterkunft vor allem für die Linien 5 und 6. Am 28. September 1960 zeigt sich links auch noch ein GT 6. | Joachim von Rohr

Unten | Mit dem Einzug des modernen GT 4 in die altehrwürdige Filderbahnhalle am Bahnhof Möhringen anno 1964 war der Besuch dort für viele Straßenbahnliebhaber nicht mehr interessant. Am 12. Juli 1969 haben die Wagen offensichtlich nicht viel zu tun. | Joachim von Rohr

Links oben | In der unteren Halle Cannstatt träumen die bereits abgestellten GT 4 zwischen Spinnweben und alten Feuerwehrautos von früheren Zeiten (1999). Wagen 482 kam im Jahr 2000 im rumänischen Iaşi wieder in Fahrt.

Mitte | Es wird übersichtlich! Francesco Tiani, Leiter der Betriebshofwerkstatt Cannstatt, mit der Merktafel für die letzte Linie des GT 4. Kursnummer, Ausrückzeit und Wagennummern werden mit Kreide notiert – wie seit 1926!

Rechte Seite | Betriebshof Cannstatt, Ausfahrt Daimlerstraße, allmorgendlich 3.47 Uhr: Der erste GT-4-Zug beginnt seinen Arbeitstag! Präzise im Viertelstundenabstand wird dann der nächste folgen, wie hier am 11. Juli 2006.

wären die ersten 1959 ausgelieferten GT 4 zur Hauptuntersuchung angestanden. In der Hauptwerkstatt Ostheim, vor dem Ersten Weltkrieg ein moderner Bau, passte der GT 4 nicht einmal auf die Schiebebühne, und nur mit größter Mühe ließen sich dort überhaupt einige Vierachser und womöglich ein GT 6 warten. Bekanntlich waren 1958 erste Planungen und Grundstücksverhandlungen für eine neue große Werkstatt auf den Fildern im Bereich Wallgraben angelaufen, wo Direktor Bockemühl seine erhoffte Flotte an breiten Filderschnellbahn-GT 6 unterbringen wollte. Bis 1962 hatte sich dies auf die Frage reduziert, ob die dortige Halle für 100 Stück GT 4 ausgelegt werden sollte: 50 Stück für die Linien 1 und 15; 30 Stück für die Filderbahnlinien und eine Fläche für 20 Wagen als Reserve. Das Finanzproblem verhinderte dann rasche Entschlüsse. In ihrer Not erkundigten sich die SSB bei der Maschinenfabrik Esslingen, ob diese die Generaluntersuchungen ausführen könnte. Dort hatte aber mittlerweile die Autobranche das Sagen, so dass man mit der Auskunft froh sein musste, Esslingen werde die restlichen neuen GT 4 und die DoT 4 wenigstens fertigbauen. Als Retter in der Not erschien die neue Betriebsordnung für Straßenbahnen, die ab 1965 eine Untersuchungsfrist von acht Jahren zuließ, somit bis 1967. Da war zwar die neue Werkstatt Wallgraben, sprich SSB-Zentrum Möhringen, noch nicht recht im Bau, aber mit zugedrücktem Auge war die Aufsichtsbehörde bereit, noch etwas zuzuwarten. Aber erst 1971 war ‚Möhringen' wirklich einsatzfähig. Derweil hatte man in Ostheim provisorisch sechs Stände für den GT 4 hergerichtet, in anderen Betriebshöfen ähnlich. Im Vogelsang konnten Drehgestelle auf einer Hebeanlage gewendet werden zwecks gleichmäßiger Abnutzung, in Möhringen erhielt ein Hallengleis eine Unterflur-Drehbank zum Überdrehen abgefahrener Radprofile. Zuvor, 1968, schickte man die Wagen zwecks Hauptuntersuchung zur Waggonfabrik Rastatt, schließlich besaß jene durch den Bau der restlichen Wagen für Freiburg Erfahrung mit dem GT 4. Bei dieser Gelegenheit rüsteten die Badener die ersten Fahrzeuge auch gleich für schaffnerlosen Betrieb um, später konnten die SSB dies selbst übernehmen. In der neuen Hauptwerkstatt Möhringen wurden die Bauten ausdrücklich für eine mögliche künftige Fahrzeugbreite von 2,65 Metern ausgelegt. Das Längenraster, ausgehend von der Schiebebühne, folgte der Einheitslänge des GT 4 mit 19 Metern.

Die erste Waschanlage hielt 1975 im Betriebshof Vogelsang Einzug, eine zweite folgte 1977 in der Halle Degerloch. Zuvor hatte jedes Depot seinen eigenen manuellen Waschtrupp vorhalten müssen. Ab nun gab es zu den beiden Waschanlagen spezielle Überführungsfahrten außerhalb der Hauptverkehrszeit, die so genannten Waschzüge,

Links | Der GT 4 als Raucher: Am 10. Januar 1986 verursachte im Betriebshof Feuerbach ein technischer Defekt einen ‚Kurzen' mit anschließendem Brand. Bis man es recht bemerkte, hatte das Rauchgas des brennenden Wagens schon das Hallendach entzündet; die sechs Wagen 650, 652, 653, 710, 712 und 713 gingen vorzeitig in den Straßenbahnhimmel ein. | Archiv SSB

Rechts | In die Halle Gerlingen an der Goethestraße passte ein Zug aus zwei GT 4 gerade so hinein. Im Mai 1986 mussten die bereits eingezogenen Museumswagen vorübergehend nochmals zu Gunsten des GT 4 zusammenrücken. | Guntram Schäfer

welche nach festem Fahrplan abliefen. Cannstatt und Ostheim hatten ihre Wagen zum Vogelsang zu bringen; die Fahrzeuge aus Feuerbach, Heslach und Zuffenhausen trafen sich in Degerloch. Für einen wirtschaftlichen Umlauf wurde für diese internen Fahrten die Dreifachtraktion angewendet. Mit Auflösung der Halle Vogelsang und dem nahen Ende der Halle Degerloch schuf man 1989 in der oberen Halle Cannstatt eine neue Waschanlage, die heute noch ihren Dienst versieht.

Mit dem Rückzug des GT 4 von seinen Linien kam meist auch das Ende für die jeweiligen Betriebshöfe, denn außer dem GT 4 war zur Stadtbahnzeit ja kein sonstiges Meterspurfahrzeug mehr im Bestand. Lediglich die ebenfalls von vorneherein für breitere Wagen geplante Halle Heslach erfuhr einen Umbau für die Zwecke der Stadtbahn. In Feuerbach erledigte sich das Thema besonders schnell, dort brannte 1986 ein großer Teil der Halle mitsamt ‚Insassen', sprich GT 4, ab. Vorübergehend residierten einige GT 4 dann nochmals in der niedlichen Halle Gerlingen, die wie der älteste Bauteil von Feuerbach noch aus Zeiten der ‚Städtischen Straßenbahn Feuerbach' stammte. Der letzte macht das Licht aus: Als Methusalem erwies sich die Halle Cannstatt von 1926, das von allen Betriebshöfen, die der GT 4 gesehen hat, architektonisch wohl herausragendste Gebäude. Dieses wertvolle Ensemble hat Glück: Als Museumsstück kann es wohl auch nach dem Ende der aktiven Zeit des GT 4 überleben.

Links oben | Halle Zuffenhausen am Morgen des 12. September 1960: Wagen 540 bereitet sich auf seinen Dienst vor. Links das Gehäuse für den Arbeitswagen zum winterlichen Salzen (!) der Schienen. | Joachim von Rohr

Rechts oben | Da muss ein ‚Nest' sein: Halle Zuffenhausen, 18. Juni 1994. | Guntram Schäfer

Links unten | Nur für die betriebsinternen ‚Waschzüge' fuhren dreiteilige GT-4-Kombinationen, wie hier bei der Einfahrt zum Betriebshof Vogelsang | Guntram Schäfer

Rechts unten | Lauter ‚Einäugige': In der Halle Vogelsang am 17. September 1989. | Gerhard Jäkle

Linke Seite | ‚Ewige Baustelle' Südheim: Nur nach und nach entstand dort aus einem Freiluft-Bretterverschlag der heutige ‚richtige' Betriebshof Heslach. Foto um 1965. | Christoph Köhler

Rechte Seite | Weil sich in Heslach der jüngste der Straßenbahn-Betriebshöfe der SSB befand, wurde er als einziger für den Stadtbahnbetrieb umgebaut. Auf dem Bild ist er noch fest in der Hand des GT 4 (um 1980). | Archiv SSB

Betriebshöfe mit GT-4-Beheimatung (bis 1967: ‚Bahnhöfe'):

Betriebshof 4, Ostheim: Beheimatung bis 1986 (Abstellung überzähliger, nicht mehr eingesetzter GT 4 in der unteren Halle, Einfahrt Landhausstraße, bis 1995). Umnutzung als Kulturzentrum.

Betriebshof 5, Cannstatt: Beheimatung bis heute (seit 1994 Abstellung überzähliger Wagen in der unteren Halle, Einfahrt Daimlerstraße).

Betriebshof 6, Vogelsang: Beheimatung bis 1989. Umnutzung als Markthalle.

Betriebshof 8, Zuffenhausen: Beheimatung bis 1994, seit 1995 Straßenbahnmuseum des Vereins Stuttgarter Historische Straßenbahnen (SHB). Jedoch bis 2005 fallweise Übernachtung einiger Züge wegen Sperrung der Zufahrt zum Betriebshof Cannstatt anlässlich von Umbauarbeiten im Streckenabschnitt Pragsattel–Bad Cannstatt.

Betriebshof 9, Südheim bzw. Heslach: Beheimatung bis 1982, anschließend Umbau auf Normalspur.

Betriebshof 11 (ab 1974 Nr. 1), Degerloch: Beheimatung bis 1990. Erster Betriebshof für den regulären GT-4-Einsatz ab 1959. Abbruch und Umgestaltung zu SSB-Wohn- und Parkhausbau.

Betriebshof 12, Möhringen: Beheimatung bis 1971. Umstellung der Filderbahnstrecken ab 1964 von den alten eisenbahnartigen Filderbahnwagen auf Straßenbahnfahrzeuge, somit Platz für den GT 4 in der Halle Möhringen. Bis 1998 als Lagerraum genutzt, heute Wohnungsbau.

Betriebshof 13 (ab 1974 Nr. 3), Feuerbach: Beheimatung bis 1986. Abbruch wegen Bau des Stadtbahntunnels Feuerbach. – Außenstelle Halle Gerlingen: bis 1977 z. T. auch für GT 4 genutzt, 1986 nochmals ebenso. 1998 abgebrochen.

Hauptwerkstatt Möhringen (SSB-Zentrum): 1971 in Betrieb genommen; Gleislängenraster speziell für GT 4 ausgelegt. Ab 1983 schrittweise auf Normalspur umgebaut, überwiegend bis heute auch für Meterspur nutzbar.

Ledermoden

E
507
507
STUTTGARTER
ZEITUNG

Was nicht im Fahrplan stand

Betriebsstörungen und Sonderfälle

Vor großer Fahrt: Selbstverständlich problemlos per Eisenbahn reisten die GT 4 zur Waggonfabrik Rastatt, die dort eine Hauptuntersuchung und den Umbau auf schaffnerlosen Betrieb erfuhren. Im Bahnhof Möhringen wurde dazu extra die Kopfladerampe mit einem einbetonierten Auffahrgleis versehen. Heute rollt hier die Stadtbahn; wo Güterwagen beladen wurden, stehen Wohnhäuser, und das Filderbahndepot und die Teigwarenfabrik im Hintergrund wichen einem Einkaufszentrum. | Dieter Schlipf

,Elegant', ,geschmackvoll', ,Wunder der Ingenieurkunst': Solche Lobpreisungen schienen dem jungen GT 4 zu Zeiten zu Kopfe zu steigen. Aber dass die Wagen am Anfang gerne einmal ,den Fuß lupften' und ihnen das biedere Stuttgarter Schienennetz zu eng wurde, hatte rein technische Gründe: Die gut gemeinte spezielle Konstruktion des Fahrzeugs – sie wird im Kapitel über die Technik noch beschrieben – musste sich im Zusammenwirken mit dem Gleisbau erst einspielen. Die eigentlichen Probleme fingen erst später an.

Der erste ernsthaftere Unfall hatte aber mit der Fahrzeugkonstruktion sowieso nichts zu tun: Am

Oben | Am 22. März 1975 am Cannstatter Wilhelmsplatz: Diese GT 4 machen einen etwas zerknirschten Eindruck. Aber wenn gleich zweimal die Linie 13 kommt ... | Archiv SSB

Unten | Unvorhergesehen: Der Schienenreinigungs-Lkw der SSB musste auf der Neuen Weinsteige plötzlich halten – und von oben kam der GT 4 „ums Eck"; August 1975. | Archiv SSB

Rechte Seite links | Bahnübergang Rohrer Weg, 13. Juni 1966: Ein junger Autofahrer versuchte, schneller als die unübersehbar sich nähernde Straßenbahn zu sein. | Archiv SSB

Im Spitalwald zwischen Sillenbuch und Ruhbank geht es am 14. Oktober 1968 vorläufig nicht mehr weiter. Wenigstens werden die mitgefahrenen Schüler eine gute Ausrede haben. | Kurt Eppler/Archiv SSB

18. November 1959 fuhr Linie 13 in Gestalt von GT 4 Nr. 522 am Wilhelmsplatz Cannstatt auf das Heck des vor ihm laufenden Zuges der Linie 1. Vermutlich hatte der Wagenführer schlicht zu spät gebremst. Für Sommer 1961 sind mehrere Entgleisungen (nicht die ersten) an Weichen überliefert, die aber durch Fehlbedienung durch das Personal und durch Fremdkörper entstanden. Am 11. August 1961 stürzte GT 4 Nr. 553 der Linie 13 im so genannten ‚Arlbergtunnel', der scharfen Kurve vor der Unterführung Arlbergstraße in Untertürkheim, um; es gab 42 Verletzte; der schwer beschädigte Wagen ging zur Reparatur wieder nach Esslingen. In diesem Fall hatte es technische Probleme mit der Bremse gegeben. Stadtrat Schwab brachte sich sofort mit dem Anliegen in die Presse, die laufende Bestellung der 100 nächsten Wagen in Esslingen solle storniert werden, bis die Konstruktion verbessert sei. OB Klett holte den (vor-) eiligen Bürgervertreter sachlich auf den Boden: Die Ursachen lägen, wie die Umstände darlegten, offensichtlich nicht an der Fahrzeugbauart. Die Aufsichtsbehörde wies darauf hin, der GT 4 besitze drei voneinander unabhängige Bremssysteme, die SSB hätten damit mehr getan, als gesetzlich vorgeschrieben sei. Am 10. Mai 1962 rammten sich zwei GT 4 am Abzweig Wilhelmsbau gegenseitig wegen falscher Weichenstellung, es gab 48 Verletzte.

Im Winter 1962/63 kamen mehrere kleine Entgleisungen an Weichen vor, deren mehrheitliche Ursache – abgesehen von Splitt und anderen Hindernissen zwischen den Weichenzungen – man Anfang 1963 entdeckt haben wollte, weil merkwürdigerweise beim GT 4 ‚gerne' das zweite Drehgestell oder gar erst der zweite Wagen entgleiste. Das elektrisch gesteuerte Umstellen angetriebener Weichen funktionierte bis dahin traditionell, wie bei anderen Straßenbahnen auch, durch einen Spannungsschalter (Schütz) über einen Oberleitungskontakt, der beim Erreichen einer bestimmten Stromstärke ansprach und knapp vor der Weiche eingebaut war. Im Fall der SSB betrug die Einstellung etwa 34 Ampère. Wenn der Fahrer beim Befahren des Schaltkontaktes kurz die Motoren stark aufschaltete, erreichte der über die Oberleitung bezogene Fahrstrom die nötige Stärke, und die Weiche lief um. Bei den vormals üblichen Wagen mit ihren relativ schwächlichen Antrieben von 40 oder 50 Kilowatt und lediglich ein paar trüben Glühbirnen als Nebenverbraucher mussten die Fahrer oft gleichzeitig kurz die Bremse betätigen, damit die Motoren etwas ‚leisteten' und die 34 Ampère zusammenkamen. Bei solchen Verhältnissen klappte das System reibungslos und sicher.

Weichenhopser und Schicki-Express

Aber beim GT 4 ...? Hier waren pro Wagen zwei starke Motoren mit je 90, bald dann sogar 100 Kilowatt tätig, dazu kamen durchgehende helle Beleuchtung, allerhand Hilfslämpchen und elektrische Hilfsbetriebe, Luftgebläse und im Winter die Frischstromheizung. Dazu schaltete sich bedarfsweise – automatisch vom Luftdruck im Bremssystem abhängig, ohne Einflussmöglichkeit des Fahrers – der Kompressor für die Luftbremse ein. Insgesamt sollten dabei nicht mehr als 28 Ampère aus der Leitung ‚gezogen' werden, theoretisch ... Aber wenn der erste Wagen mit

Links | Plötzlich kam die Wand auf ihn zu! Wagen 602 wies 1972 in Heslach vorübergehend eine verkürzte Länge auf. | Sammlung Guntram Schäfer

Rechts | Am Abzweig Vaihinger Straße am 23. Januar 1973: Wagen 434 konnte sich nicht recht entscheiden, ob es nach Leinfelden oder doch auf die vorgesehene Fahrt in die Hauptwerkstatt zum SSB-Zentrum gehen sollte. Nach diesem Ereignis blieb nur noch letztere als Ziel. | Dieter Schlipf

der Spitze die Weiche passiert hatte, der hintere Wagenteil noch nicht, der zweite Wagen befand sich mit seinem Stromabnehmer kurz vor dem Kontakt, hinten hing noch das ‚Schiffle', das auch Gewicht auf die Waage brachte, der Zug war voller Leute, der Fahrer musste womöglich jetzt beschleunigen – und im gleichen Augenblick trat zufälligerweise auch noch der schwer anlaufende, kurzfristig stark ‚Saft' ziehende Luftkompressor in Aktion, dann konnte die Stromstärke offensichtlich den magischen Wert erreichen. Bezeichnenderweise ereigneten sich die ‚unerklärlichen' Zwischenfälle grundsätzlich im Winterhalbjahr, also wenn die Frischstromheizung benötigt wurde und somit alles zusammenkam. Das waren Zusammenhänge, die auch technisch etwas beschlagene Fahrgäste durchaus zu deuten wussten. Kurz, ab Anfang 1963 wurde zunächst untersagt, die Frischstromheizung einzuschalten, die Kunden hatten vorübergehend mit der üblichen Widerstandsheizung auszukommen (und etwas zu frösteln). Auf der Strecke Esslingen – Nellingen – Denkendorf experimentierten die SSB derweil in Ruhe mit einer Weichensteuerung über einen separaten Elektromagnet, was sich später durchsetzen sollte.

Dass am 7. Oktober 1963 ein GT 4 in Feuerbach wegen irrtümlicher Signalgebung eines Rangierers von einem Güterzug der städtischen Industriebahn frontal gerammt wurde und der betroffene Wagen 549 in Esslingen zum Teil neu aufgebaut werden musste, blieb kein Einzelfall: Die zahlreichen Kreuzungen mit Gütergleisen in Feuerbach und Cannstatt (auf beiden Neckarseiten) forderten Kollisionen sozusagen heraus. Die nächste größere derartige ‚Uneinigkeit' trug sich neun Jahre später am 26. Juni 1972 in Feuerbach auf der Kreuzung Wiener-/Bludenzer Straße in Feuerbach zu: Wagen 515 und 524 erwiesen sich gegenüber einer Rangierlok der Bundesbahn als wenig widerstandsfähig. Bremsprobleme gab es wieder einmal schon am 5. Mai 1965 in Zuffenhausen: Der fast nagelneue GT 4 Nr. 710 der Linie 23, „einer der schweren Großraumwagen“, so die Zeitung, ging vor der Kurve Unterländer-/Ludwigsburger Straße durch und stürzte auf vor der Ampel wartende Autos. Wie durch ein Wunder wurde ‚nur‘ der Schaffner schwer verletzt. Nachdem am 21. Juli 1965 bei einem GT-4-Zug am Schlossplatz auf der Kurve wieder der hintere Teil geradeaus fuhr und geräuschvoll den blechernen Turm für den Schutzmann der Verkehrspolizei ruinierte, erregten sich entrüstete Leserbriefschreiber, die SSB seien nicht in der Lage, funktionsfähige Weichen zu bauen; man habe besonders vor der Weiche am Schlossplatz „schon vor Jahren kapituliert.“ Die SSB sollten doch zur Erhöhung der Sicherheit wieder alle Weichen – wie zur Pferdebahnzeit – von Hand stellen.

1966 wurde es nicht besser, denn die ersten GT 4 kamen in die Jahre, das Radprofil nahm durch die Abnutzung ab, was naturgemäß die Fahreigenschaften nicht begünstigte. Fünf ‚klassische‘ Entgleisungen von GT-4-Zügen auf Weichen, zweimal Kurzschluss und Brand eines GT 4; ein GT 4 (Nr. 515 mit 49-Meter-Zug) fährt am Pragsattel auf den Vorzug (GT 4 Nr. 689) auf, rollt zurück und prallt mit Anhänger 1579 auf den hinten nächstfolgenden Zug (GT 4 Nr. 517); Kollisionen mit Lkw, Pkw, Dienstfahrzeugen; zwei Entgleisungen wegen Attentaten in Form mutwillig blockierter Spurrillen an Bahnübergängen: Nicht weniger als 125 Entgleisungen von Schienenfahrzeugen aller Art – darunter auch GT 4 – mussten die SSB für 1966 notieren, 1965 waren es 111 gewesen. Besonders unvorteilhaft war der Fall vom 5. August 1966 auf der Königstraße, da der Fahrer den entgleisten zweiten hinterherhumpelnden GT 4 (Nr. 554) erst bemerkte, als dieser nach 200 Metern, sozusagen vor den Augen der Welt, einen Fahrleitungsmast erlegte. Den keineswegs zierenden Abschluss des Jahres bildete der 30. Dezember 1966, als innerhalb von acht Stunden zweimal an der selben Stelle Ecke Tübinger Straße/Wihelmsbau die selbe ‚übliche‘ Entgleisung des zweiten Wagens einer GT-4-Einheit auftrat.

Schienenlose Freiheit

„Die Unglückswagen der Straßenbahn“, hieß es, „jeden dritten Tag eine Entgleisung“, und es stelle sich „die Frage nach der Sicherheit der neuen modernen GT-4-Großraumzüge.“ Zu was der GT 4

Oben | Hier konnte der GT 4 nun wirklich nichts dafür. Kaltentaler Abfahrt, 13. Juli 1980. | Archiv SSB

Unten | Immer die Autofahrer! Der ‚klassische‘ Linksabbieger an der Löwentorstraße. Ob man ein großes gelbes Fahrzeug auf gut sichtbaren Gleisen wirklich ‚übersehen‘ kann? | Archiv SSB

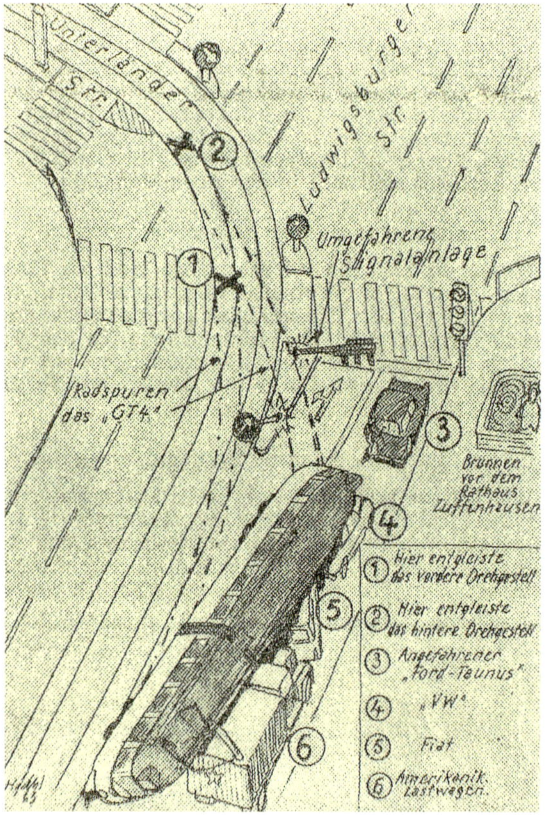

Oben | Die Kollision von Wagen 710 am 5. Mai 1965 in Zuffenhausen. | Sammlung Horst Leitz

Rechts | Der GT 4 auf „Baustellenbesichtigung" am 14. September 2006 an der Ecke Haußmann-/Gerokstraße, wo die Bettung für das neue Stadtbahngleis vorbereitet wird. Ein Baggerfahrer reagierte schnell und stützte das schräg hängende Fahrzeug mit seiner Baggerschaufel ab. Der zweite Wagen blieb im Gleis. Verletzt wurde niemand, und auch Wagen 401 ging ohne größeren Aufwand wieder in Betrieb. | Archiv SSB

eigentlich die teuren Schienen brauche, wenn er sie eh kaum nutze? „Alle Erläuterungen (...) der Straßenbahnen AG (...) lassen uns kalt: Wir wollen wieder ohne Herzklopfen (...) in der Straßenbahn fahren können", forderte die Stuttgarter Zeitung schon am 12. August 1966. Und ausgerechnet am 8. November 1966, als die SSB-Vorstände vor dem Aufsichtsrat hochnotpeinlich eigens über das Thema Unglücksfälle referieren mussten, sprangen am Abzweig Hauptbahnhof/Königstraße während drei Stunden gleich zweimal GT-4-Züge aus dem Gleis. „Wenn im Büro das Telefon klingle", so gestand die Höllenqualen leidende SSB-Direktion, „dann habe man schon Angst, daß wieder eine Entgleisung gemeldet werde."

Wie empfindlich die Öffentlichkeit reagierte, zeigt die eigentlich triviale Situation vom Abend des 13. Dezember 1966, als neben der Wendeschleife Sillenbuch wegen des Frostes eine Baugrube nachgab und sich das Gleis allmählich etwas senkte. Die Vorabmeldung, es sei schon wieder ein GT 4 umgestürzt, musste schließlich dahingehend korrigiert werden, der völlig ‚unschuldige', ohnehin unbesetzte und stehende Wagen habe sich lediglich etwas geneigt. Zu Silvester 1966 befand das Blatt: „Die langen GT-4-Züge sind es, die jetzt am häufigsten Ärger machen – vermutlich deshalb, weil sie nicht in ein technisches System passen, das vor Jahrzehnten für ganz andere Verhältnisse (...) konzipiert worden war." Man setze nicht ungestraft riesige Großraumwagen auf Kleinbahnschienen; längst hätte wenigstens eine breitere Spurweite gewählt werden sollen. Die „fatale Erkenntnis" der Zeitung: Die SSB würden ihre 350 Stück GT 4 sicherlich nicht verschrotten, „nur weil sie einen unbändigen Drang in die schienenlose Freiheit haben." Vielmehr werde es die Firma „auch im neuen Jahr nicht auf 100, 110 oder 120 Entgleisungen ankommen lassen." Die Fahrt mit dem GT 4 biete somit außer der reizvollen „Stadtlandschaft Stuttgarts auch Herzklopfen und Angstgefühle wie in keiner anderen Straßenbahn der bundesdeutschen Republik."

Was die Zeitung eher zögerlich berichtete: In den allermeisten Fällen bildeten bei den Vorkommnissen äußere Einflüsse die klare Ursache, vor allem im Bereich der Rillenschienen durch den Kraftfahrzeugverkehr. Auf eigenem Bahnkörper passierte auch an Weichen gar nichts. Obwohl mit zweiachsigen Wagen nur noch 20 Prozent der Fahrleistung erbracht wurden, entgleisten diese fast so oft wie die Vierachser. Bei den Zweiachsern jedoch, so die SSB, seien die meisten Entgleisungen vom Personal früher gar nicht gemeldet worden, also auch nicht in die Statistik eingeflossen: „Ein paar starke Arme vom Personal und ein paar beherzten Fahrgästen, und der Wagen war wieder drin." Beim GT 4 dagegen mit seinen Drehgestellen ging es nicht ohne die Hilfe der Feuerwehr und entsprechendes Aufsehen. Klaus Dieterle von den Stuttgarter Nachrichten mahnte schon am 16. August 1966, man komme den Ursachen nicht näher, „wenn man nur den Stab über die neuen Großraumwagen bricht." Angesichts einer Jahresfahrleistung der Straßenbahn von 22 Millionen Kilometern sei „die Fahrt im Auto immer noch weit gefährlicher."

Stuttgarts Gelbe Gefahr

Der Kelch der Leiden war aber noch nicht geleert: Dass am 22. März 1967 wieder zwei GT-4-Züge am selben Abend auf der Weiche Schlossplatz entgleisten, mochte noch angehen. Am 14. April ging ein Zweiachser der Linie 8 in der Schickhardtstraße durch, die Hauswand der Schickhardt-Schule verhinderte gerade noch den tiefen Absturz des besetzten Fahrzeugs über eine Treppe. In der Folgewoche bog ein GT 4 am Abzweig Türlenstraße unvorgesehen ab, wobei der Fahrer des parallel fahrenden Pkw ums Leben kam. „Bankrott in Gelb", urteilte Josef F. Klein am 20. April in den Stuttgarter Nachrichten. Für die Platzknappheit, die Probleme mit dem Individualverkehr und Stuttgarts berühmt-berüchtigte Einmeterspur, gegen welche der GT 4 anfällig sei, könnte man den SSB keinen Vorwurf machen. Aber der Hinweis, es seien eben noch keine besseren Weichen erfunden, wäre ein Armutszeugnis, eine Bankrotterklärung der Straßenbahndirektion, deren Herren einmal schleunigst bei der Bundesbahn in die Lehre zu gehen hätten. Der selbe Kolumnist schrieb am 28. April in ‚Christ und Welt': „Aus deutschen Ländern. – Stuttgart: Die gelbe Gefahr." Wenn die Stuttgarter auf ihre gelben Straßenbahnzüge zu sprechen kämen, „sehen sie rot." Kaum sei das Übel mit den automatischen Türen halbwegs beseitigt gewesen, hätten die Entgleisungen zugenommen. Typische Stuttgarter

Stuttgart als Seestadt, der GT 4 als Schwimmer: Am Nachmittag des 15. August 1972 goss ein Gewittersturm im Stadtgebiet bis zu 40 Liter Regen pro Quadratmeter aus. In den Unterführungen schwappte es bis zu drei Meter, Autos dümpelten dort umher wie Spielzeugenten; Hagel bedeckte den Boden mitunter bis zur Kniehöhe. In den Tunnelbereichen Charlottenplatz und Planiedurchbruch der SSB waren Züge im eindringenden Hagelmatsch eingeschlossen, oberirdisch zerschlug es etlichen GT 4 die Scheiben. Fahrgäste kamen nirgends zu Schaden; am nächsten Tag fuhr man zu aller Erstaunen schon wieder. Der am Charlottenplatz in der Ebene Minus 2 durch die Fluten ‚watende' Wagen 415 war den Stuttgarter Nachrichten ein Foto wert.

Ursachen, nach Meinung von Klein: „Tempo und Weichen!“

Und dann? „Übrigens: Man entgleist nicht mehr“, stellte Journalist Dieter Schubert im August 1967 in der Stuttgarter Zeitung fest. Seit dem Fall Schickhardtstraße habe sich nichts nennenswertes mehr ereignet. Im übrigen hätten Werkstatt und Gleisbau durch Überdrehen der Radsätze des GT 4 und durch Nacharbeiten an den Weichen etwaige Schwierigkeiten im Zusammenspiel beider Bestandteile inzwischen beseitigt. Schubert brachte abseits der Schlagzeilen weiter Sachlichkeit in die Diskussion. Die reale Zunahme an Entgleisungen des GT 4 über die Jahre erkläre sich einfach: Jedes Jahr hätte sich bis 1965 durch die fabrikneuen Lieferungen an GT 4 der Bestand und damit auch die Fahrleistung erhöht. Ab dann musste somit mathematisch ein Maxium an Problemen mit dem GT 4 erreicht sein, während der Einsatz der älteren Zweiachser entsprechend abnahm und diese somit zwangsläufig weniger an Unfällen beteiligt waren.

Weichen mit verriegelten Zungen zu bauen, war bei Rillengleisen aber tatsächlich ein Problem. Auch mit der induktiven Weichensteuerung wurde ab 1968 in GT 4 Nummer 745 und 746 noch nicht mit abschließendem Erfolg experimentiert. Erst 1971 beurteilten SSB und Aufsichtsbehörde das System für serienreif. Bis Mitte 1973 hatte man den Einbau im Netz abgeschlossen, in der Folge waren auf diesem Feld keine Unfälle mehr zu verzeichnen. Generell sank mit der Umstellung auf eigenen Bahnkörper und den zunehmenden Tunnelabschnitten die Unfallzahl entscheidend. Und durch den GT 4 mit seinen automatischen und die Trittbretter verdeckenden Türen ohne äußere Griffstangen löste sich auch das Problem der Auf- und Abspringer. 1962/63 waren bei den Altbaufahrzeugen dadurch pro Jahr noch etwa 75 Unfälle mit zwei bis drei Toten zu bedauern gewesen. 1968 entfielen auf diese Ursache noch etwa vier Verletzte.

Eine gänzliche neue Unfallvariante bot sich den herbeieilenden SSB-Technikern anlässlich der ‚Ausflugsfahrt' von Wagen 444 am 6. März 1969 in Cannstatt: An der Schleife Obere Ziegelei hatte es den Fahrer zu einer eiligen Verrichtung außerhalb des Fahrzeugs gedrängt. Das Fahrerbremsventil blieb bei dieser Gelegenheit wohl leicht geöffnet, so dass die allmählich einströmende Druckluft die Bremse schließlich löste. Als der Fahrensmann zunächst erleichtert zurückkam, sah er seinen fahrbaren Arbeitsplatz eben lustig in die lange Gerade der Schmidener Straße einbiegen – ohne alle Insassen! Während sein korpulenter Betreuer chancenlos hinterherschnaufte und kurzerhand das nächste daherkommende Privatauto kaperte, um dem Entschwundenen nachzusetzen, entschied sich Wagen 444 nach einer Schussfahrt von über einem Kilometer, an der scharfen Biegung zur Teinacher Straße das ihm vom Vorbeifahren wohlbekannte Schaufenster der Tanzschule Schicki endlich einmal näher zu betrachten. Dort kam er denn auch nach ‚Wegräumen' mehrerer ihm lästig erscheinender parkender Autos zum Stehen. Der Verunglückte erhielt vorne einen neuen Aufbau und trug hinfort den liebevollen Beinamen ‚Schicki-Express'.

Immer diese Schwerkraft

Ein ähnlicher Vorfall trug sich in dieser Zeit aus dem selben Grund am Hölderlinplatz zu, wo ein pausierender GT 4 beschloss, das in die Kornbergstraße beträchtlich abfallende Gleis auf eigene Faust zu erkunden. Geistesgegenwärtig setzte sich ein Autofahrer mit seinem Fahrzeug in angemessenem Abstand warnblinkend und laut hupend vor den Entfleuchenden. Als die seltsame Prozession in der Seidenstraße von alleine zum Stehen kam, war nichts weiter passiert; der mutige Automobilist kassierte eine Belohnung. Damit sich solche Vorfälle nicht wiederholten, erhielten die GT 4 fortan ein zusätzliches Absperrventil für die Bremsleitung, durch welches letztere automatisch vollständig entlüftet wurde. Ein abenteuerliches Schicksal gleichsam als Fliegender Holländer widerfuhr auch Wagen 503, der am 29. Mai 1969 an der Löwentorbrücke zur Hälfte ausbrannte, nachdem ihn ein Lkw gerammt hatte. Die SSB konnten sich mangels geeigneter Hauptwerkstatt – ‚Möhringen' war ja noch nicht soweit – nicht um ihn kümmern und schickten ihn zur Waggonfabrik Rastatt. Dort wurde aber kein Schlag daran getan, vielmehr ließen die Badener den Bemitleidenswerten 1970 endlich in die nunmehr neue SSB-Hauptwerkstatt Möhringen zurückverfrachten. Auf den Fildern richteten die SSB den Vagabunden schließlich aus eigener Kraft mit etlicher Mühe doch wieder her, aber zwischenzeitlich war der Kandidat als offiziell Abgelebter bereits aus den Listen gestrichen worden, so dass der buchmäßige Bestand an GT 4 eine erste Abnahme erfuhr – vorübergehend.

Am 8. Dezember 1970 ereignete sich der erste bemerkenswerte Zwischenfall in einem Tunnelabschnitt der SSB. Durch einen technischen Bremsversager prallte GT 4 Nr. 679 in der U-Haltestelle Charlottenplatz auf den vor ihm stehenden Zug der Linie 6 mit Beiwagen 1542 am Schluss. Letzter wurde auf seinen Vordermann GT 4 Nr. 569 geschoben und erlitt Totalschaden, jener musste im B-Teil neu aufgebaut werden. Nach diesem Vorfall durften in die U-Haltestellen keine zwei Züge mehr hintereinander einfahren.

Der schwärzeste Tag des GT 4 kam auf andere Weise: Am Abend des 14. August 1975 kippte der stadtauswärts fahrende Wagen 724 der Linie 1 in der engen Kurve im Tunnel vor der Einfahrt zur U-Haltestelle Marienplatz um. 24 Verletzte und sechs Tote waren die schreckliche Bilanz. Die Motorbremsung des Wagens hatte, wie man später herausfand, wegen eines Kabelbruchs, der ausgerechnet vor der engsten Kurve des Tunnelnetzes auftrat, nicht angesprochen. Bis der Fahrer dessen richtig gewahr wurde, blieb für den Einsatz der Luftdruck- und der Magnetschienenbremse keine Zeit mehr. Der Einbau der von der Eisenbahn bekannten induktiven Zugbeeinflussung, welche die jeweils zulässige Maximalgeschwindigkeit automatisch überwacht, hatte freiwillig bereits zwei Jahre zuvor begonnen, aber wegen der noch ausstehenden behördlichen Abnahme war das System noch nicht in Betrieb. Weil die Indusi auf die Schienenbremse des Fahrzeugs wirkt, hätte die Bremsung trotz des Kabelschadens eingesetzt. Im Fall Marienplatz erschien diese Einrichtung ungewollt um Tage zu spät! Bürger kritisierten hernach die Stadtplanung, man habe zum Schaden der Straßenbahn gespart, als man den Tunnel Marienplatz wegen der darüber liegenden Bebauung in einen 50-Meter-Radius und ins Gefälle legte, anstatt großzügig zu planen und den unterfahrenen alten Luftschutzbunker Marienplatz abzubrechen (44, 45).

Mit ihrem zurückgehenden Einsatz waren die GT 4 auch weniger von bemerkenswerten Missgeschicken betroffen. So fuhr Wagen 499 der Linie 6 am 13. März 1983 in der Haltestelle Hunsrückstraße in Feuerbach auf Wagen 532 der Linie 13 auf. Beide waren so schwer beschädigt, dass man aus diesen zwei Wagen einen einzigen ‚neuen' schuf. Nicht mehr auf eigenen ‚Füßen' schafften es am 21. September 1984 die Wagen 656 und 677 von der Unfallstelle am Abzweig Heilbronner Straße/Friedhofstraße, nachdem ein Lkw beide Fahrzeuge gerammt hatte. Ein Tieflader holte die Havaristen ab. Am 1. Februar 1990 traf in der Haltestelle Vaihinger Straße ein Stadtbahnzug den vor ihm stehenden GT 4 Nr. 548, bei letzterem war ein Totalschaden die Folge.

„Diese Bockemühlen!" – Kolumnist Knitz in den Stuttgarter Nachrichten, 4. Januar 1963

„Leider stammt dieser treffende neue Stuttgarter Stoßseufzer nicht von Knitz. So gerne er ihn auch erfunden hätte. – Für Unbedarfte kurz die Erklärung: Bis zum 1. Januar gab es bei der Straßenbahn einen Professor Bockemühl, der die neuen Großraumwagen der Stuttgarter Straßenbahn enwickelt hat" [Irrtum]. „Ein berühmter Mann also. Er muß es sich gefallen lassen, daß sich der Mutterwitz mit ihm beschäftigt. Die Bockemühlen bocken. Sie bocken besonders gern, wenn Weichen kommen, und hopfen mir nichts, dir nichts einfach aus den Gleisen heraus. Die Bockemühlen haben bereits einen Jahresvertrag mit der Stuttgarter Feuerwehr abgeschlossen, zu verbilligtem Tarif. So oft lassen sie sich von der Feuerwehr wieder ins Gleis neilupfa. – (...). Fein wäre es jedoch, wenn die Stuttgarter Straßenbahn ihre Bockemühlen etwas zureiten läßt, bevor man sie auf den Verkehr losläßt."

Links | GT 4 auf Rollschuhen! Wenn ein ‚fußkranker' GT 4 gar nicht mehr weiter kann, wird ein so genannter Achsbruchwagen untergeschoben. Als Schleppwagen wird bis heute der letzte im Einsatzbestand befindliche DoT 4 Nr. 2041 (ehemals DoT 4 Nr. 914) vorgehalten. | Archiv SSB

Rechts | Nichts geht mehr! Zwangspause am 13. März 1988 im Silberwald an der Kirchheimer Straße. Weiter vorne bemühen sich – wenig romantisch – Männer mit Motorsägen um umgestürzte Bäume. | Gerhard Jäkle

ZASCHE
2
Obere Ziegelei
632
632

Wir bauen einen Straßenbahnwagen

Die Technik des GT 4

„Ein Gelenkwagen ist ein aus zwei oder mehreren Wagenteilen über Gelenke fest miteinander verbundene Zugeinheit (die nur in der Werkstatt getrennt werden kann) und in der Fahrgäste durch die Gelenkverbindungen hindurch von einem Teil des Wagens zum anderen gehen können.“ Soweit die von Dieter Höltge, einem Fachautor der deutschen Straßenbahnszene, entworfene Definition, die auch auf den GT 4 zutrifft. Aber da beginnt schon das Geheimnis, denn um zwei Wagenteile abzustützen, braucht es mindestens drei Punkte, sprich Drehgestelle, doch der GT 4 hat, als Widerspruch in sich, nur zwei. Bevor dieses technische Mysterium gewürdigt wird, muss zuerst eine andere

Als ‚Bausatz‘ in der Hauptwerkstatt SSB-Zentrum: Links einzelne Radsätze mit Getriebe und Bremsscheiben, ganz links Federpakete, rechts Gelenkwellen. Sommer 2002.

Von der Geometrie her kann der GT 4 mit seinen vielen Drehpunkten nicht funktionieren – praktisch kann er es doch. Wirklicher Drehpunkt ist der Drehzapfen im Mittelpunkt des Drehgestelles (1), auf dem sich der aufgesetzte Wagenkasten dreht. Den zweiten Drehpunkt bildet die mechanische Kraftschlusskupplung (2) zwischen den beiden Wagenkastenteilen A und B. Demzufolge muss die dazwischenliegende zweite Lagerung des Wagenkastens in Gestalt der Auflage 3 auf dem Gelenkträger ein (geringes) Mindestmaß an Spielraum in Seiten- und Längsrichtung gewähren. Das selbe Prinzip in umgekehrter Richtung braucht es beim Gelenkträger G. Er ist gegen die Fahrzeugmitte an Punkt 3 mit dem Wagenkasten verbunden, jener durch Punkt 1 mit dem Drehgestell. Weil sich bei Kurvenfahrt die geometrische Länge der Sehne zwischen Punkt 1 und 3 verändert (verkürzt), lässt der Auflagepunkt 4 des Gelenkträgers am Rande des Rahmens vom Drehgestell ebenfalls Spielraum für Bewegungen. Weil der Abstand zwischen Punkt 1 und 4 größer ist als der zwischen Punkt 2 und 3, muss auch der Spielraum größer sein. Weil der Gelenkträger an Punkt 4 nur auf dem Drehgestell schwenkbar aufliegt, aber nicht mechanisch verbunden ist, muss die Zugkraft auf anderem Wege übertragen werden, damit der Wagen nicht – bildlich gesprochen – beim Anfahren im Zugverband in zwei Teile zerfällt. Deshalb wird die Kraft von der Anhängekupplung am Wagenkasten nicht direkt über das Drehgestell (Punkt 1) auf den Rahmen (Gelenkträger) abgeleitet, sondern erst zwischen den Punkten 3 über die Bolzenkupplung 2 über den Gelenkträger und dann sofort wieder auf den zweiten Wagenkastenteil.

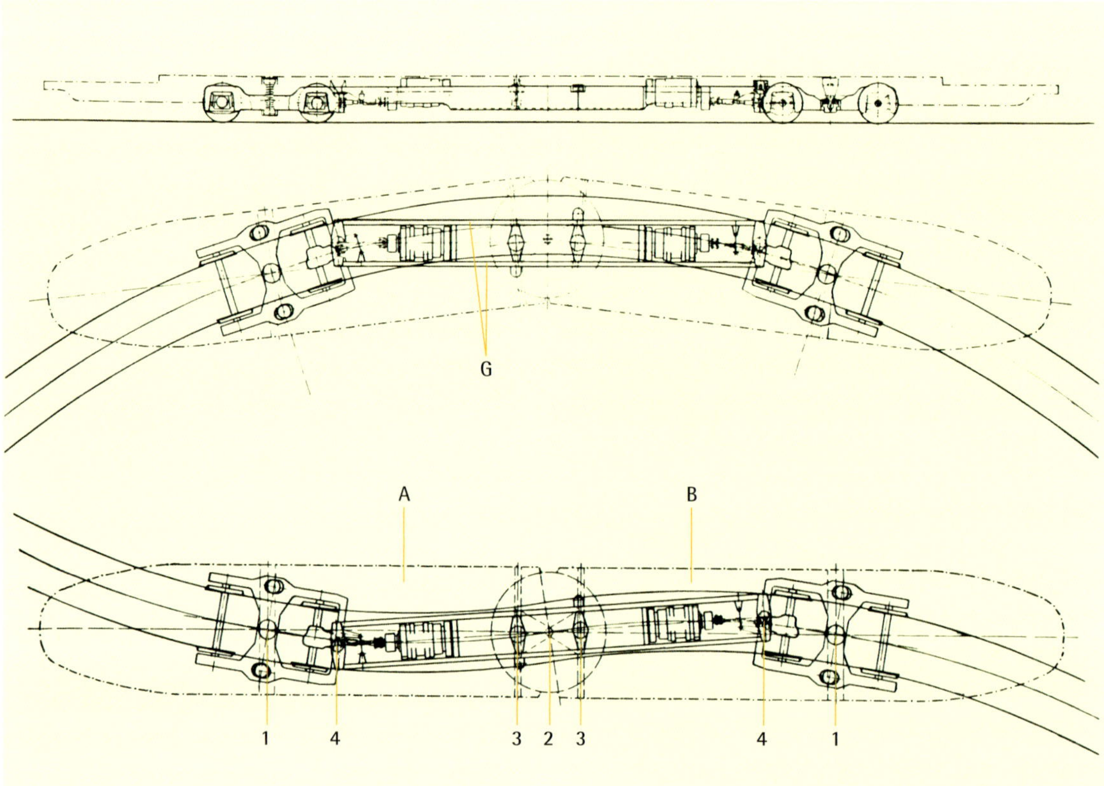

Frage geklärt werden. Wenn ein neues Fahrzeug entworfen werden soll, nach was richten sich Länge und Breite – nach dem Gleisnetz oder nach dem betrieblichen Bedarf? Auch beim GT 4 ging man zunächst von der Infrastruktur aus. Als engster Kurvenradius, den der ‚Neue' befahren sollte, wurden 16 Meter angesetzt, als sinnvolle Fahrzeugbreite 2,20 Meter, wie beim GT 6. Als Standardlänge für einen Vierachser galt gemäß dem VDV-Entwurf und dem Düwag-Modell eine solche von 14 Metern.

Der zweite, mindestens genauso entscheidende Ansatz war die Frage, ob Grundriss, Innenraumgestaltung und Türanordnung des Wagens es sinnvoll ermöglichten, dass der Schaffner zwischen zwei durchschnittlich entfernten Haltestellen auch bei starkem Andrang effektiv seiner Tätigkeit nachkam – anders kam man nicht ans Geld der Kunden! Nachdem man sich für den Sitzschaffner und somit für den Fahrgastfluss entschieden hatte, musste der Einstiegsraum außerdem genügend vorübergehende Stehfläche für die Zusteiger bieten. Die selbe Fläche für die selben Leute – nunmehr mit Sitz- und Stehplätzen – brauchte man aber nach dem Passieren des Schaffners nochmals. So lang wie beim GT 6 durfte dieser ‚Schlauch' aber auch nicht sein.

Geometrisch ließ sich wiederum ermitteln, dass ein zweiteiliger Wagen von 18 Metern Kastenlänge (bzw. 19 Metern über Kupplung) bei der vorgegebenen Breite und Kopfform nicht mehr Platz in den Kurven brauchte als der theoretische 14-Meter-Starrrahmenvierachser. Rechnerisch ließen sich in diesem 18-Meter-Wagen 165 Fahrgäste unterbringen, gegenüber 225 beim GT 6. Bei jenem hatte es zwei Schaffner gebraucht, um die an der Mitteltür Zusteigenden nach beiden Wagenseiten zu verteilen, also je etwa 112 Personen. Beim GT 4 wollte man mit nur einem Schaffner auskommen und war der Meinung, dass dieser die 165 Einsteiger bewältigen konnte. Somit sollte der neue Typ trotz kürzerer Länge wirtschaftlicher im Betrieb sein.

Gleichung mit Unbekannten

Die dritte Überlegung betraf die optimale Fahrzeuglänge für den Wechsel zwischen Haupt- und Nebenverkehrszeit. Die Kapazität des 18-Meter-Wagens entsprach zwei Zweiachsern, ein 18-Meter-Doppelzug bot somit zur Flutzeit mehr Kapazität, schleppte aber nach Abhängen des zweiten Wagens, wenn wenig los war, nicht mehr Fahrzeuglänge mit als bisher. Und dann kam noch die Räumzeit an großen Straßenkreuzungen wie am Charlottenplatz und Schlossplatz dazu: Bei einer Straßenbreite von 25 Metern und einer Grünphase von 20 Sekunden standen effektiv etwa 14 Sekunden Zeit zum Queren der Kreuzung zur Verfügung. In dieser Zeit ließen sich keine zwei Züge aus Zweiachsern durchbringen, aber ein 50-Meter-Zug am Stück. Die Fahrzeugplanung war also ein Rechenexempel mit vielen (zunächst) Unbekannten in der Gleichung.

Bei diesen Vorgaben lief zunächst alles auf einen ‚kurzen' GT 6 hinaus, denn ein zweiteiliger Wagen brauchte ja zwangsläufig drei Drehgestelle – bisher. ME-Ingenieur Karl Mümmler überlegte jedoch: Wenn bis zu einer Wagenlänge von gut 13 Metern noch zwei Achsen genügen, um dessen Gewicht aufzunehmen, zuzüglich einer mittleren Lenkachse, die keine Last trägt, weshalb sollte dann ein mit 18-Meter-Kasten nicht wesentlich längerer Wagen gleich sechs Achsen besitzen? Für übliche Straßenbahnnetze mochte das belanglos sein. Für Stuttgarts langgezogene Steilstrecken stellte sich das alte Problem: Das Gesamtgewicht der Fahrzeuge sollte möglichst gering sein, um zügig voranzukommen. Andererseits sollte die Achslast möglichst hoch sein, um einen guten Reibungswert der Räder auf der Schiene zu erreichen. Bei einem Sechsachser trat das unerwünschte Gegenteil auf: Wenn man ihn kürzer machte, benötigte man die drei Drehgestelle und sechs Achsen immer noch. So entfiel auf die einzelne Achse immer weniger Gewicht, und das Verhältnis von toter Last pro Fahrgastplatz wurde immer ungünstiger zu. „Diese Frage", so führte Karl Mümmler aus, „wurde zur Aufgabenstellung und führte zur Entwicklung einer neuen Gelenkwagen-Bauart." Also: Wie baue ich einen ‚Sechsachser', der aber weniger Achsen hat?

Da nur das mittlere Drehgestell entfallen konnte, ergab sich ein Gelenkwagen mit vier Achsen. Irgend etwas musste den zweiteiligen Wagenkasten in der Mitte abstützen, dafür kam letztlich nur – wie beim ‚klassischen' ungelenkigen Vierachser – ein durchgehender Rahmen in Frage. Damit dieser Rahmen bei Kurvenfahrt eine möglichst kurze Sehne bildete, also möglichst wenig gegen die Innenseite der Kurve ausschwenkte, verlegte Mümmler den Drehpunkt des Rahmens

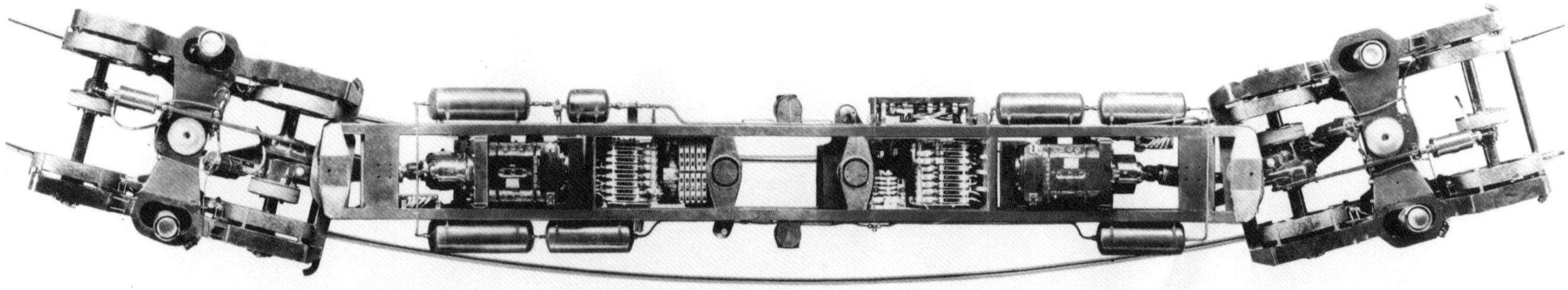

Links | In der Draufsicht mit abgenommenen Abdeckplatten wird der Aufbau weiter deutlich: Am Gelenkträger außen die Luftbehälter für die Speicherung der Druckluft, dazwischen die Fahrmotoren. Nach innen folgend ein Teil der Elektrik in Gestalt des elektropneumatischen Schaltwerks für die Fahr- und Bremsstromversorgung. Im Drehgestell auf der jeweils zur Wagenmitte gerichteten Seite die Antriebsachse (mit Gelenkwelle vom Fahrmotor aus), außen die Laufachse; darauf jeweils (hell) die Scheibenbremse. | Werkfoto Esslingen, Archiv SSB

soweit es nur ging an das innere Ende des Drehgestells und machte ihn außerdem so schmal wie möglich. Der Gelenkträger war geboren.

Daraus ergab sich ein neues Problem: Üblicherweise hat ein Sechsachser drei Drehpunkte – über jedem Drehgestell einen, und Rahmen und Wagenkasten bilden eine Einheit mit jeweils gleichem Drehpunkt. Beim Esslinger GT 4 nun müssen die Kastenhälften auf dem Rahmen – dem Gelenkträger – separat beweglich sein, weil der Träger wesentlich kürzer ist als der darauf liegende Kasten und somit bei Kurvenfahrt geometrisch ein Eigenleben führt. Der Gelenkträger ist gegen seine Mitte mit dem Wagenkasten, am anderen Ende mit dem ausschwenkenden Ende des Drehgestells verbunden. Nur: Zwei Teile mit drei Drehpunkten gemeinsam überlagert durch ein Teil mit zwei Drehpunkten – das klappt mathematisch nicht.

Der ‚kollegiale' GT 4

Die ‚Fluchtmöglichkeit' erhält der Gelenkträger, indem er sein Ende auf dem Drehgestell nicht an einem festen Punkt, sondern auf einer nach beiden Seiten ausschwenkenden, halbkreisförmigen Gleitbahn bewegen kann. Wegen dieser Form heißt diese Kulissenführung ‚Nierenplatte'. Der Gelenkträger liegt dort in einer Art gefedertem Stempel lose auf, ist aber mechanisch nicht mit dem Drehgestell verbunden. Da die Techniker dieser ‚losen Beziehung' wohl nicht so recht trauten, ist jedoch zwischen Drehgestellrahmen und Gelenkträger ein winkelförmiges Anschlag- und Dämpfungselement angeordnet.

Aus dieser ganzen Anordnung erwuchs wiederum eine besondere Eigenschaft: Die Hauptlast des Fahrzeugs, der schwere Gelenkträger, auf dem sich auch der wesentliche Teil des Wagenkastens abstützt, ruht ganz an einem Ende des Drehgestellrahmens. Gegenüber der üblichen Auflage genau in Drehgestellmitte auf dem Drehzapfen, die für die normalerweise erwünschte völlig gleichmäßige Belastung beider Achsen zu je 50 Prozent gesorgt hätte, liegen nun etwa 66 Prozent der Last im Drehgestell auf der jeweils inneren Achse, durch den symmetrischen Aufbau des Wagens also auf Achse 2 und 3. Anders gesagt: Die inneren Achsen tragen je 2/6 der Gesamtlast des Wagens, Achse 1 und 4 demzufolge nur je 1/6. Aus Sicht der ME war dies durchaus erwünscht, weil nur die beiden Achsen 2 und 3 angetrieben werden, also möglichst viel Reibungsgewicht auf den Treibachsen liegt. Um dies noch zu unterstützen, hängte man die Motoren nicht wie üblich im Drehgestell, sondern am Gelenkträger auf. Die Antriebsverbindung müssen Kardanwellen herstellen, was bei den scharfen Kurvenradien einer Straßenbahn anspruchsvolle Knickwinkel erfordert. Die Montage der Motoren hoch im Gelenkträger ergab immerhin, dass diese dem vom Boden aufgewirbelten Straßenstaub und Flugschnee weitgehend entzogen waren und sich der elektrische Teil (E-Teil) des Wagens bequem und gut zugänglich am Rahmen installieren ließ. Zudem entfielen alle beweglichen Kabelverbindungen zum Drehgestell, alles durchaus interessante Vorteile, die zur Betriebstüchtigkeit des GT 4 viel beitragen sollten.

Nur steht die einseitige Belastung der Drehgestelle im Gegensatz zu jeden Grundzügen des Wagenbaues. Bei einem Triebfahrzeug, noch dazu einem für kurvige Strecken, kommt hinzu, dass beim GT 4 ausgerechnet die führende erste Achse entlastet wird, obwohl sie gerade für die sichere Kurveneinfahrt eine genügende Auflast benötigen würde. Man behalf sich schließlich, indem der Raddurchmesser für Achse 1 und 4 bei Neuprofilierung auf 680 mm, bei den Treibachsen 2 und 3 auf 690 mm festgesetzt wurde. Das genügte zur

Oben | Drehgestell, Ansicht schräg von der Wagenmitte gegen das Front- oder Heck-Ende. Aufnahme vom Juni 1959. Zu Boden hängend die (demontierte) Gelenkwelle. In Bildmitte die radial geformte Auflageplatte des Gelenkträgers, wegen ihrer Form deshalb Nierenplatte genannt, mit der Dämpfungsfeder. Rechts ein Dämpfungselement, mit dem Drehgestell und Gelenkträger verbunden werden; es dient jedoch nicht der mechanischen Kraftübertragung. Damit Straßenschmutz auf der Nierenplatte nicht wie Schmirgelpapier wirkt, ist diese mitsamt Federpaket im Betriebszustand mit einer elastischen Umhüllung versehen. | Joachim von Rohr

Unten | Drehgestell, Ansicht schräg gegen die Fahrzeugmitte. Vorne Laufachse mit Bremsscheibe; hinten Antriebsachse. In der Mitte (Drehgestellwiege) die Auflageplatte für den Drehzapfen des Wagenkastens. Seitlich die Federpakete, die im Drehgestellrahmen nach vorne und hinten für die Kurvenfahrt radial etwas Spiel haben. Beidseitig neben dem (hier rechten) Federpaket am Drehgestellrahmen Anschlagpuffer, die bei einer etwaigen Entgleisung ein zu starkes Einschlagen der Drehgestelle verhindern sollen, damit die Gelenkwellen unbeschadet bleiben. Am anderen Drehgestell sitzen die Anschläge um 180 Grad gewendet. Vom Achslager zum Drehgestellrahmen verläuft deutlich erkennbar ein elektrisches Massekabel, damit trotz des Schmierfettfilmes im Lager und des gummigelagerten Radkörpers der Strom(rück)fluss zwischen Fahrzeug und Schiene funktioniert. Vom Lager auf die Achse erfolgt die Stromübertragung mit Kohleschleifbürsten, ähnlich wie bei einem Elektromotor. | Werkfoto Esslingen, Archiv SSB sicheren Spurführung, bewirkte aber gleichzeitig, dass der Wagenkasten ein gewisses Bestreben hatte, sich gegen die Fahrzeugenden zu senken, so dass ein zu starkes Durchhängen gegen die Wagenmitte verhindert wurde. Bei abgefahrenem Profil wird der Durchhang wieder größer. Erst über die Jahre hinweg arbeitete man sich an nicht berechenbare Erfahrungswerte heran, welche letztlich zu einem „kollegialen" Verhältnis zwischen dem GT 4 und seinen Betreuern führte.

Er liebt Kurven, aber ...

Die Lagerung der Radsätze und Achslager im Drehgestell erfolgte, wie damals üblich und schon beim Düwag-Vierachser von 1950 angewendet, in Metall-Gummi-Elementen, Megi-Federn genannt. Eine trapezförmige Aussparung im Drehgestellrahmen bewirkt, dass sich der Radsatz von selbst im Rahmen zentriert, Resonanzen schnell zur Ruhe kommen und sich nicht auf den Rahmen übertragen. Der Wagenkasten stützt sich auf das Drehgestell nicht nur im mittigen Drehzapfen ab, sondern auch in seiner Breite auf je einen seitlich angebrachten Stoßdämpfer. Am anderen Ende des Wagenkastens, auf dem Gelenkträger, liegt der Kasten nur auf dem dortigen Drehpunkt auf, seitlich nur auf einer Seite durch ein Wank-Ausgleichselement abgestützt. Durch diese Dreipunktlagerung kann der Wagenkasten allen Bewegungen, die das Drehgestell unabhängig vom Gelenkträger ausführt, ungehindert folgen. An der anderen Wagenkastenhälfte ist die selbe Einrichtung punktsymmetrisch (d. h. um 180 Grad gedreht) angebracht, so dass sich die Bewegungen beider Wagenkastenhälften rechnerisch ausgleichen und sich diese gegenseitig stützen.

Beide Drehgestelle des GT 4 sind gegenseitig tauschbar. Das empfahl sich für die Ersatzteilhaltung. Es ermöglicht aber auch, wenn die führenden Radsätze 1 und 3 abgefahren sind, dass man zunächst nur die Drehgestelle wechselt und die ‚besseren' Achsen 2 und 4 dann in Fahrtrichtung nach vorne kommen. Die Symmetrie verursacht konstruktiv und fahrtechnisch aber eine Schwierigkeit: Die beiden Motoren, welche die Drehgestelle ja – von der Wagenmitte aus gesehen – jeweils von innen her antreiben, müssen in unterschiedlichen Richtungen laufen, damit sich die Räder vorne und hinten alle in die gleiche Richtung drehen. Ein in Längsrichtung befestigter Motor hat das Bestreben, das Fahrzeug entgegen der Drehrichtung zu ‚kippen'. Beide Motoren laufen aber, nun in Fahrtrichtung gesehen, in die gleiche Richtung, somit wird das ganze Fahrzeug einem einseitigen Drang ausgesetzt. Werden die Motoren als generatorische Bremse genutzt, kehrt sich die Drehrichtung um und damit auch die Bewegung, die der Wagenkasten erfährt – kurz, er schaukelt, wie es einem anständigen Straßenbahnwagen zusteht. Auch daher haben die Dämpfungselemente zwischen Gelenkträger und Kasten ihren Sinn.

Durch die Gelenkwellen hat auch das Drehgestell den Drang, sich einseitig schräg ins Gleis zu stemmen, das andere Drehgestell tut es durch die umgekehrte Drehrichtung in gleicher Weise – man spricht vom ‚Spießgang'. Vertikal wie horizontal sieht sich das Fahrzeug also jeweils von einer einseitig wirkenden Kraft beeinflusst. Durch entsprechende Feder- und Stoßdämpfereinstellung lassen sich die Folgen vermindern, und bei Kurvenfahrt wirken weitere, zum Teil ausgleichende Kräfte. Aber bei der Wiedereinfahrt in die Gerade zeigt der GT 4 durch diese Einflüsse und seine verschachtelte Kinematik keine große Begeisterung, all seine Bestandteile wieder parallel und in einer geometrischen Achse auf Geradeausfahrt einzustellen. Die klare und stabilisierende Führung im Gleis, wie bei einem gewöhnlichen Vier- oder Sechsachser, entfällt beim GT 4. Den Esslingern und den SSB blieb eine alte Weisheit der Wagenbautechnik nicht erspart: Fahrzeuge, die speziell für gute Kurvenfahrt konstruiert sind, neigen zu schlechten Fahreigenschaften in der Geraden, vor allem bei rascherer Fahrt. Deshalb wurde der GT 4 auch nur für Geschwindigkeiten

Wagen 454 schwebte am 29. Juni 2005 als origineller Seminarraum im SSB-Waldaupark in Degerloch ein. Man beachte die Anhebepunkte.

bis zu 60 km/h zugelassen, gegenüber seinem Vorgänger GT 6 mit 70 km/h. Im Stadtverkehr im öffentlichen Straßenraum gilt selbstverständlich, wie heute für die Stadtbahn, das auch für den Kfz-Verkehr vorgeschriebene Tempo von 50 bzw. 30 km/h. Der ehemalige SSB-Fahrschulleiter Manfred Scheuermann schmunzelt, er habe es in seinen Personalakten, dass man mit dem GT 4 nicht 70 ‚Sachen' fahren dürfe – probieren musste ‚man' das doch einmal!

Auf weichen Sohlen

Zwischen Radreifen und Radkörper des GT 4 ist ein Gummiring eingezogen, der zusätzlich hilft, dass sich Erschütterungen nicht von den Rädern auf das Fahrzeug übertragen und das Fahrgeräusch leise bleibt. Damit sich der Stromkreis Oberleitung – Fahrmotor – Gleiskörper schließt, sind Radkörper und Radreifen über den isolierenden Gummikörper hinweg durch Litzen verbunden. Einen Nachteil hat die Bauweise auch: Werden GT 4 längere Zeit am selben Ort abgestellt, was in den letzten Jahren mit Reservefahrzeugen öfters vorkommt, so verformen sich die Gummieinlagen einseitig, was sich nicht ohne weiteres beseitigen lässt. Die Wagen stehen sich gewissermaßen die Füße in den Bauch.

Der Grundaufbau des GT 4 ist übersichtlich: Der Abstand der Drehgestelle (Drehzapfenabstand) beträgt zehn Meter, der Achsstand im Drehgestell 1,7 Meter. Beide Hälften des Wagenkastens, der A-Teil (vorne) und der B-Teil (hinten) sind gleich lang. Nach vorne und hinten ist der Wagenkasten abgeschrägt, fachlich ‚Verjüngung' genannt, damit der Ausschwenkbereich in den Kurven – die so genannte Hüllkurve – möglichst klein gehalten wird. Der Fahrzeuggrundriss ist auch in Längsrichtung symmetrisch. Damit der Wagen bei vertikalen Schwankungen mit hohen Aufbauten parallel fahrender Straßenfahrzeuge nicht kollidiert, sind die Seitenwände ab der Fensterbrüstung nach oben ebenfalls leicht verjüngt. Jede Längsseite der Wagenkastenhälfte trägt in der geraden Seitenwand links sowie im B-Teil rechts vier Fenster, auf der rechten Seite im A-Teil dagegen nur drei Fenster und – bei gleicher Wandlänge – die Mitteltür. Dadurch ergibt der GT 4 in jeder Ansicht ein ausgewogenes Bild, was seine Eleganz unterstreicht. Von den drei nur in Fahrt-

Dieses ‚Schnittbild' macht deutlich, warum der GT 4 keine geringere Bodenhöhe besitzen konnte. Wagen 684 im Oktober 1987 auf dem ‚Höllengleis' in Möhringen. | Ekkehardt Schäfer

richtung rechts angebrachten jeweils zweiflügeligen Türen befinden sich Tür 1 und 3 im eingezogenen Kastenbereich ganz vorne bzw. hinten. Der Zielschildkasten über der Frontscheibe ist nahtlos in den Verlauf des Fensterbandes einbezoge. Der Liniennummernkasten hingegen befindet sich darüber als ‚Froschauge' auf dem Dach. Ihn flankieren die dahinter sitzenden beiden Fähnchenhalter, in die an ‚hohen Festtagen' kleine Wimpel in den Bundes-, Landes- bzw. Stadtwappenfarben eingesteckt werden können. Im jeweils letzten linken Seitenfenster des A- und B-Teils waren im oberen Fensterviertel ebenfalls Zielschildkasten eingebaut. Die vordere Frontscheibe verfügt über einen druckluftbetätigten Scheibenwischer. Die ab 1988 modernisierten Wagen haben eine Scheibenwischanlage, deren Einfüllstutzen in der Trittstufe hinter Tür 1a liegt.

Die Seitenwandfenster besitzen Lüftungsklappen, deren oberes Viertel sich seitlich im flachen Winkel als Ausstellfenster ausklappen lässt. Bei den ersten Wagen waren die Ausstellfenster nach vorne gerichtet, offensichtlich ab Wagen 414 im B-Teil nach hinten, dies wurde bei anstehenden Reparaturen aber nicht mehr beachtet. An je einem Ausstellfenster auf der türlosen Seite im A- und B-Teil befanden sich kleine Einschubleisten, in die ein Kunststoffschild mit der Liniennummer eingesteckt werden konnte. Die beiden Fenster links vorne und hinten in der Verjüngung sind als so genannte Übersetzfenster ausgebildet, deren obere Hälfte wie bei einem Eisenbahnwagen herablassbar ist. Dieses Frischluft-Ausblick-Vergnügen ist seit 1979 aus Sicherheitsgründen eingeschränkt: Seither sorgen Gummistopfen für eine Arretierung etwa nach einem Drittel der Fensterhöhe.

Die erste Bauserie hatte stattdessen links in den Schrägseiten vorne und hinten die selben Fenster mit Ausstellklappen eingebaut wie in den geraden Seitenwänden, was aber bald bei allen Wagen zugunsten der besser belüftbaren Ausführung mit Übersetzfenstern vereinheitlicht wurde. Beim Heckfenster lässt sich ebenfalls das obere Viertel schräg stellen zwecks Luftzufuhr. Der Einbau einer Klimaanlage, wie sie im GT 6 schon angedeutet war, wäre 1959 technisch ohne weiteres verfügbar gewesen, wurde von Alfred Bockemühl aber unter ausdrücklichem Hinweis auf „das derzeitige Tarifniveau“ nicht befürwortet.

‚Stuttgarter Schranke'

Ab der zweiten Bauserie spendierte man dem GT 4 und seinen hitzegeplagten Insassen zwei Lüftungsklappen im Dach. Bei den Fenstern des GT 4 ist erstaunlich, dass er trotz seiner eleganten Run-

dungen und zudem nach oben leicht verjüngtem Wagenkasten ohne jede gebogene Scheibe auskommt, obwohl solche bereits Anfang der 1950er Jahre auch im Schienenfahrzeugbau schon als Standard verfügbar gewesen wären. Auf dem Dach trägt der GT 4 lediglich im A-Teil den Stromabnehmer und auf beiden Wagenteilen die flachen Bremswiderstände, dem Betrachter aus normaler Augenhöhe weitgehend verborgen durch eine langgestreckte Sichtblende. Die wiederum dient auch als Laufsteg für die Wartung der auf dem Dach montierten Teile. Die Seitenwand geht fast nahtlos gewölbt in die Dachschräge über, dies findet seine Entsprechung in der unten gegen das Fahrwerk gewölbt eingezogenen Abschlusskante. Wiederum unterstreicht diese aufgeräumte und harmonische Struktur den gestalterischen Anspruch der Schöpfer des GT 4, der als einer der elegantesten Straßenbahnwagen Deutschlands gelten kann.

Das Innere des Wagens wird im A-Teil durch einen außermittigen Längsgang geteilt, der sich durch die Sitzteilung 2 + 1 ergibt. Alle Sitze sind in Vis-á-vis-Anordnung eingebaut; die von Esslingen für spätere oder andere Besteller wahlweise projektierte Version mit Ein-Richtungs-Sitzen wurde nie verwirklicht. Im B-Teil gab es im Lieferzustand nur 1+1-Sitze, so dass der breitere Mittelgang zahlreiche Stehplätze bot. So konnte der Laufweg für Kurzstreckenfahrgäste zwischen der Haupteinstiegstür hinten (Tür 3) und der ersten Ausgangstür ‚Mitte‘ (Tür 2) kurz gehalten werden. Zwischen Tür 3 und dem Sitzbereich saß der

Links | Die erste Serie im ersten Zustand: Wagen 501 vom Typ ‚Stuttgart' in der Schleife Giebel, mit hellem Dach, Chromzierleiste, Doppelblinkern und Ausstellklappen im ersten und letzten Seitenfenster. | Archiv SSB

Mitte | 26 Jahre nach seiner Ablieferung trägt Wagen 521, ebenfalls Typ ‚Stuttgart', einfache Blinker und den einfachen Zierstreifen ohne erhabene Leiste. Das Dach ist dunkelgrau ohne Zierstreifen; seitlich vorne und hinten sind Übersetzfenster mit versenkbarer oberer Hälfte eingebaut. Auffällig die ansteckbare Reklametafel seitlich am Heck. Außerdem geht dieser Wagen degradiert zur ‚blinden Kuh' mit ausgebautem unterem Frontscheinwerfer nur noch als jeweils zweiter Wagen im Zugverband auf Strecke. | Guntram Schäfer

Rechts | Wagen 694 aus der vierten Serie, Codename ‚Bopser', am 28. März 1983. An der Unterkante des Wagenkastens in der vorderen Hälfte die Lüfteröffnung für den vorderen Fahrmotor, die ab Serie 2 (‚Ostheim') eingebaut wurde. Durch den Einbau der Fahrerkabine musste das vordere Seitenfenster in zwei schmale Einzelfenster aufgeteilt werden. Auf dem Dach fällt der ‚Topf' der Funkantenne auf. Wagen 694 trug trotz seiner teilweisen Modernisierung bis zum Schluss noch eine doppelte ‚Bauchbinde' und alte Blinker. | G. Schäfer

Schaffner auf seinem erhöht angeordneten Platz. Zwischen jenem und Tür 3 befanden sich zwei Klappsitze, die wegen ihrer Lage direkt an der Tür als Plätze für Schwerbehinderte ausgewiesen waren. Der restliche Heckbereich diente als Stauraum für die zugestiegenen Fahrgäste, die noch nicht den Schaffner passiert hatten. Vorne an Tür 1 durften durch den rechten Türflügel (1a) nur Kunden mit Sichtkarte einsteigen, Türflügel 1b war den Aussteigenden aus dem vorderen A-Teil vorbehalten. Eine nur gegen außen zu öffnende Schranke, das ‚Stuttgarter Schwingtürchen', sorgte an Tür 1b und 2 dafür, dass hier niemand zustieg, außerdem machte die von außen lesbare Aufschrift ‚Ausstieg' auf der Schranke unmissverständlich klar, wie hier die ‚Fahrgastfluss-Sitte' abzulaufen hatte. Drückte der aussteigende Reisende die Schranke nach außen, schnellte diese von selbst zurück. Eingebaute Kontakte in der Schranke sowie in den Trittstufen, die deshalb beim Betreten leicht nachgeben und durch den Federkontakt bei Entlastung wieder in leichte Schrägstellung zurückspringen, zeigen dem Fahrer an, wenn kein Fahrgastwechsel mehr stattfindet und die Türen somit schließbereit sind.

Die Gestaltung im Innenraum entsprach dem Zeitgeschmack: Die schon vom Triebwagentyp T 2 bekannten gepolsterten Sitze waren mit rotem Kunstleder überzogen was zwar bei ‚Langstreckensitzern' und warmen Temperaturen zuweilen zu festklebenden Gesäßen führte, aber im Vergleich zu Holzlattensitzen doch für Komfort sorgte. Als Boden wählte man braunes gerilltes Linoleum. Zwischen den Sitzen waren an den Fenstern kleine leicht halbkreisförmige Tischchen angeordnet, die ebenso wie die Wandverkleidungen vom Boden bis zur Fensterunterkante ein schachbrettartiges Muster zeigten. Die restliche Wand- und Deckenverkleidung war eher undefinierbar lichtgrau meliert gehalten. Der Werkstoff sind Kunststoff-Schichtplatten (Resopal). An den Fenstern befanden sich Rollos aus rotbraunem, leicht perforierten Gewebe, so dass trotz Sonnenschutz ein Durchblick gewahrt blieb. Als Problem erwies sich bald nach Erscheinen des letzten GT 4, dass die Industrie das im Fahrzeuginneren verwendete Material nicht mehr nachlieferte – die Zeiten von Schachbrettmuster und Ritzstruktur waren vorbei! Bereits bei den letzten beiden Wagen 749 und 750 hatte die Herstellerfirma die Innenverkleidungen mühsam zusammengestückelt, um ihre restlichen Vorräte aufzubrauchen. Bei anstehenden Reparaturen besonders nach Unfällen sahen sich die SSB genötigt, dann den ganzen Wagen mit andersartigem Material zu versehen; dabei freiwerdende Restteile wurden für Kleinarbeiten an Fahrzeugen mit Originalausstattung sehnlich erwartet.

Fahren mit links

Die innere Bodenhöhe des Wagens liegt bei 816 mm über Schienenoberkante, damit die Drehgestelle mit dem Raddurchmesser von 680 mm als entscheidendem Maximalmaß darunter Platz finden. Im gesamten Sitzbereich bis vor Tür 1 und 3 ist der Boden eben durchgezogen, auch im Bereich des Drehtellers im Wagengelenk, so dass das Innere großzügig und aufgeräumt wirkt und der Fahrgast keine Stolperstellen oder Rampen vorfindet. An Tür 1 und 3 ist der Boden jeweils um etwa 15 cm abgesenkt Direkt vor der Tür kommt die eigentliche Trittstufe nach außen, die mit rund 30 cm für heutige Maßstäbe sehr hoch ausfiel, aber technisch bedingt war. Zum Straßenniveau – sofern keine Bahnsteige bestehen – ist dann noch ein Höhenunterschied von gut 37 cm zu überwinden. An Tür 1 verlief der Absatz im Wagenboden schräg auf den Fahrerplatz zu, damit auch der vorderste Sitz noch in der Normbodenhöhe von lag. Bei Tür 3 hingegen liegt der ganze Stauraum hinter Drehgestell 2 auf voller Fahrzeugbreite auf der Zwischenhöhe von 673 mm, so dass die Einsteigenden rasch Platz finden, ohne gleich die dritte Stufe überwinden zu müssen.

Rechte Seite | Wagen der Serie 5 (Nr. 709–750) im Teilschnitt | Archiv SSB

Nächste Seite | Wagen der Serie 2 (Nr. 401–572) im heutigen Betriebszustand. | Almut Berkmann/SSB

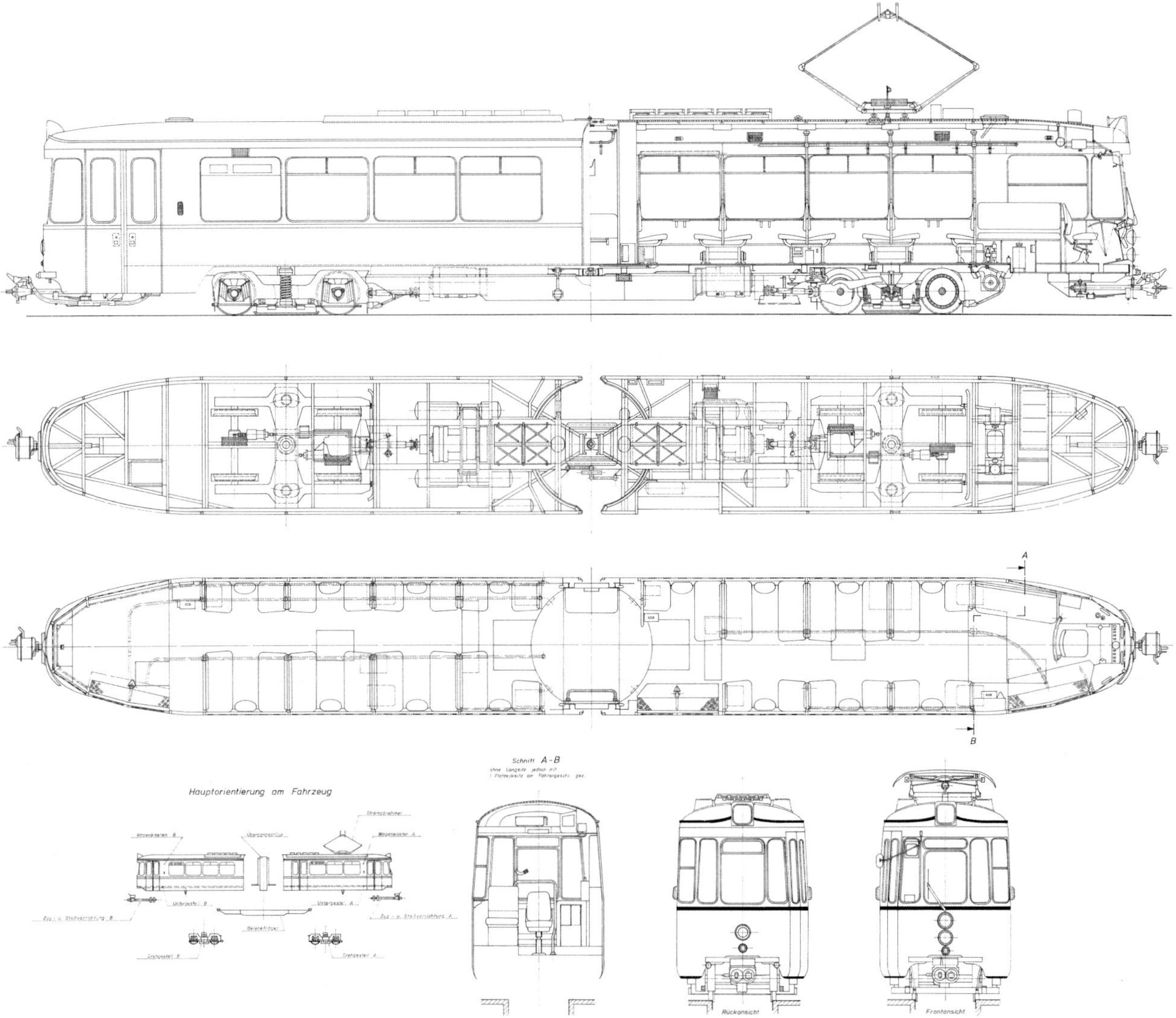
A
B
Hauptorientierung am Fahrzeug
Schnitt A-B
Rückansicht
Frontansicht

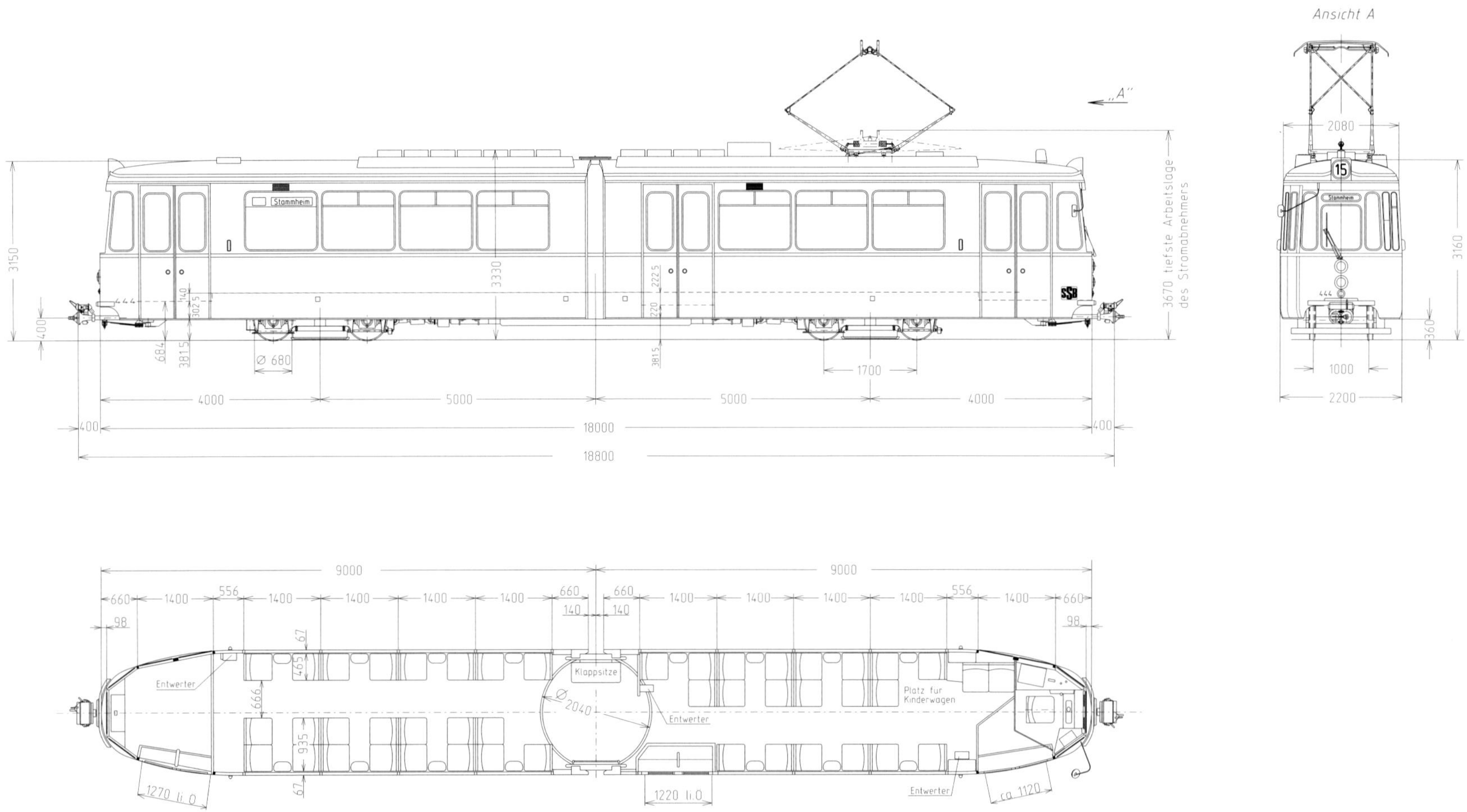
Ansicht A
„A"
Stammheim
15
3670 tiefste Arbeitslage des Stromabnehmers
18000
18800
Entwerter
Klappsitze
Platz für Kinderwagen
1270 li.0
1220 li.0
ca. 1120

Fahrschalterschrank links neben dem Fahrersitz Wagen 501-529

a) Steuerschalter, Hauptwalze
b) Steuerschalter, Fahrtrichtungswalze
c) Steuerschalter, Bedienungshebel
d) Zugwahlschalter (für Fahrt als Zwillingszug)
e) Kleinautomaten
f) Sicherung 600 Volt für Weichen-Umstellwiderstand
g) Sicherung 600 Volt für Nebenverbraucher
h) Sicherung 600 Volt für Schienenbremsen des geführten Wagens über Schütz 6c2.
i) Blinkgeber
k) Nullstellungszwangsrelais 0d2
l) 2 Relais 8d2 für Blinklicht
m) Relais 0d3 für Hauptschütz AUS bei Notbremsung
n) Relais 11d3 für Türkontrolle
o) Klemmenleiste
p) Relais 10u6 der optisch-akustischen Signalanlage
q) Sitzgestänge
r) Übertrager 12u6 der Lautsprecheranlage
s) Schienenbremspedal

Diese Seite | Ab Wagen 606 erprobte die Firma Kiepe serienmäßig eine elektronische Fahrschaltersteuerung, bei welcher per Druckknopf zwischen Serien- und Parallelschaltung gewechselt werden musste. Vorerprobungsträger waren die Wagen 501 und 502 gewesen. Nach gut vier Jahren wich alles wieder der seit 1959 bewährten Elektromechanik. | Archiv SSB

Diese Seite rechts | Ab der dritten Serie, beginnend mit Wagen 573, hielt vorne links eine Längsbank Einzug, unter welcher sich Teile der E-Ausrüstung praktischer unterbringen ließen. Konstant blieb der einklappbare Fahrersitz mit den beiden dies erleichternden Griffmulden in der Rückwand, wie der Blick auf die ausgeklappte „Kasperlebude" zeigt. | Archiv SSB

Für den Fahrerplatz übernahm man die beim T 2 bewährte und geniale Kombination des ausklappbaren Fahrersitzes mit integrierter Wandverkleidung. Bei Nichtgebrauch verschwindet der Fahrersitz durch eine mechanische Führung sozusagen spurlos in der Stirnwandverkleidung, das Fahrpult wird durch eine verschließbare Klappe abgedeckt. Damit sind alle empfindlichen und betriebswichtigen Teile ‚aufgeräumt'. Für den Einsatz in Doppeltraktion, wenn nur im vorderen Wagen der Fahrerplatz benötigt wird, war dies besonders sinnvoll.

Links vom Fahrpult sind die Richtungswalze und der Fahr-Brems-Hebel angeordnet, die entscheidenden Teile: Mit ersterer legt man die Fahrtrichtung vor-/rückwärts fest, der Fahr-Brems-Hebel ist der kombinierte Fahrschalter mit 19 Fahr- und 16 elektrischen Bremsstufen. Der GT 4 wird also ‚mit links' gefahren. In den niedrigen Fahrstufen wird der Strom über Widerstände vernichtet, korrekter gesagt in Wärme umgewandelt. Je weiter man mit dem Hebel vorrückt, um so mehr ‚Saft' bekommen die Motoren. Damit Fahrschalter und Widerstände nicht ‚gegrillt' werden, sollen die Fahrstufen schrittweise exakt eingehalten und möglichst bald in den oberen Fahrstufenbereich geschalten werden. Zieht man den Fahr-Brems-Hebel über die Nullstellung gleichmäßig nach hinten, also gegen den Körper, so schaltet sich die elektrische Bremse ein. Mit der anderen Hand bedient man rechts am Fahrpult das Luftbremsventil. Drückt man den Ventilhebel nach links oder rechts, so wird – für dringende Fälle – gleichzeitig Bremssand gestreut. Im Gefahrfall kann der Bremshebel mit leichtem Druck über die Feststellposition gedrückt werden, wobei das Ventil sofort voll entlüftet, also die Luftbremse voll anschlägt, parallel fällt automatisch Bremssand, ohne dass manuell dosiert werden müsste.

Bitte Platz nehmen! Fahrpult in der Ursprungsausführung mit dem praktischen nach vorne schwenkbaren Sitz, dessen Rücklehne im eingeklappten Zustand gleichzeitig das Fahrpult abschließt; von vorne wird dann noch ein Rolladen über das Fahrpult gezogen. | Werkfoto Esslingen, Archiv SSB

Mit Händen und Füßen

Am Fahrpult befindet sich zentral der Tachometer, links davon die Schalter für Licht, Gebläse und Heizung, rechts jene für den Blinker, Türfreigabe und Weichenstellung. Das ‚Werkzeug' für den Fahrer des GT 4, das er mitzubringen hat, sind der Fahrtrichtungswender und der Hebel fürs Bremsventil. Bei Nichtgebrauch des Wagens werden beide Hebel abgezogen. Wie ein Autofahrer hat der Bediener des GT 4 aber auch mit den Füßen zu tun: Das linke Pedal steuert die Magnetschienenbremse, die nur als Notbremse eingesetzt wird. Und das rechte Pedal? Es betätigt das unverzichtbare Requisit aller Straßen- (und auch Stadt-) Bahnen – die ‚Schelle'! Mit dem Fußtaster in der Mitte schließlich wird das Fernlicht ein- und ausgeschaltet; auch das braucht ein ordentlicher GT 4.

Werden die Wagen in Doppeltraktion gefahren, stellt man den Zugwahlschalter am Fahrpult des zweiten Wagens auf ‚Zugbetrieb'. Der zweite (sprich geführte) Triebwagen, also Bei-Triebwagen, bezieht seinen Fahrstrom separat über seinen Stromabnehmer, aber alle Schaltimpulse werden über die Elektrokontakte der automatischen Kupplung vom ersten Wagen übertragen. Als Ein-Richtungs-Wagen verfügt der GT 4 nur vorne über einen ‚richtigen' Fahrerplatz. Rückwärtsfahren vom vorderen Platz aus ist aus Sicherheitsgründen verboten. Deshalb gibt es vor der Rückwand den bei Nichtgebrauch ebenfalls ‚unsichtbar' abgedeckten Heckfahrschalter. Mit ihm dürfen regulär nur Rangierfahrten unternommen werden. Er besteht aus einem Richtungsschalter und einer Fahr- und Bremskurbel mit nur je einer Stufe. In der Fahrstufe wird nur die Reihenschaltung der Motoren angewendet, so dass beide nur mit halber Leistung fahren, was für die Rangierfahrten mit maximal 15 km/h genügt. Auch hier gibt es ein Luftdruckbremsventil für die Rangierbremsung. Die Bremsstufe der Fahrkurbel ist nur als Gefahrbremse gedacht, weil hier sofort die Magnetschienenbremse anspricht. Weiter findet man am Heckfahrschalter einen Schalter für den Rückfahrscheinwerfer, einen für den Blinker und natürlich wieder einen Taster für die Klingel.

Die Außenbeleuchtung des GT 4 besteht aus dem für Stuttgart typischen, schon vom T 2 und GT 6 bekannten vorderen Doppelscheinwerfer mit zwei übereinander angeordneten Lampen, und dem erwähnten Rückfahrscheinwerfer hinten. Die Frontscheinwerfer können auf Standlicht, Fahrlicht und Fernlicht eingestellt werden. Am Heck trägt der Wagen einem orangefarbigen Lampenkörper für das Fahrlicht, in welchen das rote Bremslicht einbezogen ist. Für Rückwärtsfahrten dient demzufolge die entsprechende Lampe vorne unter den Frontscheinwerfern. Seitlich hat der GT 4 wie jedes Auto zwei orangefarbige Fahrtrichtungsanzeiger (Blinker), die der Fahrer beim ‚Abbiegen' (bei Fahrten im Straßenraum) betätigen muss. Ursprünglich waren diese Blinker zweiteilig übereinander angebaut. Auch die

Liniennummern- und Zielschildkasten sind beleuchtet. Innen gibt es Helligkeit über Leuchtstofflampen sowie eine separate Türfeldbeleuchtung, die sich automatisch einschaltet, bevor sich die Türen öffnen.

Spannung überall

Der GT 4 ist für eine Fahrdrahtspannung von einst 600 Volt, heute 750 Volt ausgelegt, so dass die beiden Fahrmotoren auf den niederen Fahrstufen bei Reihenschaltung (Serienschaltung) je knapp

Diese Seite | Sesam öffne dich! Das Rangierfahrpult im Heck des Wagens, in ‚Ruhestellung' und aufgeklappt; ursprüngliche Version. | Werkfoto Esslingen, Archiv SSB

400 Volt erhalten, bei Parallelschaltung (hohe Fahrstufen) die volle Leistung von rund 750 Volt. Die Kleinspannungsanlage für Beleuchtung und Hilfsbetriebe läuft mit 24 Volt. Batterien sorgen für Notbeleuchtung und Mindestfunktionen auch bei abgezogenem Stromabnehmer oder bei Stromausfall. Die Heizung erfolgt elektrisch über Widerstände unter den Sitzen (Nutzstrombremse) oder über die Frischstromheizung (Netzstrombremse). Erstere hat naheliegenderweise die Eigenschaft, dass es nur warm wird, wenn der Fahrer auf niederen Fahrstufen fährt (wenn viele Widerstände zugeschaltet sind) oder wenn er gerade elektrisch bremst. Dafür kostet diese Heizung nichts zusätzlich, weil nur der beim Bremsen erzeugte Strom wieder verwendet wird. Im Sommer werden, wie man sich vorstellen kann, nur die Dachwiderstände ‚beheizt'. Die jeweilige ‚Jahreszeit' wird durch die Werkstatt eingestellt. Die Frischstromheizung wärmt dauernd, aber kostet zusätzlichen Strom vom Elektrizitätswerk.

Luftbremse und Türen werden mit Druckluft betätigt, letztere pro Einsatztag etwa bis zu 1.800 mal. An der Druckluft hängt auch der Sandstreuer. Für diesen wird wie für alle Schienenfahrzeuge gereinigter Quarzsand verwendet, weil dieser nicht verklumpt. Die Vorratsbehälter befinden sich unter den Sitzen im Drehgestellbereich – bei den modernisierten GT 4 zeigt ein kleines Schauglas seitlich neben dem Sitz, das auch der aufmerksame Fahrgast entdecken kann, den Füllstand. Der Bremssand wird über Fallrohre jeweils vor die Räder der ersten und dritten Achse geworfen; die zweite Achse greift auf dem vom vorauslaufenden Radsatz schon ‚flachgedrückten' Sand genau so gut. Der GT 4 besitzt drei unabhängige Bremssysteme – zwei sind gesetzlich vorgeschrieben. Für die elektrische Bremse werden die Motoren auf Generatorwirkung umgeschaltet, wobei der produzierte Strom allerdings verloren geht (heutige Schienenfahrzeuge speisen ihn wieder ins Stromnetz zurück). Je langsamer der Wagen wird, um so weniger Schwung hat er. Desto weniger Strom erzeugt also das rollende Fahrzeug und um so geringer ist dann die Bremswirkung. Deshalb dient die elektrische Bremse (auch E-Bremse, generatorische Bremse oder einfach Motorbremse genannt) vor allem als Betriebsbremse für leichte Bremsung während der Fahrt. Sie arbeitet berührungslos und somit verschleißfrei, was die Werkstatt liebt, aber heftiges und oftmaliges Bremsen soll man vermeiden, sonst wird es den Fahrgästen zumindest im Winterbetrieb, wenn die Sitz-Widerstände zugeschaltet sind, recht bald warm um's Herz – oder vielmehr ums Hinterteil.

Die zweite Komponente ist die Luftdruckbremse. Sie wird als Anhalte- und Feststellbremse verwendet, also für die letzten Meter, um das Fahrzeug zum Stillstand zu bringen sowie um es vor dem Wegrollen während des Zwischenaufenthaltes zu sichern. Wie bei allen Schienenfahrzeugen ist die Luftdruckbremse so konstruiert, dass sie ‚nach der sicheren Seite fällt'. Sprich, man benötigt Luft, um die Bremse zu lösen. Umgekehrt erklärt zischt es, wenn gebremst wird, weil dazu Luft entweicht. Geht die Luft ganz verlustig – sei es durch einen Defekt oder gar einen Unfall –, spricht die Bremse automatisch an. Im Gegensatz zu Eisenbahnfahrzeugen, die mit einem Hilfsluftbehälter arbeiten, wird bei der Straßenbahn-Druckluftbremse die eigentliche Bremswirkung durch eine Feder erzeugt. Der Luftdruck überwindet die Federkraft, demzufolge betätigt die Feder das Bremsgestänge, wenn die Luft aus dem Bremssystem entweicht. Wegen der aufgespeicherten Federkraft heißt dieses Prinzip Federspeicherbremse. Beim GT 4 ist sie als Trommelbremse ausgeführt; die Bremstrommeln sitzen auf den Achswellen. Das optimale Einstellen der Bremskraft durch die Werkstatt ist Gefühlssache, weil der GT 4 durch die unterschiedliche Achsbelastung dazu neigt, dass die stärker belasteten Radsätze schleifen und Flachstellen bekommen (‚Plattfuß'). Auch die modernen Stadtbahnwagen besitzen die Federspeicherbremse, dort allerdings elektronisch mit Anti-Blockier-System austariert. Der Federspeicher wirkt auch bei völligem Ausfall aller Luft- oder Stromversorgung immer noch

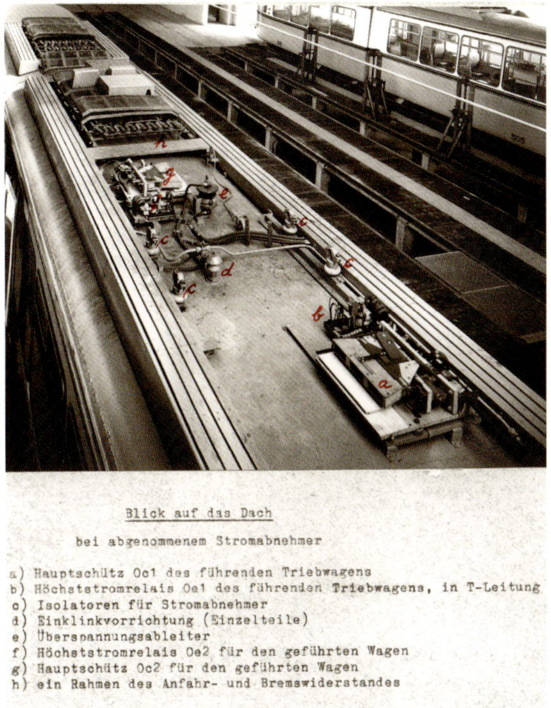

Rechts | Blick auf den A-Teil Richtung B-Teil, der Stromabnehmer ist zur besseren Übersicht abgebaut (1960). | Emil Hatt/Archiv SSB

Links | Versuchsweise erhielten 1965 die beiden Wagen 539 und 546 zwei verschiedene Einholmstromabnehmer, die durch ihr geringeres Gewicht Vorteile bei niedriger Tunneloberleitung erwarten ließen. Nachdem ein Umbau der vorhandenen Scherenstromabnehmer den gleichen Nutzen bei wesentlich kleinerem Aufwand erbrachte, bekamen auch die beiden Probanden wieder ihre angestammte Ausrüstung. | Archiv SSB

rein mechanisch, zuverlässig und unbegrenzt. Dies erspart, dass eine reine Handbremse oder Feststellbremse eingebaut werden müsste. Für den Ausnahmefall, dass ein Wagen ohne jeden Antrieb oder Bedienung bewegt werden muss oder dass die Luftbremse defekt ist, kann die Federspeicherbremse mechanisch außer Wirkung gesetzt werden, indem die Bremsbacken über eine handbetätigte Hydraulikölpumpe gelöst werden.

Die dritte im Bunde ist die Magnetschienenbremse (kurz: Schienenbremse oder Mg-Bremse). Sie ist nur für kritische Fälle oder Gefahrbremsungen vorgesehen, weil sie mit fünf Tonnen Anpressdruck sehr heftig wirkt – das soll sie ja auch: Unter dem Drehgestell zwischen den Radsätzen ist beidseitig knapp über den Schienen ein langgestreckter Bremskörper in Gestalt eines Elektromagneten aufgehängt. Betätigt der Fahrer das erwähnte linke Fußpedal, werden die Magneten sofort durch eine Spule nach unten gegen das Gleis gezogen. Auch die Schienenbremse wird über die Fahrzeugbatterie versorgt, funktioniert also auch bei Stromausfall.

‚Seiltricks' beim Abrüsten

Technische Einbauten fallen dem Fahrgast am GT 4 kaum störend auf: Am Gelenkträger unter dem Wagen hängen die beiden Fahrmotoren und die Druckluftbehälter. Auch das Schaltwerk, der mechanische Teil des Fahrreglers, sitzt dort und wird über elektropneumatische Ventile (EPE-Ventile) gesteuert. Am Wagenkasten unter der vorderen Plattform ist der Kompressor (Luftpresser) aufgehängt, der sich automatisch einschaltet, wenn der Luftdruck im Bremssystem unter sechs bar sinkt; sein tackerndes Arbeitsgeräusch (und die davon ausgehenden Schwingungen) ist dem Fahrgast vertraut. Im Fahrgastraum unter den Sitzen befinden sich diverse elektromechanische Schaltwerke (Wagenabschalter, Motorwahlschalter, Schalter für Widerstandsheizung), die während des Betriebes nicht verstellt werden müssen; dann die Frischstrom- und Widerstandsheizkörper, die Batterien und die erwähnten Sandbehälter. In Schränken (Geschränk) seitlich des Fahrerplatzes, über diesem und im Fahrgastraum sind weitere Schaltwerke, Sicherungen, Relais und Schütze eingebaut. Letzteres sind elektrische Überstromschalter, die sich bei zu starkem Stromfluss (bei Überlastung, Gerätedefekt, Blitzeinschlag ins Netz oder zu schnellem Fahren) von selbst ausschalten, deshalb heißen sie auch Überstromautomat, im Elektriker- und Bahnersprachgebrauch einfach ‚d'r Automat'. Pro Wagen sind – für Schienenfahrzeuge nicht ungewöhnlich – gut acht Kilometer Kabel verlegt.

Auf dem Dach sieht man nach dem Liniennummernkasten die Funkantenne, das Hauptschütz (die zentrale Eingangssicherung zwischen Stromabnehmer und dem elektrischen Stromkreis des Wagens), den Stromabnehmer, dann die Dach-Bremswiderstände. Der Stromabnehmer wird von Federn an die Fahrleitung gedrückt. Man zieht ihn beim Abstellen des Wagens mit einem im Fahrgastraum versteckt aufgehängten Seil nach unten und legt ihn mit einem Handgriff mechanisch fest. Zur Sicherheit wird das Seil mit einem Knoten in vorgeschriebener Form (er soll ohne Messer wieder lösbar sein!) ‚seemännisch' an einem Haltegriff festgebunden. Wer als GT-4-Fahrer anheuert, wird also auch ein Stück in die Abläufe der christlichen Seefahrt eingewiesen – das Schaukeln liefert das Fahrzeug dazu.

‚Ostheim' geht auf Fahrt

Gebaut worden ist die GT-4-Flotte nach vier Aufträgen der SSB zwischen 1959 und 1965 in insgesamt fünf verschiedenen Bauserien, die sich in für den Laien kaum merklichen Feinheiten der Technik, der Funktion und der Gestaltung unterschieden. Anstatt die Serien durch interne Unternummern zu trennen, vergab Esslingen ortsbezogene Namen: Die erste Serie von 42 Fahrzeugen (Wagen 501–542) gehörte zum Typ ‚Stuttgart', der zweite Auftrag über 130 Fahrzeuge (Wagen 543–572 und 401–500) lief unter dem Namen ‚Ostheim', die dritte und vierte – technisch zum Teil unterschiedliche – Serie mit 136 Einheiten taufte man ‚Bopser' (Wagen 573–670 bzw. 671–708) und die letzte Serie mit nochmals 42 Stück schließlich trug den Beinamen ‚Schwaben' (Wagen 709–750). Die heute vorhandenen Wagen 401 und 402 haben somit die niedrigsten Nummern, sind aber nicht die ältesten Fahrzeuge! (Siehe Tabelle im Anhang.)

Über die Einzelheiten der Serien, Ausnahmefälle sowie Art, Umfang und Zeitpunkt späterer Umbauten geben die Tabellen im Anhang des Buches Auskunft. Hier im Text sollen nur die grundsätzlichen Unterschiede und Veränderungen und der Anlass dazu chronologisch dargestellt werden. Die Prototypwagen 501 und 502 besaßen Garbe-Lahmeyer-Fahrmotoren, für den Rest der Serie 1 wählte man zur Erprobung AEG-Motoren. Mit den Garbe-Lahmeyer-Motoren gab es Probleme mit Luftzufuhr und Verschmutzung, was zum Festsitzen der Kohlebürsten führen konnte; man befürchtete dadurch Kollektorschäden und im schlimmsten Fall Bremsversager. Deshalb kam in Serie 2 und 5 ebenfalls die AEG zum Zuge, Serie 3 erhielt wiederum die Bauart Lahmeyer mit verbesserter Art des Einbaues. Ab Wagen 446 bekamen die Wagen im A-Teil seitlich links und im B-Teil rechts am unteren Rand des Wagenkastens einen Blechkanal, welcher den Motoren mehr Luft ‚spendierte'. Diese Fahrzeuge sind durch eine Gitterklappe in der Seitenwand erkenntlich. Die erste Serie rüstete man jedoch nicht nach.

Für einen Teil der Fahrzeuge wählte die Maschinenfabrik Esslingen den Versand per Straßentieflader. Hier macht sich Wagen 638, der noch heute in Stuttgart seine Runden zieht, von den Mettinger Hallen aus auf den Weg, laut Lieferliste war dies am 27. September 1963. Der weitere GT 4 im Hintergrund hat die endgültige Lackierung noch vor sich. | Archiv SSB

Ausstieg
638
DEUTSCHE BUNDESBAHN

Die Motoren der Serie 1 leisteten generell 90 Kilowatt, ab der zweiten Serie 100 kW. Art und Einbaulage der Motoren bewährte sich grundsätzlich. Nur bei extremer Schneelage, wie im Januar 1968 oder Januar 1982, neigte diese Technik wegen angesaugtem Flugschnee, der dann auftaute und für manchen ‚Kurzen' (also Kurzschluss) sorgte, in größerem Umfang zu vorübergehenden Ausfällen. Wagenkasten und Drehgestelle unterschieden sich von Baulos zu Baulos durch fertigungs- und funktionstechnische Feinheiten und bekamen unterschiedliche Zeichnungsnummern; die Drehgestelle können aber dennoch beliebig getauscht werden.

Oben links | Alle Achsen noch drin! Wagen 667 hingegen traf am 20. Februar 1964 wieder per Eisenbahn-Tiefladewagen in Stuttgart-Wangen ein. Er war es, der schon zwei Monate später in Zürich Aufsehen erregte. Heute macht er sich in Rumäniens Osten in Arad nützlich. | Archiv SSB

Oben rechts | Die ersten Meter! Im Schlepp eines T 2 pflegten die Neuankömmlinge zunächst nach Ostheim gebracht zu werden, wie hier am 20. November 1960 Wagen 514. | Joachim von Rohr

Ab Serie 2 besaßen die Wagen wie erwähnt Lüftungsklappen im Dach, was die Kundschaft aufatmend begrüßte. Auch erhielt die Bauart ab Serie 2 drei zusätzliche Sitzplätze in Gestalt einer Klappbank im Drehtellerbereich sowie zwei statt einem Einzelklappsitz neben dem Schaffnerplatz. Ab Serie 3 änderte sich der innere Grundriss dergestalt, dass man im A-Teil vorne den Absatz im Wagenboden zwischen Tür 1 und Sitzbereich nunmehr im rechten Winkel zur Längsachse durchzog statt im schrägen Winkel. So war er für aussteigende Fahrgäste wohl besser erkennbar. Dadurch entfielen die Vis-à-vis-Sitze ganz vorne links, hier fand sich nun eine Längsbank. Fast am Schluss der dritten bestellten Tranche, in der Bauserie 4, mitten im vierten Baulos ab Wagen 680, forderten die Probleme mit der Fahrgastabfertigung ihren Tribut: Gegenüber dem Schaffnerplatz wurde eine Längsschranke eingebaut, welche den Fahrgastfluss in ‚links' – für Sichtkarteninhaber – und ‚rechts' für Einzelzahler aufspaltete. Dafür entfiel der letzte Einzelsitz links. Der Klappsitz rechts vor dem Schaffnerplatz erhielt einen Kompagnon (die auf den Werkzeichnungen eingetragene feste Sitzbank wurde nicht verwirklicht, außer bei Wagen 750). Wagen 672 bildete den Prototyp für diese Version. Die gesamten restlichen noch zu bauenden Wagen bis Nr. 750, also auch der fünften Bauserie, sollten in dieser Ausführung erstellt werden. Ab der letzten Bauserie kam man jedoch auf die Idee, den Wagenboden im A-Teil auf gleicher Höhe bis zum Fahrerplatz durchzuziehen, so dass die oberste Trittstufe nun direkt vor Tür 1 lag. Und der allerletzte Wagen, Nummer 750, kam schon ab Werk mit zusätzlicher Bestuhlung im B-Teil (2+1 statt 1+1) ‚auf die Welt', wie sie später bei allen Wagen eingebaut werden sollte. Optisch unterschied sich die letzte Serie dagegen innen auf den ersten Blick von den Vorgängern: Ab Wagen 709 wiesen alle Sitzpolster dunkelblaue statt rote Sitzbezüge auf. Auch waren die Fahrersitze nunmehr – dem Einmannbetrieb mit Fahrscheinverkauf geschuldet – drehbar, aber nicht mehr einklappbar. Das Armaturenbrett bekam eine separate Abdeckung für den Fall des Einsatzes als Beitriebwagen. Für alle Fälle erhielten aber sämtliche 350 Wagen nach wie vor den Schaffnersitz.

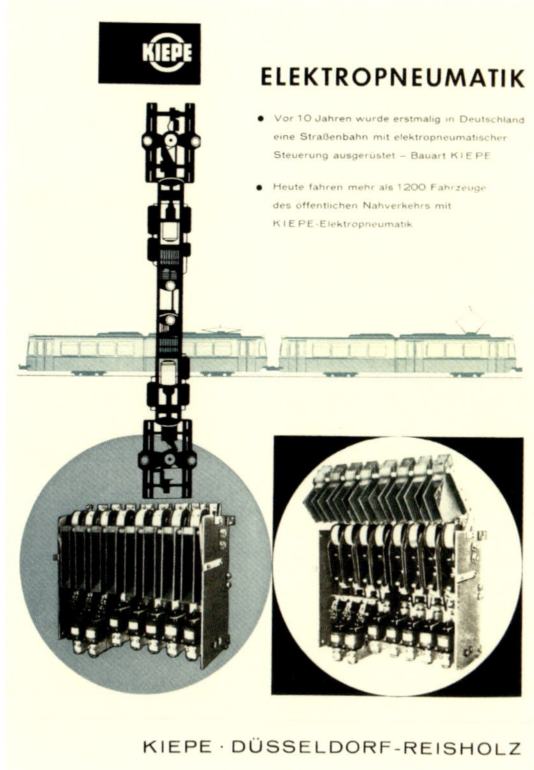

Oben links | Der Hersteller Kiepe, Lieferant der elektrotechnischen Teile des GT 4, bezog diesen gerne in seine Werbung ein. | Inserat aus ‚Jahrbuch des Eisenbahnwesens'.

Oben rechts | Kein Schifferklavier, sondern die halbselbsttätige Kupplung der Bauart Scharfenberg (daher Schaku genannt), oben die elektrischen Kontakte. | Archiv SSB

Wir ändern morgen, ändern heut'

Die letzten GT 4 waren noch längst nicht ausgeliefert, da begannen schon die Umbauten. Dass man 1960/61 die Wagen der Serie 1 durch Umbau der Fenster und Motoren denen der Serie 2 anglich und letztere auf die gleiche Leistung von

Oben links | Ursprungsfahrpult, jedoch schon mit den zusätzlichen Einbauten für Türschließung, induktive Zugsicherung und Sicherheitsfahrschaltung. | Archiv SSB

Oben rechts | Damit für Zugfunk, Zugsicherung, Zugüberwachung und Haltestellenansage die selben Einbauten wie beim DT 8 Platz finden konnten, rückte bei der Modernisierung das Fahrpult etwas nach links. Die unveränderten Fußpedale für Schienenbremse und Klingel sieht man gut. | Ulrich Brockschmidt

inzwischen 100 kW brachte, war schlüssig. 1967 glich man auch die Teilserie der Wagen 606–640 denen der Serie 1 und 2 an, weil die ab Werk probehalber eingebaute elektronische Steuerung der rauen Praxis nicht gewachsen war. Man kehrte zum bewährten elektromechanischen Schalthebel zurück. In der selben Zeit durchliefen alle GT 4 ein Sonderarbeitsprogramm, bei dem die Radreifen verbreitert und die Spurkränze zum Teil erhöht wurden, so dass die Wagen nun vollends anstandslos betriebssicher wurden. In die selbe Richtung zielte der spätere Einbau der induktiven Weichensteuerung. Damit die Tunnelstrecken anstandslos durchfahren werden konnten, erhielten nach und nach alle GT 4 (und alle anderen Fahrzeuge, soweit sie unterirdisch fahren mussten) geänderte Stromabnehmer mit niedrigerer Wippe. Bei der ursprünglichen hohen Wippe konnten die Stromabnehmer wegen des beschränkten Platzes nur sehr wenig nach oben auslenken, so dass die Neigung bestand, während der Fahrt in die Ruhestellung zurückzuschnappen.

Dem Fahrgast fielen ganz andere Dinge auf: Ab 1963 erhielten alle Wagen schrittweise an den Eingangstüren die Automatik für vollständige Selbstbedienung durch den Fahrgast, weil der Schaffner als ‚Überwachungsperson' nach und nach wegfiel. Als Versuchswagen hierzu war Wagen 552 bereits Ende 1960 auserkoren worden. Wenn kein Schaffner mehr die Haltestellen ausrufen konnte, musste demzufolge der Fahrer ein Mikrofon zur Beschallung des gesamten Zuges erhalten, womit man 1966 bei einem Teil der Wagen der Serie 2 anfing. Gleichzeitig versah man diese Wagen mit Funkausrüstung und Fahrgast-Selbstbedienungstasten nunmehr an sämtlichen Türen innen und außen.

Der mühsam eingeübte Fahrgastfluss war damit in diesen Wagen abgeschafft, somit konnte man im B-Teil bei allen Wagen nun auch zusätzliche Sitzplätze einbauen, wie sie im A-Teil schon immer vorhanden waren. Damit begann aber auch schon eine Zweiteilung des vormals einheitlichen Fahrparks: Für den Einsatz als erster Wagen im Zugverband, womöglich mit Schaffner nur noch im zweiten Wagen, waren somit vorrangig die bereits umgebauten GT 4 geeignet. Ab jetzt gab es also ‚führende' und ‚geführte' Triebwagen. Diese Situation verstärkte sich ab 1968, als die ersten 18 Wagen der Serie 1 zum Ein-Mann-Wagen mutierten, entsprechend der Serie 5 mit Fahrscheinverkauf durch den Fahrer, Ausgabevorrichtung und dazu drehbarem Fahrersitz.

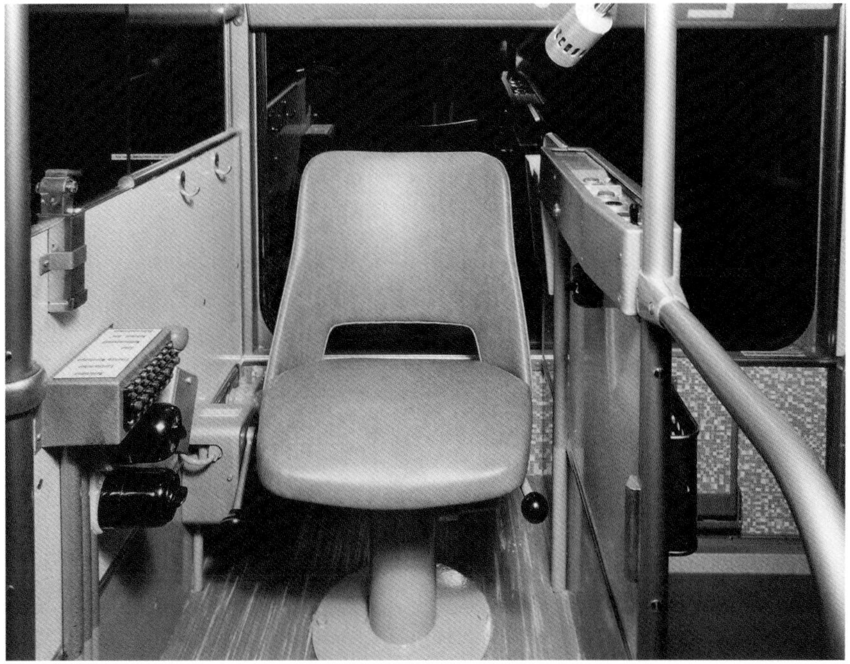

Der Schaffnerplatz: Links schwarze Drehschalter für Frischstromheizung (Heizlüfter) und (darunter) für Wagen-Innenbeleuchtung, oben Sicherungskasten, dahinter angebaut Handgriff für Notbremse. Links unten neben dem Sitz Handgriff für Feststellbremse. Ganz oben Stempel für Fahrscheine. Rechts unter dem Sitz Höhenverstellung. Oben Tastenfeld für Mikrofon-Umschalter (innen/außen), Taster rot = Notsignal an Fahrer; Taster grün = Abfahrsignal an Fahrer; Taster 3 = Tür 3 öffnen/schließen. Dahinter gelbe Warnleuchte ‚Schaffnerruf', durch Fahrer betätigt: Zug wird Vorrücken, Schaffner hat Türen zu schließen. Schwarzer Wahlschalter darunter (Stellung 1, 2) für eine oder beide Türflügel von Tür 3. | Archiv SSB

1969 begann dann bei allen GT 4 der Abschied vom Schaffnerplatz und dem ‚Stauraum' für Zusteiger, wobei die freiwerdenden Flächen den Fahrgästen erneut in Gestalt fünf zusätzlicher Sitzplätze zugute kamen. Aus dem gleichen Anlass konnte man auf die Beschriftung ‚Ausstieg' oder ‚Einstieg' ebenso verzichten wie auf die Stuttgarter Schranke.

Drillinge auf Fahrt

Die 1970er Jahre brachten noch mehr bemerkenswerte Veränderungen: Ab 1971 bauten die SSB beim GT 4 die bisher auf die Führung von Zwei-Wagen-Zügen (Doppeltraktion) ausgelegte Zugsteuerung auf die Möglichkeit der Dreifachtraktion um. Dies hatte zwar bereits Direktor Bockemühl vorgesehen, aber nicht verwirklicht. Der Initiator war nunmehr Direktor Groche, der im Hinblick auf U-Bahn-ähnlichen Betrieb möglichst

Rot-grün bei den SSB: Das behäbige rot-graue 1959er-Interieur des GT 4 wich bei den generalüberholten Wagen ab 1990 dem inneren Stadtbahn-‚Outfit' des DT 8 in lind(inger)-grün und graubeige (nach Prof. Herbert Lindinger). Dass die fünfte GT-4-Serie (1964/65) anfänglich blaugraue Polster hatte, ist längst vergessen.

lange, leistungsfähige Fahrzeugeinheiten fahren sehen wollte, nicht zuletzt für Sondereinsätze angesichts des 1973 anstehenden Deutschen Turnfestes in Stuttgart. Groches Absicht vereitelte aber der SSB-Betriebsrat, der den im Ein-Mann-Betrieb tätigen Mitarbeitern im Fahrdienst nicht die Verantwortung für einen 57 Meter langen Zug mit 500 bis 600 Fahrgästen zumuten mochte. Der einzige öffentliche Einsatz eines von nur einem Fahrer gesteuerten Zuges aus dreimal GT 4 geschah deshalb anlässlich des Tages der offenen Tür bei den SSB am 10. und 11. Juli 1971 auf dem noch nicht offiziell eröffneten U-Abschnitt Marienplatz–Rathaus. Ansonsten blieben solche ‚Dreier-Fahrten' Überführungsfahrten ohne Fahrgäste vorbehalten, was besonders gerne für ‚Waschzüge' zu den Meterspur-Waschanlagen der SSB im Vogelsang und in Degerloch beansprucht wurde. Seitdem Cannstatt seit 1989 eine Waschanlage besitzt, besteht für die Dreifachtraktion jedoch kein Bedarf mehr. Für die Internationale Gartenbauaustellung IGA 1993 in Stuttgart bereitete man die Sonderlinie Neckarstadion (Parkplätze) – IGA-Gelände für Drei-Wagen-Züge vor, aber mangels Nachfrage blieb es beim Zweier-Einsatz.

Zurück ins Jahr 1973: Damals fehlte es allmählich auch an technischen Ersatzteilen; die Hersteller lieferten nicht mehr nach. In der Not baute man bei Wagen 519 bis 678 den jeweils unteren Frontscheinwerfer aus. Damit waren diese Gefährte definitiv nur noch als ‚zweites Glied in der Kette' verwendbar, sprich als geführte Wagen, zumal sie weder über die 1973 bei den führenden Triebwagen eingeführte Induktive Weichenstelleinrichtung (IWS) und die seit 1975 folgende Induktive Zugbeeinflussung (IZB) verfügten. Auch Außenstehende erkannten seither eine solche ‚Blinde Kuh' an der mit einem Blechdeckel versehenen Öffnung des einstigen zweiten Frontlichtes. Diese Bei-Triebwagen mussten auch ihre Tachometer zugunsten der führenden Wagen abgeben. Damit die Werkstatt nun trotzdem noch wusste, auf welche Laufleistung die geführten Wagen kamen (wegen der je nach Kilometerstand festgelegten Wartungsarbeiten), hatten die Betriebshöfe nunmehr je zwei Wagen als feste Einheit einzusetzen, so dass immer beide gemeinsam in die Werkstatt gehen konnten. Erst ab 1999, als eine genügend große Serie der einheitlich modernisierten GT 4 verfügbar war, konnten wieder ‚bunte' Züge gebildet werden.

Der wiederum endgültige Abschied vom Fahrscheinverkauf im Zug ab 1978 brachte ab 1981 nach Vorversuchen den Einbau einer Fahrerkabine bei allen führenden Wagen. Das erste Seitenfenster links vorne in der Schräge musste durch die nunmehrige Unterteilung des Innenraumes durch zwei kurze Fenster ersetzt werden, so dass diese Fahrzeuge von außen klar erkennbar sind; auch die auf dieser Höhe links liegenden Sitze in Gegenüber-Anordnung wichen einer Längsbank. Lediglich die vorwiegend der Fahrschule dienenden Wagen 401 und 403 blieben noch ausgenommen, hier wäre eine Fahrerkabine störend gewesen. Nachdem ab Anfang der 1980er Jahre allmählich die Stadtbahn auf den Plan trat und durch die einzelnen wegfallenden Streckenabschnitte wieder genügend GT 4 für das Bestandsnetz verfügbar waren, entspannte sich auch der Fahrzeugbedarf und damit die Ersatzteillage etwas. Als erster schied 1983 Wagen 499 nach einem Unfall aus. Es lag aber auf der Hand, dass ständiges Tauschen von in allen Wagen gleichermaßen abgenützten Verschleißteilen oder das Richten veralteter Technik bei Unfallschäden letztlich nicht mehr wirtschaftlich fortgeführt werden konnte. Teure Reparaturen nahmen zu, denn die für Schienenfahrzeuge übliche Nutzungsdauer von etwa 30 bis 35 Jahren war erreicht oder absehbar und Laufleistungen von bis zu zwei Millionen Kilometer äußerten sich etwa durch Getriebeschäden: Wagen 511 hatte im Oktober 1976 als erster die erste Million erreicht, Wagen 523 machte im September 1990 als erster die zwei Millionen ‚voll'. In ‚guten' Jahren kam ein GT 4 somit auf eine Laufleistung von etwa 48.000 Kilometern (ein Stadtbahnwagen spult heute pro Jahr etwa 100.000 Kilometer ab).

Jungbrunnen für den GT 4

Mitte der 1980er Jahre konnte man den Weiterbau des Stadtbahnnetzes wegen den schrumpfenden Zuschüssen vorsichtig gerechnet nur in langfristigen Schritten erwarten, gerade was die Linien 4, 9 und 13 anbetraf. Vor allem war für den weiteren Meterspurbetrieb zumindest der Linien 2 und 15 vorläufig keine andere Lösung in Sicht. Daher schätzte man den Bedarf an GT 4, die weiterhin für etwa zehn bis 15 Jahre vorzuhalten wären, auf rund 170 Stück. Dazu kamen weitere Anforderungen: Um das volle Leistungsvermögen der Stadtbahnwagen auszunutzen, wollten die SSB die Spannung im Netz endlich von den bisherigen 600 auf 750 Volt erhöhen, was zumindest zusätzliche Vorwiderstände bei den planmäßig eingesetzten GT 4 erforderte.

Brandschutz und wirtschaftliche Lagerhaltung verlangten eine neue, möglichst aus ohnehin vorzuhaltenden Teilen des DT 8 bestehende Inneneinrichtung, die zudem eher widerstandsfähig gegen Vandalen sein sollte. Die Verkabelung war aus den gleichen Gründen zu erneuern; Teile mit Fahrdrahtspannung wie der Umformer sollten nach neueren Vorschriften aus dem Fahrgastraum verschwinden; die Druckluftleitungen waren durch Luftfeuchte korrodiert und neigten deshalb auch zum Einfrieren. Schließlich wünschte die Werkstattplanung zeitgemäße Reparaturabläufe, indem zu prüfende oder schadhafte Elektrobauteile nicht mehr im Wagen gerichtet, sondern durch Schiebehalterungen und Steckverbindungen rasch durch überholte Teile getauscht werden, so dass der Wagen so bald wie möglich wieder auf Strecke geht.

Akzeptable Gebrauchtfahrzeuge in ‚jugendlichem' Alter und ausreichender Stückzahl waren nicht auf dem Markt, zum Jungbrunnen für den GT 4 gab es für die SSB also keine Alternative. 1982 begann gemeinsam mit dem schon ab 1959 für den elektrischen Teil des GT 4 tätig gewesenen Hersteller Kiepe die Sanierung erster Baugruppen an etlichen GT 4, so der Ersatz der trotz Verwendung von Leichtmetall inzwischen stark korrodierten Türen durch solche aus Kunststoff, Edelstahlprofile im Druckluftsystem statt Stahl, die Ausrüstung mit neuen Getrieben und Kabeln. 1988 stellte die SSB-Hauptwerkstatt dann den als Prototyp komplett überholten Wagen 410 vor, der futuristisch auch einen Neuanstrich im Stile der Stadtbahn erhielt – Make-up für die ‚Oma GT 4'.

Die SSB-Verkehrsplanung meldete jetzt aber Fahrzeugbedarf nur noch für zwei Linien an, für etwa 50 bis 70 Fahrzeuge. Unter diesen Umständen genügte eine Sanierung von etwa 40 Wagen. Die nicht Sanierten ließen sich ‚aufbrauchen'; die der ältesten Serie 1 benötigte man gar nicht mehr. Unter den bisherigen Vorzeichen hatte man aber in die Wagen der Serie 2, die nunmehr ältesten Fahrzeuge, welche die Teilüberholung natürlich am dringendsten brauchten, schon einiges an Geld gesteckt. Daher war es naheliegend, dass diese GT 4 von 1961 vollends die Vollsanierung erhielten, dagegen nur wenige jüngere Exemplare, so einige Beitriebwagen von 1963, die wieder eine Ausrüstung als führende Triebwagen bekamen. So erklärt es sich, dass die Wagen der jüngsten Bauserie als erstes ausschieden. Von 1988 bis 1994 also durchliefen letztlich 48 statt 40 Stück GT 4 die Auffrischung, darin einbezogen auch die drei bei Bedarf als Fahrschulwagen nutzbaren Fahrzeuge 401 bis 403, denn Bedarf an weiteren ‚GT-4-Lehrlingen' bestand jetzt ja auch wieder. Bei dieser Gelegenheit bekamen diese beiden Wagen spezielle, zum Teil aufklappbare Fahrerkabinen, sowie ein ansteckbares Zusatzbedienpult für den Ausbilder.

Während die Lackierung dann doch beim alten Schema blieb, erkannte der Fahrgast die ‚Neuen' – SSB-intern scherzhaft ‚GT 4-2000' genannt – sofort am ‚stadtbahnmäßigen' Interieur: Das Schachbrett- und Linoleummuster der 1960er Jahre war dem unauffälligen braunbeige des DT 8 gewichen; man sitzt seither auf den grüngelb gestreiften Kunststoff-Polsterflächen der Stadtbahn. Auf die letzten vorhandenen Beitriebwagen, also geführte Triebwagen der nicht modernisierten Form, konnte ab September 1997 verzichtet werden, als die Linie U13 auf Normalspur den Betrieb aufnahm. Dennoch hielten einige zwar vor 1988 technisch, aber nicht optisch modernisierte (führende) Wagen bis zum Ende der Linie 2 anno 2002 durch, namentlich die Exemplare 449, 466 und 471. Der 1999 abgestellte ‚Altbauwagen' 471 ging sogar 2001 vorübergehend wegen dringendem Bedarf nochmals in Betrieb. Heute erfordert der reguläre Bedarf noch 13 Züge, sprich 26 Wagen (alle aus der modernisierten Serie), dazu Einsatz- und Werkstattreserve, mithin etwa 35 Wagen. Als zweite Reserve und Ersatzteilspender verbergen sich in der längst nicht mehr regulär benutzten unteren Halle Cannstatt weitere 13 Fahrzeuge. Ältester aktiver der heutigen GT 4 der SSB ist Wagen 401 von 1961. Voraussichtlich bis zum Fahrplanwechsel am 15. Dezember 2007 wird man die ‚alten Kameraden' brauchen. Gerechnet vom ersten Linieneinsatz am 10. August 1959 wird der GT 4 dann 48 Jahre, vier Monate und sieben Tage die SSB begleitet haben.

Er kommt! Spannende Arbeit mit dem Kaelble-Lkw, Seilwinde und Handkarren! Gleisbauhof Wangen, September 1963 | Archiv SSB

2
Karlsplatz
möbel bechtle

Es hat schon seine Richtigkeit, dass dieser GT 4 rückwärts fährt! Die drei Reutlinger Wagen besaßen vorne und hinten Fahrerplätze und beidseitig Türen und Rückspiegel. Am Bahnhof Reutlingen Süd begegnet Tw 60 seinem Kompagnon, hinten der Steilabfall der Schwabenalb. Im Hochsommer 1976 | Bernd Katz

Von Baden bis zum Balkan

Der GT 4 als Auswanderer

Die Zahl von etwa 350 benötigten GT 4 für die SSB war von Anfang an im Gespräch gewesen, denn angesichts des überalterten Fahrzeugbestandes konnte sich auch die Maschinenfabrik Esslingen ausrechnen, wieviel Platzkapazität, umgerechnet in ‚GT-4-Einheiten', die SSB künftig benötigen würden. Die absehbare Großserie ergab eine angenehme Langzeitauslastung für das ansonsten mangels staatlicher Nachfrage bereits dümpelnde Bahngeschäft der ME. Kaufmännisch wäre es besonders interessant gewesen, für das bereits eingeführte Produkt ‚GT 4' weitere Kunden zu gewinnen. Die ME nutzte daher die nächste Gelegenheit und pries ihr neues Aushängeschild auf der Verkehrsaus-

Grüezi GT 4! Nicht in München, wie die weiß-blaue Tram signalisieren könnte, sondern in Zürich trieb sich Wagen 667 im Frühjahr 1964 herum. | Repro aus ‚Über Berg und Tal' 3/1964.

stellung ‚Schiene und Straße' im Herbst 1960 in Essen an. Als einziges fahrendes Ausstellungsstück trat ein GT 4 auf: Wagen 550 war fabrikneu mitsamt seinem ‚Herrn', SSB-Fahrmeister Erwin Mauch, an die Ruhr geschickt worden und absolvierte vom 12. bis zum 26. September 1960 auf dem Essener Straßenbahnnetz Vorführfahrten. 7.000 Besucher besichtigten das Fahrzeug; 1.000 geladene Gäste nahmen an den 17 Rundfahrten teil, 170 Kilometer wurden anstandslos zurückgelegt, Teilnehmer von Verkehrsbetrieben von Holland bis Afghanistan zeigten sich vom GT 4 beeindruckt. „Die Beurteilung der Fachwelt ließ erkennen", frohlockte ‚Über Berg und Tal', „daß man dieser Neuentwicklung höchste Beachtung schenkte." Im März 1961 konnten Besucher der Landwirtschaftsmesse (!) in Verona ein Modell des GT 4 im Maßstab 1:20 bewundern, das die SSB wohl im Rahmen der europäischen Städtewerbung nach Norditalien gesandt hatten. 1962 gab es offenbar Kontakte nach Belgien, wo die Straßenbahn zu Gent und die Nationale Kleinbahngesellschaft SNCV den GT 4 auf ihrem Überlandnetz um Charleroi erproben wollten, aber von konkreten Aktivitäten ist nichts bekannt (46). Auch die Rhein-Haardt-Bahn (RHB) Ludwigshafen/Rhein–Bad Dürkheim erwog den Kauf von GT-4-Doppeleinheiten, weil diese spurtstärker und beliebiger einsetzbar gewesen wären als ihre bereits 1958/60 gelieferten sechsachsigen Düwag-Gelenktriebwagen und Gelenk-Beiwagen (!). Die Vertreter aus Düsseldorf hatten dann aber offenbar die besseren Karten, die RHB blieb beim rheinischen Fabrikat. Nichts war es mit der Okkupation von Rheinland-Pfalz durch den GT 4!

„Unser GT 4 erobert Zürich": In die Schweiz führte SSB-Fahrmeister Willi Hertfelder sein Weg im April 1964, denn die Zürcher Verkehrsbetriebe wollten Vergleichsmessungen zwischen einem GT 4 und einem der dort angestammten Sechsachser Be 6/6 durchführen, weil die Bevölkerung an der Limmat sich über die als Lärm empfundenen Geräusche der Be-6/6-Bauart beklagt hatte. SSB-Wagen 667 bekam bei den Eidgenossen einen ‚großen Bahnhof': Fotografen und Tramfreunde harrten bereits der Dinge; für die Messfahrten sperrte die Polizei die einschlägigen Straßen ab, so dass ein Teil von Zürich zwangsläufig Spalier stand, um die Vergleichsfahrt zwischen dem blauen Züricher Wagen 1801 und dem Gelben Stuttgarter zu verfolgen und vor allem dessen Resonanzen (nicht) zu hören. Die Versuche dauerten vom 9. bis zum 21. April 1964. „Die Stuttgarter Wagen sind für ihre Geräuscharmut und ihren ruhigen Lauf bekannt", rühmte die Neue Zürcher Zeitung. Aus Basel und Bern, wo man mit den selben Problemen kämpfte, besuchten in der Folge Delegationen die SSB, doch auch von dort ging keine Order über den Bau von GT 4 in den ‚großen Kanton' nach Esslingen.

Steile Karriere

Der zunächst einzige weitere Verkaufserfolg für den GT 4 ergab sich 1961 bei der Straßenbahn der Stadt Neunkirchen im Saarland, wohin ab

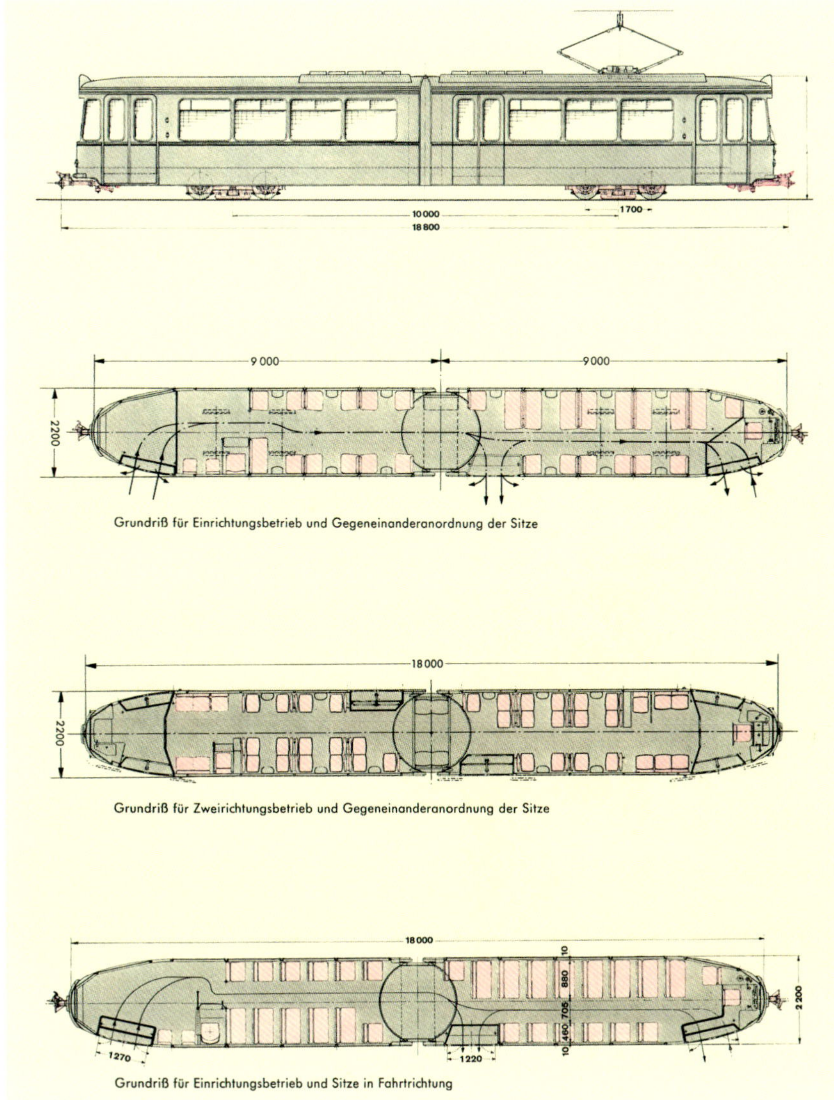

Links | Selbst zweisprachig wurde der GT 4 von Esslingen angepriesen. Genützt hat es nichts. | Archiv SSB

Rechts | Welcher darf es denn sein? Grundsätzlich hätte der GT 4 in zwei Spurweiten und mit drei unterschiedlichen Grundrissen geordert werden können. Die Version mit Reihensitzen nur in Fahrtrichtung (ganz unten) wurde nie gebaut. | Esslingen-Werbeprospekt, Archiv SSB

Esslingen acht Wagen gelangten. Da in Neunkirchen eine enorme Steigung von über zehn Prozent zu bewältigen war und man bei Konstruktion des GT 4 stets die besondere Eignung des Wagens als ‚Bergziege' betont hatte, schien dies schlüssig. Wie die Beschreibung von ME-Ingenieur Karl Mümmler erahnen lässt, hatte Esslingen das Konzept für den GT 4 von Anfang an auf eine gewisse Universaleignung ausgelegt. Im Frühjahr 1960 lief zu Esslingen bereits die Planung für die Saarländer Wagen. Für Neun-

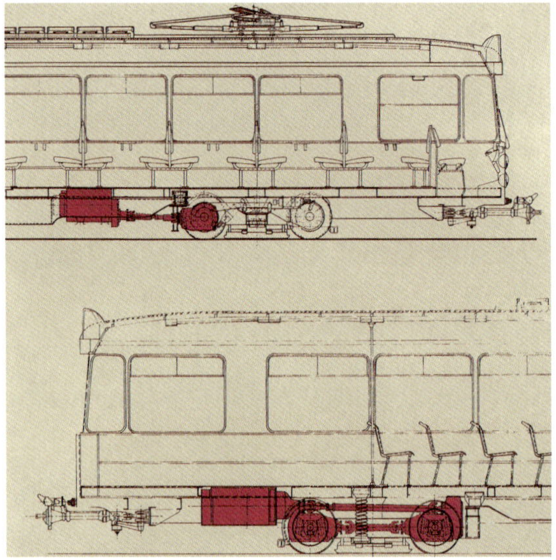

kirchen äußerte sich dies in der Ausführung für Normalspur statt für die Meterspur, für Zwei-Richtungs-Betrieb mit beidseitigen Türen und demzufolge einem Fahrerplatz vorne und hinten sowie einem vierachsigen statt zweiachsigen Antrieb. Die unveränderten Motoren setzte die ME beim Neunkirchener Wagen aber nicht in den Gelenkträger, sondern ans andere Ende des Drehgestells vorne gegen die Stirnseiten unter den Wagenkasten. Damit die Kardanwelle auf dieser kurzen Entfernung das Drehgestell in flachem Winkel erreichen konnte, trieb sie zunächst die zweite Achse an, von welcher eine Gelenkwelle nach vorne zur Achse 1 führte, beim hinteren Drehgestell entsprechend umgekehrt. Nach den ungünstigen Erfahrungen mit den Lahmeyer-Motoren der ersten beiden Stuttgarter Wagen und der Verschmutzungsanfälligkeit des Antriebs bekamen die Neunkirchener Wagen AEG-Motoren und eine geänderte Zuführung der Kühlluft zum Motor, nunmehr durch die Seitenwand des Fahrzeugs. Rechnerisch waren die Neunkirchener für eine maximal befahrbare Neigung von 11,5 Prozent ausgelegt, auch wenn die tatsächliche Maximalneigung dort etwas darunter lag. (47).

In ihrem eigens gedruckten Verkaufsprospekt, in dem der GT 4 S (Stuttgart) und der GT 4 N (Neunkirchen) beworben wurden, betonte die ME, durch diese Änderung werde „ein Gegengewicht gegen die überkragende Last des Verbindungsträgers“ erreicht. Man kehrte hier also wieder zur gewohnten und betriebssicheren 50/50-Prozent-Belastung der beiden Drehgestellachsen zurück. Der GT 4 S wurde als geeignet für Bahnen „mit geringen Steigungen [!] und mit kleinen Anhängelasten“ bzw. für Einzel- und Zwillingsfahrt auch bei großen Steigungen beschrieben, der GT 4 N demgegenüber „für stärkste Steigungen“, weil 100 Prozent Reibungsgewicht auf alle vier Achsen entfielen. Zwischen den Zeilen war das eine offensichtliche Kritik am Stuttgarter Antriebs-

Getrieben Gewicht zu sparen. Anstatt der Luftbremse betätigte ein Kernzugmagnet die Trommelbremsen, außerdem konnten jene auch per Handkurbel als Feststellbremse wirken. Auch die Türen des GT 4 N erhielten demzufolge elektrischen Antrieb.

1962 war man in Freiburg im Breisgau mit den damaligen von Rastatt gebauten Sattelschlepper-Triebwagen nicht zufrieden, also dem Typ, den man in Stuttgart gar nicht erst gebaut hatte. So bezog die städtische Straßenbahn der Münsterkonzept, wo man also lediglich mit dem Mehraufwand an zwei Gelenkwellen und zwei weiteren Getrieben pro Fahrzeug eine einwandfreie Führung im Gleis bei gleich guter Adhäsion erreicht hätte. In Esslingen war man sich aber wohl schon zu Anfang bewusst gewesen, dass dieser Mehraufwand bei 350 Wagen eine Größenordnung erreicht hätte, bei welcher die sparsamen Stuttgarter bestimmt festgestellt hätten, dass es doch auch konstruktiv und preislich günstiger ginge, so dass man die ‚Billig-Version' GT 4 S anbot. Der Allachsantrieb-GT 4 wies allerdings eine Eigenheit auf, die man ihm nicht abgewöhnten konnte: Er erreichte anstatt der auch auf Normalspur zugesagten Höchstgeschwindigkeit von 60 km/h nur 43 km/h, unter anderem deshalb, weil er „trotz sorgfältiger Bauüberwachung" um 1.300 Kilo, mithin 6,4 Prozent schwerer geworden war als geplant und die Getriebeübersetzung im Hinblick auf die starke Steigung etwas verändert worden war. Man einigte sich dahingehend, dass 60 ‚Sachen' auf der Neunkirchener Strecke sowieso nicht zugelassen waren ... (48).

Erstaunlicherweise verzichtete Neunkirchen auf die Luftdruckbremse und die gesamte Druckluftausrüstung, wohl um gegenüber den zusätzlichen

Linke Seite, oben | Ganz nach Wunsch: Bei der Stuttgarter ‚Sparversion' des GT 4 mit einem Motor war dieser am Gelenkträger aufgehängt; über die Gelenkwelle wurde die jeweils innere Achse erreicht. Die Ausführung für Normalspur (Neunkirchen) – untere Skizze – verfügte über zwei Motoren, welche nacheinander über Gelenkwelle, Umlenkgetriebe und wieder Gelenkwelle ihren Antrieb erfuhren. Der Motor befand sich hier jeweils aufgehängt am Wagenkasten. | Esslingen-Werbeprospekt, Archiv SSB

Linke Seite rechts | Offensichtlich ein Normalspurdrehgestell für Neunkirchen, erkennbar an den außerhalb des Rahmens liegenden Rädern, dem Umlenkgetriebe und den punktsymmetrisch angeordneten Stützfedern. Ganz vorne unten die Aufnahme für das Sandfallrohr. Weil bei dieser Version die Gewichtsverteilung wesentlich gleichmäßiger war, konnte die Nierenplatte durch die auskragende zusätzliche Abstützung für den Gelenkträger (vorne rechts) entlastet werden. | Archiv SSB

Diese Seite | Der GT 4 macht sich breit: Die normalspurige Version war durch die außenliegenden Räder ebenso markant wie durch die Spurweite. Neunkirchen/Saar mit Tw 6 am 8. April 1978, wenige Wochen vor dem Ende. Schwesterwagen Nr. 2 zeigt sich heute im Bestzustand betriebsfähig im Hannoverschen Straßenbahnmuseum. | Bernd Katz

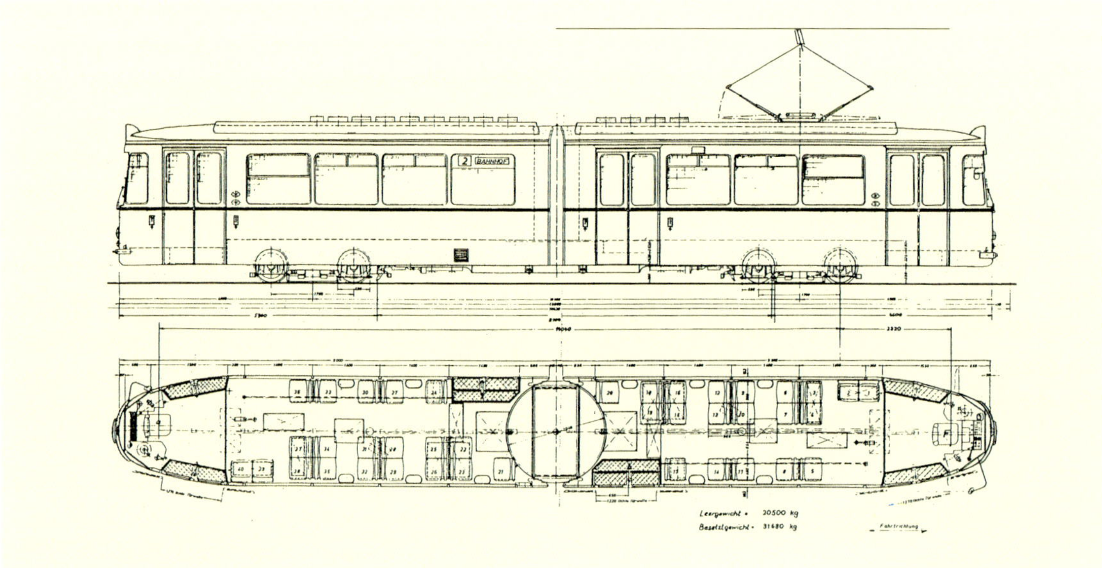

stadt zunächst acht GT 4 für Meterspur und Zwei-Richtungs-Betrieb, jedoch ebenfalls ohne Luftbremse. In Reutlingen, dessen kleiner Trambetrieb traditionell Kontakte zum ‚großen Bruder' SSB in Stuttgart pflegte, kam man 1963 auf den Geschmack und orderte drei GT 4 für den Mehrbedarf durch die damals noch entstehende Neubaustrecke in den Trabantenstadtteil Orschel-Hagen (49). Sie waren, wie die Freiburger, ein Mittelding zwischen dem GT 4 S und dem GT 4 N, denn sie besaßen Meterspur und zwei Treibachsen wie in Stuttgart, aber örtlich bedingt die Zwei-Richtungs-Version wie in Freiburg und Neunkirchen. Eine offizielle Kurzbezeichnung für die Reutlinger oder Freiburger Wagen ist nicht bekannt. Die Erwägung, noch zwei weitere Wagen zu bestellen, verfolgte Reutlingen nicht mehr weiter – ‚Omnibus' hieß wenig später das vermeintliche Zauberwort.

Aus Freiburg erreichten die ME 1966 und dann 1967 nochmals Nachbestellungen, so dass letztlich 19 Wagen im Breisgau zusammentrafen. Dieser kleine Erfolg kam aber für die ME zu spät: Die letzten acht Wagen musste die Waggonfabrik Rastatt bauen, weil man in Esslingen inzwischen den Schienenfahrzeugbau hatte aufgeben müssen. Nur 30 außerhalb von Stuttgart gelieferte Fahrzeuge, insgesamt 380 jemals gebaute GT 4 nach dem Prinzip der ME, das war die Bilanz.

Aus Stuttgart in alle Welt – Hase und Igel

Einer freundlichen Neckerei zufolge beginnt für die Stuttgarter bereits hinter Ulm der Balkan, für die Ulmer allerdings hinter Augsburg, während die Augsburger eher der Ansicht zuneigen, das fragliche Gebiet nehme seinen Anfang hinter München. Wie auch immer: Ob Ulm, Augsburg oder ‚weiter hinten', der GT 4 war oder ist schon da. Denn seit Mitte der 1990er Jahre können Straßenbahnliebhaber weit fahren und manchen exotischen Betrieb ansteuern, um einmal etwas anderes als einen GT 4 zu sehen – aber es geht ihnen wie in der Geschichte vom Hase und vom Igel: Der GT 4 erwartet sie auch am Ziel schon.

Aber der Reihe nach: Gut zehn Jahre nach ihrer Jungfernfahrt gingen die ersten angestammten GT 4 auf Wanderschaft. Nach Stilllegung der Reutlinger Straßenbahn 1974 übernahmen die SSB 1976 auf Betreiben von Siegfried Ehrlich, dem Betriebsleiter der Esslingen-Nellingen-Denkendorfer Filderstraßenbahn, die drei grünen Reutlinger Wagen. Zwar war die END zur Auflassung vorgesehen, aber für den Fall des weiteren Betriebes wollten die SSB als Mitgesellschafter der END die ‚Reutlinger' in der Hinterhand haben. Nachdem die Einstellung der END jedoch Ende 1976 besiegelt worden war, erwogen die SSB einen Einsatz der drei Fahrzeuge als universell

Linke Seite oben | Die punktsymmetrische Zwei-Richtungs-Version für Freiburg/Breisgau. Auffallend die Übersetzfenster mit herablassbarer oberer Hälfte. Die Esslinger und Rastatter Wagen für Freiburg erhielten später einheitliche Fenster. | Waggonfabrik Rastatt, Sammlung Stefan Kirner

Linke Seite unten links | Mit dem Verkaufserfolg stieg auch das Selbstbewusstsein! Inserat aus ‚Verkehr und Technik', 1962.

Linke Seite unten rechts | Mit dem GT 4 am Schwabentor und dem Münster vorbei: Tw 114 noch in der ursprünglichen cremefarbenen Lackierung in Freiburg, 1979. | Bernd Katz

Rechts oben | Die ‚richtigen' Freiburger Wagen bekamen auf ihre alten Tage eine Lackierung in kräftigem Rot: Wagen 106 macht sich 1991 in Günterstal schmal; seit 1994 wirkt er in Halberstadt. | Bernd Katz

Rechts unten | Stadtwerke Ulm: Auf die Reutlinger Wagen folgten original Stuttgarter Exemplare an die Donau: Wagen 9, ehemals Stuttgart 669, heute längst in Arad/Rumänien. | Dieter Schlipf

Links oben | Was stimmt hier nicht? Dieser waschechte ‚Stuttgarter' hat Türen auf beiden Seiten, aber jeweils nur in Fahrtrichtung vorne, und fährt hier offensichtlich mit dem Stromabnehmer ‚hinten' voraus. Für die Touristenlinie der Stadt Kochi setzten die SSB diesen Zwitter zusammen. Zum Neckarstadion ist es allerdings von Japan aus etwas weit. Foto vom 28. Mai 1991. | Dieter Schlipf

Links unten | 40 Stuttgarter Wagen wechselten alsbald an die Stadt an der Saale: Beim Hallenser Hauptbahnhof, 23. Mai 1999. | Frank Sender

Rechts oben | In ‚Augschpurg', der schönen Stadt in Schwaben, wird der GT 4 noch bis 2008 benötigt. Auch dort teilte man den Bestand in führende und geführte Wagen auf. Triebwagen 401, einstmals als Nr. 539 zu Stuttgart tätig, am 1. Juni 1994. | Jürgen Krantz

einsetzbare Zwei-Richtungs-Pendelwagen für kurze Streckenabschnitte im SSB-Netz anlässlich von Streckenunterbrechungen durch Baustellen. Als 1980 die SSB-GT 4 Nr. 508 und 524 bei Unfällen stark beschädigt wurden, stand als Ersatz der Umbau zweier Reutlinger GT 4 in herkömmliche Ein-Richtungs-Wagen zur Diskussion. Letztlich war die Reparatur der gelben Wagen doch günstiger, die grünen verstaubten in der Halle Gerlingen und dienten als Fensterscheibenspender für die noch vollzählig benötigten Stuttgarter GT 4. Ab 1981 gaben die SSB die Reutlinger Wagen nach Ulm ab, wo sie dann doch den Umbau auf Ein-Richtungs-Betrieb erfuhren. Weil man mit ihnen in der Münsterstadt sehr zufrieden war, nahm Ulm sofort auch die ersten echten Stuttgarter GT 4 ab, die 1985 mit Eröffnung der ersten SSB-Stadtbahnlinien verfügbar wurden. Zunächst wechselten drei Stück an die Donau, bis 1990 wurden vierzehn daraus. Weil auch Ulm einen einheitlichen Fahrpark haben wollte, brachte dies aber wiederum das Ende für die alten Reutlinger, auch wenn diese wegen ihrer stärkeren Motoren beliebt waren. Der zweite Abnehmer im Jahr 1985 mit zehn Stuttgarter Einheiten war Freiburg, wo es durch die neue Umweltkarte starken Fahrgastzuwachs gab.

Zu einem kuriosen Abgang kam es 1989 zur japanischen Stadt Kochi auf der Insel Shikoku, wo auf einer 22 Kilometer langen Touristenlinie planmäßiger Verkehr mit historischen, bewusst aus aller Welt ‚eingesammelten' Wagen betrieben wird. Ein ‚Gelber' aus dem Schwabenland fehlte den Asiaten noch. Da hierfür ein Zwei-Richtungs-Wagen nötig war, bauten die SSB auf Kosten des Empfängers als Novum aus zwei Fahrzeugen einen Zwitter, bei dem nunmehr zwei ‚A'-Gehäuseteile symmetrisch gegeneinander aufgesetzt wurden. Über den Hamburger Hafen ging die seltsame Fracht ab. In Japan musste der Wagen dann auf die so genannte Kapspur umgestellt werden, die in Übersee gebräuchliche Version der ‚Meterspur' mit 1067 Millimeter Spurweite (50). Der schwäbische Zugang erfreut sich im Land der aufgehenden Sonne großer Beliebtheit. 1991 eroberte sich der GT 4, nachdem er schon vier Städte in Baden-Württemberg ‚besetzt' hatte, die – von der landsmannschaftlichen Zugehörigkeit gesehen – vierte schwäbische Siedlung: 20 Stuttgarter Wagen gingen für 20.000 Mark pro Stück nach Augsburg, wo durch steigende Fahrgastzahlen dringendster Bedarf bestand. Nach einigem Hin und Her mit dem Augsburger Stadtrat, weil alle Wagen zunächst wie vereinbart eine Hauptuntersuchung durchlaufen mussten, gingen sie in der Stadt am Lech in Betrieb. In Augsburg wird der Fahrpark wie in Stuttgart in führende und geführte Wagen unterschieden. Die Aufarbeitung der zehn führenden GT 4 nahm die kommunale Straßenbahn-Zentralwerkstatt in Mannheim durch, womit der GT 4 auch Baden-Württembergs nördlichste Stadt gesehen hat. 1995 zog es weitere 20 Stück GT 4 nach Bayrisch Schwaben, sie erfuhren zuvor bei der Mittenwalder Gerätebau-GmbH bei Berlin eine grundlegende Modernisierung.

Oben | An der andersartigen Front sofort als echter Freiburger erkennbar ist Halberstadts Wagen 164. Im Vergleich dazu dahinter ein Ex-Stuttgarter ohne Frontverkleidung im Kupplungsbereich. Foto 1999. | Otto Blaschke

Unten | Deutsche Einheit, schwäbische Version: Nachdem eine Weichensteuerung nach Hallenser Art eingebaut ist, geht Wagen 749 in Nachbarschaft eines tschechischen Tatra-Wagens noch am Abend des 13. August 1990 auf die erste Probefahrt. | Ulrich Brockschmidt

Die Wege trennen sich: Am 14. September 2000 rüsteten sich in Stuttgart-Obertürkheim die Wagen 408, 475, 483 und 474 für die Fahrt nach Rumänien. Schon am 22. Mai 2000 machten sich Wagen 494 und andere nach Arad auf. | Guntram Schäfer

Volkseigene GT 4

Mit diesem bescheidenen Verbreitungsgebiet hätte es wohl sein Bewenden gehabt, denn welcher sonstige bundesdeutsche Verkehrsbetrieb wollte in den 1990er Jahren seinen Fahrzeugbestand noch durch Gefährte aus den 1960er Jahren ‚auffrischen'? Aber schon vor dem Fahrzeugverkauf nach Augsburg änderte die Implosion der DDR die Lage grundlegend. Viele ostdeutsche Betriebe suchten händeringend wohlunterhaltenes Fahrzeugmaterial, mit dem die betriebstüchtigen, aber heruntergewirtschafteten Wagen der Ostblock-Produktion vorläufig ersetzt werden konnten. Schon ein gutes Vierteljahr nach der Wende gab es Kontakte zwischen den Volkseigenen Verkehrsbetrieben (VEB) Halle an der Saale und den SSB, pendelten Briefe zwischen Ost und West über die nur noch formelle Grenze. „Mit großer Freude" stimmten die Hallenser am 25. Mai 1990 der Entsendung von Wagen 749 zu, der ab Juli 1990 als ‚Abgesandter' die Lage des Schienennetzes an der Saale buchstäblich erstastete. Trotz des schlechten Gleiszustandes stellte Ulrich Brockschmidt von der SSB-Hauptwerkstatt überrascht „die guten Laufeigenschaften des GT 4 in Halle" fest. Nachdem vier Hallenser Mitarbeiter in Stuttgart geschult worden waren, kaufte der mittlerweile als Hallesche Verkehrs-AG (Havag) firmierende Betrieb 30 Stuttgarter GT 4 und griff in Freiburg gleich neun der vormaligen Stuttgarter zusätzlich ab. Alle Beteiligten waren froh: Die SSB hatten ab November 1990, als die Stadtbahnlinien U5 und U6 den Betrieb aufnahmen, 64 Stück GT 4 übrig. Gleichzeitig musste der Betriebshof Degerloch wegen Überbauung des Geländes dringend geräumt werden. Auch Freiburg benötigte wegen neuer Fahrzeuge rasch Platz. Bei der Havag wiederum hatte man nach dem Zusammenbruch der DDR den Auftrag über neue Tatra-Wagen wegen der unklaren Zukunft eilends storniert und war nun über die kostengünstigen Altbauwagen sehr erfreut. Die zweite, späte Erfolgsgeschichte des GT 4 hatte begonnen.

Als zweiter ehemaliger DDR-Betrieb gesellten sich 1991 die Verkehrsbetriebe der Stadtwerke Nordhausen zu den Abnehmern. „Jetzt ohne Rattern durch die Kreisstadt", vermeldete die Thüringer Zeitung am 2. August 1991 über die tags zuvor eingetroffenen ersten Wagen. Der Fahrkomfort sei mit dem der herkömmlichen zweiachsigen (Gotha-DDR-) Wagen nicht zu vergleichen: „Die 270 PS nehmen jede Steigung problemlos.“ 13 Stück GT 4 wechselten in die Stadt am südlichen Harzrand, sechs ‚Stuttgarter‘ aus Freiburg folgten ihnen. 1992 machte auch die Halberstädter Verkehrs-GmbH mit: Zehn GT 4 aus Stuttgart sowie sechs aus Freiburg zog es zu dem kleinen Betrieb auf die Nordseite des Harzgebirges, später kamen wiederum welche aus Nordhausen dazu, das seinerseits 1994 in Freiburg Zwei-Richtungs-GT 4 eingekauft hatte. 1997 schließlich schaffte es der Wagentyp GT 4 fast, in der Bundeshauptstadt einzurücken: Die Verkehrsbetriebe Brandenburg an der Havel (VBBr) erwarben aus Freiburg drei GT 4, in diesem Fall original badische Exemplare aus Rastatt.

War schon die Auswanderung der Stuttgarter Wagen in die neuen Bundesländer eine kleine Sensation, so wurde ab 1993 das dritte Kapitel in der Geschichte des anpassungsfähigen Gelenkwagens aufgeschlagen. Der Frankfurter Straßenbahnkenner Günter H. Köhler wies die deutschen Straßenbahnunternehmen darauf hin, dass in Rumänien akuter Fahrzeugmangel herrsche und diesem Land bisher Partnerschaften mit dem Westen weitgehend fehlten. Aus München, Frankfurt, Magdeburg und auch aus Genf wechselten erste

In Arad im ungarischsprachigen Westteil Rumäniens sind die deutschen Fahrzeuge unter ihren alten Nummern unterwegs. Wagen 555 passiert am 9. September 2005 die katholische Kirche am Bulevardul Revolutiei. | Sven Schäfer

Linke Seite oben | Rumänische Flagge, Plastikblumen und Aschenbecher: Wie in Rumänien oft der Fall besitzen auch in Iaşi je zwei Fahrer ihren ‚eigenen' Wagen, was diesem zu einer persönlichen Note verhilft, wie hier bei Wagen 301 alias Stuttgart 698 am 12. August 1998. | Sven Schäfer

Linke Seite rechts | Der Frischluft-GT 4: Eine fehlende Scheibe ermöglichte in Iaşi am 18. Juli 1999 diesen ‚Ausguck'. | Sven Schäfer

Rechte Seite oben | Damit sie besser gesehen werden, haben die Wagen in Arad zum Teil ‚Froschaugen' bekommen: Wagen 570 am 15. September 2003 in Ghioroc, der Endstation der Überlandlinie von Arad. Rechts einer der museal erhaltenen, prächtig herausgeputzten Originalwagen dieser Linie von 1912. | Sven Schäfer

Rechte Seite unten | Trotz der Lage zwischen Karpaten und Moldawien ist die alte Universitätsstadt Iaşi eine aufgeschlossene, selbstbewusste Kommune auf der Höhe der Zeit. Ein erneut in gelb-weiß lackierter alter Stuttgarter und ein Augsburger GT 4 begegnen sich am 1. September 2005 vor der Kulisse der Altstadt. | Sven Schäfer

Straßenbahnwagen in das Karpatenland. Auf Vermittlung Köhlers übernahm die deutsche Regierung die Transportkosten. 1995 traten dann auch die ersten zwölf GT 4 aus Stuttgart die Reise in die westrumänische Stadt Arad an, im einstigen ungarischen Teil Altösterreichs bei Szegedin gelegen. Insgesamt gaben die SSB schließlich 30 Stück dorthin ab. Auch die altösterreichische Universitätsstadt Iaşi weit im Nordosten Rumäniens, direkt an der Grenze zur Ukraine (Bukowina), erhielt 1997 sieben GT 4 aus Württemberg, später wurden es 25 Stück. Aber damit nicht genug: Halle an der Saale ersetzte 2003 seine Stuttgarter und Freiburger GT 4 durch Neubaufahrzeuge, nachdem diese GT 4 zwischen 1993 und 1995 bei einem Fachbetrieb in Mittenwalde bei Berlin grundlegend saniert worden waren und sich somit noch in gutem Zustand zeigten. Ein großer Teil des Hallenser Bestandes, 27 Fahrzeuge, machte sich daher 2003 ebenfalls auf den Weg nach Iasi, außerdem einige Augsburger. Die Ulmer Wagen kaufte wieder Arad. (51)

Geld oder Schuhe

Darüber hinaus zeigten sich weitere Kaufliebhaber, die aber buchstäblich nicht ‚zum Zuge' kamen, sei es wegen technischer Unpässlichkeiten oder weil die Auftraggeber inzwischen ihre Meinung geändert hatten. So gab es Interesse aus Würzburg, wo man sich im Hinblick auf die Steilstrecke mit über neun Prozent Neigung jedoch schließlich gegen den GT 4 entschied. 1984 hätten die Verkehrsbetriebe in Belgrad gerne etwa 50 Wagen übernommen, boten als ‚Devisen' im Gegenwert von 2,5 Mio. Mark jedoch nagelneue Schuhe an. Auch wenn die SSB äußerten, man werde notfalls einen Handel ‚um mehrere Ecken' abwickeln, um gegen die Treter wieder an Geld zu kommen, kam das ‚Schuh-Geschäft' nicht zustande. 1986 besichtigten die Stadtväter aus Adapazari (Türkei) den GT 4 in Stuttgart, weil sie ein Straßenbahnnetz einrichten wollten. Auch in Ägypten und der Vor-Wende-DDR boten die SSB ihre ‚Alten' an – erfolglos. 1990 beäugten Delegationen aus Trondheim und Oslo (Norwegen) sowie aus Lodz (Polen) die Stuttgarter Wagen, doch Halle/Saale erhielt den Vorzug vor den Piasten. Der Verkehrsbetrieb in Brandenburg bevorzugte die geeigneteren Freiburger Zwei-Richtungs-Wagen. 1991 war Wagen 648 für St. Louis (Missouri) reserviert und die Verschiffung vorbereitet, aber der Handel wurde aus USA abgesagt. Selbst mit Brasilien liefen Kontakte, auch diese ohne greifbares Ergebnis. Damit kann über Verbleib der ‚Fremdlinge' heute etwa folgendes Bild gegeben werden: Die Reutlinger Wagen existieren nicht mehr, ebenso die Echt-Freiburger in Brandenburg. Freiburg besitzt

von seinen Originalfahrzeugen noch zwei Stück als Museums- und Partywagen. Augsburg, das sein Netz in den letzten Jahre um die Hälfte erweitert hat, benötigt einige GT 4 der jüngeren Bauserien noch weiterhin im täglichen Einsatz, andere wurden nach Rumänien abgegeben. Dorthin gingen auch die Hallenser Wagen sowie bis auf einen die aus Ulm. In Nordhausen werden noch wenige gebraucht, in Halberstadt dürften sie bis 2007 zu sehen sein, darunter der ‚Essener' Wagen 550. Nach Rumänien sind weit über 100 Fahrzeuge gelangt, rund 60 davon nach Iasi und über 40 nach Arad. Der älteste noch existierende Wagen Stuttgart 504 und der jüngste mit Nummer 749 sind beide ebenso in Iasi wie die am weitesten gereisten Freiburger Wagen ehemals Stuttgart, die nun ihrem vierten Besitzer dienen. Der ‚Zürcher' Wagen 667, der in Ulm Zwischenstation machte, wird in Arad eingesetzt. In beiden Städten wird man die schwäbischen Straßenbahnwagen wohl noch lange im Betrieb vorfinden.

Zwei der Exoten überhaupt, von den Normalspur-GT 4 aus dem Saarland, haben die Auflassung der Neunkirchener Straßenbahn 1978 bis heute überlebt, einer als dortiges Interims-Denkmal und einer im Hannoverschen Straßenbahnmuseum in Sehnde-Wehmingen, wo er mustergültig restauriert sogar seit 2003 im Einsatz steht. Um für dessen fünfjährige Restaurierung Ersatzteile zu

Fährt ohne Strom – zumindest ohne Oberleitung: Der dieselelektrische GT 4 als Prototyp ‚Twino' im Juli 2000 in Nordhausen Ost. Das Stromerzeugungsaggregat belegt lediglich die Fläche der vormaligen Längsbank vorne links. | Stefan Vockrodt

gewinnen, trug der zweite Wehminger Wagen bei, dessen Reste 2005 zerlegt wurden. Im verbliebenen Fahrzeug können die Museumsbesucher nun bei stilecht praktiziertem Fahrgastfluss mit Mikrofondurchsagen des Schaffners das Fahr(gast)gefühl der 1960er Jahre nachvollziehen.

Diesel für den GT 4

Aber die technisch spektakulärste Karriere eines GT 4 machte Wagen 544 in Nordhausen. Dort schlug 1994 das dortige Institut für Maschinen, Antriebe und elektrische Gerätetechnik (IMG) vor, den südlichen, bis Nordhausen reichenden Streckenast der meterspurigen, dampfbetriebenen Harzer Schmalspurbahnen mit dem Netz der Nordhausener Straßenbahn zu verbinden. Weil man sich die Elektrifizierung des Eisenbahnteilstücks sparen wollte, versah man probeweise den ehemaligen Freiburger GT 4 Nr. 114 mit einem Dieselaggregat zum Einsatz alsZweisystemwagen. Nachdem dies grundsätzlich funktionierte, wurde dann im Jahr 2000 der Stuttgart-Nordhäuser GT 4 Nr. 544 zum eigentlichen, professionellen Versuchsträger bestimmt. Ein 5-Zylinder-Automotor mit 111 Kilowatt Leistung fand mitsamt Generator im vorderen Wagenteil Platz. Lediglich vier Sitzplätze mussten geopfert werden. Durch die extrem kompakte Anordnung der Aggregate fielen nur 500 Kilogramm Mehrgewicht an. Das türkisgrün lackierte Fahrzeug erhielt den Namen ‚Twino' und bewährte sich im Probeeinsatz auf der Strecke Nordhausen – Ilfeld gut, womit zum zweiten Mal nach dem Fall Filderbahn ein GT 4 als Eisenbahnfahrzeug unterwegs war. Die Erkenntnisse führten dazu, dass seit 2004 fabrikneue Straßenbahnwagen des Herstellers Siemens, Typ Combino, als ‚Duo-Combino' mit wahlweise elektrischem oder Dieselantrieb auf dem Nordhäuser Straßenbahn-Eisenbahnnetz im Einsatz sind. Kurzzeitig war Wagen 544, wie die Zeitschrift Straßenbahn-Magazin rühmte, auf seine alten Tage somit „das modernste Straßenbahnfahrzeug Deutschlands" und trug zur Entwicklung der neuesten Straßenbahngeneration in Deutschland nochmals ein Stück bei. Heute steht dieser Diesel-GT-4 als Denkmal in Nordhausen.

Verkäufe von GT 4 in andere Städte

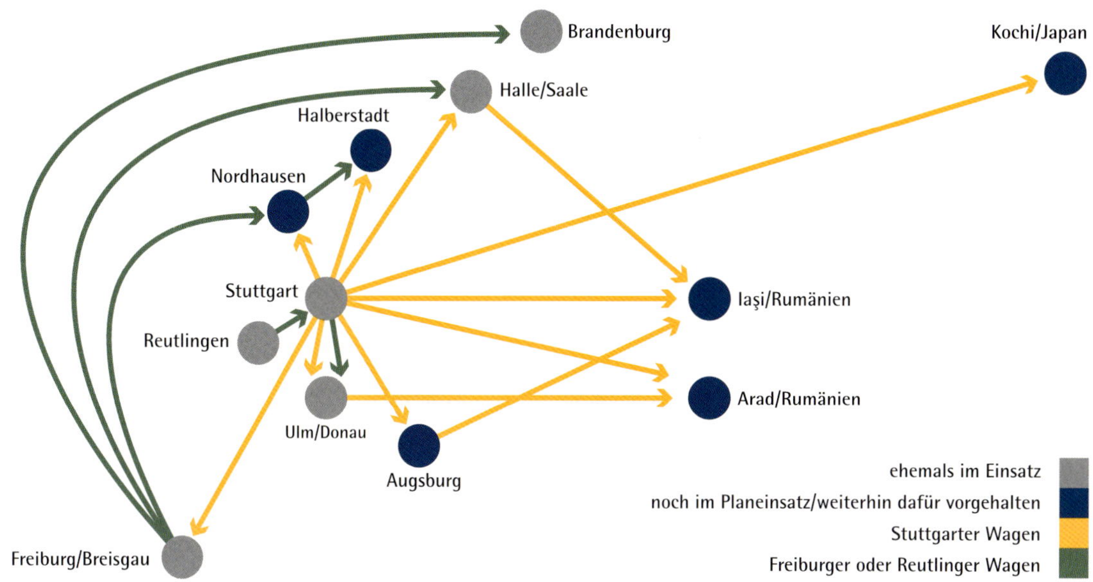

9
15
Freiberg
5
WIRTH

Stuttgarter Szene: Morgensonne in der Königstraße am 29. April 1971. | Gerhard Jäkle

Große Serie, großer Wurf?

Der GT 4 in der Bilanz

Ergab der Stuttgarter GT 4 mit 350 an den selben Besteller gelieferten Fahrzeugen tatsächlich Europas größten und modernsten einheitlichen Wagenpark eines Straßenbahnbetriebes, wie man seinerzeit lesen konnte? Die Formulierung dürfte der Wahrheit damals nahegekommen sein, zumindest was Gelenkwagen angeht. Zwar brachten es die Düwag-Vier- und Sechsachser in Deutschland auf über 1.100 gebaute Exemplare, aber mit allerhand unterschiedlichen Bauserien für verschiedenste Städte. Selbst an Rhein und Ruhr kamen kaum mehr als über 100 etwa einheitliche Exemplare pro Betrieb zusammen. Berlin verfügte Ende der 1920er Jahre über 500 Triebwagen und 800 Beiwagen des Typs

Links | Neue Weinsteige, 9. September 1960: Das Prinzip der Doppeltraktion war für Stuttgart sinnvoll. Noch trägt dieser GT 4 geschwungene Linienziffern wie der GT 6. | Joachim von Rohr

Rechts | Großer Auftrieb: Der Bahnhofplatz um 1964 mit einer der für die SSB damals typischen Haltestellen mit Schachbrettmuster. | Archiv SSB

1924 ff, was damals „die größte je gefertigte Serie weitgehend baugleicher Straßenbahnwagen in Deutschland" darstellte, aber das waren keine exakt gleichen Fahrzeuge und keine Gelenkwagen. Hamburg bestellte ab 1950 über 100 weitgehend baugleiche Vierachstriebwagen und dazu ähnliche Hänger, aber mehr waren es nicht. Der Kriegsstraßenbahnwagen von 1943, laut dem Verkehrschronist Günter Stetza „die zweithöchste Zahl eines jemals in Deutschland gebauten Straßenbahnwagentyps", erlangte mit den Nachkriegsbauten zwar einen Umfang von über 650 Fahrzeugen, wovon aber über 400 Stück nur Beiwagen waren und ein Teil mit verschiedenen Spurweiten. München landete mit seinem M-Dreiachser von 1953 ff einen großen Erfolg, aber die über 300 Wagen gehörten auch hier in unterschiedliche Baulose mit Trieb- und Beiwagen. Bezieht man die seit den 1960er Jahren nach Ostdeutschland gelieferten tschechischen Tatra-Wagen in die Betrachtung ein, kommt eine in die mehrere hundert Stück gehende Wagenflotte zusammen, aber auch hier in erster Linie nicht als Gelenkwagen und nicht in einheitlicher Bauausführung.

Dass nicht einmal Großstädte wie Berlin oder Hamburg den ‚kleinen' Stuttgarter Betrieb überflügelten, erklärt sich einfach: Die SSB wagten mit dem GT 4 als erste Stadt in Deutschland den Einsatz der Kombination Triebwagen + Triebwagen anstatt dem bisherigen Einsatz eines Triebwagens mit einem oder zwei Anhängern. Somit wurden rechnerisch mindestens doppelt so viele Triebwagen wie vordem benötigt. Für die Stuttgarter Strecken brachte dies den elementaren Vorteil der nachhaltigen Beschleunigung auf den langen Bergfahrten. Wegen der wesentlich höheren Beschaffungskosten eines Triebwagens gegenüber Beiwagen kam der generelle Triebwageneinsatz für die meisten Betreiber hingegen nicht in Frage.

Der doppelte GT 4

In Stuttgart konnte man durch den schnelleren Fahrzeugumlauf weitere Wagen und Personale einsparen und somit die Doppelinvestition begründen. Die SSB argumentierten weiter, dass der in der Nebenverkehrszeit abzuhängende zweite (Trieb-) Wagen durch seinen eigenen Antrieb vom Schaffner selbst in den Betriebshof gefahren werden konnte, so dass aufwändige und Personalminuten kostende Rangiermanöver entfielen. Die Fahrt mit zwei angetriebenen Wagen durch einen einzigen Fahrer gelang nur durch das System der elektrischen Doppeltraktion. Die SSB rühmten dies für den GT 4 wiederholt als Neuheit

atrix
GLYZERIN-HANDCREME
15
atrix schützt durch SILIKON
BÖHMS
5
STOCK

Vollkommene Übereinstimmung: Perfekt war und ist der GT 4 sicherlich nicht; der Einschätzung ,exklusiv mit kleinen Macken' wird man gerne zustimmen.

bei deutschen Straßenbahnbetrieben. Hier war man jedoch schlecht informiert: Die Straßenbahnbetriebe in Köln, Hannover, Essen oder Berlin arbeiteten bereits in den 1930er Jahren mit der Doppeltraktion. Ebenso war die Vielfachsteuerung auf dem Eisenbahnsektor längst eingeführt (52). Andere Städte hatten aus den genannten Gründen aber einfach keinen Bedarf an solch einer Lösung gehabt. Heute ist der ausschließliche Einsatz von angetriebenen Einheiten bei den meisten Verkehrsbetrieben allerdings Standard.

Von den Kosten her wurde der GT 4 damals als „größte Investition in der Geschichte der SSB" bezeichnet; nur die neue Möhringer Hauptwerkstatt sollte dann, rund zehn Jahre später, insgesamt noch mehr Geld erfordern (53). Für den ,Urvater' GT 6 waren ursprünglich etwa 200.000 Mark anzusetzen gewesen, aber 1954 mussten die Stuttgarter für die drei Wagen eine Restzahlung von 750.000 Mark leisten, so dass einer demzufolge auf mehr als 250.000 Mark kam. Der Entwicklungsaufwand der Hersteller machte sich hier bemerkbar. Der Tw-200-Nachbau von 1952 sollte gleich viel kosten wie später ein T 2, nämlich etwa 85.000 Mark. Für den GT 4 waren anfangs pro Stück 200.000 Mark eingeplant, für Prototypen verständlich. Als spätere Preise sind rund 194.000 Mark und bei einer Folgeserie 235.000 Mark erwähnt. Den Aufwand für alle GT 4 und alle DoT 4 zusammen bezifferten die SSB 1968 mit 65 Mio. Mark. Für den DoT 4 ist ein Umbaupreis von 90.000 Mark genannt, was für 35 Fahrzeuge 3,1 Mio. Mark ergibt. Pro GT 4 kam somit unter dem Strich über den Beschaffungszeitraum von sechs Jahren, in dem alle Preise anzogen, ein theoretischer Preis von zirka 185.000 Mark heraus. Offensichtlich hatten die SSB noch einen ordentlichen Rabatt erhalten. Dass die ME die Entwicklungskosten des GT 4 letztlich nicht anrechnen wollte, ist bekannt.

Ein Standard-Drei-Wagen-Zug aus T 2 und Beiwagen, Preis für letzteren auf zirka je 40.000 Mark zu rechnen, kam somit auf rund 170.000 Mark, bei gut einem Drittel weniger Fassungsvermögen als einem GT-4-Doppelzug zu 400.000 Mark. Für den etwa gleich langen Tatzelwurm-Zug aus Trieb- und Beiwagen nahm Rastatt 150.000 Mark. Das alles mochte akzeptabel sein; der aufwändige Umbau der T 2 zu DoT 4 mit Neuverkabelung war angesichts des einstigen Beschaffungspreises von 170.000 Mark für zwei Stück ,Spender'-T 2 und der zum Teil nicht einmal zehn Jahre alten Fahrzeuge vor allem ein interessanter Beitrag zur Esslinger Wirtschaftsförderung – mit Stuttgarter Geld. Für die 65 Mio. Mark bekam Stuttgart aber eine Verkehrsförderung fast auf dem ganzen SSB-Netz mit nachhaltiger Wirkung, die zudem laufende Kosten sparte. In der gleichen Zeit kostete eine einzige Maßnahme der vielen teuren Straßenbauten in Stuttgart, der Planiedurchbruch, alleine 44 Millionen Mark.

Der GT 4 rettet Stuttgarts Straßenbahn

Die Zusammenarbeit zwischen ME und SSB verlief keineswegs nur harmonisch: Schon die ersten beiden Wagen wurden verspätet fertiggestellt, auch die Liefertermine für die einzelnen Serien hielt die ME nur schleppend ein. Dazu mochte auch beitragen, dass die erhofften Anschlussaufträge von auswärts beinahe ausblieben und die Schienenfahrzeugsparte der ME ab Anfang der 1960er Jahre ohnehin einen absterbenden Ast darstellte, der letztlich zum Teil nur noch lustlose Betreuung erfuhr – in die Hallen zog bereits die Autoproduktion eines Fremdherstellers ein.

Die späte Entscheidung der SSB für den GT 4 hatte ein Gutes: Technische Neuerungen wie automatische Türen, Türselbstbedienung, Lichtschranken, Feinstufenschalter oder Kardanwellen waren bei anderen Nutzern und Fahrzeugbauarten ausreichend erprobt worden, manche davon nicht zuletzt zum Teil beim GT 6 der SSB und dann schon in großem Umfang beim T 2. So gesehen hatten die SSB mit der T-2-Flotte zwar den Anschluss an eine wirtschaftliche Betriebsführung vorläufig verloren, aber nur so die Grundlage gelegt, dass man beim GT 4 ohne Prototypen und Erprobungsjahre sofort ‚in die Vollen' gehen und eine echte Großserie mit all ihren wirtschaftlichen und finanziellen Vorteilen beschaffen konnte.

In Hannover blieb das Bestreben nach einer U-Bahn ebenfalls im Stadium einer zum Teil untertunnelten Innenstadt mit Hochbahnsteig-Haltestellen stecken. Dafür wurde ab 1973 die Hochflur-Bauart Tw 6000 mit Klapptrittstufen beschafft. Das hätte zum Beispiel gut auch auf Meterspur für Stuttgart gepasst – und dann wäre der GT 4 längst als kleine Episode der Technikgeschichte vergessen. | Wolfgang Klee

So verkehrte sich die Zaghaftigkeit der SSB-Fahrzeugbeschaffung längerfristig betrachtet ins Vorteilhafte: Hätten die SSB wie andere Betriebe seit 1948 alle zwei bis drei Jahre eine neue, jeweils etwas ‚bessere' Fahrzeuggattung beschafft, wäre es nicht – in einer Art Torschlusspanik – ab 1959 zur Massenbestellung des GT 4 gekommen. Das verschaffte den SSB aber plötzlich einen kommunalpolitisch-strategischen Vorteil: Anstelle eines Sammelsuriums von zwei-, drei-, vier- oder sechsachsigen Kleinstgattungen aus verschiedensten Jahrzehnten präsentierten sich die SSB innerhalb von sechs Jahren als ein Verkehrsbetrieb, der mit einem modernen Fahrzeugpark aus einem Guss in Erscheinung trat, auf den beiden wesentlichen Innenstadtlinien 8 und 10 ergänzt durch den ebenfalls urbanen Großraumcharakter ausstrahlenden langen DoT 4.

Mit dem reichlichen Bestand an GT 4 war das verkehrs- und finanzwirtschaftliche Faktum geschaffen, Stuttgarts Straßenbahnnetz im wesentlichen zumindest so lange zu betreiben, bis die neuen Fahrzeuge weitgehend abgeschrieben waren. Somit hat der GT 4 die Straßenbahn als Flächenverkehrsmittel für Stuttgart zumindest für gut ein Dutzend Jahre bewahrt, und zwar gerade in einer Zeit, in welcher die ‚Großwetterlage' für die Zukunft von Straßenbahnbetrieben in Deutschland und Westeuropa besonders ungünstig war. In diesem Zusammenhang darf man fragen: Was wäre gewesen, wenn Esslingen keinen GT 4 entwickelt hätte? Und welches Gefährt hätte Walther Lambert als zukünftiges Stuttgarter Nahverkehrsfahrzeug vorgeschlagen, wenn seine maßgebliche Studie nicht 1959 erschienen wäre, sondern ein Jahr früher, als noch keine vorschlagsreife Planung für einen GT 4 existierte?

GT 4, der Unberechenbare

Dass der ME-GT 4 außerhalb von Stuttgart kaum Erfolg hatte, besaß mehrere Gründe: Zum einen hatten sich viele Betriebe schlicht bereits kurz vor Erscheinen des GT 4 mit Düwag-Wagen eingedeckt, weil an Großserienfahrzeugen nichts anderes auf dem Markt war. Zweitens wurde die ominöse Stuttgarter Bauart, die durch ihre ungleiche Gewichtsbelastung auch gewissen physikalischen Gesetzen zu widersprechen versuchte, anderswo mit gespanntem Argwohn betrachtet. Die nicht nur guten Erfahrungen der SSB mit ihrem neuen Produkt waren nicht geeignet, auswärtige Techniker von den Vorzügen des ME-GT 4 zu überzeugen. Die Gewichts- und Kostenersparnis des GT 4 durch das entfallende mittlere Drehgestell, das ohnehin nicht angetrieben gewesen wäre, vermochte nicht zu überzeugen, weil man diesen Vorteil mit dem Malus einer technischen Sonderlösung erkaufte. Drittens war die Bereitschaft der Werkstätten gering, sich mit den geheimnisvollen neuartigen Bauteilen des ME-GT 4 wie Gelenkträger und Nierenplatte abzugeben, wenn man die Unterhaltung der traditionellen Vier- und Sechsachser mit ihren unkomplizierten gewöhnlichen Drehgestellen doch im Schlaf beherrschte. Und schließlich bewältigten Betriebe wie Würzburg oder Mainz mit ihren Sechsachsern vergleichbare Steilstrecken wie in Stuttgart ohne größere Probleme.

Wegen der Vielzahl seiner weder eindeutig definierten noch einstellbaren Führungs- (und Nicht-Führungs-) Elemente ist der GT 4 ingenieurtechnisch zum Teil buchstäblich ein unberechenbares Fahrzeug – „Viel Gummi hilft!" (für Federung und Lager) heißt der Spott der Werkstatt. Unabhängig davon lässt sich für Stuttgart sagen, was die SSB schon 1968 zum Hundertjährigen der Stuttgarter Straßenbahn befanden: „Diese fortlaufenden Bestellungen und Lieferungen wären nicht denkbar gewesen, wenn sich der Wagen hinsichtlich seiner verkehrlichen und betriebstechnischen Eigenschaften nicht bewährt hätte." So blieb der GT 4 das, was er bis heute ist: eine Stuttgarter Besonderheit. Es stellt sich noch die Frage: Was wäre in Stuttgart nach dem GT 4 gekommen, wenn man die Meterspur beibehalten hätte? Bei den SSB gab es solche Erwägungen nur vage; man entschied sich rasch dafür, die verbleibenden GT 4 aufzufrischen.

1970 brachte die Düwag ein Nachfolgemodell für ihren 50er-Jahre-Sechsachser heraus, den sechs- bis zehnachsigen so genannten Typ M, erstmals beschafft für Mannheim. Auch Augsburg, Braunschweig, Duisburg, natürlich Düsseldorf, und Freiburg griffen bald zu, Wien und Graz erhielten Lizenzbauten. Die SSB hätten vermutlich den GT 4 rasch und konsequent durch eine der genannten Typen oder ein ähnliches Modell ersetzt; der GT 4 wäre sang- und klanglos abgetreten. Erst durch die Einführung des Stadtbahnbetriebes, die sich nolens volens über fast 20 Jahre hinziehen musste, ergab sich die Notwendigkeit, den GT 4 weiterhin Jahr um Jahr zu betreiben. Also gilt: Die normalspurige Stuttgarter Stadtbahn hat den GT 4 im Planbetrieb bis in die heutigen Tage herübergerettet. Aber auch auf die Planung der Stadtbahn hat sich der GT 4 ausgewirkt. Nach seinem 19-Meter-Raster enstand die Schiebebühne in der neuen Möhringer Hauptwerkstatt von 1971, und das selbe Grundmaß legten die SSB Ende der 1970er Jahre demgemäß bei der Planung der Haltestellenlängen und Gleisnutzlängen für die Stadtbahn an. Deshalb ist ein „halber" SSB-Stadtbahnzug zwangsläufig noch immer 19 Meter lang, und das wird auch noch Jahrzehnte für künftige Fahrzeugbeschaffungen so gelten. Das ‚Erbgut' des GT 4 ist beständig ...

Gute Zeiten, schlechte Zeiten

Und schließlich: War die Epoche, in welcher der GT 4 ‚groß geworden' ist, eine glückliche Zeit für den Alltag derer, die sie erlebten? Lange Wochenarbeitszeit, im Vergleich zu heute mit herzlich wenig Konsumgütern ausgerüstete Haushalte, Urlaub im Schwarzwald statt auf den Malediven, das war die wirtschaftliche Seite. Wohnungsnot oder ständige Angst vor dem Atomschlag der Großmächte (Berlin-Krise, Kuba-Krise), dann aber Furcht um mögliche Insolvenz des Unternehmens SSB, Gemunkel von der Abschaffung der Straßenbahn bis auf vielleicht drei Langlinien ... solche existenziellen Sorgen gehörten für Fahrgäste und Personal der SSB zu den bedrohlichen Seiten zumindest der 1960er Jahre. Vor allem aber war die Zeit des GT 4 keineswegs die des geruhsamen Fahrbetriebes, sondern von geradezu atemberaubendem Wandel begleitet: Völliges Umkrempeln des zentralen Streckennetzes, ständig wechselnde Umleitungen im dichtesten Verkehrsgewühl, Wandel der verkehrlichen Oberziele mitten in Planung und Bau, Auslieferung der gewaltigen Flotte an GT 4, ohne dass man zunächst recht gewusst hätte, wohin damit und wie unterhalten. Dann fast radikale Abschaffung der beschaulichen Zweiachserzüge und fast aller alten Betriebshöfe, beinahe ständiger und neuerlicher Umbau aller jüngeren Fahrzeuge, noch bevor erste Umbauten überall beendet waren, riesige Probleme mit dem Personalbestand und der Dienstplanbesetzung, zwangsläufig konsequente Umwandlung von der persönlich betreuten Fahrgastbeförderung zum rationellen Transport mit – aus damaliger Sicht – übergroßen, als unpersönlich empfundenen Zugeinheiten. Dazu kam auch noch der (längst damals schon, ob man wollte oder nicht) sich verändernde Anspruch der SSB vom hoheitlichen Abfertiger zum kundenorientierten Dienstleister, dazu Abwanderung der ‚guten' Fahrgäste aufs Auto; Hohn und Verriss in der Presse ... Letztlich blieb fast wortwörtlich kein Stein auf dem anderen. Der Dienst auf den neuen Wagen mochte für die Mitarbeiter manche praktische Erleichterung bringen, aber ihre Gefühlswelt erfuhr großen Druck, nicht nur durch erhöhte Verantwortung und mehr Stress, sondern auch durch den Verlust der althergebrachten Dienstgemeinschaft ‚auf Strecke' zwischen Fahrer und den zwei oder gar drei Schaffnern, mit all den guten und schlechten Seiten dieses betrieblich-menschlichen Zusammenspiels. Dies mochte nicht selten zu großem Unmut über den Brötchengeber sorgen, doch der war selbst nur Getriebener der allgemeinen Umstände. Dazu mussten die SSB gewaltige Investitionen leisten bei gleichzeitig immer leerer werdendem Konto. Heute sind diese Abläufe vielleicht schon kaum mehr vorstellbar, damals waren sie – neben der Unbeschwertheit des Wirtschaftswunders – tägliche, bedrückende Wirklichkeit. Wer sich in die Glanzzeit des GT 4 zurückwünscht oder ihn gar als treffliche Reminiszenz an eine vermeintlich „goldene Epoche" betrachtet, sollte dies nicht vergessen. Einen erst allmählich richtig spürbaren psychologischen Aufschwung für die SSB brachte die Entscheidung 1976 zur Stadtbahn – aber diese Zeit hatte wieder andere Probleme ...

BANK
5
Heumaden
5-1
500

Der so genannte Planiedurchbruch – der so aussah, wie sein Name befürchten ließ – bildete in den 1960er Jahren das Maß der Dinge an Stuttgarts zentralster Stelle. Zwei Tage nach dieser Aufnahme vom 18. November 1978 war er auch von der Straßenbahn „befreit". – Gerhard Jäkle

Zeichen und Wunder

Stadtverkehrsplanung in Zeiten des GT 4

Irgendwann gerinnt die Gegenwart zur Geschichte. Dann erscheint es vermeintlich leicht, frühere Entwicklungen zu bewerten. Aber Entscheidungen werden jeweils in der Gegenwart im Angesicht der immer ungewissen Zukunft getroffen – und letztlich braucht es für tragfähige Lösungen Mehrheiten in den Gremien, keine Ideologie. In Stuttgart hat der kommunale Schienenverkehr nicht nur überlebt, sondern wächst und gedeiht, wird geschätzt und viel benutzt – und das im Herzen der Automobilstadt Deutschlands. Das hätte in der Straßenbau-Hoch-Zeit der 1960er und 1970er Jahre niemand erwartet, als selbst Städte, die für ihre Straßenbahnbetriebe viel bessere stadtplanerische und verkehrliche Aus-

Diese Seite | Ursprünglich sollte die Untertunnelung der Knotenpunkte sogar vier statt drei Ebenen umfassen. Die Darstellung aus ‚Über Berg und Tal' 1/1962 mutet fast an wie eine Idylle.

Rechte Seite | Gespannte Mienen: Am 17. Mai 1967 harren die Eingeladenen der Eröffnung der ‚Ebene Minus zwei' in der Haltestelle Charlottenplatz. | Archiv SSB

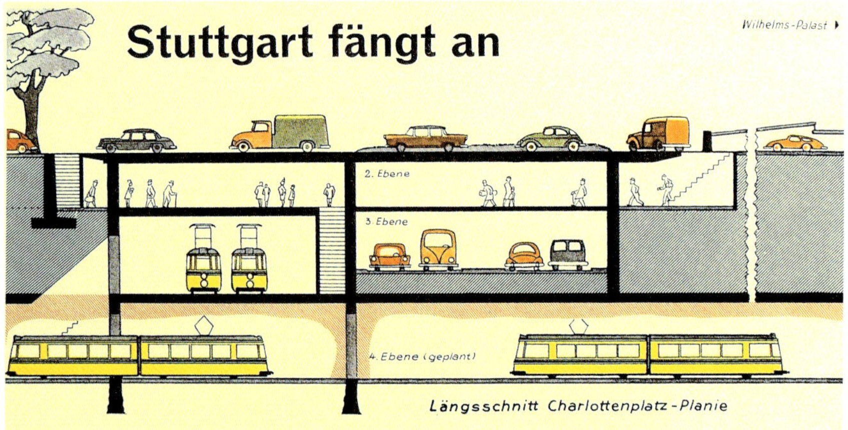

gangslagen als Stuttgart besaßen, wie (West-) Berlin oder Hamburg, trotz Ölkrise und ersten Ökologiedenkens die ‚Elektrische' aufgaben.

Es gibt unterschiedliche Ansichten über den ‚Stuttgarter Weg', den Stadtverkehrsplanung und SSB in den letzten 50 Jahren beschritten. Bei der Einschätzung hilfreich sein können Vergleiche, wie man andernorts mit der Problemstellung umging, exemplarisch, wenn auch keineswegs immer ‚beispielhaft' zu zeigen an vier Fällen: Erstens etwa Hamburg, dem Vorbild Gottfried Groches, wo – wie schon genannt – der Beschluss zur Totalauflassung des – normalspurigen! – Tramnetzes 23 Jahre lang bis zum bitteren Ende 1978 mit eiserner Konsequenz Stück für Stück durchgezogen wurde, ungeachtet etwa inzwischen gewandelter Auffassungen. Zweitens das von Alfred Bockemühl einst als Vorzeigemodell gepriesene Belgien, wo man in den 1960er und 70er Jahren verträumte meterspurige Stadt- und Überlandnetze technisch konsequent mit aufwändigsten Brücken- und Tunnelbauten zu ‚perfekten' fast kreuzungsfreien Nahschnellverkehrswegen umstellen wollte. Zurückgehende Wirtschafts- und Einwohnerwerte hinterließen ein Gemenge von siedlungsfernen Streckentorsi in Bauzuständen aller Art, mitsamt fertiggestellten Abschnitten, die seit Jahrzehnten bis heute nie einen Zug gesehen haben. Man braucht kaum zu erwähnen, dass auch von den ursprünglichen Linien kaum eine in Betrieb blieb. Es war genau das alptraumhafte Ergebnis, das Walther Lambert für Stuttgart vermeiden wollte. Drittens zu nennen – ganz in der Nähe – das Reutlinger Meterspurnetz, das bis 1964 noch Neubaustrecken dazubekam, bis ein damals bekannter (Straßen-) Verkehrsgutachter, der gleichzeitig ein Vorstandsamt in einem großen Automobilclub wahrnahm, die Straßenbahn als rückständig einstufte und allenfalls U- und S-Bahnen für zukunftsträchtig hielt, wohl wissend, dass solche in Städten wie Reutlingen nicht gebaut werden würden. So wurde auch die jüngste Strecke – wie der Großteil des dortigen Netzes sogar auf eigenem Bahnkörper! – schon nach sechs Jahren wieder herausgerissen. Viertens der Fall Straßburg, Stuttgart seit 1962 wohlverbunden durch die Städtepartnerschaft und Jahrzehnte vorher bereits durch den Bau von Straßenbahnwagen durch die Stuttgarter SSB in Ostheim für das Meterspurnetz der Straßburger Straßenbahnen (SSB/CTS). Das riesige, im Elsaß sogar elektrisch betriebene 260 Kilometer lange Stadt- und Überlandnetz beidseits des Rheins reichte vor dem Ersten Weltkrieg vom Ostrand der Vogesen bis Rastatt und Offenburg und kam mit den angeschlossenen weiteren kommunalen Meterspurstrecken von Colmar, Mühlhausen und Lahr auf über 400 Kilometer Umfang – eine beispielhafte Infrastruktur, die auch das flache Land in später nicht mehr erlangter Verkehrsqualität erschloss. Schon 1948 lehnte die französische Zentralregierung den Kauf neuer Wagen ab, so dass der linksrheinische Netzteil bis 1960 aufgegeben werden musste. Selbst der höchst schienenfreundliche Direktor der CTS konnte sich damals keine andere Zukunft für seine Bähnlein vorstellen als im Untergrund, akzeptierte aber gleichermaßen, dass Kosten und Verkehrsaufkommen in keinerlei Relation gestanden wären (55). Der rechtsrheinische Streckenteil, wo man idealerweise ins Herz von Offenburg und Lahr fuhr, fiel bis um 1970 der massiven öffentlichen Einstufung als (Straßen-) ‚Verkehrshindernis' zum Opfer. Seit 1994 jedoch bewegt sich in Straßburg wieder eine völlig neu erbaute, gestalterisch hypermoderne, nunmehr normalspurige Straßenbahn, und 2006 hat die Stadt Kehl eine Planung vergeben, wie auch ihre Gemeinde mitsamt Offenburg erneut an das linksrheinische Schienennetz angeschlossen werden könne – wie weit über hundert Jahre zuvor schon einmal!

Wäre in Stuttgart das Netz der Straßenbahn völlig getilgt, so hätte sie Jahrzehnte später wohl kaum eine gleichartige glanzvolle Auferstehung begehen können. In anderen Städten, in denen die Tram in letzter Zeit eine Renaissance feiern konnte, hatte es dafür städtebaulich mehr oder weniger Platz. Im engen Stuttgart, wo sich der Straßenverkehr aller Flächen bemächtigt hätte, wäre die einhellige Meinung: Hier geht es nicht mehr!

Stadtplanung im Wandel

Wer Veröffentlichungen aus dem vergangenen halben Jahrhundert auswertet, stößt auf bemerkenswerte Veränderungen in der verkehrspolitischen Weltanschauung in Stuttgart und andernorts ebenso wie auf Zielsetzungen, die bis heute uneingeschränkt gültig sind. 1953, auf der Deutschen Verkehrsausstellung München, referierte der VÖV: „Herr Simpel modernisiert den Verkehr!" Es herrsche Unkenntnis über die Ursachen der „heutigen Verkehrsnot." Die privaten Kraftfahrzeuge seien wegen ihres hohen Platzbedarfs und ihrer niedrigen Beförderungskapazität das Hauptproblem, deshalb seien „Baumaßnahmen für die Straße" ohne Neuordnung der Ausgangslage der Verkehrsträger „ein Faß ohne Boden." Kurt Leibbrand vom VÖV betonte 1954 eine bis heute unumstößliche Erkenntnis: „Die Aufgabe ist nicht, Fahrzeuge zu befördern, sondern Personen." Bis heute, im neuen Jahrtausend, hat sich die Wirtschaftlichkeit des Straßenverkehrs aber noch verschlechtert: Die durchschnittliche Besetzung eines Pkw liegt laut VDV-Angaben bei 1,2 Personen, was bei meist fünf verfügbaren Plätzen einer Auslastung von lediglich 24 Prozent entspricht.

„Das Auto – Terror unserer Städte“: 1962 fand ‚Über Berg und Tal‘ in der Frankfurter Allgemeinen Zeitung die folgenden Zeilen. „Die Tragödie liegt im Verlust der Gestalt [der Stadt], der größer ist, als er unter dem Bombenfeuer war. Es gibt in Deutschland keine Großstadt (...), die nicht durch das Heer der Automobile, ein wahres Termitenheer, bis zur Unkenntlichkeit entstellt wird, gleichsam abgeweidet“ (...). Regierungsbaudirektor Alfons Stumpp zitierte 1965 in ‚Über Berg und Tal‘ den Schriftsteller Josef Müller-Marein: „Wir haben alles falsch herum erfunden. Hätten wir zuerst das Auto erfunden und dann erst die Schienenbahn – welche Erfindung, nicht wahr? Wir würden die altmodische Benzinkarre sofort stehen lassen und uns den modernen schienengebundenen Fahrzeugen zuwenden.“ Das Deutsche Nationalkomitee für Denkmalschutz stellte 1978 fest: „Städte haben wir verpfuscht. Was gut war an ihnen, das kompakte Nebeneinander von Wohnen, Geschäft und Gewerbe – die Stadt der kurzen Wege, die haben wir zerschlagen. Die Eile der Durchrasenden ist wichtiger als das Leben der Bewohner.“ Und 1988, als die Stadtbahn Stuttgart schon gestartet war, veröffentlichte der Wiener Bahnphilosoph Josef Otto Slezak eine der beliebten In-Out-Tabellen, die erstaunlich gut auch auf Stuttgarter Verhältnisse passt:

1968 in, 1988 out	1968 out, 1988 in
Parkplätze im Hinterhof	begrünter Hinterhof
Reglementierter Fahrgastfluss	freie Fahrgastzirkulation
Music-Box im Schnelllokal	Gespräch im Wirtshaus
Hochhäuser	maximal sechsstöckige Stadthäuser
Alleebäume als Bedrohung der Autofahrer	Alleebäume als belebendes Element der Straße
Großraumbüro	menschengerechte Büroräume
windschnittige Bummel-Straßenbahn	kastenförmige Schnell-Straßenbahn

Im Stau selber schuld

In Stuttgart nutzte die Verwaltung nach den Kriegszerstörungen die ‚Gunst‘ der Stunde und legte etwa in der Esslinger Straße zugunsten der ‚Stadtautobahn‘ ein ganzes Stadtviertel nieder. Zuständige Planungsbehörde war die ‚Zentrale zum Aufbau der Stadt Stuttgart‘ (ZAS), von Ironikern nicht ohne Grund als ‚Zerstörer alter Stadtbilder‘ tituliert. 1948 verlangte Stuttgarts OB Arnulf Klett im SSB-Aufsichtsrat eine Prüfung, „welches Verkehrssystem – Straßenbahn, Trolleybus, Omnibus – auf Dauer das richtige ist.“ 1951 war man sich im selben Gremium darüber im klaren, „dass die Ampeln am Hauptbahnhof sich für den Straßenbahnbetrieb katastrophal auswirken.“ Alfred Bockemühl ärgerte sich 1952 über die „immer wieder zu hörenden Stimmen über die ‚veraltete‘ Straßenbahn.“ Gerechterweise, verlangte der SSB-Direktor, sollten „die „Startbedingungen“ bei allen Verkehrsmitteln die gleichen sein.“ Paul Bonatz, Architekt mehrerer Bahnhöfe, darunter des Stuttgarter Hauptbahnhofes, bekannte in dieser Zeit düster: „Nur eine Frage zählt in Stuttgart: Wie bringe ich die meisten Autos durch?“ (56). Walther Lambert betonte 1959 in seiner Verkehrsstudie für Stuttgart, die künftige Stadtplanung solle Wohnen, Arbeiten und Einkaufen so verknüpfen, dass Verkehrsprobleme gar nicht erst entstünden. Sein Co-Partner Max Feuchtinger, ausschließlich Straßenplaner, bedauerte lediglich, dass „die vollkommene Lösung in Gestalt der U-Bahn ausscheiden muss“, obwohl sie doch die Straßen – sehr theoretisch – so schön freigemacht hätte. Als der SSB-Aufsichtsrat 1962 der teuren (Irr-) Wege anderer Kommunen mit anspruchsvollen U-Bahn-Plänen gedachte, lobte er sich selber für die Entschlussfreudigkeit, mit Hilfe der U-Straßenbahn die Autofahrer zum Umsteigen zu bringen, „anstatt mit ihren Fahrzeugen die Innenstadt zu verstopfen.“

Jedoch forderten Zeitungsleser schon 1963 die Umkehrung der Lambertschen Planung: Erst sollten im weiten Umkreis von Stuttgart die ‚Öffentlichen' von großen Parkplätzen aus die City unterirdisch erreichen, dann könne man an den Ausbau der Stuttgarter Straßenbahn gehen. OB Klett betonte 1966, der eigene Bahnkörper für die Straßenbahn sei für die Attraktivität der SSB nötig, „auch wenn sich das auf den Individualverkehr nicht günstig" auswirke. 1968 zur 100-Jahre-Straßenbahn-Feier notierte die Zeitung, die Straßenbahn habe sich in den Untergrund zurückgezogen „mit dem Ziel eines neuen Aufstieges." 1984 überlegte Kolumnist ‚Knitz' in den Stuttgarter Nachrichten: „Seit 30 Jahren Autoschmerzen in Stuttgart. Wir haben seit der Währungsreform die halbe Stadt dafür umgebaut: fürchterlich breite Straßen, Unterführungen, Massenparkplätze (...). Für ein Milliardengeld. – Offenbar so alle 30 Jahre versuchen wir, unser Verhältnis zum Auto neu zu ordnen. Im Moment sind aktuell: Spitzenbelastungen, Spitzenlärm, Spitzenstau, Spitzenabgase." Die Nord-Stuttgarter Rundschau gab 1989 den Rat: „Wer in den neunziger Jahre noch Auto fahren und tagtäglich im Stau stehen will, ist selber schuld. Der moderne Mensch fährt Stadtbahn."

Das Defizit der Straße

Auch über die Kostensituation des Verkehrs sind Aussagen aus 50 Jahren aufschlussreich: Bahnchronist Josef Otto Slezak wunderte sich schon 1958 über das große finanzielle Defizit der Straße. Es sei „unglaublich, dass in einer Zeit der industriellen Massenproduktion (..) das individuelle Verkehrsmittel dem Massenverkehrsmittel vorgezogen werden soll. – In jeder industriellen Produktion ist es erwiesen, dass die Kosten pro Einheit bei Massenfertigung niedriger sind (...). Und im Verkehr sollte es anders sein?" Slezak fiel etwas Gravierendes auf: „Es ist unbegreiflich, dass die öffentliche Hand stillschweigend die Investitionen für den Autoverkehr (...) zahlt, jene für den Schienenverkehr aber durch ‚kostendeckende' Tarife bestreiten möchte." Slezak wiederum fasst 1978 zusammen: „Wenn es um den Bau von Straßen oder Parkhäusern geht, denkt man nie (...) an kostendeckende Gebühren. Für solche Defiziteinrichtungen soll nur die Masse der Steuerzahler aufkommen." Walter Lambert war 1959 zu einem ähnlichen Schluss gekommen: „Letzten Endes ist nicht so sehr der öffentliche Verkehr als vielmehr der zunehmende Individualverkehr der Veranlasser, aber auch der Nutznießer der U-Straßenbahn. Ein unterirdisches Straßenbahnnetz ist also nichts anderes als (...) ein zweites Straßennetz. Das Straßenbahnunternehmen übernimmt damit (...) nicht unmittelbar mit seinem Betrieb zusammenhängende Aufgaben für die Allgemeinheit (...), für die ihm nicht ‚Subventionen', sondern ein ‚Entgelt' seitens der öffentlichen Hand zusteht." Slezak sekundierte 1978 wiederum Wien betreffend mit dem selben Ergebnis: „Tatsächlich war der Beweggrund (...), eine U-Bahn zu bauen, ausschließlich der Wunsch, den Autofahrern das Verkehrshindernis Straßenbahn aus dem Weg zu räumen."

1964 betrug der Zuschussbedarf der SSB 10 Millionen Mark, wovon alleine 3,7 Millionen Mark auf das Verkehrsbauwerk Charlottenplatz entfielen. Den Mehraufwand, der ihr wegen Behinderungen durch den Straßenverkehr entstehe, wie verzögerte Umläufe und Kollisionen mit Autos und dadurch erheblich mehr Fahrzeug-, Werkstatt- und Personalaufwand, bezifferten die SSB für das gleiche Jahr mit sechs Millionen Mark. Daraus ergab sich, für wen die zehn Millionen eigentlich aufgebracht wurden. 1974 übertrug die Stadt den SSB die bisher im Tiefbauamt angesiedelte U-Bahn-Planungsabteilung und die Liegenschaften des eigenen Bahnkörpers, was steuerliche Vorteile für die Stadt hatte und hat. Auch bekamen die SSB damit Netz und Betrieb in eine Hand. Allerdings laufen die Kosten für das Netz seither auf Rechnung der SSB, während viele andere Kommunen dies weiterhin auf städtische

Oben | Haltestelle Peregrinastraße mit der Bundesstraße 27, um 1970: Die Straßenbahn nutzt teure Stadtflächen auf engstem Raum wirtschaftlich aus, was man von anderen Verkehrswegen nicht behaupten kann. Die unter der Brücke an der Schnellstraße liegende Bushaltebucht (!) demonstriert, dass eine Schnellstraßenbahn in dieser Relation inzwischen nicht mehr vorgesehen war. | Gustav Epple, Sammlung Thomas Mörbe

Unten links | Wie von einem anderen Stern: Verteilerbauwerk Österreichischer Platz, eine Art tiefergelegter verkehrsbaulicher ‚Triumphbogen' seiner Zeit. | Repro aus ‚Über Berg und Tal' 4/1961

Rechnung betreiben, so dass beim Betrachten des Zuschussbedarfs verschiedener städtischer Verkehrsbetriebe in Deutschland von vorneherein nicht unbedingt eine exakte Vergleichsmöglichkeit gegeben ist. Auch deshalb forderten die VDV-Verkehrsbetriebe 1991 dringend eine Nahverkehrsabgabe zugunsten des ÖPNV. SSB-Vorstand Roland Batzill wagte 1993 die Vorstellung, in 20 bis 30 Jahren werde der Nahverkehr kostendeckend fahren, weil der öffentliche Zuschussbedarf für den Individualverkehr (MIV) nicht mehr tragbar sei: Der MIV werde „sich selbst paralysieren."

In Beton gegossen

Das Verkehrswissenschaftliche Institut der Universität Stuttgart stellte 2005 fest, der Autoverkehr in Stuttgart erfordere, wenn man den Haushaltsplan der Stadt für 2004 genau durchsehe und eine Vollkostenrechnung ansetze, einen Zuschussbedarf von etwa 75 Millionen Euro pro Jahr, entsprechend einem Kostendeckungsgrad

Unten rechts | Ironisches Inserat aus dem SSB-Faschingsblatt 1963. Es legt nahe, dass die Zielsetzung von Stuttgarts damals höchstem Tiefbauer nicht nur auf Zustimmung stieß.

Rechte Seite | Kopfsteinpflaster adieu: Auch die Pischekstraße erfuhr einen großzügigen Ausbau. | Repro aus ‚Über Berg und Tal' 4/1965.

von 39 Prozent. Der ÖPNV in Stuttgart dagegen erforderte einen Aufwand von 62 Millionen, Kostendeckung 83 Prozent (57). Bedenkt man, dass die SSB jedes Jahr fünf Millionen Euro Straßenbenutzungsgebühr an die Stadt zahlt und die erwähnten Kosten der Infrastruktur mitsamt Personalaufwand trägt, insgesamt etwa 40 Millionen. Euro, wo bleibt dann das große ‚Defizit'? Der Stuttgarter Architekt Peter Conradi äußerte am 14. November 2005 in der Stuttgarter Zeitung, er fürchte für den öffentlichen Haushalt, „dass wir in dieser Stadt mehr Geld für jedes herumfahrende Auto ausgeben als für jedes hier lebende Kind." Laut Stuttgarter Zeitung vom 16. Februar 2006 wurden 1950 in Stuttgart 15.300 Pkw gezählt und 91.500 Kinder unter 15 Jahren. 1962 herrschte ‚Gleichstand', im Jahr 2000 standen 343.000 Pkw in den Annalen und 75.400 Kindern gegenüber. Redakteur Wolfgang Schulz-Braunschmidt von der Stuttgarter Zeitung stellte am 23. November 2005 fest, die seit Jahren nicht erhöhten Parkgebühren seien bei weitem nicht kostendeckend, die Tariferhöhung hinke den tatsächlichen Kosten weit hinterher, während beim ÖPNV jedes Jahr erhöht werde. Sein Fazit: „Die Stadt meint es eben gut mit den von ihr kräftig subventionierten Autofahrern." Die Zeitschrift Straßenbahn-Magazin notierte im Februar 2006 aus einer Studie des VDV: „Die Städte (...), in denen die Menschen hauptsächlich ihre Füße,

Fahrrad und öffentliche Verkehrsmittel nutzen, müssen am wenigsten ausgeben, um die Mobilität ihrer Bürger sicherzustellen."

Wie die Verkehrsplanung empfunden und ihre Auswirkungen auf die Zukunft der Stadt eingeschätzt werden, ist vielfältig. VÖV-Gutachter Kurt Leibbrand sorgte sich 1954: „Die Begeisterung für den Bau von Autostraßen hat uns den Überblick über die Gesamtheit der Verkehrsbedürfnisse der modernen Stadt genommen." 1961, als das mehrstöckige Straßenbauwerk Österreichischer Platz eingeweiht wurde – weitere echte Hochstraßen nach USA-Vorbild durch die Innenstadt sollten folgen, die Fundamentflächen dafür wurden beim U-Strab-Bau freigehalten! – waren sich die Stadtplaner einig: „Es gibt noch viel zu bauen." 1969 ging Stuttgarts Tiefbauamtsleiter Adolf Heeb in Pension. Die Stuttgarter Nachrichten würdigten: „Mit einem Herz für die Kraftfahrer hat er (...) dafür Sorge getragen, daß immer wieder eine Lösung gefunden wurde, bevor der Knoten des Verkehrs unentwirrbar schien." Zum Wohle Stuttgarts habe er seine Arbeit in Beton gegossen: „Die U-Strab, nun zur U-Bahn geadelt, wurde nach seinen Anweisungen in die Erde gebuddelt" (58). Als 1972 die Königstraße in eine Fußgängerzone umgewandelt werden sollte, stellte ‚Über Berg und Tal' fest, der ÖPNV müsse Vorrang haben, „das Verkehrsmittel muss sich der Stadt anpassen, nicht die Stadt dem Auto." Der schon genannte Peter Conradi entsetzte sich am 24. November 2005 in der Stuttgarter Zeitung über den Österreichischen Platz und dessen Gegenstücke: „Einige Plätze sind gar keine Plätze mehr, sondern Straßenkreuzungsbauwerke (...). Unser Nachbarland Österreich hat es nicht verdient, mit derart wüsten Plätzen beleidigt zu werden (...)." Die großzügige Betonbrücke der B 14 an der Stadtbahnhaltestelle Südheimer Platz, in den 1960ern als Ableger der Stadtautobahn errichtet, wurde 2005 abgerissen.

Der erwähnte Kurt Leibbrand hatte 1954 seiner Sorge Ausdruck gegeben „um die Fußgänger, die nach wie vor unser wichtigstes Verkehrsmittel sind. Jeder unnötige Meter, den wir dem Fußgänger zumuten", sagte Leibbrand klipp und klar, „bedeutet verlorene Zeit und Geld." Als fußgängerfreundlich fand 1972 die Gestaltung der U-Haltestellen mit Unterführungen, Rampen und Rolltreppen Beachtung. Im Amtsblatt der Stadt Stuttgart vom 23. Februar 2006 wird berichtet, dass es nunmehr nach 40 Jahren wieder ebenerdige Querungen für Fußgänger über die ‚Stadtautobahn' B 14 am Charlottenplatz gebe: „Niemand ist mehr gezwungen, dunkle und unfreundliche Unterführungen zu benutzen." Die Presse stellte dazu fest, es handle sich „auch um ein Stück Abschied von der autogerechten Stadt" (59).

Fort mit Opas Straßenbahn

Wie ist nun die Entwicklung der letzten gut fünf Jahrzehnte, vor, mit und während der Zeit des GT 4, zu deuten? Die Vorstellung des revolutionären GT 6 anno 1953 sollte laut Erfinder Alfred Bockemühl beim Betrachter bewirken, er werde „vielleicht ein wenig nachdenklich über die seltsame Tatsache, daß auch einer scheinbar veralteten Straßenbahn Verjüngung beschieden sein kann, aus der noch bedeutende Möglichkeiten erwartet werden dürfen." Diese Saat ging auf: Der GT 6 war kein realistisches Mittel für den konkreten Bedarf der SSB, aber eine übergroße dreidimensionale Demonstration der Zukunftsfähigkeit des kommunalen Schienenverkehrs. Daraus ergab sich doch sein Sinn: Er beeinflusste die Wahrnehmung des Verkehrsmittels Straßenbahn in der Öffentlichkeit und bei den maßgeblichen Gremien, die ihr Handeln – vielleicht mehr unbewusst als rational – danach ausrichteten. Während anderswo die Straßenbahn unterging, geschah in Stuttgart das Wunder: Sie überdauerte in erneuerter Form, und es wurden – nochmals ein Wunder – die 350 Stück GT 4 gekauft. Um erneut Slezak (1978) zu zitieren: „Die Beispiele für das Überleben des ‚zigfach' totgesagten Tramverkehrs zeigen, welche mächtige Substanz in der Straßenbahn als technischer Idee steckt." Welche Parallele zur Stadtbahn Stuttgart, als 1976 der

Beschluss hierzu und einer damals kaum vorstellbaren Umspurung auf Normalspur anstand. Auch hier war die Politik der Zeichen nötig und wurde praktiziert. Man muss bedenken, dass noch 1971 der auch für Reutlingen (und das dortige Straßenbahn-Ende) tätig gewesene Gutachter Karlheinz Schaechterle eine Verkehrsstudie für den Großraum Stuttgart vorgelegt hatte, die ein großzügigst ausgebautes Straßennetz um die Landeshauptstadt vorsah – Bahn und Bus wurde als Randkapitel allenfalls eine Erhaltung des Status quo zugebilligt. Noch 1976/77 fällten die Gesellschafter der Straßenbahn Esslingen–Nellingen–Denkendorf den Beschluss, diese aufzulassen, obwohl man sich der Vorteile des Schienenverkehrs und nicht zuletzt auch der Unabhängigkeit vom teuren Öl inzwischen wohl bewusst war. Aber eine Straßenbahn von Grund auf zu sanieren, das passte damals nicht ins öffentliche Empfinden, sofern man nicht sozusagen gleichzeitig die Tram als solche in veränderter Form neu ‚erfunden' hätte.

Bei solcher Ausgangslage gehörte für die Kommunalpolitik damals also viel Mut dazu, dem Schienenverkehr weiterhin eine tragende Rolle zuweisen zu wollen. Welchen virtuellen Makel der Begriff Straßenbahn in dieser Zeit selbst bei offiziellen Stellen trug, noch dazu der einer Schmalspurigen, wird etwa daran erkennbar, dass

Stuttgart am 9. Januar 1954, achteinhalb Jahre nach Kriegsende: Der zwischen den Ruinen fast unwirklich erscheinende, gerade gut vier Wochen alte GT 6 verkörpert eine heute nicht mehr vorstellbare Aufbruchstimmung. | Joachim von Rohr

das Land Baden-Württemberg das Füllhorn des Gemeinde-Verkehrsfinanzierungsgesetzes (GVFG) zunächst nur dann für den kommunalen Schienenverkehr ausschüttete, wenn der Ausbau normalspurigen Strecken zugute kam oder eben – wie in Stuttgart – dazu diente, aus einem schmalspurigen Netz ein normalspuriges zu machen (60). Einen Ausbau in Meterspur hätten die SSB also völlig selbst bezahlen müssen – aber nicht bezahlen können!

Für das Überleben des städtischen Schienenverkehrs nicht nur in Stuttgart war deshalb ein technisch neues und ‚um eine Hutnummer' größeres, aber dafür räumlich überschaubares Konzept atmosphärisch ebenso wichtig wie eine neue Bezeichnung – eben die ‚Stadtbahn'. Dass sich die Kommune daneben der Existenz der ‚alten Straßenbahn' schämte wie einer verarmten Verwandten, ist offensichtlich. Selbst die Straßenbahn etwa in Freiburg, die zum wesentlichen Teil bis heute nach alter Väter Sitte im direkten Straßenraum unterwegs ist, nennt sich inzwischen ‚Stadtbahn'. Dieter Höltge kam schon 1983 zu dem Schluss: „Man kann getrost davon ausgehen, dass der Begriff ‚Stadtbahnwagen' eine werbewirksame Bezeichnung ist, mit der man sich von 'Opas Straßenbahn' absetzten möchte."

Von der Gelben Gefahr zur Großen Gelben

Aber auch das Herantasten an das heutige große Stadtbahnnetz Stuttgart war nicht geplant. Hätte man ein solches ‚Komplettprogramm' gleich 1976 präsentiert, wäre es sicherlich als weder verkehrsplanerisch machbare noch finanzierbare Utopie abgelehnt worden. Erst der Erfolg des Stadtbahn-Grundnetzes der 1980er Jahre gab den Mut, die anfangs diskret zur ‚längerfristigen Umstellung auf Bus' vorgesehenen Straßenbahnstrecken ebenfalls beizubehalten. Und wieder geschah ein Wunder: Dass dann selbst Linien wie die U2 oder die U15 sogar als teilweise De-facto-Straßenbahnlinien dennoch abschließend ins innerstädtische Stadtbahnkonzept Eingang fanden, hätte keine zehn Jahre zuvor jemand gedacht. Fazit: Der GT 4 hat das zentrale SSB-Schienennetz vorläufig gerettet; die nachfolgende Stadtbahn hat es fast in vollem Umfang für die Bürger und Fahrgäste erhalten, entgegen der ursprünglichen Absicht.

Ebenso radikal ist der positive Wandel, den die öffentliche Meinung in der Folge letztlich vollzogen hat: Da haftete den SSB – und oft auch ihrem Personal – in den 1960er Jahren das berühmt-berüchtigte Image vom ‚notwendigen Übel' und der ‚gelben Gefahr' so zäh an wie Weichenschmiere. Heute – man muss es sich vor Augen führen! – ist die Stadtbahn, salopp auch die ‚Große Gelbe' genannt, jene städtische Einrichtung, die bei Bürgerumfragen einen Spitzenplatz in der Beliebtheit einnimmt. Als der GT 4 der Öffentlichkeit vorgestellt wurde, reichte es zu einem flüchtigen Zweispalter. Mit wie vielen langen und ausführlich bebilderten Presseartikeln wurde gut zwanzig Jahre später die Einführung der Stadtbahnwagen begleitet! Noch in den 1970er Jahren war, das Unternehmen betreffend, allenfalls von ‚der Straßenbahn' oder deren ‚Direktion' die Rede. Heute ist ‚die SSB' eine bei ihren Zielgruppen nachweislich eingeführte Marke mit einem spezifischen ‚Produkt' – das ist kein Luxus, sondern an einem hart umkämpften Markt unter neuen EU-Wettbewerbsvorzeichen ein schiere Notwendigkeit, um weiterhin eigenständig zu überleben.

Die Stadtbahn Stuttgart bildet für ihre Kommune ein international anerkanntes Aushängeschild; Stadtteile und Umlandgemeinden betrachten einen Anschluss ans ‚gelbe Netz' als Ziehung des großen Loses. Und ebenso nüchtern wie handfest verheißt das ‚blaue U' der Stadtbahn in Immobilienanzeigen eine beachtliche Steigerung des Verkehrswertes auch abseits ‚dicker' Straßen. Eindeutiger lässt sich volkswirtschaftlicher Nutzen nicht ausdrücken. Mit der klassischen, oftmals im Straßenverkehr ‚mitschwimmenden' Straßenbahn hätte sich trotz technischer Verbesserungen im Netz und neuen Fahrzeugen diese hohe allgemeine Anerkennung – zumindest in Stuttgart – nicht erreichen lassen. Ohne die wiederum wäre niemand zu nachhaltigen Investitionen bereit gewesen. Diesen Teufelskreis hat die Stadtbahn Stuttgart durchbrochen. Wolfgang Klee, damaliger Chefredakteur der Zeitschrift Straßenbahn-Magazin, befand 2002, „ein gutes Erscheinungsbild, gepflegte Anlagen, freundliches Personal, reger Verkehr", das seien die Erfolgsgeheimnisse der SSB; „so einfach ist das." Mit ihrer leistungsstarken und kostengünstigen Stadtbahn hätten sich die Stuttgarter vor der einstigen U-Bahn-Euphorie bewahrt: „Ihr Schwaben seid zu beneiden."

Indes: Die ersten Stadtbahnwagen von Stuttgart, Typ S-DT 8, gehen ins dritte Jahrzehnt; etliche werden technisch und optisch so weit ‚hübsch' gemacht, dass sie ein viertes Jahrzehnt im Betrieb erleben können. Werden Umstände auftreten, dass der populäre DT 8 einmal planmäßig auf den ‚Fünfziger' zugeht? Liebe Freunde – dann könnt ihr sagen, ihr seid in Stuttgart dabei gewesen: auf dem Weg zu einem neuen Gelben Klassiker ...

Der GT 4 geht, das kommunale Schienennetz wächst weiter: Am Löwentor, 19. Juni 2005. | Dieter Schlipf

den großen
Umleitung

Anhang

Tabellen, Quellen und Abkürzungen

Auf den großen Geschmack waren auch die SSB gekommen, mit dem GT 4: Faschingstreiben am 6. März 1973 auf der Planie. | Gerhard Jäkle

Ersteinsätze des GT 4

Die Fahrzeuge kamen nicht erst ab dem jeweiligen Fahrplanwechsel zum Einsatz, sondern sobald die Strecken technisch dafür tauglich waren und genügend Fahrzeuge für einen verkehrlich sinnvollen Umlauf angeliefert waren.

Datum	Linie	Linienführung (in Klammern: Hauptverkehrslinien)
10.08.1959	6	Gerlingen-Schlossplatz-Möhringen Bf
1959	5	Stammheim-Schlossplatz-Möhringen Bf
1960	13	Gerlingen Schleife-Bad Cannstatt-Hedelfingen
1961	23	Stammheim-Bad Cannstatt-Hedelfingen
1960	16	(Giebel-) Feuerbach-Charlottenplatz (-Möhringen)
02.01.1961	15	Zazenhausen Bf/Rotweg-Wilhelmsbau-Marienplatz-Heslach
12.06.1961	1	Fellbach-Hauptbahnhof-Schlossplatz-Wilhelmsbau-Rohr
24.04.1962	4	Obertürkheim-Gaisburg-Charlottenplatz-Wilhelmsbau-Hölderlinplatz
30.09.1963	9	Botnang-Hauptbahnhof-Gaisburg-Hedelfingen
Herbst 1963	E	Innenstadt-Neckarstadion
08.06.1964	14	Rotebühlplatz-Hauptbahnhof-Mühlhausen
24.11.1964	21	Westbahnhof-Wilhelmsbau-Schlossplatz-Hauptbahnhof-Obere Ziegelei
18.12.1967	31	Plieningen-Vaihingen (ab 01.10.1978 = Linie 3)
01.10.1978	2	(Botnang-) Vogelsang-Obere Ziegelei
01.10.1978	3	Plieningen-Vaihingen, s.o.
05.11.1990	16	(Gerlingen-Hauptbahnhof-Heumaden)

Auf den Linien 2, 3, 7, 8/18, 10, 12, 20, 22 und 24 konnten wegen ungenügenden Gleisabstandes bzw. keiner oder zu enger Wendeschleifen keine GT 4 eingesetzt werden.

Inbetriebnahme von Wendeschleifen ab 1959 und somit Einsatz von GT 4 auf entsprechenden Streckenabschnitten möglich, wenn nicht schon zuvor:

Datum	Lage	Linie
05.05.1959	Botnang (Ortskern, alte Strecke)	9
07.06.1960	Hunsrück-/Föhrichstraße (Feuerbach)	16
12.11.1962	Große Schleife Vaihingen (Haupt-/Krehl-/ Vollmoeller-/ Herrenberger Straße)	15
1963	Haldenrainstraße/Kelterplatz (Zuffenhausen)	Betriebsschleife
05.09.1963	Echterdingen Hinterhof (ab 20.05.1964 erstmals mit durchgehender Linie 6 und GT 4 befahren)	6
16.11.1964	Westbahnhof (ab dann mit GT 4)	21
18.12.1967	Plieningen (Wegfall der Strecke bis Hohenheim)	31

Bereits zuvor gab es an zahlreichen Stellen Schleifen, sei es direkt als Wendeschleifen (z. B. Hauptbahnhof Nordseite, Möhringen Bahnhof) oder als Umfahrung von Siedlungsblocks, die sich verkehrsplanerisch ergab (z. B. Fellbach).

Örtliche Einschränkungen für den Einsatz von GT 4 (soweit bekannt)

Streckenverbote:
Linie 5, Südast (Alexanderstraße-Ruhbank): 1964 Gleisabstand erweitert; Streckenführung durch Blumenstraße (Talgleis Abzweig Alexanderstraße-Blumenstraße-Einmündung Charlottenstraße) wegen Kurvenradius durch zweigleisige Führung Alexanderstraße ersetzt, Strecke somit ab 1965 für GT 4 freigegeben. | Linie 10, Nordast (Türlenstraße-Killesberg): Nächtliche Messfahrten mit GT 4 durchgeführt, jedoch kein Umbau erfolgt. Abschnitt Hegelplatz-Doggenburg ebenso gesperrt. | Linie 8/18: Ostendplatz-Gablenberg-Heidehofstraße | Linie 12/22/24: Rosensteinbrücke-Hallschlag

Begegnungsverbote
(Signal: Vorrangzeichen gelbes Viereck, grün umrandet; Vorrang-gewähren-Zeichen auf der Gegenseite: gelbes Viereck, grün durchkreuzt, darunter die Bezeichnung ‚GT'):
Innenstadt: Bolzstraße; Abzweig Wilhelmsbau/Tübinger Straße, Einmündung Eberhardstraße/Marktstraße | Stadtteile:
Ost: Werfmershalde (kein Linienverkehr mit GT 4, nur Dienstfahrten); Einmündung Landhausstraße/Wangener Straße (Gaisburger Eck, bis 1964); Einmündung Inselstraße/Ulmer Straße; Kurve bei der Haltestelle Wasenstraße; Einmündung Wunderstraße/Inselstraße | Bad Cannstatt: Schleife Neckarstadion (bis zur Aufweitung 1963); Kurve Schmidener/Teinacher Straße (bis 1967); Bahnhofstraße (bis Auflassung 1981) | Botnang: Alte Stuttgarter Straße/Alte Apotheke (bis zur völligen Neutrassierung 1977 durch die Regerstraße) | Heslach: Schleife Heidenklinge (anfangs) | Zuffenhausen: Unterführung Zahn-Nopper-Straße (Beginn GT-4-Einsatz 1965 auf Linie 5); Kelterplatz, Verbindungskurve Richtung Zuffenhausen Rathaus (bis Umbau 1990) | Untertürkheim: Unterführung Arlbergstraße | Westen: Schleife Vogelsang (Herderstraße/Bebelstraße); Rotenwaldstraße bei Einfahrt in Schleife Leipziger Platz

Erstmaliger Einsatz schaffnerloser Wagen beim GT 4

Linie	2x-Beiwagen	GT 4 Beitriebwagen	GT 4 führender Triebwagen ••
6	02.11.1960 •	23.11.1964 ••	12.01.1961 (Versuch)
4	19.10.1961	29.06.1964 ••	
5	04.12.1961	23.11.1964 ••	
9	24.05.1962	14.09.1964 ••	
1	10.09.1962	07.07.1966 ••	15.11.1965 (ab 20 Uhr)
15	12.12.1962	11.10.1965 ••	
14	01.06.1964	11.01.1965 ••	
23	-	14.09.1964	
13	19.10.1964	14.09.1964 ••	
21	11.01.1965	11.01.1965 ••	
30	13.09.1972		

Nicht genannte Linien fuhren bis zur Betriebseinstellung mit Schaffner.

• Probeweise schon ab Mitte 1960. Linie 6 ab 3.7.1976 ohne Zweiachs-Beiwagen.

•• Ab 15.11.1965 wurde statt dessen der führende Triebwagen schaffnerlos gefahren und der Beitriebwagen wieder mit Schaffner besetzt.

Erstmaliger Einsatz von Entwertern auf GT-4-Linien

Datum	Linie	Datum	Linie	Datum	Linie
07.07.1966	1	22.08.1966	9	09.01.1967	13
27.07.1966	6	29.08.1966	21	20.01.1967	14
08.08.1966	5	05.09.1966	15	18.12.1967	31
15.08.1966	4	07.11.1966	2		

Einmannbetrieb auf SSB-Straßenbahnlinien

Linie	Montag–Freitag ab 20 Uhr	8–15 Uhr	ganztags
1	02.10.67		11.01.71
2	-	-	21.04.69
4	09.01.67		28.07.69
5	10.04.67	28.10.68	24.03.69
6	02.10.67		03.01.72
7 *	20.05.68	20.05.68	29.07.68
8/18 **	15.11.68	-	24.03.69
9	06.03.67	12.02.68	29.07.68
10	06.03.67	04.12.67	20.05.68
13	09.01.67	30.10.67	20.05.68
14	13.02.67	04.12.67	29.07.68
15	10.04.67	-	25.05.70
21	20.03.67	12.02.68	29.07.68
31	26.06.68	03.07.68	24.03.69

Linie	Samstag ab 20 Uhr	8–15 Uhr	ganztags
1	02.10.67		11.01.71
2	kein Betrieb	kein Betrieb	kein Betrieb
4	09.01.67		28.07.69
5	10.04.67		28.10.68
6	02.10.67		08.01.72
7 *	20.05.68	20.05.68	29.07.68
8/18 **	15.11.68	-	24.03.69
9	06.03.67	17.02.68	29.07.68
10	06.03.67	17.02.68	29.07.68
13	09.01.67	-	01.11.67
14	13.02.67	17.02.68	29.07.68
15	10.04.67		25.05.70
21	20.03.67	17.02.68	29.07.68
31			29.06.68

Linie	Sonntag ab 20 Uhr	8–15 Uhr	ganztags
1	02.10.67	08.10.67	11.01.71
2	kein Betrieb	kein Betrieb	kein Betrieb
4	09.01.67	18.06.67	28.07.69
5	10.04.67	18.06.67	28.10.68
6	02.10.67	08.10.67	08.08.71
7 *	20.05.68		20.05.68
8/18 **	15.11.68	15.11.68	24.03.69
9	06.03.67	18.06.67	18.02.68
10	06.03.67	18.06.67	10.12.67
13	09.01.67	18.06.67	01.11.67
14	13.02.67	18.06.67	10.12.67
15	10.04.67	08.10.67	25.05.70
21	20.03.67	18.06.67	18.02.68
31			30.06.68

Linien ohne Einsatz von GT 4
Nicht aufgeführte Linien wurden bis zur Betriebseinstellung mit Schaffner gefahren.
* Linie 7 eingestellt ab 24.03.69
** Linie 18 eingestellt ab 24.03.69

GT-4-Einsätze mit Zweiachser-Beiwagen (Reihe 1500/1600)

Linie	Zugkombination	Zeitraum
1	GT 4 + GT 4 + B 2	10.09.1962–10.01.1971
3	GT 4 + B 2	01.10.1978–22.05.1982
5	GT 4 + GT 4 + B 2	04.12.1961–15.08.1965
6	GT 4 + GT 4 + B 2	02.11.1960–03.07.1976
13	GT 4 + B 2	1967–1967 *
14	GT 4 + B 2	1968–1968 *
15	GT 4 + GT 4 + B 2	12.12.1962–24.05.1970
31	GT 4 + B 2	18.12.1967–30.09.1978

* in den Schulferien

„So steigt der Barzahler in die Straßenbahn ein"
Tabelle vom 2.4.1968
T = schaffnerloser Triebwagen, TSch = Triebwagen mit Schaffner, TE = Triebwagen im Einmannbetrieb, Barzahler lösen beim Fahrer, Sch = Beiwagen (2-achser) mit Schaffner, B2 = schaffnerloser Beiwagen (2-achser), kein Einsatz von GT 4

Linie	im Hauptverkehr morgens und abends	tagsüber im 12-Min.-Verkehr	abends ab ca. 20 Uhr
1	T + TSch + B2	T + TSch + B2	TE
2	TSch + T	-	-
4	T + TSch	TSch	TE
5	T + TSch	T + TSch	TE
6	T + TSch + B2	T + TSch	TE
7	TSch + B2	TSch	TSch
8/18	TSch + B2	TSch + B2	TSch
9	T + TSch	TE	TE
10	TSch + B2	TE	TE
12	TSch + Sch + Sch	-	-
13	TSch + T	TE	TE
14	T + TSch	TE	TE
15	T + TSch + B2	T + TSch	TE
21	T + Sch	TE	TE
22	TSch + Sch	TSch	TSch
24	TSch + Sch + Sch	-	-
30	TSch + Sch + Sch	TSch	TSch
31	TSch + T	TSch	TSch

Die Übersicht zeigt, dass die SSB bestrebt waren, auf jeder Linie so bald wie möglich so wenig Personal wie möglich, aber so viel wie nötig einzusetzen, angepasst an Aufkommen und Tageszeit. Für den ungeübten Fahrgast, der verschiedene Linien benutzte, war dies jedoch nicht übersichtlich.

Regulärbedarf an GT 4
nach Linien und Betriebshof, Stand 01.10.1978 (Stückzahl)

Linie / Betriebshof	1	2	3	4	5	6	9	13	14	15	Alle
Degerloch					6	22				22	50
Feuerbach						32					32
Ostheim				18			8	10			36
Cannstatt	22	2						18	20	6	68
Vogelsang		12					14				26
Zuffenhausen					42					12	54
Heslach	20		5						18		43
											309

Dazu kamen E-Wagen (Verstärkerfahrten im Berufsverkehr) sowie die bei Straßenbahnbetrieben übliche Fahrzeugreserve von etwa 10–15 Prozent des Gesamtbestandes (für den Fall von Unfallschäden und Umbauten).

Inbetriebnahme von Stadtbahnlinien

Linie •	Datum	umgespurte Strecke (Linie) **Neubaustrecke**	Betriebslänge ••
U3	28.09.85	Vaihingen-Möhringen-Plieningen	8,1
U1	19.04.86	Vaihingen-Charlottenplatz-Fellbach	17,5
U14	12.07.86	Heslach-Hauptbahnhof-Mühlhausen	7,8
U11	24.09.88	Hauptbahnhof-Hohe Straße-Rathaus-Cannstatter Wasen	1,0
U9	30.09.89	Hedelfingen-Hauptbahnhof-Vogelsang	5,9
U5	03.11.90	Leinfelden-Freiberg	20,6
U6	03.11.90	Vaihingen-Degerloch-Feuerbach	4,1
U6	26.09.92	Feuerbach-Weilimdorf-Giebel	3,9
U7	17.04.93	Degerloch-Hauptbahnhof-Killesberg	1,2
U11	13.08.93	Cannstatter Wasen-Daimlerstadion	0,3
U6	02.10.93	Giebel-Gerlingen Siedlung	1,1
U4	24.09.94	Untertürkheim-Rotebühlplatz-Botnang	10,5
U9	24.09.94	Vogelsang-Botnang	-
U6	31.05.97	Gerlingen Siedlung-Gerlingen	0,7
U13	13.09.97	Giebel-Schlotterbeckstraße	5,7
U13	27.03.98	Schlotterbeckstraße-Hedelfingen	0,6
U7	23.05.98	(Bopser-) Abzweig Altenbergstaffel-Ruhbank (Rücknahme U7 im Abschnitt Bopser-Degerloch)	1,9
-	23.05.98	**Verbindungskurve Weinsteige**	0,5
-	18.06.98	Verbindungskurve Schwanenplatz	0,2
U14	22.05.99	Mühlhausen-Remseck	4,9
U7	11.09.99	Ruhbank-Heumaden	3,4 •••
U7	09.09.00	**Heumaden-Nellingen**	6,3
U8	09.09.00	Möhringen-Nellingen	-
U8	15.04.02	Vaihingen-Möhringen	-
U2	20.06.02	Berliner Platz-**Obere Ziegelei-Hauptfriedhof**	2,6
U2	15.12.02	Berliner Platz-Hölderlinplatz	1,7
U2	16.07.05	**Hauptfriedhof-Neugereut**	1,7
U5	10.12.05	**Freiberg-Mönchfeld**	0,54
U15	IV/2007	**Ruhbank-Nordbahnhof-Zuffenhausen** Ende des planmäßigen Meterspurbetriebes der SSB	

• Umstellungsdatum von Straßenbahn- auf Stadtbahnbetrieb
•• angegeben ist nicht die Linienlänge, sondern der jeweilige Umbau-/Neubauabschnitt im Streckennetz
••• Gesamtlänge Betriebsnetz = 99,9 km
Liniennummer fett gedruckt: erster Abschnitt der jeweiligen Linie.

Der GT 4 als Überlandlinie: Im April 1991 auf dem Weg nach Halle/Saale | Jürgen Vogel

SSB-Verkehr in Zahlen

Zusammengestellt nach Angaben des Statistischen Amtes der Stadt Stuttgart, Geschäftsberichten der SSB, Pressemeldungen und der im Quellennachweis aufgeführten Literatur.

Jahr	Einwohner Stuttgart	Pkw	Einwohner zu Pkw	SSB-Fahrgäste in Mio. (3)	Fahrten pro Einwohner	Personen-km Schiene in Mio. (4)	Personen-km Bus in Mio. (4)	Wagen-km Schiene in Mio.	Wagen-km Bus in Mio	Mitarbeiter
1900	177.000	160 **(1)**	1.106	15				3,5		530
1910	286.000	1.000 **(2)**	477	37				9		1.040
1920	318.000	280	1.136	90				17		1.970
1930	360.000	10.500	34	112	300			30	0,5	3.180
1940	440.000	17.200	26	150 •	330			38		3.100
1950	500.000	15.300	33	165	340			35	ca. 2,0	3.500
1960	640.000	80.000	8	204 (175 Schiene)	239 ••	942	129	35	8,5	3.960
1970	630.000	170.000	3,7	137 (110 Schiene)	154	610	164	27	9,6	2.670
1980	580.000	220.000	2,6	163	181	622	308	23	14,1	2.400
1990	570.000	270.000	2,1	146	167	812 inklusive Bus		33 •••	33 •••	3.200
2000	550.000	343.000	1,6	174	192	879 inklusive Bus		31 •••	31 •••	2.800
2005	592.000	329.000	1,8	184 Mio.	190	930 inklusive Bus		32 •••	32 •••	2.750

Alle Angaben Zirkawerte. (1) Pkw-Bestand 1907; (2) = 1914; der Bestand an Kraftfahrzeugen (also auch Krafträder, Lkw) liegt jeweils höher. (3) SSB-Werte seit ca. 1960 incl. Busverkehr. (4) Ermittlung: Produkt aus Fahrgastzahl und mittlerer Reiselänge pro Fahrgast (gewichtet nach unterschiedlichen Faktoren bei Schiene und Bus)

• 1947 = 204 Millionen

•• Die Fahrgastzahl bezieht sich stets auf das gesamte, seit 1928 schrittweise ins Umland ausgedehnte SSB-Verkehrsgebiet. Bezogen auf das Stadtgebiet Stuttgart werden die SSB heute intensiver genutzt als früher.

••• davon Schiene je ca. 16 Millionen-Wagen-km

Beförderungsleistungen Schiene

Jahr	Wagen-km Tw + Bw	davon GT 4	davon als führender Tw GT 4	DT 8
1960	35,3 Mio	k.A.		
1962	28,4 Mio.	14,0 Mio	10,2 Mio	
1963	29,1	12,2	7,0	
1964	29,9	15,2	8,9	
1965	28,7	18,0 •	7,3	
1966	29,1	k.A.	k.A.	
2000				16,3
2005				16,8

• inklusive DoT 4

Einsatzbestand der Schienenfahrzeuge

Jahr	GT 4	DT 8
1980	350	-
1985	335	22
1990	160	81
1995	99	98
2000	62	139
2005	36	164

Anteile von Straßenbahn (Betrieb mit GT 4) und Stadtbahn an Linienlänge und Betriebslänge

Die Betriebslänge ist die zusammengerechnete kilometrische Länge aller Strecken. Die Gleislänge beträgt bei in der Regel zweigleisigen Strecken somit mindestens das doppelte der Betriebslänge.

Jahr	Liniennetz Straßenbahn (km)	%	Liniennetz Stadtbahn (km)	%	Betriebslänge Straßenbahn (km)	%	Betriebslänge Stadtbahn (km)	%	Betriebslänge Schiene gesamt (km)
1985	164	95	8	5	107	93	8	7	115
1986	128	76	42	24	87	77	26	23	113
1987	124	75	42	25	87	77	26	23	113
1988	122	73	44	27	86	76	27	24	113
1989	106	65	57	35	80	71	33	29	113
1990	88	48	94	52	71	63	42	37	113
1991	88	48	94	52	39	36	71	64	110
1992	65	40	98	60	35	32	75	68	110
1993	63	37	108	63	34	30	77	70	111
1994	47	27	129	73	25	23	84	77	109
1995	47	27	129	73	25	23	84	77	109
1996	44	25	129	75	25	23	84	77	109
1997	34	20	140	80	18	17	91	83	109
1998	29	16	148	84	18	16	94	84	112
1999	26	14	156	86	15	13	102	87	117
2000	26	13	177	87	15	12	108	88	123
2001	26	13	177	87	15	12	108	88	123
2002	17	8	190	92	10	8	113	92	123
2003	17	8	190	92	10	8	113	92	123
2004	17	8	190	92	10	8	113	92	123
2005	17	6	192	94	10	8	115	92	125

Mittlere Reisegeschwindigkeit in km/h)

Jahr	Schiene	Bus
1960	16,1	27,5
1965	17,3	25,1
1970	17,1	25,5
1975	18,3	24,1
1980	19,6	22,6
1985	20,1	22,6
1990	21,7	22,8
1995	22,9	19,9
2000	25,8	20,0
2005	26,2	22,7

Die mittlere Reisegeschwindigkeit ergibt sich aus der Fahrzeit (mit Geschwindigkeiten bis zu 80 km/h auf eigenem Bahnkörper im Tunnel und bis zu 50 km/h im Straßenraum), zuzüglich der Dauer der Aufenthalte an den Haltestellen und der Brems- und Anfahrzeit. Der ermittelte Wert erscheint niedrig. Aber zum Vergleich: Mit dem Auto ist man nach dem rechnerischen Durchschnittswert in Stuttgart nicht schneller unterwegs als mit der Stadtbahn.

GT 4 Stuttgart: Lieferserien (Quelle: ME-Lieferliste)

Wagen-Nr.	Lieferserie	Typ	Baujahr	Baulos	Anzahl		total	Summe
501, 502	1	Stuttgart	1959	-	2			
503–512		Stuttgart	1959	2	10			
513–542		Stuttgart	1959/60	3	30		42	42
543–562	2	Ostheim	1960	1	20			
563–572, 401–423		Ostheim	1960/61	2	33			
424–456		Ostheim	1961	3	33			
457–500		Ostheim	1961/62	4	44		130	172
573–605	3	Bopser	1962/63	1	33			
606–638		Bopser	1963	2	33			
639–640		Bopser	1963					
641–670		Bopser	1963/64	3	32	98		
671–708	4	Bopser	1964	4	38	38	136	308
709–750	5	Schwaben	1964/65	-	42		42	350

Hersteller mechanischer Teil (Mechan-Teil, Wagenbau): Maschinenfabrik Esslingen, Esslingen am Neckar, Werk Mettingen. Hersteller elektrotechnischer Teil (E-Teil): Theodor Kiepe, Elektrotechnische Fabrik, Düsseldorf. Motoren: Allgemeine Elektrizitätsgesellschaft (AEG) Berlin; oder Garbe, Lahmeyer & Co, Aachen

Die Bestellungen seitens der SSB erfolgten in vier Aufträgen. Innerhalb des vierten Auftrags entschlossen sich die Techniker der ME und der SSB, bei den weiter zu liefernden Fahrzeugen etliche Änderungen vorzusehen. Diese Änderungen der Serie wurden ab dem vierten Baulos berücksichtigt und dieses deshalb gleichzeitig als neue, vierte Bauserie betrachtet. Daher wird der Bestand insgesamt in fünf Lieferserien (unterschiedliche Bauarten) unterschieden. Es blieb jedoch beim Kennwort Bopser für die restlichen Fahrzeuge des vierten Auftrags.

Die 1. Lieferserie begann bei Nr. 501. Weil die 500er-Nummern nicht ausreichten, wurden später niedrigere Nummern belegt, anschließend stieg die Nummerierung auf über 700. Letztere Nummern waren zuvor zum Teil von der Triebwagenbauart T 2 belegt, sind also chronologisch doppelt vergeben worden, aber nicht gleichzeitig. In diesem Buch sind stets nur GT 4 damit bezeichnet. Wagen 428 war somit der hundertste gebaute GT 4, Wagen 650 der zweihundertfünfzigste.

GT 4 Stuttgart: Bauartunterschiede der Lieferserien (ab Werk, ohne spätere Umbauten)

Wagen-Nr.	Serie	Wagenkasten, Version •	Drehgestell, Version •	Fahrschalter	Motorbauart ab Werk	Leistung, Stromaufnahme	Getriebe, Übersetzung ••	Gewicht leer
501, 502	1	1	1	Kiepe 1698a	2 x Garbe-Lahmeyer BG 75 dmfp	90 kW, 185 A	1:7,12	19,079 t
503–512	2	2	1	Kiepe 1698a	2 x AEG	90 kW,	1:7,23	
513–542	2	3	1	Kiepe 1698a	USC 5451a	165 A		
543–562	2	4	2	Kiepe 1698a	2 x AEG	100 kW,	1:7,23	19,10 t
563–572, 401–423	2	5	3	Kiepe 1698a	USC 5451a	184 A		
424–456	2	6	4	Kiepe 1698a				
457–500	2	7	5	Kiepe 1698a				
573–605	3	8	6	Kiepe 1698a	2 x Garbe-	100 kW,	1:7,23	19,5 t
606–638	3	9	7	Kiepe SK 1314	Lahmeyer BG 75 dmfp	185 A	1:7,23	
639–640	3	10	8	Kiepe SK 1314				
641–670	3	10	8	Kiepe 1698a				
671–708	4	11	8	Kiepe 1698a	2 x Garbe-Lahmeyer BG 75 dmfp	100 kW, 185 A		19,5 t
709–750	5	12	9	Kiepe 1698a	2 x AEG USC 5451a	100 kW, 184 A		19,5 t

Die Lieferangaben entstammen Akten der Maschinenfabrik Esslingen bzw. der SSB AG. Die Hinweise zu den Umbauten und Verbleib folgen dem Buch Bauer/Theurer, Von der Straßenbahn zur Stadtbahn, a.a.O., mit eigenen Ergänzungen und Korrekturen aufgrund SSB-Akten und anderer Erhebungen.

Wagen 501 und 502 waren als Prototypen gedacht, die zunächst ein bis zwei Jahre hätten erprobt werden sollen, bevor man an den Serienbau ging. Die beiden Wagen wurden jedoch nicht so rasch fertig wie vereinbart, außerdem wurde der Serienbau vorgezogen, so dass die Wagen 501 bis 542 als gemeinsame Serie entstanden, jedoch unter beschleunigter Fertigstellung der ersten beiden Fahrzeuge.

• Wagenkasten und Drehgestelle unterschieden sich in geringen konstruktiven oder äußerlichen Unterschieden, sind jedoch grundsätzlich untereinander tauschbar. Deshalb sind heute z. T. Drehgestelle oder Gelenkträger eingebaut von Wagen, die es nicht mehr gibt.

•• Getriebe am Motor: Hurth 867, am Radsatz: Zahnradfabrik Friedrichshafen (ZF) Bauart TA 110/2; 1988–1994 bei den modernisierten Wagen durch Getriebe vom Hersteller Flender ersetzt.

GT 4 Stuttgart: Bauartunterschiede der Lieferserien (ab Werk, ohne spätere Umbauten)

Teil II

Wagen-Nr.	Serie	Dachlüfter	Führender Triebwagen Sitz-/Stehplätze	Plätze gesamt	Geführter Triebwagen • Sitz-/Stehplätze	Plätze gesamt	Fahrerplatz	Innenraumgrundriss	Sitzbezüge
501, 502	1	-	38/124	162	-	-	Sitz einklappbar	Version 1	rot
503–542	1	-	38/124	162	-	-	Sitz einklappbar	Version 1	rot
543–572	2	ja	41/121	162	41/124	165	Sitz einklappbar	Version 1	rot
401–500	2	ja	41/121	162	41/124	165	Sitz einklappbar	Version 1	rot
573–670	3	ja	40/123	163	40/126	166	Sitz einklappbar	Version 2	rot
671–679 ••	4	ja	40/123	163	40/126	166	Sitz einklappbar	Version 2	rot
680–708 ••	4	ja	39/125	164	39/128	167	Sitz einklappbar	Version 3	rot
709–750	5	ja	39/125	164	39/128	167	Sitz drehbar	Version 4	blau

Teil III

Wagen-Nr.	Serie	Fenster linke Schrägseiten	Zielband-Rollfilmkasten rechts	Sitze (Bauart, Anzahl) zwischen Schaffnerplatz und Tür 3	Klappbank (2 Plätze) im Drehteller	Längsschranke gegenüber Schaffnerplatz •••	Innenraumgrundriss im A-Teil auf Höhe von Tür 1
501, 502	1	mit Ausstell-	im 3. + 7.	1 Klapp	-	-	Vis-à-Vis-Sitz vor dem
503–542	1	klappen	Fenster	1 Klapp	-	-	1. Fenster links, dadurch diagonaler Absatz im Wagenboden
543–572	2	Übersetz-	dito	2 Klapp	ja	-	dito
401–500	2	fenster		2 Klapp	ja	-	
573–670	3	dito	dito	2 Klapp	ja	-	Längssitz vor dem 1. Fenster links, dadurch gerader Absatz im Wagenboden mit 100°-Knick vor dem Längssitz
671–679 ••	4	dito	dito	2 Klapp	ja	-	dito
680–708 ••	4	dito	im 3. + 5. Fenster	2 Bank	ja	ja, dafür Wegfall von 1 Sitz links	
709–750	5	dito	dito	2 Bank	ja	dito	Wagenboden bis einschließlich Fahrersitz auf selber Höhe. Absatz im Wagenboden direkt vor Tür 1. Längsbank vor 1. Fenster links

• Ab Werk gab es baulich keine Unterscheidung zwischen führendem und geführtem Triebwagen. Bei Einsatz als geführtem Triebwagen wurde jedoch der Fahrersitz eingeklappt, dadurch setzte man ab Serie 2 rechnerisch 3 weitere Stehplätze an.

•• Wagen 672 war von der Innenraumgestaltung her Prototyp zur Teilserie 680–708 und entsprach dieser.

••• Gang rechts für Barzahler, Gang links für Abonnenten

Generelle ursprüngliche Merkmale aller Bauserien:

2-teiliger Wagenkasten (A-Teil, B-Teil) mit symmetrischem Grundriss in Längs- und Querrichtung. Ein-Richtungs-Fahrzeug. Türen nur auf rechter Seite. Drei symmetrisch öffnende Doppelflügel-Außenschwingtüren (Druckluftantrieb), 1 ganz vorne, 1 ganz hinten, 1 vordermittig am Ende des A-Teils. Bestuhlung mit Vis-à-vis-Sitzen (2+1 im A-Teil, asymmetrischer Gang; 1+1 im B-Teil, symmetrischer Gang). Fester Schaffnersitzplatz im B-Teil vor der Tür. Fahrgastfluss von hinten zur Mitte und nach vorne; nur vorderster Türflügel auch für Einsteiger freigegeben. | Fahrerplatz (Sitzplatz) mit Vollausrüstung vorne. Links Fahrhebel, Stellung vorwärts = Fahren; rückwärts = Bremsen. Fahrhebel steuert elektropneumatisches Schaltwerk (Kiepe SK 1314) unter dem Wagenboden. | Zugsteuerung Kiepe SK 4280 zum Einsatz zweier Fahrzeuge durch gemeinsame Steuerung vom 1. Wagen aus (Zugverband, Doppeltraktion). | Scheibenwischer (Druckluftantrieb) und Scheibenwaschanlage. Tachometer, Fahrtschreiber (Kienzle). Sandstreueinrichtung (Druckluftantrieb) über Bremshebel zuschaltbar. | Optisch-akustische Signalanlage für Wagenabfertigung (Freimeldung, dass sich kein Fahrgast oder Gegenstand mehr im Türbereich befindet, durch Tür- und Trittkontakte und Kennlampe beim Fahrer; außerdem akustische Freimeldung durch Schaffner durch Klingelzeichen). Lautsprecheranlage für Haltestellenansage und Durchsagen, für innen und außen. Fahrerplatz separat heizbar durch Elektroheizung. | Schaffnerplatz (B-Teil, rechte Seite, vor dem 4. Fenster) mit elektrischer Fußwärmeplatte. | Im Heck nur Hilfsfahrschalter (Bedienung im Stehen) für Rückwärts-Rangierfahrten, nur für Reihenschaltung (untere Fahrstufen, niedrige Geschwindigkeit). | Scherenstromabnehmer mit Doppelwippe, nur über dem A-Teil;

ursprünglich druckluftbetätigt. | Doppelscheinwerfer vorne; für Rückwärtsfahrt Schlussleuchte (orange) mit einbezogener Bremsleuchte (rot) vorne. Beidseitig je 3 orangefarbige Blinker. Schlussleuchte mit einbezogener Bremsleuchte hinten, Rückfahrscheinwerfer (einfach) hinten. | Liniennummern-Rollfilmkasten vorne und hinten auf dem Dach; Zielschild-Rollfilmkasten vorne über der Frontscheibe. | Maximalgeschwindigkeit fahrzeugseitig 60 km/h; im Stadtverkehr (Straßenraum) entsprechend der für den Straßenverkehr zugelassenen Geschwindigkeit (maximal 50 km/h), im Tunnel und auf eigenem Bahnkörper 60 km/h; bei Einsatz mit zweiachsigem Beiwagen 40 km/h, auf Linie 31 (Linie 3) zwischen Wallgraben und Plieningen jedoch dennoch 50 km/h.

Generelle ursprüngliche Merkmale je nach Bauserie

Bauserien 1–4: Fahrersitz/-platz einklapp- und umlegbar, dadurch Fahrpult vollständig abgedeckt und abschließbar. Türflügel 1b und Tür 2 nur zum Ausstieg, Öffnen der Tür durch Selbstbetätigung durch den Fahrgast von innen, daher außen keine Drucktaster. Ein-Richtungs-Klappschranke ('Stuttgarter Schranke') innen an Tür 1b und Tür 2 zur Verhinderung des Einsteigens. – Tür 1a und Tür 3: Nur zum Einsteigen. Freigabe aller Türen sowie Öffnen und Schließen von Tür 1a und Tür 3 durch den Fahrer; für Tür 3 Freigabe des Schließens durch den Schaffner nach Freimeldung durch Trittkontakte | Bauserie 2–5 (ab Wagen 446): Luftzufuhrkanal zu den Fahrmotoren im A-Teil links, im B-Teil rechts in der Seitenwand, Wagen 418 war hierfür Prototyp | Bauserie 4 und 5: Tür 1a und Tür 3 mit Außentastern zur Selbstbedienung durch den Fahrgast (nach Freigabe durch den Fahrer). Zur besseren Kenntlichmachung beleuchtbare Textfelder (Leuchttransparente) nur an den Einstiegstüren, die nach Türfreigabe aufleuchten. Tür 1b und 2 weiterhin zur Selbstbedienung von innen. Drehbarer Fahrersitz, dadurch geänderte Bodenhöhe und Sitzanordnung und Platzzahl im A-Teil. Wagen 750 mit fester Sitzbank zwischen Tür 3 und Schaffnerplatz (statt Klappsitzen).

Umbauten und Abweichungen:

a) Wagenbaulicher Teil

1960 Ersatz der Fenster mit Ausstellfenster linksseitig am Bug und Heck der Wagen 501–529 durch Übersetzfenster (wie etwa ab Wagen 514 bereits werkseitig eingebaut) 1981–1983 (Wagen 404–518, 679–750) Einbau einer Trennwand hinter dem Fahrerplatz mit halboffener Schwenktür (rechts) gegen den Fahrgastraum, dadurch Ersatz des ersten vorderen Übersetzfensters (links) gegen zwei halb so große Fenster, eines fest eingebaut (auf Höhe Fahrerplatz), zweites Fenster im Fahrgastbereich nur noch mit Lüftungsklappe. Bereits 1975 Vorversuch mit Fahrerkabine bei Wagen 509, nicht im Fahrgasteinsatz; wieder entfernt 1976–1986 Ersatz der Leichtmetall- durch Kunststofftüren bei rund 280 Wagen.

b) Technik

1961 Umbau der Motoren der Wagen 501–542, Leistungsverstärkung von 90 auf 100 kW 1963 Umbau der Wagen 501 und 502 auf Elektroniksteuerung (Versuch), anschließend Lieferung der Wagen 606–640 ab Werk mit Eletroniksteuerung. 1966–1967 (Wagen 401–500) Einbau von Funk und Mikrofon für Fahrer, somit Einsatz als führender Triebwagen 1967–1968 (Wagen 501, 502, 606 – 640) Ersatz der elektronischen Steuerung Kiepe SK 1314 durch elektromechanischen (handbetätigten) Steuerschalter SK 1698a (wie in Serie 1 und 2 eingebaut) 1967–1969 Verbreiterung der Radreifen und Erhöhung der Spurkränze, Einbau des Sicherheitsstromkreises, neue Doppelwippe am Stromabnehmer, Druckluftbetätigung des Stromabnehmers ausgebaut (nur noch Handbetätigung über Seil/Gegenfeder) 1968–1972 (Wagen 401–518, 679–750) Umbau auf Ein-Mann-Betrieb („führender Triebwagen"), dazu Ersatz des einklappbaren durch drehbaren Fahrersitz, neue Abdeckvorrichtung für Fahrpult, Einbau von Unterbringung für Wechselkasse, Fahrschein-Verkaufskladde und Entwerterstempel; automatische Beleuchtung des Fahrerplatzes während des Verkaufsvorganges an den Haltestellen 1968–1970 (Wagen 519–678) Einstufung als geführte Triebwagen: Kein Umbau des Fahrerplatzes, kein Einbau der Funkanlage; (vorläufig) kein Ausbau des Schaffnerplatzes; später Ausbau von im Betrieb als geführter Triebwagen nicht benötigten Teilen (z. B. unterer Frontscheinwerfer); ab 1988 sieben Wagen anlässlich Modernisierung wieder zu führenden Wagen umgebaut 1971–1973 Einbau von Steuerleitungen für Dreifachtraktion und von Überstromautomaten anstatt Maximalrelais 1971–1974 (Wagen 401–518, 679–750) Einbau der Induktiven Weichensteuerung (IWS) 1975 (Wagen 401–518, 679–750) Einbau der Induktiven Zugsicherung (Indusi) 1973–1980 (Wagen 519–678) Ausbau des unteren Frontscheinwerfers, des Tachometers, Vereinfachung des Fahrpultes; Fahrzeuge nur noch als geführte Triebwagen einsetzbar 1976–1980 Bei allen Wagen Umbau der Blinker auf eine durchgehende Leuchte statt zwei übereinanderliegenden Lampen (außer Wagen 694) 1978 (Wagen 714–723) Einbau einer Spurkranzschmieranlage für Einsatz auf Linie 3 1981–1983 (Wagen 404–518, 679–750) Einbau der Fahrerkabine, neue Fahrersitze, Einbau von Kühl- und Wärmegebläse anlässlich Einbau der Fahrerkabine 1983 (Wagen 401–518, 734–750) Automatische Haltestellenansage eingebaut 1988–1994 (48 Wagen der Bauserien 2 und 3, Nummern siehe Liste Bestand/Verbleib) Grundlegende technische Modernisierung: Neue Getriebe (Hersteller Flender), Antriebsachsen und Bremsteile; neue Druckluftanlage aus Edelstahl, Lufttrockner für Druckluftanlage (bisherige Vorsorge mit Spiritus gegen Einfrieren entfällt damit); Schrauben- statt Kolbenkompressor (lärmarm); neue Verkabelung; E-Geräte durch Steckverbindungen angeschlossen (vereinfachter Gerätetausch); Schaltgeräte auf Auszugschlitten montiert (vereinfachter Tausch, Reparatur/Wartung außerhalb Fahrzeug möglich), E-Teil für Eingangsspannung 750 V („Stadtbahnspannung") statt 600 V vorbereitet; elektronischer Gleichrichter (statischer Umformer) auf dem Dach statt mechanischer Gleichrichter unter dem Rahmen. Einbau Spurkranzschmierung. Geänderte Notbremseinrichtung (Notbremsüberbrückung) entsprechend DT 8: Fahrer kann bei vom Fahrgast eingeleiteter Notbremsung entscheiden, bis zur nächsten Haltestelle weiterzufahren (besonders im Tunnel). Neuer Bordnetz-Umrichter auf dem Dach (Wegfall von 600-V-Bauteilen im Innenraum; Brandschutz). Höhere Tür für Fahrerkabine (Selbstschutz). Neue Funkanlage. Infrarot-Informationssystem (Ibis) für rechnergesteuertes Betriebsleitsystem (RBL), so dass Position des Wagens im Netz an Messstellen erfasst und überwacht wird (wie bei DT 8). Integriertes Bordinformationssystem (Iris). Elektronische Scheibenwischersteuerung (Intervallschaltung). Einbau der Taglichtfahrschaltung (wie bei DT 8), Warnblinkschaltung (Forderung nach Straßenverkehrsordnung). Elektronische Steuerung/Überwachung für Anfahrsperre, Sicherheitsschleife, Abfahrsignal, Türfreigabe, Schienenbremse; Einbau elektronischer Tachometer mit Fahrdaten-Analyse-Gerät (Fada = elektronischer Fahrtenschreiber); Überwachung der Maximalgeschwindigkeit unabhängig von der Indusi (Hauptschütz schaltet bei mehr als 65 km/h ab). 2006 Umbau der Schleifstücke der Stromabnehmer auf solche entsprechend dem DT 8 (nur bei GT 4, bei denen die alten Schleifstücke abgängig sind).

c) Fahrgastbereich

Ab 1959 (Wagen 501–572, 401–445) Ausstattung mit drei Innenlautsprechern (Ansage durch Schaffner), ab Wagen 446- 500 und 573–750 vier Innenlautsprecher (Ansage durch Fahrer wegen Ein-Mann-Betrieb) 1963–1974 Einbau der Türautomatik für Fahrgast-Selbstbedienung außen und innen an Tür 1a, Tür 2 und Tür 3 (zuvor nur an Tür 1b und Tür 2 vorhanden und nur innen). Tür öffnet nach Bedienung des Tasters außen; Tür schließt automatisch, wenn Trittbrett frei ist. Wagen 552 als Prototyp Ende 1960 umgebaut. 1964 Wagen 672 als Prototyp für Sitzanordnung 2+1 im B-Teil statt 1+1, dadurch 49/105 Plätze statt 39/125, Längsschranke gegenüber Schaffnerplatz. Einbau von 1+2-Sitzplatzanordnung im B-Teil (wie im A-Teil bei vorherigen Wagen schon immer vorhanden) statt 1+1. Dadurch Erhöhung der Sitzplatzzahl 1964 Einführung des schaffnerlosen Betriebs auf den jeweils führenden Triebwagen; Schaffner verbleibt im zweiten (geführten) Triebwagen 1966 Beginn des Einbaues der Türautomatik für Fahrgast-Selbstbedienung auch an Tür 1b und 2 außen (somit dann an allen Türen dann innen und außen vorhanden, für vollständig schaffnerlosen Betrieb), davon Wagen 461–518 und 679–739 aus Kapazitätsgründen 1968–1971 bei Waggonfabrik Rastatt umgebaut; per Eisenbahntransport überführt; andere Wagen vorher und nachher bei SSB umgebaut (ab 1971 in neuer Hauptwerkstatt Möhringen). Parallel ab 1966 bei allen Wagen Änderung des Sitzteilers im B-Teil von 1+1 auf 2+1, somit Erhöhung der Sitzplatzzahl um zunächst 4 Plätze 1968–1970 Einbau von Entwertern für Mehrfahrtenkarten. 1969 Wagen 750 als Prototyp für Ausbau Schaffnerplatz und Längsschranke, Ausbau der 2 Klappsitze im B-Teil zwischen Tür 3 und Schaffnerplatz. Einbau von 6 weiteren festen Sitzplätzen auf dem vormaligen Schaffnerplatz und gegenüber. Bestand insgesamt somit 49 Sitzplätze. Ausbau der Schwenkschranken an den Türen 1b und 2 und zusätzliche Türsicherung mit Druckwellenkontakten in den Gummiwulsten der Schwingtüren. Beendigung des Fahrgastflusses, Ein- und Aussteigen an allen Türen erlaubt. Serienumbau der Wagen 679–739 in Rastatt gemeinsam mit Türumbau, s.o. – Serienumbau der weiteren Fahrzeuge in Möhringen. Bis 1973 alle 190 führenden Triebwagen dergestalt umgebaut. 1973–1978 gleicher Umbau der 160 geführten Triebwagen, Abschluss mit Wagen 610. 1973–1978 (Wagen 519–678): Ausbau der Schaffnerplätze bei allen Wagen, wie für Wagen 750 beschrieben 1975 Einführung der „Perlschnur": Fahrgastinformation in der Dachschräge durch festklemmbare Blechtafeln mit Aufkleber, welcher alle Haltestellen der befahrenen Linie grafisch auflistet. Bei Wechsel der Linie müssen die Blechtafeln entsprechend getauscht werden 1977–1980 Tausch der blauen Sitze der letzten Bauserie (ab Wagen 709) durch die üblichen roten Sitze (Nr. 719 letzter Wagen mit blauen Sitzen) 1981–1983 (Wagen 501–518) Ersatz der bisherigen Vis-à-vis-Sitze auf Höhe des ersten Fensters links (wegen Einbau der Fahrerkabine) durch eine Längsbank. 1988–1994 (48 Wagen der Serien 2 und 3): Neue Inneneinrichtung (Boden-, Wand-, Deckenverkleidung beige, Stoffsitze grün-gelb), neue Deckenbeleuchtung, alles jeweils mit Elementen des DT 8 (Brandschutzvorschrift, vereinfachte Vorratshaltung, Vandalismusvorbeugung).

d) Äußeres

1960 Ersatz der Liniennummernanzeige mit Zierziffern durch solche mit DIN-Ziffern (bessere Lesbarkeit) 1968 Ersatz der seitlichen Rollbandfilme mit Zielschild durch neue Rollbänder mit zusätzlichen Angaben zum Laufweg (weitere Haltestellen); bei Fahrzeugen mit Funkausrüstung: roter Punkt über dem Stirnfenster (etwa ab 1970 nicht mehr angebracht); Kursnummer durch gelbe Blechtafel mit schwarzer Schrift (hinter seitlichem Stirnfenster rechts) 1974 Linien- und Kursnummer gemeinsam auf schwarzer Kunststofftafel mit weißer Schrift als Steckschild schräg rechts vorne 1979 Anbringen des SSB-Symbols anstelle der Fahrzeugnummern vorne rechts und hinten links 1988 Bei modernisierten Wagen: Entfall der Zielfilmanzeige im A-Teil (Fenster 3), vorhanden nur noch im B-Teil (Fenster 7) 1990 Ersatz der Linien- und Zielfilmbänder mit DIN-Schrifttyp (DIN-Mittelschrift) durch solche mit Schrifttyp Helvetica 1999 Ersatz der Beschriftung (Fahrzeugnummer) durch Schrifttyp Rotis (bei Bedarf) 2001 Linien- und Kursnummer auf durchsichtiger Kunststofftafel mit weißer Schrift als Steckschild schräg rechts.

Bemerkenswerte Sonderfälle:

Wagen 401, 402: 1971 zu Fahrschulwagen umgebaut, Gerät zur Simulation von technischen Störungen eingebaut; Anschluss für separates Handsteuergerät für den Fahrlehrer mit Notbremseinrichtung und Sofortabschaltung der Fehlersimulation. Wagen 403 seit 1975 gleichartig ausgerüstet. Wagen 401 und 403 seit Modernisierung 1993 ebenfalls mit Fahrerkabine, jedoch hier mit aufklappbarem Innenfenster für den Fahrlehrer. Wagen weiterhin ohne Einschränkung zur Personenbeförderung im Liniendienst einsetzbar. 1993/94 Fahrschuleinrichtung modernisiert; Einbau eines „Alles-aus"-Schalters, damit vom Ausbilder simulierte Störungen der Elektrik im Notfall sofort rückgängig gemacht werden können und der Wagen „normal" reagiert. Wagen 402 bis zur Abstellung einziger führender Wagen ohne Fahrerkabine Wagen 499: 1983 Auffahrunfall auf Wagen 532. B-Teil von Wagen 499 zur Reparatur von Wagen 532 verwendet. A-Teil von Wagen 499 und B-Teil von Wagen 532 verschrottet, Wagen 499 ausgemustert Wagen 503: 1969 Brandschaden nach Kollision mit Lkw. Zunächst war unklar, ob der Wagen wieder hergerichtet würde, deshalb verschwand er zeitweise bis etwa 1970 aus der Fahrzeugliste Wagen 508: 1980 nach Unfall Einbau des B-Teils von Wagen 524 Wagen 524: 1980 nach Unfall Einbau des B-Teils von Wagen 508 Wagen 531: 1984 nach Unfall Einbau des B-Teils von Wagen 495 Wagen 532: 1983 nach Unfall Einbau des B-Teils von Wagen 499 Wagen 539: Ab 1961 versuchsweise Einholmstromabnehmer (Prüfung der günstigeren Verwendbarkeit in den Tunnelstrecken) Wagen 546: wie Wagen 539, jedoch andere Bauart des Einholmstromabnehmers Wagen 549: 1963 nach Unfall (Kollision mit Güterzug der DB, Kreuzung Heilbronner-/Borsigstraße) Neuaufbau des B-Teils durch ME Wagen 553: 1961 nach Unfall (Umstürzen in Untertürkheim Arlbergstraße) Neuaufbau durch ME Wagen 564: 1993 nach Unfall Einbau des B-Teils von Wagen 485 Wagen 576: 1978 versuchsweise Ausstellfenster gegen Klappfenster ersetzt, 1982 durch Schiebefenster getauscht (wie bei Typ T 2, B 2, DoT 4). Ebenso bei GT 4 Nr. 538 Wagen 602: 1972 nach Unfall (Aufprall auf Hallenwand Heslach) Einbau des B-Teils von Wagen 688, da dessen A-Teil nach Kollision mit Lkw schwer beschädigt. Erstmalig Tausch von Fahrzeughälften verschiedener Bauserien Wagen 688: 1973 Wiederaufbau durch SSB aus beschädigtem A-Teil von Wagen 602 (s. dort) und B-Teil von Wagen 688 Wagen 736: 1984 nach Unfall Einbau des B-Teils von Wagen 656 Wagen 541, 609, 629, 673: 1978–1986 nach Unfallschäden neue Frontverkleidung; Frontaussparung nur noch für einen Scheinwerfer, da Wagen nur noch als Beitriebwagen eingesetzt.

Wagen 714–716, 719, 720, 722: 1981 Anbringen fest eingeklebter Liniennummern für Linie 3 in den Seitenscheiben anstatt der Rollfilme/Steckschilder wegen Vandalismus. Einsatz daher für etwa ein Jahr fast nur auf dieser Linie Wagen 734, 735: 1982 versuchsweiser Einbau von getönten Scheiben in der Rückwand der Fahrerkabine, damit auf die Blendschutzvorhänge verzichtet werden kann Wagen 499 der Linie 6 fuhr am 13. März 1983 in der Haltestelle Hunsrückstraße in Feuerbach auf Wagen 532 der Linie 13 auf. B-Teil von Wagen 499 zur Reparatur von Wagen 532 verwendet. A-Teil von Wagen 499 und B-Teil von Wagen 532 verschrottet, Wagen 499 ausgemustert.

Die detailierten Angaben über Eigenschaften und Schicksal jedes einzelnen Fahrzeugs sind den Tabellen bei Bauer/Theurer, Stadtbahn, a.a.O., zu entnehmen.

GT 4 Stuttgart: Preisentwicklung

Wagen-Nr.	Anzahl	Bestellung	Preis pro Stück
501–542	42	11.06.1958	202.157,– DM •
543–572, 401–500	130	30.11.1959	193.798,– DM
573–708	136	Juni 1961	194.245,– DM
709–750	42	22.10.1963	235.000,– DM

Zum Vergleich: Die Wagen für Neunkirchen kosteten pro Stück 136.451,– DM. Diesen sehr günstigen Preis dürfte die ME gewählt haben, um mit weiteren potenziellen Kunden besser ins Gespräch zu kommen.

• Preiszusammensetzung: ME 115.100,– DM; E-Teil Fa. Kiepe 32.613,– DM; Motoren AEG/Kiepe 17.273,– DM; Leistungen der SSB-Hauptwerkstatt 4.290,– DM.

Bei der 2. Serie ermäßigte sich durch die bereits erprobten Bau- und Zulieferabläufe der Preis, obwohl Mehrleistungen im Wert von 4.000,- Mark enthalten waren (Luftansauganlage für Motoren, zusätzlich Heizkörper, zusätzliche Haltestangen, Verlegung eines Teils der Widerstände aufs Dach, Einbau von Kabelklemmleisten und Sprechanlage am Fahrerplatz). Gleichzeitig nahmen die anfangs von den SSB zu organisierenden Zulieferleistungen an Einzelteilen ab, die bereits aus vorhandenen Fahrzeugen (T 2) bekannt waren, was den Preis weiter verbilligte.

Lieferungen von GT 4 ab Werk an Besteller (und Verbleib)

Erklärung zu den folgenden Tabellen:

Arad	Compania de Transport Public Arad (Rumänien)
Augsburg	Stadtwerke Augsburg, Verkehrs-GmbH (SWA)
Brandenb.	Verkehrsbetriebe Brandenburg an der Havel GmbH (VBBr)
Freiburg	Freiburger Verkehrs-AG (VAG)
Halle	Hallesche Verkehrs-AG (Havag)
Halberst.	Halberstädter Verkehrsgesellschaft mbH (HVG)
HSM	Hannoversches Straßenbahnmuseum, Sehnde-Wehmingen (HSM)
Iaşi	Regia Autonoma de Transport in Comun Iasi (RATC), Rumänien
i.E.	bei SSB aktuell noch im Einsatz
Kochi	Straßenbahn Kochi (Japan)
Nordhausen	Stadtwerke Nordhausen, Verkehrsbetriebe GmbH
Reutl.	Stadtwerke Reutlingen, Straßenbahnbetrieb
SHB	Bestand des Vereins Stuttgarter Historische Straßenbahnen e.V. (SHB)
SIM	Zwischenhändler in Salzgitter
Stg.	Stuttgarter Straßenbahnen AG
Tw	Triebwagen (GT 4)
Ulm	Stadtwerke Ulm/Neu Ulm GmbH (SWU)
Unfall	Abstellung wegen großem Schaden durch Kollision i.d.R. mit Pkw/Lkw
+	abgestellt, ausgemustert
++	verschrottet

Hinweise:
Die ersten Wagen wurden per Tiefladewagen der Deutschen Bundesbahn vom ME-Werk Esslingen-Mettingen über den Gleisanschluss der SSB auf deren Gleisbauhof in Stuttgart-Wangen gebracht und dort auf das SSB-Gleisnetz abgelassen, spätere folgten per Straßentieflader ebenfalls nach Wangen

Die Fabriknummern der ME sind an den Drehgestellen angebracht. Durch Teiletausch können heute Fabrikschilder vorgefunden werden, deren Nummern nicht zum ursprünglichen Fahrzeug passen.

GT-4-Einsatzbestand

Stand 31.12.2005 (Einsatz auf Linie 15), 38 Stück:
Wagen 401, 403, 413–416, 418, 420–426, 428, 430, 432, 434–436, 438–440, 443, 446, 447, 450, 451, 456–459, 618, 629, 631, 632, 636, 638

Von diesen Wagen sind aus dem Reservebestand wieder in den Einsatzbestand übernommen worden: Tw 420, 426, 436 im Jahr 2004; Tw 450 und 632 im Jahr 2005. Tw 2006 schied im Januar 2006 nach einem Verkehrsunfall aus dem Einsatzbestand und wurde am 15.02.2006 durch den aus dem Reservebestand geholten Tw 630 ersetzt.

Reservebestand am 31.12.2005 (Wagen untersuchungspflichtig oder als Ersatzteilspender abgestellt), 13 Stück, davon in Cannstatt (untere Halle): 410–412, 417, 441, 444, 449, 453, 466, 468, 470, 471, 630; Wagen 440 als Ersatzteilspender

Auf dem Schrotthaufen der (Verkehrs-) Geschichte: Wagen 485 in Stuttgart-Stammheim, 1993 | Jörg Waldkönig

Betriebs-Nr.	Serie	ME-Fabrik-Nr.	Lieferdatum	Umbau zu geführtem Triebwagen (1973-1980)	Modernisie-rung (Jahr)	Bei SSB in Betrieb bis	Verbleib 1, neue Nr.	Verbleib 2, neue Nr.	Verbleib 3	Bemerkungen
401	2	25 513	11.01.1961		1993				2006 i.E.	Seit 1971 auch Fahrschulwagen – Am 05.10.2006 Taufe auf Namen „Stammheim"
402	2	25 514	18.01.1961			1999	2000 Iaşi 329			Seit 1971 auch Fahrschulwagen
403	2	25 515	23.01.1961		1994				2006 i.E.	Seit 1975 auch Fahrschulwagen
404	2	25 516	31.01.1961			1999	2000 Iaşi 317			
405	2	25 517	07.02.1961			1990	1991 Augsburg	1992 ++		1990 Unfall
406	2	25 518	13.02.1961			1999	2000 Arad 406			
407	2	25 519	16.02.1961			1999	2000 Arad 407			
408	2	25 520	22.02.1961			1999	2000 Iaşi 328			
409	2	25 521	28.02.1961			1985	1986 ++			1985 Unfall
410	2	25 522	06.03.1961		1988	2002			2006 + vorhanden	1988 erster modernisierter GT 4
411	2	25 523	09.03.1961		1988	2002			2006 + vorhanden	
412	2	25 524	15.03.1961		1989	2002			2006 + vorhanden	
413	2	25 525	17.03.1961		1991				2006 i.E.	
414	2	25 526	24.03.1961		1992				2006 i.E.	
415	2	25 527	30.03.1961		1989				2006 i.E.	
416	2	25 528	04.04.1961		1989				2006 i.E.	
417	2	25 529	13.04.1961		1989	2002			2006 + vorhanden	
418	2	25 530	18.04.1961		1991				2006 i.E.	
419	2	25 531	24.04.1961		1990	2001	2004 ++			1990 Unfall
420	2	25 532	27.04.1961		1988	2002	2004 wieder i.E.		2006 i.E.	
421	2	25 533	04.05.1961		1989				2006 i.E.	
422	2	25 534	09.05.1961		1991				2006 i.E.	
423	2	25 535	16.05.1961		1989				2006 i.E.	
424	2	25 536	25.05.1961		1991				2006 i.E.	
425	2	25 537	31.05.1961		1993				2006 i.E.	
426	2	25 538	05.06.1961		1992	2002	2004 wieder i.E.		2006 i.E.	
427	2	25 539	09.06.1961			1984	1989 ++			1989 Unfall
428	2	25 540	15.06.1961		1990				2006 i.E.	100. für Stuttgart gebauter GT 4
429	2	25 541	22.06.1961			1990	1991 ++			1990 Unfall
430	2	25 542	27.06.1961		1991				2006 i.E.	
431	2	25 543	30.06.1961			1988	1988 ++			1988 Unfall
432	2	25 544	06.07.1961		1992				2006 i.E.	
433	2	25 545	12.07.1961			1988	1989 ++			1988 Unfall

Betriebs-Nr.	Serie	ME-Fabrik-Nr.	Lieferdatum	Umbau zu geführtem Triebwagen (1973-1980)	Modernisierung (Jahr)	Bei SSB in Betrieb bis	Verbleib 1, neue Nr.	Verbleib 2, neue Nr.	Verbleib 3	Bemerkungen
434	2	25 546	17.07.1961		1992				2006 i.E.	
435	2	25 547	21.07.1961		1991				2006 i.E.	
436	2	25 548	26.07.1961		1990	2002	2004 wieder i.E.		2006 i.E.	
437	2	25 549	31.07.1961			1990	1991 Augsburg	1992 ++		1990 Unfall
438	2	25 550	07.08.1961		1991				2006 i.E.	
439	2	25 551	11.08.1961		1990				2006 i.E.	
440	2	25 552	17.08.1961		1990	2006	2006 ++		2006 + vorhanden	2006 Unfall
441	2	25 553	24.08.1961		1991	2001			2006 + vorhanden	2001 Unfall
442	2	25 554	29.08.1961			1985	1986 ++			1985 Unfall
443	2	25 555	04.09.1961		1992				2006 i.E.	
444	2	25 556	08.09.1961		1991	2002			2006 + vorhanden	
445	2	25 557	15.09.1961			1988	1988 ++			1988 Unfall
446	2	25 558	20.09.1961		1990				2006 i.E.	
447	2	25 559	26.09.1961		1991				2006 i.E.	
448	2	25 560	29.09.1961			1985	1985 ++		2006 i.E.	1984 Unfall
449	2	25 561	06.10.1961			2002			2006 + vorhanden	
450	2	25 562	11.10.1961		1992	2002	ab 2005 wieder i.E		2006 i.E.	
451	2	25 563	25.10.1961		1992				2006 i.E.	
452	2	25 564	25.10.1961			1989	1989 ++		2006 i.E.	1989 Unfall
453	2	25 565	03.11.1961		1992	2002			2006 i.E.	
454	2	25 566	03.11.1961		1993	2004		2004 technischer Schaden		2005 Denkmal SSB-Waldaupark
455	2	25 567	14.11.1961			1992	1993 Halberstadt	1993 ++		1992 Unfall
456	2	25 568	14.11.1961		1993				2006 i.E.	
457	2	25 569	21.11.1961		1993				2006 i.E.	
458	2	25 570	24.11.1961		1993				2006 i.E.	
459	2	25 571	29.11.1961		1994				2006 i.E.	
460	2	25 572	04.12.1961			1995	1995 ++			1995 Unfall
461	2	25 573	05.12.1961			1999	1999 ++			1999 technischer Schaden
462	2	25 574	08.12.1961			1987	1988 ++			1987 Unfall
463	2	25 575	13.12.1961			1997	1997 ++			
464	2	25 576	18.12.1961			1989	1990 ++			1989 Unfall
465	2	25 577	28.12.1961			1999	1999 ++			1999 technischer Schaden
466	2	25 578	28.12.1961			2002			2006 + vorhanden	

Betriebs-Nr.	Serie	ME-Fabrik-Nr.	Lieferdatum	Umbau zu geführtem Triebwagen (1973-1980)	Modernisierung (Jahr)	Bei SSB in Betrieb bis	Verbleib 1, neue Nr.	Verbleib 2, neue Nr.	Verbleib 3	Bemerkungen
467	2	25 579	10.01.1962			1997	2000 Iaşi 316			
468	2	25 580	12.01.1962			1999			2006 + vorhanden	
469	2	25 581	18.01.1962			1997	1997 Iaşi 302			
470	2	25 582	23.01.1962			1999			2006 + vor-handen	
471	2	25 583	26.01.1962			1999	2001 wieder i.E.	2002 +	2006 + vor-handen	
472	2	25 584	31.01.1962			1999	2000 Iaşi 320			
473	2	25 585	05.02.1962			1997	1997 ++			
474	2	25 586	09.02.1962			1999	2000 Iaşi 312			
475	2	25 587	14.02.1962			1999	2000 Iaşi 313			
476	2	25 588	20.02.1962			1989	1989 ++			1989 Unfall
477	2	25 589	23.02.1962			1992	1992 ++			1992 Unfall
478	2	25 590	01.03.1962			1997	1997 Iaşi 303			
479	2	25 591	06.03.1962			1997	1997 Iaşi 304			
480	2	25 592	09.03.1962			1989	1989 ++			1989 Unfall
481	2	25 593	15.03.1962			1999	2000 Iaşi 322			
482	2	25 594	21.03.1962			1999	2000 Iaşi 311			
483	2	25 595	27.03.1962			1999	2000 Iaşi 326			
484	2	25 596	02.04.1962			1999	2000 Iaşi 333			
485	2	25 597	05.04.1962			1992	1993 ++ (A-Teil)			1992 Unfall, B-Teil an Tw 564
486	2	25 598	11.04.1962			1999	2000 Arad 486			
487	2	25 599	17.04.1962			1999	2000 Iaşi 315			
488	2	25 600	24.04.1962			1997	2000 Iaşi 325			
489	2	25 601	30.04.1962			1991	1991 Nordhausen	1992 ++		1991 Unfall
490	2	25 602	08.05.1962			1999	2000 Arad 490			
491	2	25 603	11.05.1962			1988	1989 ++			1988 Unfall
492	2	25 604	16.05.1962			1999	2000 Iaşi 314			
493	2	25 605	22.05.1962			1996	1996 Arad 493			
494	2	25 606	25.05.1962			1999	2000 Arad 494			
495	2	25 607	30.05.1962			1984	1984 ++ (A-Teil)			1984 Unfall, B-Teil an Wagen 531
496	2	25 608	08.06.1962			1990	1990 Halle 860	2002 ++		
497	2	25 609	15.06.1962			1999	2000 Iaşi 330	Iasi 2006 ++ (A-Teil)		2006 Unfall Iaşi, B-Teil an Tw 536 (Iaşi 331)
498	2	25 610	26.06.1962			1999	1999 Augsburg	2003 ++		
499	2	25 611	02.07.1962			1983	1983 ++ (A-Teil)			1983 Unfall, B-Teil an Tw 532
500	2	25 612	13.07.1962			1990	1991 Halle 862	2003 Iaşi 127		

Betriebs-Nr.	Serie	ME-Fabrik-Nr.	Lieferdatum	Umbau zu geführtem Triebwagen (1973-1980)	Modernisierung (Jahr)	Bei SSB in Betrieb bis	Verbleib 1, neue Nr.	Verbleib 2, neue Nr.	Verbleib 3	Bemerkungen
501	1	25 056	27.05.1959				1991 ++			Prototyp – 1990 Verkauf nach Halle/Saale, jedoch Unfall vor Abtransport. Bei SSB verschrottet
502	1	25 057	19.06.1959			1990	1991 Halle 863	2002 ++		Prototyp
503	1	25 224	08.07.1959			1990	1991 Halle 864	2002 ++		1969 Brandschaden, 1971 wieder im Bestand
504	1	25 225	16.07.1959			1990	1991 Halle 865	2003 Iaşi 128		
505	1	25 226	28.07.1959			1990	1991 ++			1990 Unfall
506	1	25 227	30.07.1959			1984	1985 ++			1984 Unfall
507	1	25 228	05.08.1959			1990	1991 Halle 866	2002 ++		
508	1	25 229	12.08.1959			1990	1991 Halle 867	2002 ++		1980 Unfall, Tausch B-Teil von Tw 524
509	1	25 230	18.08.1959			1990	1991 Halle 868	2003 Iaşi 129		
510	1	25 231	25.08.1959			1990	1991 Halle 869	2003 Iaşi 130		
511	1	25 232	28.08.1959			1990	1991 Halle 870	2003 Iaşi 131		
512	1	25 233	04.09.1959			1990	1991 Halle 871	2003 Iaşi 132		
513	1	25 234	09.09.1959			1990	1991 Halle 872	2003 Iaşi 133		
514	1	25 235	15.09.1959			1986	1986 ++			1985 Unfall
515	1	25 236	18.09.1959			1990	1991 Halle 873	2003 Iaşi 134		
516	1	25 237	24.09.1959			1990	1991 Halle 874	2003 Iaşi 135		
517	1	25 238	30.09.1959			1990	1991 Halle 875	2003 Iaşi 136		
518	1	25 239	07.10.1959			1990	1991 Halle 876	2003 Iaşi 137		
519	1	25 240	14.10.1959	ja		1990		1991 SSB-Museumswagen		
520	1	25 241	16.10.1959	ja		1990	1991 Nordhausen 73	2001 ++		
521	1	25 242	21.10.1959	ja		1986	1986 ++			1985 Unfall
522	1	25 243	09.11.1959	ja		1990	1991 Nordhausen 78	2006 +		
523	1	25 244	01.12.1959	ja		1990	1991 Nordhausen 79			
524	1	25 245	24.11.1959	ja		1990	1991 Nordhausen 74	2001 ++		1980 Unfall, Tausch B-Teil mit Tw 508
525	1	25 246	27.11.1959	ja		1986	1987 ++			1986 Unfall
526	1	25 247	02.12.1959	ja		1986	1987 ++			1986 technischer Schaden
527	1	25 248	15.12.1959	ja		1990	1991 Nordhausen 71	++ 1998		
528	1	25 249	17.12.1959	ja		1990	1991 Augsburg 410	2004 Iaşi 323		
529	1	25 250	17.12.1959	ja		1990	1991 Augsburg 429	neu Augsburg 403	2003 ++	
530	1	25 251	21.12.1959	ja		1990	1991 Augsburg 406	2004 Iaşi 318		
531	1	25 252	13.01.1960	ja		1988	1988 ++ (Unfall)			1984 Unfall, B-Teil von Tw 495.
532	1	25 253	24.01.1960	ja		1990	1991 Augsburg 432	neu Augsburg 404	2003 ++ (Unfall)	1983 B-Teil von Tw 499
533	1	25 254	02.02.1960	ja		1988	1988 ++			1988 Unfall
534	1	25 255	02.02.1960	ja		1990	1991 Augsburg 409	2004 Iaşi 321		

Betriebs-Nr.	Serie	ME-Fabrik-Nr.	Lieferdatum	Umbau zu geführtem Triebwagen (1973-1980)	Modernisierung (Jahr)	Bei SSB in Betrieb bis	Verbleib 1, neue Nr.	Verbleib 2, neue Nr.	Verbleib 3	Bemerkungen
535	1	25 256	08.02.1960	ja		1990	1991 Augsburg 435	neu Augsburg 453		
536	1	25 257	12.02.1960	ja		1990	1991 Augsburg 456	2004 Iaşi 331		2006 Unfall Iaşi, B-Teil von Tw 497 (Iasi 330)
537	1	25 258	24.02.1960	ja		1990	1991 Augsburg 437	neu Augsburg 402	2003 ++	
538	1	25 259	17.03.1960	ja		1990	1991 Augsburg 407	2003 ++		
539	1	25 260	24.03.1960			1990	1991 Augsburg 439	neu Augsburg 401	2003 ++	1965 versuchsweise Einholm-Stromabnehmer
540	1	25 261	30.03.1960	ja		1990	1991 Augsburg 408	2004 Iaşi 319		
541	1	25 262	14.04.1960	ja		1990	1991 Augsburg 458	2004 Iaşi 332		
542	1	25 263	10.05.1960	ja		1990	1991 Augsburg 459	2004 Iaşi 334		
543	2	25 483	28.06.1960	ja		1990	1991 Nordhausen 82			
544	2	25 484	04.07.1960	ja		1990	1991 Nordhausen 72	2000 Umbau ‚Twino'	2004 Denkmal Nordhausen	
545	2	25 485	08.07.1960	ja		1990	1991 Augsburg 454	2003 ++		1965 versuchsweise Einholm-Stromabnehmer
546	2	25 486	13.07.1960	ja		1990	1991 Augsburg 405	2003 ++		
547	2	25 487	19.07.1960	ja		1992	1992 Halberst. 154	2003 ++		
548	2	25 488	30.07.1960	ja		1990	1990 ++			1990 Unfall
549	2	25 489	30.07.1960	ja		1992	1992 Halberst. 157	2002 ++		
550	2	25 490	10.08.1960	ja		1992	1992 Halberst. 156			1960 Vorführfahrten in Essen
551	2	25 491	17.08.1960	ja		1992	1992 Halberst. 155			
552	2	25 492	24.08.1960	ja		1990	1990 ++			1990 Unfall
553	2	25 493	30.08.1960	ja		1988	1989 ++			1988 Unfall
554	2	25 494	05.09.1960	ja		1993	1995 Arad 554			
555	2	25 495	16.09.1960	ja		1994	1996 Arad 555			
556	2	25 496	16.09.1960	ja		1990	1990 ++			1990 Unfall
557	2	25 497	23.09.1960	ja		1993	1994 Nordhausen	1994 ++		
558	2	25 498	28.09.1960	ja		1991	1991 ++			1991 Unfall
559	2	25 499	30.09.1960	ja		1993	1994 Nordhausen	1994 ++		
560	2	25 500	07.10.1960	ja		1993	1994 Halberst. 160			
561	2	25 501	14.10.1960	ja		1994	1996 Arad 561			
562	2	25 502	25.10.1960	ja		1993	1993 Halberst. 158	1999 ++		
563	2	25 503	08.11.1960	ja		1993	1993 Halberstadt	1995 ++		
564	2	25 504	14.11.1960	ja		1993	1993 Halberst. 159			1992 B-Teil von Tw 485
565	2	25 505	21.11.1960	ja		1994	1995 ++			
566	2	25 506	25.11.1960	ja		1993	1994 Nordhausen	1994 ++		
567	2	25 507	30.11.1960	ja		1994	1996 Arad 567			
568	2	25 508	07.12.1960	ja		1994	1995 ++			

Betriebs-Nr.	Serie	ME-Fabrik-Nr.	Lieferdatum	Umbau zu geführtem Triebwagen (1973-1980)	Modernisierung (Jahr)	Bei SSB in Betrieb bis	Verbleib 1, neue Nr.	Verbleib 2, neue Nr.	Verbleib 3	Bemerkungen
569	2	25 509	13.12.1960	ja		1994	1996 Arad 569			
570	2	25 510	22.12.1960	ja		1993	1995 Arad 570			
571	2	25 511	22.12.1960	ja		1989	1989 ++			1989 Unfall
572	2	25 512	29.12.1960	ja		1994	1996 Arad 572			
573	3	25 686	24.07.1962	ja		1990	1991 Augsburg 457	2003 ++		
574	3	25 687	31.07.1962	ja		1990	1991 Augsburg 460	2004 Iași 335		
575	3	25 688	31.07.1962	ja		1994	1995 Arad 575			
576	3	25 689	09.08.1962	ja		1989	1991 Nordhausen 77			
577	3	25 690	16.08.1962	ja		1989	1991 Nordhausen 80			
578	3	25 691	21.08.1962	ja		1989	1991 Nordhausen 76	2001 ++		
579	3	25 692	29.08.1962	ja		1989	1991 Augsburg 479 (452)	2003 ++		
580	3	25 693	31.08.1962	ja		1990	1991 Augsburg 480 (451)	2003 ++		
581	3	25 694	07.09.1962	ja		1989	1991 Augsburg 455	2003 ++		
582	3	25 695	12.09.1962	ja		1994	1995 Augsburg 412			
583	3	25 696	20.09.1962	ja		1994	1995 Arad 583			
584	3	25 697	25.08.1962	ja		1994	1995 Arad 584			
585	3	25 698	24.09.1962	ja		1994	1995 Augsburg 418			
586	3	25 699	28.09.1962	ja		1993	1994 Halberstadt	2006 vorhanden		
587	3	25 700	28.09.1962	ja		1994	1995 Augsburg 468	2004 Iași 336		
588	3	25 701	11.10.1962	ja		1994	1995 Augsburg 463			
589	3	25 702	12.10.1962	ja		1993	1993 ++			1993 Unfall
590	3	25 703	19.10.1962	ja		1993	1994 ++			1993 technischer Schaden
591	3	25 704	24.10.1962	ja		1994	1995 Augsburg 411			
592	3	25 705	29.10.1962	ja		1994	1995 Augsburg 461			
593	3	25 706	31.10.1962	ja		1994	1995 Augsburg 467			
594	3	25 707	05.11.1962	ja		1994	1994 ++			1994 technischer Schaden
595	3	25 708	13.11.1962	ja		1994	1996 Arad 595			Ersatzteilspender
596	3	25 709	15.11.1962	ja		1994	1996 Augsburg 462	2006 ++		
597	3	25 710	22.11.1962	ja		1994	1995 Augsburg 417			
598	3	25 711	27.11.1962	ja		1994	1994 ++			1994 technischer Schaden
599	3	25 712	30.11.1962	ja		1994	1995 Augsburg 465			Unfall, Ersatzteilspender
600	3	25 713	10.12.1962	ja		1994	1995 Augsburg 470			
601	3	25 714	14.12.1962	ja		1994	1995 Augsburg 414	2005 ++		2005 Unfall
602	3	25 715	19.12.1962	ja		1994	1995 Augsburg 419			1972 Unfall, B-Teil von Tw 688
603	3	25 716	21.12.1962	ja		1994	1994 ++			1994 technischer Schaden
604	3	25 717	16.01.1963	ja		1994	1995 Arad 604			
605	3	25 718	22.01.1963	ja		1994	1994 Augsburg 415			

Betriebs-Nr.	Serie	ME-Fabrik-Nr.	Lieferdatum	Umbau zu geführtem Triebwagen (1973-1980)	Modernisie-rung (Jahr)	Bei SSB in Betrieb bis	Verbleib 1, neue Nr.	Verbleib 2, neue Nr.	Verbleib 3	Bemerkungen
606	3	25 719	11.03.1963	ja		1994	1995 Augsburg 464			
607	3	25 720	15.03.1963	ja		1994	1995 Arad 607			Ersatzteilspender
608	3	25 721	22.03.1963	ja		1994	1995 Arad 608			
609	3	25 722	29.03.1963	ja		1994	1995 Augsburg 413	2004 Iaşi 324		
610	3	25 723	10.04.1963	ja		1994	1995 Augsburg 416			
611	3	25 724	11.04.1963	ja		1994	1995 Arad 611			
612	3	25 725	24.04.1963	ja		1994	1995 Arad 612			
613	3	25 726	26.04.1963	ja		1994	1995 Arad 613			
614	3	25 727	03.05.1963	ja		1994	1995 Augsburg 466			
615	3	25 728	17.05.1963	ja		1994	1995 Augsburg 420			
616	3	25 729	24.05.1963	ja		1997	1997 Iaşi 305			
617	3	25 730	28.05.1963	ja		1994	1995 Augsburg 469			
618	3	25 731	31.05.1963	ja	1990				2006 i.E.	1990 Rückbau zu führendem GT 4
619	3	25 732	10.06.1963	ja		1997	1997 Iaşi 306			
620	3	25 733	18.06.1963	ja		1997	1997 Iaşi 307			
621	3	25 734	21.06.1963	ja		1997	1997 Iaşi 308			
622	3	25 735	25.06.1963	ja		1997	1997 Iaşi 309			
623	3	25 736	28.06.1963	ja		1997	1997 Arad 623			1994 Kinderbemalung ‚Kinderschutztage'
624	3	25 737	03.07.1963	ja		1997	1997 Arad 624	2005 ++		
625	3	25 738	08.07.1963	ja		1997	1997 Arad 625			
626	3	25 739	17.07.1963	ja		1997	1997 Arad 626			
627	3	25 740	19.07.1963	ja		1997	1997 Arad 627			
628	3	25 741	23.07.1963	ja		1997	1997 Arad 628			
629	3	25 742	29.07.1963	ja	1990				2006 i.E.	1990 Rückbau zu führendem GT 4
630	3	25 743	02.08.1963	ja	1989	2002		2006 wieder i.E.	2006 i.E.	1989 Rückbau zu führendem GT 4
631	3	25 744	07.08.1963	ja	1990				2006 i.E.	1990 Rückbau zu führendem GT 4
632	3	25 745	12.08.1963	ja	1989	2002		2005 wieder i.E.	2006 i.E.	1989 Rückbau zu führendem GT 4
633	3	25 746	19.08.1963	ja		1997	1997 Arad 633			
634	3	25 747	26.08.1963	ja		1997	1997 Iaşi 310			1993 Kinderbemalung IGA-‚Naturkundegipfel'
635	3	25 748	04.09.1963	ja	1990	1997	1997 Halle	1997 ++		
636	3	25 749	17.09.1963	ja					2006 i.E.	1990 Rückbau zu führendem GT 4
637	3	25 750	19.09.1963	ja	1990	1997	1997 Halle	1997 ++		
638	3	25 751	27.09.1963	ja					2006 i.E.	1990 Rückbau zu führendem GT 4
639	3	25 752	07.10.1963	ja		1986	1989 ++			
640	3	25 753	14.10.1963	ja		1986	1988 ++			
641	3	25 754	18.10.1963	ja		1986	1988 ++			
642	3	25 755	25.10.1963	ja		1986		1988 SSB-Museumswagen		

Betriebs-Nr.	Serie	ME-Fabrik-Nr.	Lieferdatum	Umbau zu geführtem Triebwagen (1973-1980)	Modernisierung (Jahr)	Bei SSB in Betrieb bis	Verbleib 1, neue Nr.	Verbleib 2, neue Nr.	Verbleib 3	Bemerkungen
643	3	25 756	30.10.1963	ja		1986	1988 ++			
644	3	25 757	06.11.1963	ja		1986	1988 ++			
645	3	25 758	11.11.1963	ja		1986	1988 ++			
646	3	25 759	14.11.1963	ja		1986	1988 ++			
647	3	25 760	19.11.1963	ja		1986	1988 ++			
648	3	25 761	25.11.1963	ja		1986	1992 Halberst. 153	2003 ++		
649	3	25 762	27.11.1963	ja		1986	1988 ++			
650	3	25 763	29.11.1963	ja		1986	1986 ++			250. für Stuttgart gebauter GT 4. – 1986 zerstört durch Brand in Feuerbach
651	3	25 764	06.12.1963	ja		1986	1988 ++			
652	3	25 765	11.12.1963	ja		1986	1986 ++			1986 zerstört durch Brand in Feuerbach
653	3	25 766	16.12.1963	ja		1986	1986 ++			1986 zerstört durch Brand in Feuerbach
654	3	25 767	19.12.1963	ja		1986	1990 Ulm 14	2003 Arad 014		
655	3	25 768	23.12.1963	ja		1986	1987++			1986 technischer Schaden
656	3	25 769	27.12.1963	ja		1984	A-Teil 1984 ++			1984 Unfall, B-Teil an Tw 736
657	3	25 770	13.01.1964	ja		1986	1988 ++			
658	3	25 771	17.01.1964	ja		1986	1988 ++			
659	3	25 772	23.01.1964	ja		1986	1988 ++			
660	3	25 773	27.01.1964	ja		1986	1988 ++			
661	3	25 774	21.01.1964	ja		1986	1989 ++			
662	3	25 775	31.01.1964	ja		1986	1988 ++			
663	3	25 776	06.02.1964	ja		1986	1987 ++			
664	3	25 777	10.02.1964	ja		1985	1985 Ulm 3	2003 Arad 003		
665	3	25 778	14.02.1964	ja		1985	1985 Ulm 5	2003 Arad 005		
666	3	25 779	18.02.1964	ja		1986	1986 Ulm 6	2003 Arad 006		
667	3	25 780	20.02.1964	ja		1986	1986 Ulm 7	2003 Arad 007		1964 Vorführfahrten in Zürich
668	3	25 781	26.02.1964	ja		1986	1986 Ulm 8	2003 Arad 008		
669	3	25 782	02.03.1964	ja		1986	1986 Ulm 9	2003 Arad 009		
670	3	25 783	05.03.1964	ja		1986	1986 Ulm 10	2003 Museumswagen Ulm		
671	3	25 784	13.03.1964	ja		1986	1987 Ulm 1	2003 Arad 001		
672	3	25 785	13.03.1964	ja		1986	1987 Ulm 11	2003 Arad 011		
673	3	25 786	19.03.1964	ja		1990	1991 Nordhausen 81			
674	3	25 787	24.03.1964	ja		1986	1987 Ulm 4	2003 Arad 004		
675	3	25 788	25.03.1964	ja		1986	1987 Ulm 12	2003 Arad 012		
676	3	25 789	31.03.1964	ja		1985	1985 Ulm 2	2003 Arad 002		
677	3	25 790	31.03.1964	ja		1986	1987 Ulm 13	2003 Arad 013		
678	3	25 791	09.04.1964	ja		1986		1987 ++		1987 Übungsobjekt THW Stuttgart
679	3	25 792	09.04.1964	ja		1986	1987 ++			

Betriebs-Nr.	Serie	ME-Fabrik-Nr.	Lieferdatum	Umbau zu geführtem Triebwagen (1973-1980)	Modernisierung (Jahr)	Bei SSB in Betrieb bis	Verbleib 1, neue Nr.	Verbleib 2, neue Nr.	Verbleib 3	Bemerkungen
680	3	25 793	16.04.1964			1986	1988 ++			
681	3	25 794	17.04.1964			1986	1988 ++			
682	3	25 795	24.04.1964			1986	1988 ++			
683	3	25 796	24.04.1964			1986	1987 ++			
684	3	25 797	27.04.1964			1986	1987 ++			
685	3	25 798	30.04.1964			1986	1988 ++			
686	3	25 799	06.05.1964			1986	1987 ++			
687	3	25 800	11.05.1964			1985	1985 Freiburg 153	1990 Halle 853	2003 Iaşi 121	
688	3	25 801	15.05.1964			1984	1985 ++			1972 Unfall, B-Teil von Tw 602
689	3	25 802	20.05.1964			1986	1988 ++			
690	3	25 803	25.05.1964			1986	1988 ++			
691	3	25 804	29.05.1964			1986	1988 ++			
692	3	25 805	02.06.1964			1986	1988 ++			
693	3	25 806	08.06.1964			1985	1985 Freibgurg 154	1990 Halle 854	2003 Iaşi 123	
694	3	25 807	09.06.1964			1986	1988 ++			
695	3	25 808	12.06.1964			1986	1988 ++			
696	3	25 809	18.06.1964			1986	1987 Freiburg 160	1990 Halle 859	2002 ++	
697	3	25 810	23.06.1964			1997	1997 Arad 697			
698	3	25 811	25.06.1964			1997	1997 Iaşi 301			
699	3	25 812	30.06.1964			1986	1988 ++			
700	3	25 813	03.07.1964			1985	1985 Freiburg 151	1990 Halle 851	2003 Iaşi 120	
701	3	25 814	14.07.1964			1990	1991 Halle 877	2002 ++		
702	3	25 815	20.07.1964			1985	1985 Freiburg 155	1990 Halle 855	2003 Iaşi 124	
703	3	25 816	24.07.1964			1986	1986 Freiburg 156	1990 Halle 856	2003 Iaşi 125	
704	3	25 817	31.07.1964			1985	1985 Freiburg 152	1990 Halle 852/-890", B-Teil 1992 ++	2003 Iaşi 147	1992 Unfall, B-Teil von Tw 749 (Halle Tw 890)
705	3	25 818	10.08.1964			1986	1986 Freiburg 157	1990 Halle 857	2003 Iaşi 126	
706	3	25 819	20.08.1964			1986	1986 Freiburg 158	1988 ++		
707	3	25 820	31.08.1964			1986	1988 ++			
708	3	25 821	15.09.1964			1986	1988 ++			
709	4	25 908	30.09.1964			1986	1988 ++			1980 – 1. GT 4 mit Fahrerkabine
710	4	25 909	30.09.1964			1986	1986 ++			1986 zerstört durch Brand in Feuerbach
711	4	25 910	09.10.1964			1986	1989 ++			1989 Brandversuchswagen

Betriebs-Nr.	Serie	ME-Fabrik-Nr.	Lieferdatum	Umbau zu geführtem Triebwagen (1973-1980)	Modernisierung (Jahr)	Bei SSB in Betrieb bis	Verbleib 1, neue Nr.	Verbleib 2, neue Nr.	Verbleib 3	Bemerkungen
712	4	25 911	14.10.1964			1986	1986 ++			1986 zerstört durch Brand in Feuerbach
713	4	25 912	19.10.1964			1986	1986 ++			1986 zerstört durch Brand in Feuerbach
714	4	25 913	22.10.1964			1989	1989 Kochi	1989 Umbau mit A-Teil von Tw 735, B-Teil ++		
715	4	25 914	27.10.1964			1986	1987 ++			1986 Unfall
716	4	25 915	30.10.1964			1986	1988 ++			
717	4	25 916	06.11.1964			1986	1988 ++			
718	4	25 917	13.11.1964			1985	1986 ++			1985 Unfall
719	4	25 918	16.11.1964			1986	1991 Halberst. 151	1999 ++		
720	4	25 919	23.11.1964			1986	1988 ++			
721	4	25 920	24.11.1964			1990	1991 Halle 878	2003 Iaşi 138		
722	4	25 921	30.11.1964			1986		1988 SSB-Museumswagen		
723	4	25 922	03.12.1964			1986	1988 ++			
724	4	25 923	07.12.1964			1986	1989 ++			
725	4	25 924	11.12.1964			1986	1986 ++			1986 Unfall
726	4	25 925	15.12.1964			1986	1989 ++			1989 reaktiviert für Verkaufs-Vorführfahrten
727	4	25 926	18.12.1964			1986	1992 Halberst. 152	2004 ++		
728	4	25 927	23.12.1964			1986	1987 ++			
729	4	25 928	30.12.1964			1986	1987 ++			1986 Unfall
730	4	25 929	30.12.1964			1986	1987 Freiburg 159	1990 Halle 858	2002 ++	1978 – 1. GT 4 mit Totalwerbung
731	4	25 930	30.12.1964			1991	1991 Halle 879	2002 ++		
732	4	25 931	29.01.1965			1986	1987 ++			
733	4	25 932	22.02.1965			1986	1988 ++			
734	4	25 933	26.02.1965			1990	1991 ++			1990 Unfall
735	4	25 934	11.03.1965			1989	1989 Kochi	1989 Umbau mit A-Teil von Tw 714, B-Teil ++		
736	4	25 935	29.03.1965			1986	1988 ++			1984 B-Teil von Tw 656
737	4	25 936	13.04.1965			1990	1991 Halle 880	2003 Iaşi 139		
738	4	25 937	30.04.1965			1990	1991 Nordhausen 75	2005 Denkmal Nordh.		1990 Unfall
739	4	25 938	11.05.1965			1990	1991 Halle 881	2003 Iaşi 140		
740	4	25 939	19.05.1965			1990	1991 Halle 882	2003 Iaşi 141		
741	4	25 940	31.05.1965			1990	1990 Halle 883	2002 ++		
742	4	25 941	30.06.1965			1990	1991 Halle 884	2003 Iaşi 142		
743	4	25 942	06.07.1965			1990	1991 Halle 885	2003 Iaşi 143		
744	4	25 943	21.07.1965			1990	1991 Halle 886	2003 Iaşi 144		

Betriebs-Nr.	Serie	ME-Fabrik-Nr.	Lieferdatum	Umbau zu geführtem Triebwagen (1973-1980)	Modernisierung (Jahr)	Bei SSB in Betrieb bis	Verbleib 1, neue Nr.	Verbleib 2, neue Nr.	Verbleib 3	Bemerkungen
745	4	25 944	30.07.1965			1990	1990 Halle 887	2003 Iaşi 145		
746	4	25 945	12.08.1965			1986	1987 ++			1986 Unfall
747	4	25 946	25.08.1965			1990	1990 Halle 888	2003 Iaşi 146		
748	4	25 947	08.09.1965			1990	1990 Halle 889	2002 ++		
749	4	25 948	23.09.1965			1990	1990 Halle 890	1992 A-Teil ++		1992 B-Teil an Tw 704
750	4	25 949	08.10.1965			1988	1988 ++			1988 Unfall

GT 4 in Neunkirchen – Neunkircher Straßenbahn AG – nicht: Neunkirchener ...

Betriebs-Nr.	ME-Fabrik-Nr.	Lieferdatum	Verbleib
1	25 630	Juni 1961	1978 an HSM Hannover, Ersatzteilspender, 2005 ++
2	25 631	Juli 1961	1978 an HSM Hannover, 2003 betriebsfähig
3	25 632	Juli 1961	1978 ++
4	25 633	Aug. 1961	1978 an Zoo Neunkirchen, 19xx an Neunkircher Verkehrs AG, 2003 äußerlich hergerichtet
5	25 634	Aug. 1961	1978 ++
6	25 635	Aug. 1961	1978 an Gasthaus ‚Zur Karre', Günter Appel, Wemmetsweiler, (als Gastraum)
7	25 636	Sept. 1961	1965 ++ nach Unfall
8	25 637	Sept. 1961	1978 ++

Abnahme des ersten Wagens (Nr. 2) am 11.10.1961
Betriebseinstellung Straßenbahn Neunkirchen am 10.06.1978

GT 4 in Reutlingen – Stadtwerke Reutlingen, Straßenbahn

Betriebs-Nr.	ME-Fabrik-Nr.	Lieferdatum	Verbleib 1	Verbleib 2	Verbleib 3
59	25 842	10.12.1963	1976 SSB	1982 Ulm 12	1988 ++
60	25 843	17.12.1963	1976 SSB	1981 Ulm 11	1988 ++
61	25 844	30.12.1963	1976 SSB	1983 Ulm 13	1988 ++

Die Wagen gingen am 04.02.1964 (Nr. 59), im späten Februar (Nr. 61) und im März 1964 (Nr. 60) in Betrieb, das verschiedentlich genannte Baujahr 1964 trifft jedoch nicht zu. | Betriebseinstellung Straßenbahn Reutlingen am 19.10.1974 | Bei SSB ohne Verwendung abgestellt, nicht als Ersatzteilspender verwendet. In diesem Zustand Weitergabe nach Ulm (s. dort).

GT 4 in Freiburg – Stadtwerke Freiburg im Breisgau, Verkehrsbetriebe – Originallieferung
heute Freiburger Verkehrs-AG (VAG) – www.vag-freiburg.de

Betriebs-Nr.	Hersteller	Fabrik-Nr.	Lieferdatum	Verbleib 1	Verbleib 2	Verbleib 3
103 (109)	ME	25676	25.06.1962	-		Museumswagen 109 VAG
104	ME	25677	26.07.1962	1997 Halberst. 166		
105	ME	25678	27.08.1962	1994 Halberst. 161		
106	ME	25679	24.09.1962	1994 Halberst. 164		
107	ME	25680	12.11.1962	2005 SIM Salzgitter	Zwischenhändler	
108	ME	25681	21.12.1962	1994 Halberst. 165		2004 ++
109 (114)	ME	25985	15.12.1965	1994 Nordh. 94		
110	ME	25986	05.01.1966	1994 Nordh. 91	2003 Halberst. 167	
111	ME	25987	26.01.1966	1994 Nordh. 92	2003 Halberst. 168	
112	ME	25988	16.02.1966	1994 Nordh. 93		+
113	ME	25989	11.02.1966	1994 Halberst. 162		
115	Rastatt	?	28.11.1967	1994 Halberst. 163		
116	Rastatt	?	23.12.1967	1997 Brandenb. 116		2004 ++
117	Rastatt	?	29.12.1967	1997 Brandenb. 117		2004 ++
118	Rastatt	?	27.12.1967	1997 Brandenb. 118		2004 ++
119	Rastatt	2511/1	26.01.1968	1994 Nordh. -		1997 ++
120	Rastatt	2511/2	03.12.1968	1994 Nordh. 120	1998 Halberst. 120	1998 ++
121	Rastatt	2511/3	16.12.1968	-		Partywagen VAG
122	Rastatt	2511/4	23.12.1968	1994 Nordh. 122		1998 ++

Hinweise:
1967 wurden umgenummert: 103=109, 109=114 | Die Rastatter und Esslinger GT 4 sind technisch baugleich, jedoch nicht die Drehgestelle, deshalb können diese nicht beliebig getauscht werden.

Originallieferungen des GT 4 in verschiedene Städte im Vergleich

Technische Angaben	GT 4 S SSB Stuttgart	GT 4 N Neunkirchen	GT 4 Freiburg	GT 4 Reutlingen
Baujahr	1959–1965	1961	1962–1968	1963
Hersteller Wagenbau	Esslingen	Esslingen	Esslingen, Rastatt	Esslingen
Spurweite	1.000 mm	1.435 mm	1.000 mm	1.000 mm
Anzahl Fahrzeuge	350	8	19	3
Ausrüstung	Ein-Richtungs-Wagen, 3 Türen	Zwei-Richtungs-Wagen, 6 Türen	Zwei-Richtungs-Wagen, 6 Türen	Zwei-Richtungs-Wagen, 6 Türen
Achsfolge	(1A)' (A1)'	Bo'Bo'	(1A)' (A1)'	(1A)' (A1)'
Antriebsachsen	2	4	2	2
Achsdruck	10,0 t	8,0 t	8,0 t	8,0 t
Länge Kasten	18.000 mm	18.000 mm	18.000 mm	18.000 mm
Drehgestell-abstand (Dreh-zapfenabstand)	10.000 mm	10.000 mm	10.000 mm	10.000 mm
Achsstand im Drehgestell	1.700 mm	1.750 mm	1.700 mm	1.700 mm
Breite Kasten	2.200 mm	2.200 mm	2.200 mm	2.200 mm
Höhe Fahrzeug (Oberkante Dachaufbau)	3.160 mm	3.185 mm	3.185 mm	3.185 mm
Länge über	18.800 mm	18.800 mm	18.800 mm	18.800 mm
Kupplung	Scharfenberg	Notkupplung	Kompaktkupplung	Kompaktkupplung
Kupplung Gewicht leer	19,0 bzw. 19,5 t	(Trompetenform) 20,7 t	Bauart BSI 20,5 t	Bauart BSI 19,8 t oder 19,68 t
Für Doppel-traktion einge-richtet	ja	nein (Solowagen)	nein	nein
Zugbildung mit Beiwagen	ja	nein	ja	ja
Gewicht besetzt	29,7 t	30,1 t	31,6 t	29,6 t
V/max	60 km/h	60 km/h •	60 km/h	60 km/h
Sitzplätze	39–48	41	37/41	41/43
Stehplätze (je 0,15 m²)	122–126 (124 •)	114 (120 •)	118/130 (136 •)	111/113/114
Plätze insgesamt	160–165 (165 •)	154 (175 •)	170 (191 •)	154
Hersteller E-Teil	Kiepe	Kiepe	Siemens-Schuckert	Kiepe
Motoranzahl	2	2	2	2
Stundenleistung einzeln	90 kW/100 kW	90 kW	100 kW	110 kW

Technische Angaben	GT 4 S SSB Stuttgart	GT 4 N Neunkirchen	GT 4 Freiburg	GT 4 Reutlingen
Stundenleistung gesamt	180 kW/200 kW	180 kW	200 kW	220 kW
Motorhersteller	AEG und Garbe-Lahmeyer	Garbe-Lahmeyer	AEG	Garbe-Lahmeyer
Motorbauart	USC 5451a bzw. BG 75	BG 75 cmfp	USC 5452	BG 75 cmfp
Betriebsspannung	600 V, ab 1995 = 750 V	600 V	600 V, ab 1983 = 750 V	750 V
Bordspannung	24 V	24 V	24 V	24 V
Getriebe:				
Untersetzungs-vorgelege	1 : 2,31			
Verteilerachs-getriebe		1 : 2,31		
Achsgetriebe	1 : 3,08	1 : 3,08	1 : 3,08	1 : 3,08
Gesamtverhältnis	1 : 7,12 bzw. 7,23 (1:7,115 •)	1:7,115	1 : 7,12 (1:7,115 •)	1 : 7,115
Bremsausrüstung:				
elektrische Motorbremse (generatorische Bremse, Wider-standsbremse)	ja	ja, mit Brems-Solenoiden	ja, mit Brems-Solenoiden	ja
Federspeicher-Druckluftbremse	ja, als Trommelbremse	nein	nein	ja, als Trommelbremse
elektromagne-tische Schienen-bremse	ja	ja	ja	ja
Handbremse (Feststellbremse) auf Federspeicher wirkend	nein	ja, mit Hilfs-Solenoiden	ja, mit Hilfs-Solenoiden	nein
Türantrieb	Druckluft	elektrisch	elektrisch	Druckluft
Fahrschalter	Kiepe SK 1698a	Kiepe	Siemens SK 6046	Kiepe
kleinster Radius	16 m	17 m	16 m	16 m
Raddurchmesser neu	680/690 mm	680 mm	680 mm	680 mm

• offizielle Angaben laut ME-Verkaufsprospekt

Gemeinsame Eigenschaften der Wagen von Neunkirchen, Freiburg und Reutlingen:

Alle Wagen waren ursprünglich für Fahrgastfluss eingerichtet. Bei den Zwei-Richtungs-Wagen geschah der Einstieg wie bei den Ein-Richtungs-Wagen hinten, so dass auch jeweils der in Fahrtrichtung hintere Schaffnerplatz zu besetzen war. Hinaus ging es über die Mitteltüren, die mit der außen auflackierten Aufschrift „Kein Eingang" versehen waren. Nur Zeitkarteninhaber durften – wie in Stuttgart – vorne zusteigen. Den jeweils vorderen, leeren Schaffnerplatz konnten auch Fahrgäste als „Thron" nutzen. Daraus erklärt sich die ungerade (oder in manchen Quellen um 1 abweichende) Sitzplatzzahl trotz des punktsymmetrischen Grundrisses der Wagen. Der Fahrer bediente – nach Wahl der Türseite links/rechts – die in Fahrtrichtung vordere Tür 1, dabei nur den rechten Türflügel (Tür 1a) für zusteigende Zeitkartenfahrgäste und gab die vom Fahrgast bediente Ausstiegtür 2 (beide Flügel) frei. Der Schaffner bediente die hintere Tür 3, unabhängig vom Fahrer.

Spezielle Eigenschaften:

Neunkirchen:
Das geplantes Gewicht von 19,57 t wurde de facto überschritten. – Vorhanden waren 40 Fahrgastsitzplätze (davon 5 Klappsitze), 2 Schaffnersitze (je 1 pro Richtung), davon je 1 als Fahrgastsitz dienend. Über die reguläre Stehplatzzahl von 114 (nach anderer Quelle 119) hinaus wurde in der Hauptverkehrszeit eine Besetzung mit 135 Stehplätzen zugelassen. – Die Getriebeübersetzung beträgt nach anderen Angaben 1:7,117. Die Wagen liefen stets im Soloeinsatz.

Freiburg:
Die Tw 104 bis 114 besaßen 37 Sitz-, 118 Stehplätze; ab 1966 Wegfall der Schaffnerplätze, dadurch 40/41 Sitzplätze, 130 Stehplätze. Tw 115 bis 122 wurden hingegen abgeliefert mit 40 Sitz-, 130 Stehplätzen. Die Stehplatzberechnung erfolgt generell zu 4 Personen/qm, bei kurzfristiger Belegung 6 Personen/qm, nach anderer Berechnung zu 8 Personen (0,15 qm). – Das Durchschnittsgewicht pro Fahrgast wird generell mit 65 kg angenommen.

Reutlingen:
Die Reutlinger Wagen waren zur Hauptverkehrszeit auf der Linie 1 und 2 mit je einem Beiwagen der Reutlinger Nummern 43 bis 49 im Einsatz, welche der Reihe 1500 der SSB entsprachen. Die Reutlinger GT 4 wurden ab 1966 fallweise auch im Ein-Mann-Betrieb eingesetzt, mit erweiterter Notbremsanlage und umsteckbaren Blechschildern mit der Aufschrift „Einstieg vorne". Tür 3 blieb dann unbenutzt, so dass ein Umbau der Türen nicht nötig war. Diese Betriebsart praktizierte man jedoch nur bei einzelnen Kursen.

Verbleib von GT 4 – soweit nicht anders angegeben Stuttgarter Wagen – siehe auch www.vfsev.de, ‚GT 4 in aller Welt'

GT 4 in Freiburg – Freiburger Verkehrs-AG (VAG) – ehemalige Stuttgarter Wagen

Betriebs-Nr.	ex	Baujahr	Verbleib 1	Verbleib 2
151	1985 Stg. 700	1964	1990 Halle 851	2003 Iaşi 120
152	1985 Stg. 704	1964	1990 Halle 852 (890")	2003 Iaşi 147
153	1985 Stg. 687	1964	1990 Halle 853	2003 Iaşi 121
154	1985 Stg. 693	1964	1990 Halle 854	2003 Iaşi 123
155	1985 Stg. 702	1964	1990 Halle 855	2003 Iaşi 124
156	1985 Stg. 703	1964	1990 Halle 856	2003 Iaşi 125
157	1985 Stg. 705	1964	1990 Halle 857	2003 Iaşi 126
158	1985 Stg. 706	1964	1988 ++	
159	1987 Stg. 730	1964	1990 Halle 858	2002 ++
160	1985 Stg. 696	1964	1990 Halle 859	2002 ++

GT 4 in Ulm – Stadtwerke Ulm/Neu Ulm GmbH (SWU) – www.swu-verkehr.de

Betriebs-Nr.	ex	ex	Baujahr	Verbleib
ehemalige Reutlinger Wagen				
11	1981 Stg. ---	1976 Reutl. 60	1963	1988 ++
12	1982 Stg. ---	1976 Reutl. 59	1963	1988 ++
13	1983 Stg. ---	1976 Reutl. 61	1963	1988 ++
ehemalige Stuttgarter Wagen				
1	1987 Stg. 671		1964	2003 Arad 001
2	1985 Stg. 676		1964	2003 Arad 002
3	1985 Stg. 664		1964	2003 Arad 003
4	1987 Stg. 674		1964	2003 Arad 004
5	1985 Stg. 665		1964	2003 Arad 005
6	1986 Stg. 666		1964	2003 Arad 006
7	1986 Stg. 667		1964	2003 Arad 007
8	1986 Stg. 668		1964	2003 Arad 008
9	1986 Stg. 669		1964	2003 Arad 009
10	1986 Stg. 670		1964	2003 Museumswagen
11	1987 Stg. 672		1964	2003 Arad 011
12	1987 Stg. 675		1964	2003 Arad 012
13	1987 Stg. 677		1964	2003 Arad 013
14	1990 Stg. 654		1964	2003 Arad 014

Die ex Reutlinger Wagen wurden von den SWU auf Ein-Richtungs-Betrieb umgebaut, modernisiert und zwischen Juni 1982 und April 1984 Stück für Stück in Betrieb genommen. Nach Kauf weiterer GT 4 aus Stuttgart wurden die Reutlinger Wagen verschrottet, um einen einheitlichen Bestand zu haben. | Die ex Stuttgarter Wagen ersetzten in Ulm jeweils einen der originalen Ulmer-ME-Vierachser von 1958 bzw. die Reutlinger Wagen und erhielten deshalb jeweils deren Betriebsnummern. | Nach dem Zugang neuer Wagen in Ulm war 26.07.2003 letztmalig ein GT 4 in Ulm im Einsatz

GT 4 in Augsburg – Stadtwerke Augsburg (SWA) – www.stawa.de

Betriebs-Nr.	ex (Umnummerierung)	ex	Baujahr	Verbleib 1	Verbleib 2
401	1993 Augsb. 439	1991 Stg. 539	1960	2003 ++	
402	1993 Augsb. 437	1991 Stg. 537	1960	2003 ++	
403	1993 Augsb. 429	1991 Stg. 529	1960	2003 ++	
404	1993 Augsb. 432	1991 Stg. 532	1960	2003 ++ (Unfall)	
405		1991 Stg. 546	1960	2003 ++	
406		1991 Stg. 530	1960	2004 Iaşi 318	
407		1991 Stg. 538	1960	2003 ++	
408		1991 Stg. 540	1960	2004 Iaşi 319	
409		1991 Stg. 534	1960	2004 Iaşi 320	
410		1991 Stg. 528	1960	2004 Iaşi 321	
411		1995 Stg. 591	1962	i.E. bis > 2008	
412		1995 Stg. 582	1962	+ (2006 vorhanden)	
413		1995 Stg. 609	1963	2004 Iaşi 324	
414		1995 Stg. 601	1962	2005 ++ (Unfall)	
415		1994 Stg. 605	1962	i.E. bis > 2008	
416		1995 Stg. 610	1963	i.E. bis > 2008	
417		1995 Stg. 597	1962	i.E. bis > 2008	
418		1995 Stg. 585	1962	i.E. bis > 2008	
419		1995 Stg. 602	1962	i.E. bis > 2008	
420		1995 Stg. 615	1963	i.E. bis > 2008	
451 •	1993 Augsb. 480	1991 Stg. 580	1962	2003 ++	
452 •	1993 Augsb. 479	1991 Stg. 579	1962	2003 ++	
453 •	1993 Augsb. 435	1991 Stg. 535	1960	2003 ++	
454 •		1991 Stg. 545	1960	2003 ++	
455 •		1991 Stg. 581	1962	2003 ++	
456 •		1991 Stg. 536	1960	2004 Iaşi 331	2006 + (Unfall)
457 •		1991 Stg. 573	1962	2003 ++	
458 •		1991 Stg. 541	1960	2004 Iaşi 332	
459 •		1991 Stg. 542	1960	2004 Iaşi 333	
460 •		1991 Stg. 574	1962	2004 Iaşi 334	
461 •		1995 Stg. 592	1962	i.E. bis > 2008	
462 •		1996 Stg. 596	1962	+ (2006 vorhanden)	
463 •		1995 Stg. 588	1962	i.E. bis > 2008	
464 •		1995 Stg. 606	1963	i.E. bis > 2008	
465 •		1995 Stg. 599	1962	+ (Unfall), Ersatzteilsp.	
466 •		1995 Stg. 614	1963	i.E. bis > 2008	
467 •		1994 Stg. 593	1962	i.E. bis > 2008	
468 •		1995 Stg. 587	1962	2004 Iasi 336	
469 •		1995 Stg. 617	1963	i.E. bis > 2008	
470 •		1994 Stg. 600	1962	i.E. bis > 2008	
-		1991 Stg. 405	1961	1992 ++	
-		1991 Stg. 437	1961	1992 ++	
-		1999 Stg. 498	1962	2003 ++	

Wagen 401–404 und 451–453 zunächst unter vorläufiger Nummer in Betrieb genommen
Grundüberholung und Modernisierung: Wagen 401–410 = 1993/94 in Zentralwerkstatt Mannheim (ZWM) der Straßenbahnbetriebe Mannheim/Heidelberg/Ludwigshafen umgebaut und saniert | Wagen 451–460 = 1993 in eigener Werkstatt der SWA saniert | Wagen 411–420 und 461–470 = 1995/96 bei Mittenwalder Geräte GmbH, Mittenwalde bei Berlin | Wagen 401–420 sind führende, 451–470 geführte Triebwagen | • Wagen 451–470 in Augsburg wie vordem in Stuttgart als geführte Triebwagen eingesetzt | Wagen ex Stuttgart 405, 437 und 498 als Ersatzteilspender zerlegt

GT 4 in Brandenburg – Verkehrsbetriebe Brandenburg an der Havel (VBBr) – ehemalige Freiburger Wagen

Betriebs-Nr.	ex	Hersteller	Baujahr	Verbleib 2
116	1997 Freibg. 116	Rastatt	1967	2004 ++
117	1997 Freibg. 117	Rastatt	1967	2004 ++
118	1997 Freibg. 118	Rastatt	1967	2004 ++

GT 4 in Halle/Saale – Hallesche Verkehrs-AG (Havag)

Betriebs-Nr.	ex	ex	Baujahr	Verbleib 1	Verbleib 2
851	1990 Freibg. 151	1985 Stg. 700	1964	2003 Iasi 120	
852	1990 Freibg. 152	1985 Stg. 704	1964	1992 B-Teil ++	A-Teil an 890
853	1990 Freibg. 153	1985 Stg. 687	1964	2003 Iaşi 121	
854	1990 Freibg. 154	1985 Stg. 693	1964	2003 Iaşi 122	
855	1990 Freibg. 155	1985 Stg. 702	1964	2003 Iaşi 123	
856	1990 Freibg. 156	1986 Stg. 703	1964	2003 Iaşi 124	
857	1990 Freibg. 157	1986 Stg. 705	1964	2003 Iaşi 126	
858	1990 Freibg. 159	1987 Stg. 730	1965	2002 ++	
859	1990 Freibg. 160	1987 Stg. 696	1964	2002 ++	

Betriebs-Nr.	ex	ex	Baujahr	Verbleib 1	Verbleib 2
860		1990 Stg. 496	1962	2002 ++	
(861)		(Stg. 501)	(1959)	1991 ++	
862		1991 Stg. 500	1962	2003 Iaşi 127	
863		1991 Stg. 502	1959	2002 ++	
864		1991 Stg. 503	1959	2002 ++	
865		1991 Stg. 504	1959	2003 Iaşi 128	2006 + (Unfall)
866		1991 Stg. 507	1959	2002 ++	
867		1991 Stg. 508	1959	2002 ++	
868		1991 Stg. 509	1959	2003 Iaşi 129	
869		1991 Stg. 510	1959	2003 Iaşi 130	
870		1991 Stg. 511	1959	2003 Iaşi 131	
871		1991 Stg. 512	1959	2003 Iaşi 132	
872		1991 Stg. 513	1959	2003 Iaşi 133	
873		1991 Stg. 515	1959	2003 Iaşi 134	
874		1991 Stg. 516	1959	2003 Iaşi 135	
875		1991 Stg. 517	1959	2003 Iaşi 136	
876		1991 Stg. 518	1959	2003 Iaşi 137	
877		1991 Stg. 701	1964	2002 ++	
878		1991 Stg. 721	1964	2003 Iaşi 138	
879		1991 Stg. 731	1964	2002 ++	
880		1991 Stg. 737	1965	2003 Iaşi 139	
881		1991 Stg. 739	1965	2003 Iaşi 140	
882		1991 Stg. 740	1965	2003 Iaşi 141	
883		1990 Stg. 741	1965	2002 ++	
884		1991 Stg. 742	1965	2003 Iaşi 142	
885		1991 Stg. 743	1965	2003 Iaşi 143	
886		1991 Stg. 744	1965	2003 Iaşi 144	
887		1990 Stg. 745	1965	2003 Iaşi 145	
888		1990 Stg. 747	1965	2003 Iaşi 146	
889		1990 Stg. 748	1965	2002 ++	
890		1990 Stg. 749	1965	1992 A-Teil von 852 (Stg. 704)	A-Teil ++
-		1997 Stg. 635	1963	1997 ++	Ersatzteilspender
-		1997 Stg. 637	1963	1997 ++	Ersatzteilspender

Wagen 851 modernisierte die Firma Mittenwalder Geräte-GmbH bei Berlin 1992 im Auftrag der Havag. Nach Bewährung folgten die anderen Wagen 852 - 889 zwischen 1993 und 1995. | Ein SSB-Bus kollidierte 1990 auf dem SSB-Betriebsgelände mit dem dort bereits abgestellten, in die Verkaufsserie nach Halle einbezogenen Wagen 501. Die Instandsetzung des erstgebauten GT 4 wurde für nicht mehr lohnend erachtet und der Wagen in Stuttgart zerlegt, so dass die in Halle vorgesehene Nummer 861 frei blieb. | Wagen 881 ist Fahrschulwagen. | Abschiedsfahrt der Hallenser GT 4 am 22.3.2003 wegen Ersatz durch Neubaufahrzeuge

GT 4 in Halberstadt - Halberstädter Verkehrsgesellschaft HVG
www.stadtverkehr-halberstadt.de

Betriebs-Nr.	ex	Bemerkung	Hersteller	Baujahr	Verbleib
ehemalige Stuttgarter Wagen					
151	1991 Stg. 719		ME	1964	1999 ++
152	1992 Stg. 727		ME	1964	2004 ++
153	1992 Stg. 648		ME	1963	2003 ++
154	1992 Stg. 547		ME	1960	2003 ++
155	1992 Stg. 551		ME	1960	
156	1992 Stg. 550		ME	1960	
157	1993 Stg. 549		ME	1960	2002 ++
158	1993 Stg. 562		ME	1960	1999 ++
159	1994 Stg. 564		ME	1960	
160	1994 Stg. 560		ME	1960	
-	1994 Stg. 563	Ersatzteilspender	ME	1960	1995 ++
-	1993 Stg. 455	Ersatzteilspender	ME	1961	1993 ++
-	1994 Stg. 586	Ersatzteilspender	ME	1962	2006 ++
Original Freiburger Wagen					
161		1994 Freibg. 105	ME	1962	
162		1994 Freibg. 113	ME	1966	
163		1994 Freibg. 115	Rastatt	1967	
164		1994 Freibg. 106	ME	1962	
165		1994 Freibg. 108	ME	1962	2004 ++
166		1997 Freibg. 104	ME	1962	
167	2003 Nordh. 91	1994 Freibg. 110	ME	1966	
168	2003 Nordh. 92	1994 Freibg. 111	ME	1966	
-	1998 Nordh. 120	1994 Freibg. 120	Rastatt	1968	Ersatzteilspender, 1998 ++

Wagen 156 wurde 1993 bei der Mittenwalder Geräte-GmbH modernisiert | Der ursprünglich vorgesehene Umbau des Wagens 586 zum Partywagen ‚Bierbähnle' wurde wegen dringlicherer Projekte gestoppt | Die beabsichtigte Übernahme der 3 Stück ex Freiburger GT 4 aus Brandenburg kam nicht zustande, es wurden jedoch Ersatzteile übernommen

GT 4 in Nordhausen/Thüringen – Stadtwerke Nordhausen
www.stadtwerke-nordhausen-gmbh.de

Betriebs-Nr.	ex	Bemerkung	Hersteller	Baujahr	Verbleib
ehemalige Stuttgarter Wagen					
71	1991 Stg. 527		ME	1959	1998 +
72	1991 Stg. 544	2000 Umbau: Duo-Antrieb ‚Twino'	ME	1960	2004 Denkmal Nordhausen, Eisenbahn-Betriebswerk
73	1991 Stg. 520		ME	1959	2001 ++
74	1991 Stg. 524		ME	1959	2001 ++
75	1991 Stg. 738		ME	1965	2005 Denkmal Rotheshütte, Gaststätte
76	1991 Stg. 578		ME	1962	2001 ++
77	1991 Stg. 576		ME	1962	2006 +
78	1991 Stg. 522		ME	1959	
79	1991 Stg. 523		ME	1959	
80	1991 Stg. 577		ME	1962	
81	1991 Stg. 673		ME	1964	
82	1991 Stg. 543		ME	1960	2006 +
-	1994 Stg. 557	Ersatzteilspender	ME	1960	1995 ++
-	1994 Stg. 559	Ersatzteilspender	ME	1960	1994 ++
-	1994 Stg. 566	Ersatzteilspender	ME	1960	1994 ++
-	1991 Stg. 489	Ersatzteilspender	ME	1962	1992 ++
Original Freiburger Wagen					
91	1994 Freibg. 110		ME	1966	2003 Halberst. 167
92	1994 Freibg. 111		ME	1966	2003 Halberst. 168
93	1994 Freibg. 112		ME	1966	2006 +
94	1994 Freibg. 114	Freibg. 109	ME	1965	
(119)	1994 Freibg. 119		Rastatt	1968	1997 ++
120	1994 Freibg. 120		Rastatt	1968	1998 Halberst. (120), ++
(122)	1994 Freibg. 122		Rastatt	1968	1998 ++

Wagen 78–81 = 1995/97/98/98 bei Mittenwalder Geräte-GmbH modernisiert | Wagen 94 ex Freiburg 114 war ab 1995 vorübergehend (erster) Versuchsträger für einen dieselelektrischen Duo-Antrieb für Fahrten ohne Oberleitung. Nach Versuchsende Rückbau auf Normalbetrieb. Anschließend dauerhafter Umbau von Wagen 72 ex Stuttgart | Wagen Freiburg 119 und 122 waren in Nordhausen nur Ersatzteilspender | Seit 2003 Ersatz der GT 4 durch Neufahrzeuge

GT 4 in Arad – Compania de Transport Public Arad
www.ctparad.ro

Betriebs-Nr.	ex	ex	ex	Baujahr	Verbleib
001	2003 Ulm 1	1987 Stg. 671		1964	
002	2003 Ulm 2	1985 Stg. 676		1964	
003	2003 Ulm 3	1985 Stg. 664		1963	
004	2003 Ulm 4	1987 Stg. 674		1964	
005	2003 Ulm 5	1985 Stg. 665		1963	
006	2003 Ulm 6	1986 Stg. 666		1963	
007	2003 Ulm 7	1986 Stg. 667		1963	
008	2003 Ulm 8	1986 Stg. 668		1963	
009	2003 Ulm 9	1986 Stg. 669		1963	
011	2003 Ulm 11	1987 Stg. 672		1964	
012	2003 Ulm 12	1987 Stg. 675		1964	
013	2003 Ulm 13	1987 Stg. 677		1964	
014	2003 Ulm 14	1990 Stg. 654		1963	
406		2000 Stg. 406		1961	
407		2000 Stg. 407		1961	
486		2000 Stg. 486		1962	
490		2000 Stg. 490		1962	
493		1996 Stg. 493		1962	
494		2000 Stg. 494		1962	
554		1995 Stg. 554		1960	
555		1996 Stg. 555		1960	
561		1996 Stg. 561		1960	
567		1996 Stg. 567		1960	
569		1996 Stg. 569		1960	
570		1996 Stg. 570		1960	
572		1996 Stg. 572		1960	
575		1995 Stg. 575		1962	
583		1995 Stg. 583		1962	
584		1995 Stg. 584		1962	
595		1995 Stg. 595		1962	Ersatzteilspender
604		1995 Stg. 604		1962	
607		1995 Stg. 607		1963	Ersatzteilspender
608		1995 Stg. 608		1963	
611		1995 Stg. 611		1963	
612		1995 Stg. 612		1963	
613		1995 Stg. 613		1963	
623		1995 Stg. 623		1963	
624		1995 Stg. 624		1963	
625		1995 Stg. 625		1963	
626		1995 Stg. 626		1963	

Betriebs-Nr.	ex	ex	ex	Baujahr	Verbleib
627		1995 Stg. 627		1963	
628		1995 Stg. 628		1963	
633		1997 Stg. 633		1963	
697		1997 Stg. 697		1964	

GT 4 in Iaşi - Regia Autonoma de Transport in Comun Iaşi
www.ratp.lx.ro

Betriebs-Nr.	ex	ex	ex	Baujahr	Verbleib
120	2003 Halle 851	1990 Freibg. 151	1985 Stg. 700	1964	
121	2003 Halle 853	1990 Freibg. 153	1985 Stg. 687	1964	
123	2003 Halle 854	1990 Freibg. 154	1985 Stg. 693	1964	
124	2003 Halle 855	1990 Freibg. 155	1985 Stg. 702	1964	
125	2003 Halle 856	1990 Freibg. 156	1986 Stg. 703	1964	
126	2003 Halle 857	1990 Freibg. 157	1986 Stg. 705	1964	
127	2003 Halle 862		1991 Stg. 500	1962	
128	2003 Halle 865		1991 Stg. 504	1959	
129	2003 Halle 868		1991 Stg. 509	1959	
130	2003 Halle 869		1991 Stg. 510	1959	
131	2003 Halle 870		1991 Stg. 511	1959	
132	2003 Halle 871		1991 Stg. 512	1959	
133	2003 Halle 872		1991 Stg. 513	1959	
134	2003 Halle 873		1991 Stg. 515	1959	
135	2003 Halle 874		1991 Stg. 516	1959	
136	2003 Halle 875		1991 Stg. 517	1959	
137	2003 Halle 876		1991 Stg. 518	1959	
138	2003 Halle 878		1991 Stg. 721	1964	
139	2003 Halle 880		1991 Stg. 737	1965	
140	2003 Halle 881		1991 Stg. 739	1965	
141	2003 Halle 882		1991 Stg. 740	1965	
142	2003 Halle 884		1991 Stg. 742	1965	
143	2003 Halle 885		1991 Stg. 743	1965	
144	2003 Halle 886		1991 Stg. 744	1965	
145	2003 Halle 887		1990 Stg. 745	1965	
146	2003 Halle 888		1990 Stg. 747	1965	
147	2003 Halle 890" (ex 852)	1990 Freibg. 152	1985 Stg. 704	1964	
301			1997 Stg. 698	1964	
302			1997 Stg. 469	1962	
303			1997 Stg. 478	1962	
304			1997 Stg. 479	1962	
305			1997 Stg. 616	1962	

Betriebs-Nr.	ex	ex	ex	Baujahr	Verbleib
306			1997 Stg. 619	1963	
307			1997 Stg. 620	1963	
308			1997 Stg. 621	1963	
309			1997 Stg. 622	1963	
310			1997 Stg. 634	1963	
311			2000 Stg. 482	1962	
312			2000 Stg. 474	1962	
313			2000 Stg. 475	1962	
314			2000 Stg. 492	1962	
315			2000 Stg. 487	1962	
316			2000 Stg. 467	1962	
317		2005 Augsb. 406	2000 Stg. 404	1961	
318		2005 Augsb. 408	1991 Stg. 530	1960	
319			1991 Stg. 540	1960	
320		2005 Augsb. 409	2000 Stg. 472	1962	
321			1991 Stg. 534	1960	
322		2005 Augsb. 410	2000 Stg. 481	1962	
323		2005 Augsb. 413	1991 Stg. 528	1960	
324			1995 Stg. 609	1963	
325			2000 Stg. 488	1962	
326			2000 Stg. 483	1962	
328			2000 Stg. 408	1961	
329			2000 Stg. 402	1961	
330			2000 Stg. 497	1962	2006 Unfall, ++, B-Teil an 331
331		2005 Augsb. 456	1991 Stg. 536	1960	2006 B-Teil von 330
332		2005 Augsb. 458	1991 Stg. 541	1960	
333			2000 Stg. 484	1962	
334		2005 Augsb. 459	1991 Stg. 542	1960	
335		2005 Augsb. 460	1991 Stg. 574	1962	
336		2005 Augsb. 468	1995 Stg. 587	1962	

Am 22.03.2006 wurden Wagen 128, 330 und 331 bei einem gemeinsamen Auffahrunfall (nach Bremsversager bei 330) schwer beschädigt und abgestellt.

GT 4 in Kochi/Japan – Tosa Electric Railway Company – 1.067 mm Spurweite – www.city.kochi.kochi.jp/info/english

Betriebs-Nr.	ex	Baujahr	Hinweis
735	1989 Stg. 735 Teilumbau aus Wagen 714		2-Richtungs-Wagen

Die Tosa Electric R.C. erwarb die Wagen 714 und 735. Die SSB-Hauptwerkstatt baute aus dem A-Teil, Gelenkträger und Motoren des Tw 714 den gewünschten Spezialwagen um, dem die Nummer 735 verblieb. Die übrigen Teile beider Wagen wurden in Stuttgart zerlegt. In Kochi erhielt der umgebaute Wagen die Spurweite von 1.067 mm. – Neben modernen Fahrzeugen wird täglich einer der historischen Wagen aus aller Welt – fallweise auch der Stuttgarter – eingesetzt, außerdem kann man die historischen Wagen mieten.

Museal erhaltene Fahrzeuge

GT 4 als Museumswagen der SSB AG
Betreuung durch den Verein Stuttgarter Historische Straßenbahnen e.V. (SHB) – www.shb-ev.de – Fahrzeuge im Eigentum der SSB AG

Betriebs-Nr.		Baujahr	Hinweis
519	Bauserie Stuttgart	1959	seit 1992
642	Bauserie Bopser	1963	seit 1988
722	Bauserie Schwaben	1964	seit 1988

GT 4 bei den Stadtwerken Ulm – www.swu-verkehr.de – Betreuung durch Ulmer & Neu Ulmer Nahverkehrsfreunde e.V.

Betriebs-Nr.	ex	Baujahr	Hinweis
10	1986 Stuttgart 670	1964	seit 2003

GT 4 im Hannoverschen Straßenbahnmuseum (HSM), Sehnde-Wehmingen – www.wehmingen.de

Betriebs-Nr.	ex	Baujahr	Hinweis
2	1978 Neunkirchen 2 Normalspur	1961	seit 2003 betriebsfähig

GT 4 in Neunkirchen/Saarland – Neunkircher Verkehrs AG (Busverkehr)

Betriebs-Nr.	ex	Baujahr	Hinweis
4	ex Städt. Zoo Neunkirchen, 1978 Neunkircher Straßenbahn AG Normalspur	1961	inoffizielles Denkmal auf Betriebshof, 2003 äußerlich hergerichtet

Quellen

Landeshauptstadt Stuttgart, Statistisches Amt: diverse Zahlenreihen und Einzelauskünfte

Lambert, W. [Walther]; Feuchtinger, M.-E. [Max-Erich]: Verkehrsuntersuchung Stuttgart – Öffentlicher Nahverkehr. Stuttgart 1959

Maschinenfabrik Augsburg-Nürnberg (MAN): Entwicklung des Straßenbahngeschäftes bei der MAN. O.O.u.J. (Nürnberg um 1956)

Stuttgarter Straßenbahnen AG, Akten der Werkstättenabteilung, 1950 ff

Stuttgarter Straßenbahnen AG, Aufsichtsratsprotokolle, Abteilungsleiterprotokolle 1938 ff

Stuttgarter Straßenbahnen AG, Akten der Betriebsabteilung, ca. 1960 ff

Stuttgarter Straßenbahnen AG: Beschreibung und Bedienungsanweisung für den Großraumwagen GT 04. August 1959

Stuttgarter Straßenbahnen AG: Beschreibung und Bedienungsanweisung für den Gelenktriebwagen GT 4. Ausgabe Dezember 1996

Literatur

zum GT 4

Bausch, Erich: Die vierachsigen Gelenktriebwagen GT 4 der Stuttgarter Straßenbahnen AG. In: Straßenbahn-Magazin 5/1972, Stuttgart.

Bockemühl, Alfred: Ein vierachsiger Drehgestell-Gelenkwagen der Stuttgarter Straßenbahn. In: Nahverkehrspraxis 1/1960, Dortmund.

Bockemühl, Alfred: Der vierachsige Drehgestell-Gelenkwagen der Stuttgarter Straßenbahnen. In: ‚Über Berg und Tal' 4/1960, Stuttgart.

Brockschmidt, Ulrich: Der Wandel des GT 4 – fit für das nächste Jahrtausend. In: ‚Über Berg und Tal' 1/1994, Stuttgart.

Gericke, Andreas: Die letzten Winter für den GT 4. In: Straßenbahn-Magazin 2/2005, München.

Jaeschke, Jürgen: Eine Zeit läuft ab – Einsatzgebiete des GT 4 Typ Stuttgart. In: Straßenbahn-Magazin 1/2001, München.

Kiepe Elektrik: Modernisierter vierachsiger Straßenbahn-Gelenktriebwagen GT 4 der Stuttgarter Straßenbahnen AG. Kundeninformation; Düsseldorf 1983.

Knupfer, H.-J.: Erfolgsmodell im Schwabenalter – Der GT 4 wird 40. Sonderbeilage zu ‚Über Berg und Tal' 3/1999, Stuttgart.

Kossow, Karsten: Modernisierung von GT-4-Gelenktriebwagen. In: Stadtverkehr 10/1993, Düsseldorf.

Maschinenfabrik Esslingen: Die neuen Esslinger Gelenk-Straßenbahnwagen GT 4. Werbeschrift o.O.u.J. (Esslingen a.N. 1962)

Mümmler, Karl: Der vierachsige Drehgestell-Gelenkwagen,

eine neue Straßenbahn-Bauart der Maschinenfabrik Esslingen. O.O.u.J. (Esslingen a.N.1961)

Pfeiffer, Georg: Ein Jubiläum: 100 Gelenktriebwagen bei der Stuttgarter Straßenbahn. Sonderdruck der Maschinenfabrik Esslingen aus: Nahverkehrspraxis 9/1961, Dortmund.

Schmidt, Eckhard: Modernisierter Gelenktriebwagen GT 4. In: Verkehr und Technik 3/1993, Bielefeld.

Seeger, Helmut: Ein Jubiläum: 200 Gelenktriebwagen bei der Stuttgarter Straßenbahn. Sonderdruck der Maschinenfabrik Esslingen für ‚Über Berg und Tal', 1/2/1963, Stuttgart.

Stetza, Günter: Die neuen Gelenkfahrzeuge der Neunkircher Straßenbahn. In: Verkehr und Technik, 12/1962

Theurer, Ulrich: Gelenkwagen ... 4 x GT 4 = 380. In: Straßenbahn-Magazin 8/1973, Stuttgart.

Sonstige

a) Periodika

Bockemühl, Alfred: Kardanantrieb für elektrische Schienenfahrzeuge. In: Verkehr und Technik 8/1959, Bielefeld.

Bockemühl, Alfred: Das moderne Schienenfahrzeug im Nahverkehr. In: Nahverkehrspraxis 8/1960, Dortmund.

Knupfer, H.-J.: Des Professors Doppel-Hecht. Das kurze Leben des Stuttgarter GT 6. In: Straßenbahn-Magazin 6/2004, München.

Köhler, Ivo: Bockemühls erster Streich. Der große Hecht in Dresden. In: Straßenbahn-Magazin 6/2005, München.

Leinfelder, Johann: Die frühere Planung eines deutschen Einheits-Straßenbahnwagens. In: Straßenbahn-Magazin 9 + 10/1973, Stuttgart.

N.N.: Neuer vierachsiger Großraumwagen für die Kleinbahn Siegburg - Zündorf. In: Der Stadtverkehr 1/1957, Essen.

Reuther, Axel: Ein neues Bild der Straßenbahn. 50 Jahre Düwag-Großraumwagen. In: Straßenbahn-Magazin 7/2001, München.

Reuther, Axel: Der lange Weg zum Klassiker. Entwicklung der Sechsachser. In: Straßenbahn-Magazin 12/2003, München.

Seeger, H.[elmut]: Neuartige Straßenbahnwagen bei der Münchener Straßenbahn. In: ‚Über Berg und Tal' 5/1950, Stuttgart.

Seeger, [Helmut]: Die Wirtschaftlichkeit der Großwagen. In: Verkehr und Technik 2/1954, Bielefeld.

Slezak, Josef Otto: Gemeinwirtschaft, Straßenbahn und Verkehrschaos. In: Arbeit und Wirtschaft 9/1957, Wien; zitiert in Slezak, Stadtverkehr.

Stuttgarter Nachrichten, Jahrgänge 1956–2006 (im Archiv der Stuttgarter Zeitung)

Stuttgarter Straßenbahnen AG: ‚Über Berg und Tal' [ÜBuT]. Betriebszeitschrift der SSB AG, Stuttgart. Jahrgänge 1949–2006

Stuttgarter Straßenbahnen AG: Geschäftsberichte, 1950 ff

Stuttgarter Zeitung, Jahrgänge 1950–2006 (im Archiv der Stuttgarter Zeitung)

Vockrodt, Stefan: Ein Zwitter namens Twino. In: Straßenbahn-Magazin 2/2001, München.

b) Einzelwerke

Bauer, Gottfried; Theurer, Ulrich: Die Linien der Stuttgarter Straßenbahnen - Schiene -. Typoskript, Bietigheim/Stuttgart 1975 ff (seit 1984 fortgeführt durch Bauer, G.; Habermaas, Ulrich)

Bauer, Gottfried; Theurer, Ulrich: Von der Straßenbahn zur Stadtbahn 1975 - 2000. Stuttgarter Straßenbahnen Band IV. Stuttgart 2000.

[Bockemühl, Alfred]: Straßenbahn-Großraumwagen für Stuttgart. O.O.u.J. (betr. GT 6; Stuttgart 1953, erschienen auch in ‚Über Berg und Tal' 6/1953).

Bockemühl, Alfred: Beförderungssysteme im öffentlichen Nahverkehr. Dortmund 1960.

Bockemühl, Alfred: Betrachtungen und Ausblicke. In: Fünfundsiebzig Jahre Straßenbahn in Dresden. Dresden 1947. Abgedruckt in: ‚Über Berg und Tal' 6/1986, Stuttgart.

Bogen, Conny; Bogen, Uwe: Was war los in Stuttgart 1950 - 2000. Erfurt 2000.

Deutsche Bundesbahn, Bundesbahndirektion Stuttgart: Der Tunnel. Verbindungsbahn der S-Bahn Stuttgart. Dokumentation ihrer Entstehung. Stuttgart 1985

Höltge, Dieter: Die deutschen Straßenbahn-Gelenkwagen. Technik und Geschichte. Stuttgart 1983.

Leibbrand, Kurt: Die Verkehrsnot der Städte. Verband Öffentlicher Verkehrsbetriebe. Essen 1954.

Loercher, Paul: Die Geschichte der Stuttgarter Straßenbahnen AG von 1928–1958. Stuttgart 1963.

Riechers, Daniel: 100 Jahre Straßenbahn Ulm/Neu-Ulm. Ulm 1997.

Seeger, Helmut; Büscher, Gustav: Straßenbahnfibel. Stuttgart 1949.

Seidel, Kurt: Schmalspur zwischen Vogesen und Schwarzwald. Schwäbisch Gmünd o.J. [1971].

Slezak, Josef Otto: Von Salzburg nach Bad Ischl. Wien 1958.

Slezak, Josef Otto: Wiener Stadtverkehr - Illusion und Realität. Wien 1978.

Slezak, Josef Otto: Ein Fahrgast sieht rot. Wien 1988.

[Stadt Stuttgart, Tiefbauamt]: Die Straßen der Stadt Stuttgart. Stuttgart 1930.

Stetza, Günter: KSW – Der deutsche Kriegsstraßenbahnwagen. Die Geschichte eines Außenseiters. Essen o.J. (ca. 1955).

Stuttgarter Straßenbahnen AG: 1868–1968 – 100 Jahre Stuttgarter Straßenbahnen. Hrsg. Peter Brodbeck. Stuttgart 1968.

Uebel, Lutz; u.a.: 150 Jahre Schienenfahrzeuge aus Nürnberg. [Geschichte der Maschinenfabrik Augsburg-Nürnberg (MAN)]. Freiburg/Brsg. 1994.

Verband öffentlicher Verkehrsbetriebe (VÖV): Personennahverkehr – heute und morgen. Essen o.J. (1953).

Wieland, Dieter: Bauen und Bewahren auf dem Lande. Deutsches Nationalkomitee für Denkmalschutz. Bonn 1978.

Bewegte Zeiten mit dem GT 4: Peter Brodbeck, SSB-Pressesprecher 1964–1992, und ein 1965 von den SSB zu Werbezwecken aus Holz gefrästes Modell von Wagen 750, etwa im Maßstab 1:30. Foto von 2006

Abkürzungen

a.a.O.	am angegebenen Ort
DM	Deutsche Mark
DT 8	Doppeltriebwagen mit 8 Achsen
Düwag	Düsseldorfer Waggonfabrik AG (auch: Duewag; heute: Siemens Duewag Schienenfahrzeuge GmbH)
END	Straßenbahn Esslingen-Nellingen-Denkendorf
Fuchs	Waggonfabrik Heinrich Fuchs, Heidelberg
GT 4	Gelenktriebwagen mit 4 Achsen
GT 6	Gelenktriebwagen mit 6 Achsen
ME	Maschinenfabrik Esslingen, Esslingen am Neckar
ME-F	Schriftverkehr der Fahrzeugentwicklung der Maschinenfabrik Esslingen (im Archiv der SSB AG)
o.J.	ohne Jahr
o.O.	ohne Ort
Rastatt	Badische Waggonfabrik Rastatt (heute BWR Waggonreparatur GmbH)
RM	Reichsmark
SSB/CTS	Straßburger Straßenbahnen (Straßburg im Elsaß)/ Compagnie des Transports de Strasbourg
SSB-AR	SSB-Aufsichtsratsprotokolle
SSB-GB	SSB-Geschäftsberichte
SSB-W	Schriftverkehr der Werkstättenabteilung der SSB
Tw	Triebwagen
T 2	Triebwagen mit 2 Achsen (hier: SSB Reihe/ Wagennummern 700 ff)
ÜBuT	SSB-Mitarbeiterzeitschrift ‚Über Berg und Tal'
StN	Stuttgarter Nachrichten
StZ	Stuttgarter Zeitung
U-Strab	auf unabhängigem Bahnkörper geführte, zum Teil unterirdische Straßenbahn
VÖV	Verband öffentlicher Verkehrsbetriebe (in Deutschland), später VDV
VDV	Verband deutscher Verkehrsbetriebe
ZT	hier: Zwillingstriebwagen (im heutigen SSB-Gebrauch: Zahnradtriebwagen)

Anmerkungen

(1) ÜBuT, Ausgabe 03.04.1959 (2) Die Attraktivität für Einpendler war 1933 durch die Reichsbahn mit Inbetriebnahme des elektrischen Vorortverkehrs Esslingen-Stuttgart Hbf-Ludwigsburg (im 10-Minuten-Takt) stark erhöht worden. 1939 folgte die Elektrifizierung der Eisenbahnstrecke Zuffenhausen -Weil der Stadt, der ‚Schwarzwaldbahn'. Die Förderung des Wohnbaues entlang der Eisenbahnstrecken im Umland zugunsten der in Stuttgart Beschäftigten war dann auch ein Anliegen des Stuttgarter NS-Bürgermeisters Strölin. Unter dem Strich bedeutete dies alles aber: mehr SSB-Fahrgäste. (3) Die in den 1950/60er Jahren populäre, aber nie über das Versuchsstadium hinausgekommene Alweg-Bahn war benannt nach ihrem Erfinder, dem schwedischen Industriellen Axel-Lennart Wenner-Gren (Slezak 1978). (4) Handschriftliche Anmerkung im Gutachten-Exemplar der Bundesbahndirektion Stuttgart (heute in der Sammlung Bahn-Sozialwerk Stuttgart). – Interpretiert man die SSB-Planung richtig, dann hätte der Abschnitt Leinfelden-Neuhausen dafür auf Meterspur oder Dreischienengleis für Meter- und Normalspur umgebaut werden müssen. (5) Je nach Quellenlage kursieren unterschiedliche Plandaten für die maximal für erreichbar gehaltene Einwohnerzahl Stuttgarts. Bockemühls wesentlich höhere Angabe von 880.000 Personen (Bockemühl, Beförderungssysteme, 1960) statt 805.000 bei Lambert bezieht sich möglicherweise auf die Besiedelung des Filderraumes außerhalb der Stuttgarter Stadtgrenzen. (6) Der Einheitsstraßenbahnwagen bzw. vielmehr das zugrundeliegende Bauprogramm waren eine Entwicklung der Fachgruppe Straßenbahnen im Reichsverkehrsministerium, erarbeitet in Abstimmung mit wichtigen Straßenbahnverwaltungen und Herstellern („Nürnberger Ausschuss"). Zur Rücksichtnahme auf die städtebaulich noch immer höchst unterschiedlichen und kaum veränderbaren technischen Grundlagen (die allerdings der Bombenkrieg bald darauf unbeabsichtigt, aber höchst effektiv „ändern" sollte), gab es einen zwei- und einen vierachsigen Grundtyp, variiert wahlweise als Dreiachser (bei gleicher Länge), mit Meter- oder Normalspur, mit zwei verschiedenen Antriebsleistungen und schließlich alles als Trieb- oder als Beiwagen, letztlich 24 Versionen. (7) Laut Prüfungsbericht der Schwäbischen Treuhand für die SSB für das Geschäftsjahr 1942 wurden Anzahlungen geleistet für: „elektrische Ausrüstung für zwei Einheitstriebwagen, RM 77.948,-; zwei Einheits-Trieb- und zwei Bei-

wagen, RM 72.595,-." (8) SSB-Geschäftsbericht 1939: „Für zehn Wagen erhielten wir das Kontingent von der Reichsstelle für Wirtschaftsausbau." Ohne weiteren Hinweis auf die Bauart oder ob hiermit weitere ‚Gartenschauwagen' der Bauart 1939 gemeint waren. (9) Siehe 100 Jahre SSB, a.a.O., S. 34. Holzaufbauten wurden vom Werkstattdienst der SSB sogar begrüßt, weil diese bei den zunehmenden Kollisionen mit dem Straßenverkehr im Vergleich zu Stahlkonstruktionen nur geringe (statische) Schäden erleiden konnten und rasch und billig zu reparieren waren. (10) Die im SSB-Werkstattarchiv vorhandene Zeichnung der ersten Düwag-Vierachserbauart datiert vom 5.10.1950. (11) Das Modell wird erwähnt in: Reuther, 50 Jahre Düwag, a.a.O. (12) Akten MAN, Straßenbahngeschäft, 1956. Freundlicher Hinweis von Lutz Uebel, Nürnberg. Siehe auch Uebel, 150 Jahre Schienenfahrzeuge, a.a.O. (13) Seeger/Büscher, Strabfibel, a.a.O., S. 108 (14) Loercher, SSB 1928–1958, a.a.O., S. 100 (15) ‚Über Berg und Tal' 4/1954, S. 60 (16) Nach Höltge, a.a.O.; sollte zunächst die Düwag mit der Entwicklung des Bockemühl-Sechsachsers betraut werden, war jedoch mit der Produktion ihrer Vierachser voll ausgelastet, so dass sich Bockemühl dann den Herstellern Fuchs und Esslingen zuwandte. (17) Es ist unklar, weshalb der Umbau der Altbau-200er zu Doppelwagen 1958 überhaupt noch zum Beschluss anstehen konnte, weil die zum 1.5.1956 in Kraft getretene neue Betriebsordnung für Straßenbahnen (BOStrab) zum 1.1.1960 den Einsatz von Altbauwagen mit Holzaufbau – wie es die 200er waren – , ohne Sicherheitsglas und ohne Zubehör nach der Straßenverkehrsordnung verbot. Ein etwaiger totaler Neuaufbau der Fahrzeuge wäre in keinem Verhältnis zum Nutzen gestanden. – Für die nicht umgebauten Fahrzeuge hofften die SSB auf eine Ausnahmeregelung bis Jahresende 1961. SSB-AR 8.5.1959 (18) Lieferung der END-Wagen im Sommer 1957 laut (dem Zeitzeugen): Kehr, Wilhelm: Vom KS- zum Großraumwagen. In: ‚Über Berg und Tal', Dezember 1958 (19) Außenschwenktüren (Schwenkschiebetüren) waren ein enormer Fortschritt: Sie schließen bündig mit der Außenhaut, sind weitgehend selbstreinigend und gegen Schmutz in den Türtaschen und Einstiegsstufen kaum empfindlich, werden von automatischen Waschanlagen gleichmäßig erfasst (eine Voraussetzung für die Mechanisierung bei der Fahrzeugpflege), lassen sich per Druckluft schneller bewegen als motorisch angetriebene Schiebetüren und geben die Türöffnung symmetrisch und somit doppelt so rasch frei, was pro Halt wichtige Sekunden sparte. Wie es aussieht, ist das Konstruktionsprinzip 1957/58 gleichzeitig bei Auwärter-Bussen (Marke Neoplan) aufgekommen oder von diesen entlehnt worden. Vorher verwendete man im Busbau nur Falt-, Schiebe- oder Klapptüren. (20) SSB-AR, 5.7.1963 (21) Technische Beschreibung und Fotos in ME-F (22) Seeger anlässlich der Vorstellung des ersten DoT4, 13. Oktober 1964, in ‚Über Berg und Tal' 6/1964. (23) Siehe Bockemühl, Beförderungssysteme, a.a.O.; ders.: Drehgestellwagen, a.a.O. (24) Siehe Seeger, Großwagen, a.a.O. (25) Die Idee zu Sattelschlepper-Straßenbahngelenkwagen hatten auch andere Betriebe: 1929 hatte Dresden damit experimentiert; Hansa baute 1955 für Bremen Dreiachser mit einachsigem Nachläufer; 1959 lieferte die Waggonfabrik Rastatt Vierachser der Achsfolge B2' (also entsprechend dem SSB-Projekt von 1957) nach Freiburg; Remscheid bezog ähnliche. Bremen erwog schon 1957 das Prinzip des B2'-Sattelschleppers; SSB-Chef Bockemühl erkannte aber die Uneignung für Bergstrecken (siehe Bockemühl, Ein vierachsiger ..., a.a.O.) – 1959 ging Bremen vom Sattelschlepper ab und schlug einen völlig eigenen Weg zu einem GT 4 ein: Zwei gelenkig verbundene Fahrzeughälften erhielten je ein zweifach angetriebenes Drehgestell untergesetzt – ohne Hilfe eines Gelenkträgers. Der Typ bewährte sich bis in die heutige Zeit, aber Bremen blieb mit ihm alleine. Siehe Höltge, a.a.O. (26) Siehe Seeger, Ein Jubiläum, a.a.O. (27) Aussage von ME-Techniker i.R. Ludwig Feucht, 2002. (28) Erwähnt anlässlich der Lieferung des 100. Wagens in ‚Über Berg und Tal' 4.5.1961. – Karl Mümmler scheint sich im Hintergrund gehalten zu haben, obwohl sein Wirken auf dem Straßenbahnsektor recht bedeutsam war und von ihm nicht weniger als 15 Patente angemeldet wurden, unter anderem der verschließbare Fahrerklappsitz für den T 2, der dann auch für END, Ulm und GT 4 verwendet wurde. Sein Patent DE 1138416 von 1955 galt dem Kardanwellen-Längsantrieb beider Drehgestellachsen, wie er bei den Nachbau-GT 6 Nr. 4 und 5 von 1958, den END- und Ulmer Wagen Verwendung fand und letztlich auch in Neunkirchen. Das Patent DE 1102795 von 1957 dann bezog sich auf die Fahrwerkskonstruktion des GT 4 Bauart Esslingen, allerdings noch mit einem einzigen Kugelgelenk in der Mitte des Querträgers zur gleichzeitigen Führung beider Wagenkastenhälften. Das Folgepatent DE 1155463 (1958) von Wolfgang Distelbarth von der ME optimierte die Kinematik des GT 4 vollends. Karl Mümmler wirkte nach dem Abschluss des ME-Schienenfahrzeugbaues weiter beim Schienenfahrzeughersteller Ferrostaal AG in Essen, wo er sich 1971 einen Achtachser auf Basis eines dreiteiligen GT 4 mit vier Drehgestellen patentieren ließ. (29) SSB-AR 8.5.1959 (30) Siehe ‚Über Berg und Tal' 4/1961; die Angabe in ‚100 Jahre SSB', „man (!) kam im Jahr 1952 auf den Gedanken, anstatt eines maximal 14 Meter langen starren Vierachsers einen Doppelgelenkwagen zu bauen", trifft demzufolge nicht zu. Im Dezember 1951 lief die konkrete Planung des GT 6 bereits bei ME und SSB. (31) Siehe Bockemühl, Betrachtungen, a.a.O. – Dieses Prinzip war ähnlich bereits vor dem Krieg in den Doppelstockwagen der Lübeck-Büchener-Eisenbahn und nach 1945 von Bundesbahn und DDR-Reichsbahn gleichermaßen angewandt worden. Mitte der 1990er Jahre kam es bei den neuen Niederflur-Leichttriebwagen erneut auf, wenn auch ohne Doppelstockanwendung. Unabhängig davon bleibt Bockemühls Sichtweise für den Straßenbahnsektor revolutionär und weitblickend. (32) SSB-AR 3.7.1950 (33) Der Wagenburgtunnel war 1941 als Luftschutzraum im Vorgriff auf die Straßenplanung begonnen worden. Ab Beginn der 1950er Jahre wurde die Südröhre, um das Provisorium vor Einsturz zu bewahren, weitergebaut und 1958 als Straßentunnel dem Verkehr übergeben. Die Nordröhre blieb durchschlagen, aber unvollendet. – 1948 wollte der städtische Beigeordnete Dr. Fritzsch von den SSB eine Million Mark zum Ausbau des Wagenburg-Straßentunnels verlangen, was von OB Klett jedoch abgelehnt wurde. SSB-AR 26.11.1948 (34) ‚Über Berg und Tal' 6/1958 (35) Ein etwas späterer Plan der SSB vom 22.01.1960 sah außerdem Zweigstrecken zu geplanten Wohngebieten vor: Abzweig Salzäcker (geplantes Wohngebiet)–Körschtal–Fasanenhof (geplantes Wohngebiet). Sowie: Ruhbank–Bereich Löwenplatz Degerloch–Hospitalwald–Ostrand Hoffeld. (36) Siehe Bockemühl, Ein vierachsiger ..., a.a.O. (37) Siehe Pfeiffer, 100. Gelenktriebwagen, a.a.O.: „Die SSB AG (...) setzt ausschließlich Vierachser ein. (Einige wenige Sechsachser werden voraussichtlich umgebaut)." (38) Zitiert in ‚Über Berg und Tal' 3/1961 und 5/1964. (39) Zitiert nach der Zeitschrift Epoca, Süddeutscher Verlag München, 6/1967. (40) Thaddäus Troll: Deutschland, deine Schwaben. Hamburg 1967. (41) Die Dame ist die selbe, die noch heute in der Stadtbahn der automatischen Haltestellenansage ihre Stimme leiht: die damalige Studentin und heutige Nachrichtensprecherin Dorothee Roth. (42) Amtsblatt Stuttgart, 3.6.1959 (43) RAL = Reichsausschuss für Lieferbedingungen, heute RAL-Institut für Gütesicherung (44) In den ersten Tagen seiner Anwesenheit versuchte der neue SSB-Direktor Groche Ende 1968 eilends, die Planung für die „Marienplatz-Kurve" zu ändern, aber mit dem Bau war bereits begonnen worden. – Bis heute kann wegen des Luftschutzbunkers keine Rolltreppe direkt die Verteilerebene der U-Haltestelle Marienplatz erreichen, was den SSB – die es nicht zu verantworten haben – immer wieder als falsche Planung vorgeworfen wird. (45) Es ist kein Widerspruch, wenn in einer Chronik, die Sympathie für den Schienenverkehr vermitteln soll, auch Unfälle der Schiene gewürdigt werden. Im Gegenteil: Zum einen lag die Ursache für die Zwischenfälle oft nur bedingt oder gar nicht beim Bahnbetreiber. Zum zweiten ist die große Aufmerksamkeit, die Bahnzwischenfälle in der Öffentlichkeit genießen, noch immer ein beruhigendes Zeichen, dass der Schiene nicht zu Unrecht der Ruf sehr großer Sicherheit vorausgeht und ein Unfall somit noch immer zum Glück eine Besonderheit darstellt. Und zum dritten würde dieses Buch nicht reichen, um alleine die in Stuttgart in 48 Jahren vorgefallenen bedeutsamen Unfälle des Straßenverkehrs aufzulisten, zumal solche in den allermeisten Fällen durch besonnenes Verhalten vermeidbar (gewesen) wären. (46) Eine Meldung aus ‚Über Berg und Tal' 6/1962, wonach der GT 4 „zur Zeit in Gent erprobt" wird, muss demnach als Fabel gelten. (47) Die maximale Neigung in Neunkirchen am Hüttenberg (Stummstraße) wird im offiziellen Höhenrissplan der Neunkirchener Straßenbahn AG, der sich in den SSB-Akten befindet, mit 11,074 ‰ angegeben. Demnach sind die anderswo gemachten Angaben von 11,2 oder 11,5 ‰ unzutreffend. Richtig ist, dass die Bremsberechnung des GT 4 N für eine Neigung von 11,5 ‰ erfolgte, so dass zusätzliche Sicherheitsreserven gegeben waren. Neunkirchen besaß vermutlich die steilste Straßenbahnstrecke Deutschlands. Danach folgte Remscheid mit 10,8 ‰ in der alten Bismarckstraße, 1958 flacher trassiert. In Augsburg wird bis heute die kurze Rampe am Perlachberg mit 10,43 ‰ befahren, jedoch nur abwärts; danach folgt dort eine Neigung von 9,1 ‰. In Mainz fährt man mit 9,36 ‰ die Gaugasse aufwärts, in Nordhausen werden maximal 9,3 ‰ (nicht 9,8 ‰ laut anderer Quelle) befahren, in Würzburg kurz 9,1 ‰ und anschließend 9,0 ‰ (nicht 9,5 ‰, wie manche Angaben melden). In Stuttgart gab es bis 1972 in der Werfmershalde 9,5 ‰ zu bewältigen, bis 1994 in der Botnanger Straße 8,0 ‰. Heute in der Alexanderstraße sind es 8,5 ‰, was auch künftig die steilste SSB-Schienenstrecke bilden wird. Bisher beträgt die Maximalneigung der Stuttgarter Stadtbahn 7,3 ‰ auf der Rampe Bopser-Weinsteige. (48) Schriftwechsel Wilhelm Kehr ./. Neunkircher Straßenbahn AG, SSB-W (49) Wilhelm Kehr beriet, wie schon der vormalige SSB-Direktor Loercher, auch die Verwaltung der Reutlinger Straßenbahn. Dem dürfte es zu verdanken sein, dass Reutlingen mehrmals Fahrzeuge nach Stuttgarter Bauart beschaffte, so auch den GT 4. (50) Holland besaß bereits in den 1880er Jahren, vor Einführung der metrischen Maße, ein umfangreiches Netz an schmalspurigen Dampfstraßenbahnen, so dass deren Spurweite von 3,5 britischen Fuß (1.067 mm) auch in die holländischen Kolonien „exportiert" wurde und speziell im heutigen Südafrika Verbreitung fand – daher der Name Kap-Spur. (51) Insgesamt hat Günter H. Köhler von 1994 bis zu seinem Tod 2005 mehr als 1.000 Straßenbahnwagen von Westeuropa über viele bürokratische Hürden nach Rumänien vermittelt. Mehrere rumänische Städte haben ihn zum Ehrenbürger erklärt. Ohne seine Lebensleistung hätte kein GT 4 das Karpatenland erreicht. Siehe auch Straßenbahn-Magazin 11/2005. (52) Die Berliner und Hamburger S-Bahn-Betriebe fuhren seit den 1930er Jahren planmäßig mit elektrischer Vielfachsteuerung. In Stuttgart setzte die Reichsbahn ab 1933 den Vorortriebwagen ET 65 in Doppeltraktion ein. Die 1938 von MAN nach Essen gelieferten Vorserienwagen zum deutschen Einheitsstraßenbahnwagen wurden bereits kurz nach Auslieferung mit Vielfachsteuerung ausgerüstet. Die T 2 der SSB von 1953 waren für den Einbau einer Vielfachsteuerung vorbereitet (möglicherweise wollte man „Wendezüge" T 2 + B 2 + T 2 fahren), dies kam aber über Experimente nicht hinaus. (53) 100 Jahre Stuttgarter Straßenbahnen, a.a.O., S. 24 (54) Die 2003–2006 vorgenommene 720 Meter lange Untertunnelung des Pragsattels kostete 105 Millionen. Euro, also umgerechnet gut 200 Mio. Mark, und verlagert den Stau an den nächsten Knotenpunkt 500 Meter weiter (Redakteur Wolfgang Schulz-Braunschmidt, Stuttgarter Zeitung, 8.5.2006). Um einen ziemlich genau gleich hohen Betrag schufen die SSB, als Beispiel, von 1985 bis 1986 die Verlängerung des Stadtbahnnetzes von 8,1 auf 41,6 Kilometer Länge, erzeugten also über 30 Kilometer staufreie Verkehrsinfrastruktur. (55) Seidel, Schmalspur, a.a.O. (56) Zitiert nach: Bogen, Was war los ..., a.a.O. – Bonatz erbaute auch den heute noch stehenden Bahnhof in Esslingen-Mettingen (gestalterisch ein „kleiner Hauptbahnhof") sowie für die SSB den Zahnradbahnhof Marienplatz von 1936 und dem Baustil nach mit gewisser Wahrscheinlichkeit auch den SSB-Bahnhof Degerloch West von 1929, da Bonatz nachweislich bei anderen SSB-Bauten wie den Dienstwohnungsgebäuden am Pragsattel beratend mitwirkte. (57) „Millionen für die freie Fahrt – Die versteckten Kosten des Autoverkehrs." Stuttgarter Zeitung, 18.05.2006 (58) Der Sohn von Adolf Heeb, Dr. Reiner Heeb, sollte sich als Landrat des Landkreises Böblingen 1994 nach anfänglicher Zurückhaltung zu einem starken Verfechter der Schönbuchbahn Böblingen–Dettenhausen wandeln, die sich seit dem Neustart 1996 mit hervorragendem Erfolg entwickelt hat. (59) Stuttgarter Zeitung, 24. Juli 2006. – Unabhängig davon bleibt, dass Tunnel für städtische Schienenverkehrsmittel einerseits ein Segen sind, weil sie eine kurze Reisezeit ermöglichen und vor allem Kollisionen mit dem unvermeidlichen Prozentsatz unvorsichtiger oder risikofreudiger Verkehrsteilnehmer ausgeschlossen werden. Stadtbahnfahrer wissen, von was sie sprechen. (60) Die Geschwindigkeit ist im Nahverkehr auf der Schiene grundsätzlich keine Frage der Spurweite. Schon in den 1960er Jahren wurden im bayrischen Teil der meterspurigen Härtsfeldbahn bei Dillingen/Donau, für 40 km/h zugelassen, probeweise 95 km/h erreicht. Die Rhätische Bahn der Schweiz fährt 90 km/h, die griechische Staatsbahn heute 120 km/h auf Meterspur; ebenso besitzt die italienische Nonstalbahn Trient–Marilleva für dieses Tempo zugelassene modernste Fahrzeuge. Die Breite misst jeweils etwa 2,65 Meter, wie bei normalspurigen Straßen- oder Stadtbahnwagen. Auch der „kleinste Stadtbahnwagen" der SSB, der Typ ZT 4 der Stuttgarter Zahnradbahn, ist trotz 2,65 Meter Breite auf Meterspur unterwegs. Dass umgekehrt Fahrzeugkonstruktionen der Meterspur – wie der GT 4 – bei werkseitiger Auslegung auch auf Normalspur verkehren konnten, zeigt das Beispiel Neunkirchen. Die maßgeblichen Gründe für den Wechsel der SSB auf Normalspur wurden bereits dargelegt.

Den echten GT 4 aus allen Epochen in Ruhe betrachten ...

Und noch viel mehr erwartet Sie im Stuttgarter Straßenbahnmuseum des Vereins Stuttgarter Historische Straßenbahnen e.V. (SHB).

Lage, Öffnungstage, Erreichbarkeit, Fahrzeugbestand: Anruf unter Tel. 07 11/82 22 10

Stuttgarter Historische Straßenbahnen e.V. (SHB)
Postfach 10 44 12, D-70039 Stuttgart, www.shb-ev.de

SHB

Den GT 4 einfach in die Tasche stecken ...

Als betriebsfähiges Miniaturmodell im gebräuchlichen Modellbahnmaßstab 1:87, Baugröße HO. Für Nachbildung der Meterspur (12 mm Spurweite) oder Normalspur (16 mm). Für Dreileiter-Wechselstromsystem (Märklin) oder Zweileiter-Gleichstromsystem (andere Fabrikate). Fein detailliertes Kunststoffmodell vom Hersteller Halling, Wien, im Auftrag der SSB AG

Erhältlich in den SSB-Kundenzentren (Rotebühlplatz/Stadtmitte, Charlottenplatz), im Versand über SSB-Marketing, Tel. 07 11/78 85-77 00, Fax 78 85-77 77, www.ssb-ag.de

Wie eine Standseilbahn funktioniert, ist doch ganz einfach. Über die Stuttgarter Standseilbahn gibt es doch nicht viel zu sagen.

Irrtum! Dass alles ganz anders ist, das erfahren Sie im Buch über die Seilbahn der SSB. Wenn Ihnen das Buch über den GT 4 gefallen hat, dann könnte es auch dieses Buch tun!

Hans-Joachim Knupfer
Hoch über Heslach
Die Stuttgarter Seilbahn

Herausgeber SSB AG
168 Seiten, gebunden, zirka 200 farbige und SW-Abbildungen
Ladenpreis 24,- Euro

ISBN 3-00-013868-4

Erhältlich im Buchhandel, in den SSB-Kundenzentren oder beim SSB-Marketing.

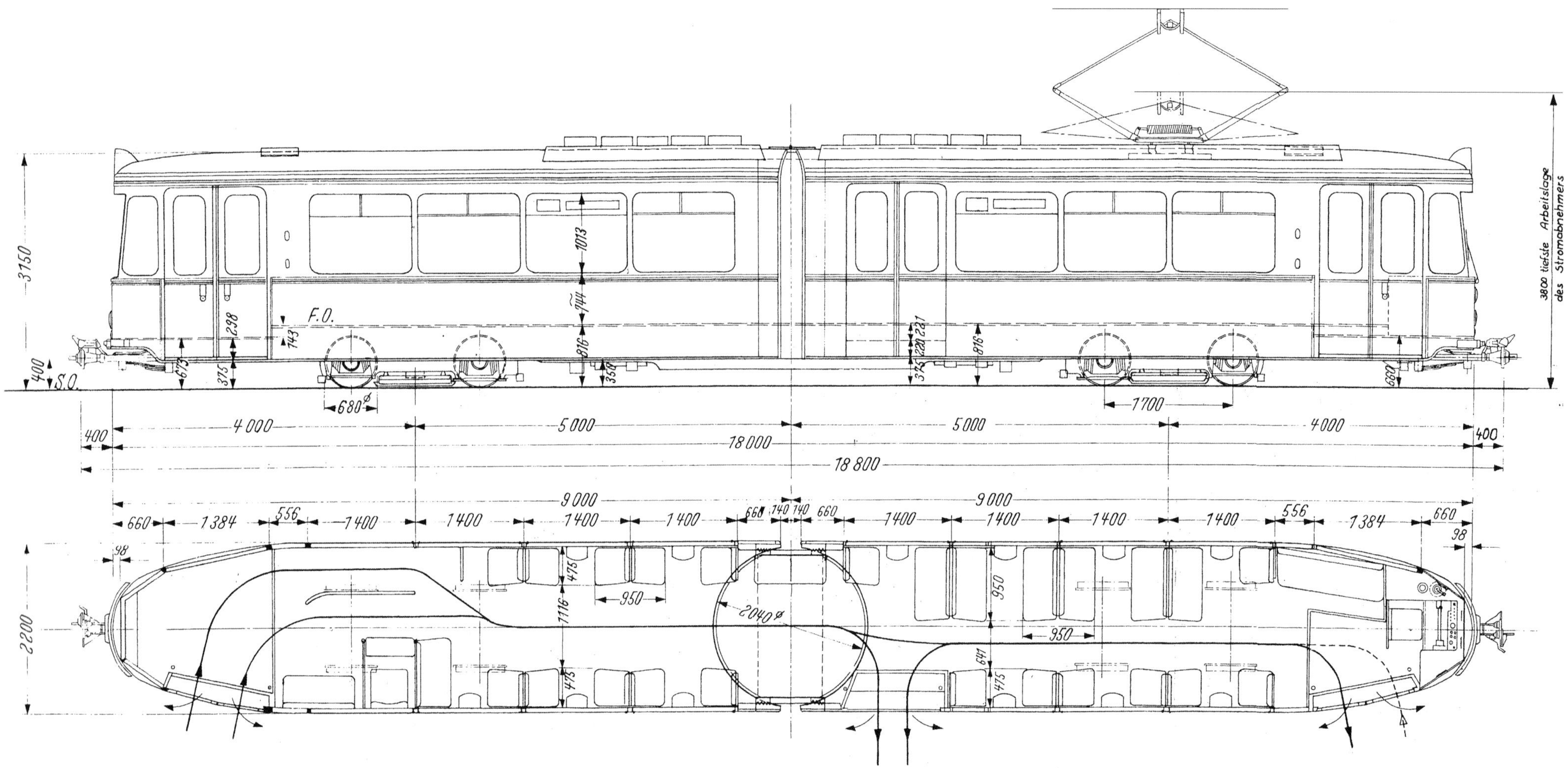

Baujahr: 1964
Aufbau: Stahl